河北高校学报
特色栏目文库

陈 玉 总主编

董明伟 主编

典籍翻译研究

燕山大学出版社
·秦皇岛·

图书在版编目（CIP）数据

典籍翻译研究 / 董明伟主编．— 秦皇岛：燕山大学出版社，2024.2
（河北高校学报特色栏目文库 / 陈玉总主编）
ISBN 978-7-5761-0590-2

I.①典… II.①董… III.①古籍—翻译—文集 IV.① H059-53

中国国家版本馆 CIP 数据核字（2023）第 232713 号

典籍翻译研究
DIANJI FANYI YANJIU
董明伟 主编

出 版 人：陈 玉		责任编辑：宋梦潇	
封面设计：方志强		责任印制：吴 波	
出版发行：燕山大学出版社		地 址：河北省秦皇岛市河北大街西段 438 号	
邮政编码：066004		电 话：0335-8387555	
印 刷：涿州市般润文化传播有限公司		经 销：全国新华书店	

开 本：787mm×1092mm 1/16		印 张：23.25	字 数：425 千字
版 次：2024 年 2 月第 1 版		印 次：2024 年 2 月第 1 次印刷	
书 号：ISBN 978-7-5761-0590-2			
定 价：92.00 元			

版权所有 侵权必究
如发生印刷、装订质量问题，读者可与出版社联系调换
联系电话：0335-8387718

河北省教育厅人文社会科学研究重大课题攻关项目"河北省高校学报影响力提升路径研究"（项目编号：ZD202110）阶段性成果

总序:建设特色栏目集群　提升高校学报影响力

中国特色社会主义建设进入新时代,中华民族伟大复兴的历史重任,呼唤加快构建中国特色哲学社会科学。高校学报在我国出版传媒领域中是期刊方阵的重要组成部分,围绕提升学报水平和影响力开展深入研究,是构建中国特色哲学社会科学的内在要求。

2021年5月9日习近平总书记复信山东大学文科学报《文史哲》编辑部,指出"高品质的学术期刊就是要坚守初心、引领创新,展示高水平研究成果,支持优秀学术人才成长,促进中外学术交流"。贯彻新发展理念,学术期刊的高质量发展,应当为全社会的高质量发展提供知识支撑、发挥创新引领作用,就是要在新发展格局下,提升服务国家创新发展、服务全社会高质量发展的能力和水平,担当好学术期刊的使命。这正是我们开展相关研究的思想起点。

目前,河北省共有89种高校学报,在全省全部期刊中占比将近一半,在全国各省市自治区中排名第7,堪称学报大省,但是这些高校学报跻身北大核心期刊的仅有7种,与学报大省的地位很不相称,在京津冀区域社会经济、科教文化的协同发展中明显滞后,某种程度上已经成为河北省人文社会科学发展的短板,影响了河北省高校的学术形象。

高校学报存在的共性问题,往往来源于一校一刊、学科综合,使它们总体上陷入千刊一面、低水平重复,尤其是地方高校学报在评价指标面前处于竞争劣势。着眼未来发展,学报的稿源、作者、编辑人才以及引文率、发行量平均增长率、辐射范围等指标的数量与质量如何平衡,如何实现良性循环、可持续发展,高校学报界在不断地进行艰辛探索。

2021年,燕山大学主持申报的"河北省高校学报影响力提升路径研究"获得河北省教育厅人文社会科学研究重大课题攻关项目立项支持,同时得到河北大学、衡水学院、邯郸学院、河北民族师范学院等高校学报同行的热情响应,研究很快开展起来。

纵观国内外的相关研究,按期刊影响力辐射范围,可分为国内影响力研究和国际影响力研究。国内影响力的研究主要由国内权威的核心期刊评价机构的评价指标体系构成,即使用期刊影响因子、论文被引量、下载率、转载、摘编情况等要素来考察期刊影响力的指标现状、差异性和发展趋势等。国际影响力研究主要集中于科技类综合期刊和专业性期刊的探讨,有关外语类、双语类期刊和权威核心期刊的较多,社科类期刊的国际影响力研究成果相对较少。对于主体的研究,按照期刊影响力的人力资源构成,可分为以作者为核心的主体研究和以编辑、编委会在学术期刊影响力中发挥能动作用的主体研究。此外还有媒介和渠道研究、国家工程和项目资助研究、期刊评价微观方法研究、特色栏目研究等不同维度。在这些研究中,定性研究占比大,中心议题是围绕高校学报发展现状如何、面临哪些困境,是否需要转型以及转型的效果等,对转型的路径探讨大体上可归纳为特色化、数字化、专业化三条道路。

在上述已经开展的研究中,尤其值得关注的是特色名栏研究这个视角。

在当前学报管理体制尚不能进行变革的前提下,学界几乎将特色化发展视为学报走出困局的唯一方法,社科学报是其中的重点。刘曙光、张积玉、龙协涛、蒋重跃、余志虎、张媛、姚申等学者专家都倾向于认为,高校社科学报应该立足于本地区的历史文化优势,突出地方特色,精心设计特色栏目,在教育部"名栏工程"以及全国高等学校文科学报研究会"特色栏目"评选的推动下,更多的期刊界同仁应当将打造特色栏目作为高校社科学报特色化转型的路径选择,普通高校社科学报通过打造特色栏目形成鲜明的个性文化,是打破"千刊一面"的生长点,既有特色又有水平是高校社科学报特色栏目建设的目标,打造高校社科学报特色栏目是保持高校社科学报的竞争力和提升社会影响力的重要举措,高校社科学报专业化、特色化是综合性文科学报走出困境的唯一道路,高校社科学报应该向集约化、专业化、联合办刊、栏目共建、内涵式发展方向努力,发挥学科优势、地域特色和历史传统,坚持个性化发展,有所为有所不为,必须立足于本校学科优势、地域特色和历史传统,制定科学的评价体系,鼓励个性化办刊。

我们的课题组受到启发,聚焦于特色栏目研究视角,从这个角度切入,展开了学报特色化、专业化研究,目标是以研究特色栏目为中心,分析河北省高校学报的现状、学报评价机制存在的问题,探索提升河北省高校学报影响力的路径。通过研究特色栏目所体现的学报传播方式,推动突破核心期刊至上的学报思维定势、评价模式,转变以刊评文的惯性思维,巩固学报的应有地位,建立更加科学、合理的学报评价体系,为破除"唯核心"的期刊评价体系提供新的评价思维和指标,引领学报转变发展模式,走特色发展之路。

所幸河北省高校学报在打造特色栏目方面已经具备了较好的基础,经过多年辛勤建设,现在拥有"宋史研究""董仲舒与儒学研究""赵文化研究""典籍翻译研究""避暑山庄研究"等约20个特色栏目,已经形成了一个以特色栏目为核心的期刊群,在学报界令人瞩目。这些特色栏目以地域和学科优势为支撑,做到了"人无我有,人有我强",成为学报的支柱性学术高地。壮大特色栏目群,与高校双一流建设同向同行,将是河北省高校学报走出困局、提升影响力的一个突破口,同时也正在形成一个相关的学术共同体。

英国科学家和哲学家坡朗依在《科学的自治》一文中首先提出科学共同体概念,指出学术共同体是从事科学研究的主要阵地和重要载体。学术共同体是学报开展学术交流和学术评价必须把握的关键性的互动关系。构建学报的学术共同体是主客体相互统一的过程,能够统筹人力资源、学术与文化资源、传播渠道、受众需求等各个要素,优化出版方式。

为凸显河北省高校学报社科特色栏目作为学术共同体形成的集群化特征,本课题组策划组织编纂了这套"河北省高校学报特色栏目文库",以突出展示河北省高校的学术成果,催生河北省高校学报特色栏目的集群效应,希望对学报界具有一定的示范意义,积极引领学报的发展。

这套文库由陈玉教授总体设计、全面把握,由一批长期主持特色栏目、经验丰富的一线学报编辑亲自主编,精选河北省5家高校社科学报特色栏目发表的高质量、有影响的论文，分别汇编集成。首辑共收录5个分册：

《燕山大学学报(哲学社会科学版)》编辑董明伟精选"典籍翻译研究"栏目的代表性论文，主编《典籍翻译研究》；

《河北大学学报(哲学社会科学版)》编辑卢春艳精选"宋史研究"栏目的代表性论文，主编《宋史研究》；

《衡水学院学报》编辑曹迎春精选"董仲舒与儒学研究"栏目的代表性论文，主编《董仲舒与儒学研究》；

《邯郸学院学报》编辑贾建钢精选"赵文化研究"栏目的代表性论文，主编《赵文化研究》；

《河北民族师范学院学报》编辑王明娟精选"避暑山庄研究"栏目的代表性论文，主编《避暑山庄研究》。

编选出版一个省的高校学报特色栏目文库，这在全国尚属新鲜的做法。今后有条件的情况下，我们还将继续拓展补充收录更多的专栏文集。燕山大学出版社对该文库的组稿出版给予指导与支持，感谢出版社的各位编辑用精细严谨的工作与学报编辑们联手为读者呈现了这套颇具专业性的学术研究合集。

甲辰龙年伊始，诚愿以"河北省高校学报特色栏目文库"为龙头，引发河北省高校学报加快提升影响力的思考与行动，促进其有力推动社会经济、科教文化的发展，奋力向着建设成为学报强省的愿景进发！

"河北省高校学报影响力提升路径研究"课题组主持人
燕山大学教授、博士生导师
陈　玉
2024年2月于燕园

序　言

2018年燕山大学出版社出版的《中学西传：典籍翻译研究开新篇（2013—2018）》（简称《开新篇》）一书犹如一个意气风发的少年，而即将付梓的"河北省高校学报特色栏目文库"之《典籍翻译研究》（简称《研究》）》则是一个风华正茂的中青年。后者可以看作是《开新篇》的姐妹篇，它既承续了《开新篇》"典籍翻译研究"的学科脉络和研究范围，又拓展了"典籍翻译研究"的学科视野，在创新求变中推动着"典籍翻译研究"向跨学科交叉融合、纵深化专业阐释、国际化文明交流方向发展。

"典籍翻译研究"栏目创办于2013年9月，至今已开设10个春秋。说起栏目的创办缘起，因素是多方面的。虽然我在《开新篇》中已经谈过，但是考虑到出版社的写作要求，以及《研究》与《开新篇》作者群体的不同，这里略作申说。

文化作为高层次的精神需求在当今综合国力竞争中的地位和作用逐渐凸显。

"典籍翻译研究"栏目的设置，首先与国家推动社会主义文化大发展大繁荣的决定，以及提出并推行中国文化"走出去"战略等时代背景密切相关，也与《燕山大学学报（哲学社会科学版）》寻求持续建设常设特色栏目的办刊初衷不谋而合。而且，文化"走出去"，翻译是其中重要的桥梁。"典籍翻译研究"栏目发文的方向是中译外，重点致力于出版和传播有关国内外学者关于中国传统与现代经典文献在世界翻译、传播、接受和影响的研究性论文，这直接呼应和支持了中国文化"走出去"战略的实践需求。

其次，"典籍翻译研究"栏目的设置，一开始就有翻译界专家的推动、论证和把脉，可谓立足全国，放眼世界。时任燕山大学期刊社社长的刘泽权教授是语料库翻译学界的知名专家，他学术交游广泛，学术视野开阔，网罗了一批名家为栏目撰稿。如开栏第一期就刊发了苏州大学汪榕培教授、南开大学王宏印教授、河北师范大学李正栓教授三位名家的文章。栏目能够走到今天，要感谢刘泽权教授的精心策划和付出，同时也要感谢这三位名家的大力支持。

另外，编辑部对自身办刊的精准定位和对国内同业期刊栏目建设现状的调研，也是"典籍翻译研究"栏目能够设立并创办至今的重要基础。《燕山大学学报（哲学社会科学版）》虽创刊较晚，诞生于2000年，但是起点并不低。作为地方高校学报，《燕山大学学报（哲学社会科学版）》在创刊之始就依托校内外优势学科资源和学术人脉，在中山大学哲学博士、原《河北学刊》编辑惠吉兴编审的带领下，以哲学、政治学等学科方向的发文见长。2002年在第二届全国高等学校社科学报评优活动中被评为"优秀栏目策划学报"，2006年被评为全国高校优秀社科学报，同年"中国哲学与文化"栏目被评为河北省高校学报优秀特色栏目。截至2013年，本刊已发文章被人大复印报刊资料中心全文转载达74篇之多。其中，哲学20篇，政治学27篇，文学文化类11篇，历史学5篇。随着各高校在科研评价中对核心期刊的倚重越来越强，非核心期刊的受关注度和影响力受到冲击。本刊虽以哲学学科发文见长，但是在核心期刊评价体系中，学术水平往往与影响因子指标不相匹配，这个学科方向的文章在评价数据方面整体偏低，这就需要打造一个相对有热度的、受众面广的新兴特色栏目来弥补传统学科发文的不足。本刊编辑部在分析了自身情况后一致认为，我们没有可以凝练为学术专栏的独家历史文化资源，也没有强势的人文社会科学学科资源平台可以依托，但是我们有创办特色专栏的经验，有若干学科带头人的引领，有国家文化政策和文化战略的利好环境，有期刊错位发展的市场机遇，我们决定跳出区域思维定式，创造条件，深入挖掘和出版中华优秀传统文化在世界的译介、传播、接受和影响的研究成果，整合全国的相关领域学者资源，全力打造"人无我有，人有我优"的"典籍翻译研究"专栏。

时至今日，"典籍翻译研究"栏目已经建设十个年头，发文200余篇。

其中,刊发了一批高质量、有影响力的学术论文,既有国内学界名家黄友义、潘文国、汪榕培、王宏印、李正栓、王宏、朱振武、陈大亮等人的重要文章,也有海外知名学者澳大利亚蒙纳士大学齐林涛、美国圣·彼得大学江岚的重要文章,还有备受学界瞩目的专题文章,如北京外国语大学张西平教授主持的"中国古代文化经典在域外的传播与影响研究专题",湖南大学李伟荣教授主持的《论语》《易经》《道德经》《诗经》的翻译与海外传播研究四个专题,杭州师范大学汪宝荣教授主持的"国家外宣机构中国文学外译研究专题",天津工业大学王治国教授主持的"王宏印学术思想研究专题",江南大学陈伟教授主持的"民族典籍翻译研究专题"等等,这些专题文章发表后,引起相关学者广泛关注和认可,栏目的良好口碑和专业影响力逐渐形成。

"典籍翻译研究"栏目在后任社长张纯江教授的支持下继续发展壮大,2018年,期刊社拨出专项资金用于栏目5周年论文精选集《中学西传:典籍翻译研究开新篇(2013—2018)》的出版。2019年12月,《开新篇》被河北省翻译学会授予第一届翻译成果编著类作品一等奖。此后,"典籍翻译研究"栏目先后获得全国性和省内行业性奖项,2019年被全国文科学报研究会评为"全国高校社科期刊特色栏目",2021年被河北省期刊协会评为"2018—2019年度河北省特色栏目"。另外,多篇文章被有影响力的刊网转摘,《〈苗族史诗〉汉译与英译的若干问题》《语言与软实力关系解析》被中国社会科学院主办的中国社会科学网全文转载,《跨学科之镜鉴:美国汉学视域古典小说宗教议题的主要维度》《原作之死:〈金瓶梅〉英译的去经典化研究》先后被人大复印报刊资料《文学研究文摘》转摘。

2020年,适逢燕山大学百年校庆和《燕山大学学报(哲学社会科学版)》创刊20周年刊庆,为了进一步扩大栏目的影响范围和期刊的知名度,给广大师生提供更优质的学术科研服务,在继任社长胡春海教授的大力支持下,2020年9月19日,《燕山大学学报(哲学社会科学版)》编辑部联合燕山大学外国语学院策划、组织并主办了线上直播为主、现场会议为辅的"中华文化外译研究国际会议",会议邀请来自中、英、澳三国的五位知名学者张西平、文军、刘华文、王斌华(英国)、宋中卫(澳大利亚),针对中华文化典籍和现当代文学外译研究的热点和前沿问题作了专题报告,并同时邀请孟庆波、李伟荣、许诗焱、侯羽四位专家作为主持人分别介绍专家和点评观点,参会师生达三百多人,报告内容获得了良好反响。

机缘巧合,2021年我有幸参与了燕山大学出版社社长陈玉教授主持的2021年度河北省教育厅人文社会科学研究重大项目的申报工作,项目"河北省高校学报影响力提升路径研究"后来顺利立项。作为子课题负责人之一,我如期完成"典籍翻译研究"特色栏目的论文精选和编纂工作。

考虑到编选工作的创新性、连贯性、版面有限性等特点,我将编选范围确定为2018年第2期至2022年第4期,共104篇文章,《开新篇》中已出版的论文这里不再重复选编;篇目选择则体现学科代表性和作者作品的代表性,最后选出28篇文章(出版社要求的篇数上限)。考虑到"典籍翻译研究"栏目属于跨学科综合性栏目,以学理探讨和学术争鸣为核心,研究范围涵盖中国文化、哲学、文学、历史、科技、民族典籍等诸多专业学科方向,所以按照已发文所属学科特点,将本书的栏目划分为六个部分,即中国典籍翻译理论与批评研究、中国典籍的传播与影响力研究、中国文化典籍翻译研究、中国文学典籍翻译研究、中国民族典籍翻译研究和中国科技典籍翻译研究。考虑到各个学科自身专业化、系统化的发展需求,又在中国文学典籍翻译研究栏目下按照历史发展阶段,划分出古代、近代文学典籍翻译研究和现当代文学翻译与海外传播研究两个方向。另外,在以学科为划分栏目的主要坐标的同时,我们还把专题研究作为补充形式,突出问题意识,聚焦相关学科栏目下的专题研究,如在古代、近代文学典籍翻译研究方向下设置了《诗经》翻译与海外传播研究专题,旨在以专题研究集聚相同研究主题的学者共同发声,通过不同语种、不同国家、不同视角的研究呈现中国典籍翻译研究的多元景象。

最后,感谢中国英汉语比较研究会典籍英译专业委员会会长李正栓教授多年的学术支持,感谢学界好友十年来的支持以及在论文集编选过程给予的指导和帮助！同时,欢迎关心和热爱典籍翻译研究事业的学者专家继续与我们加强交流合作,共同推动典籍翻译事业发展,使中国文化真正走出国门,走进千千万万的外国友人的心里。

董明伟
2023 年 8 月
于燕山大学燕鸣湖畔

目 录

【中国典籍翻译理论与批评研究】 ……………………………………………（1）
拓展与整合：中国文化外译研究发展趋势的四重思考 …………… 任增强（1）
王宏印教授的学术之道与治学方法 ……………… 陈大亮，陈婉玉（10）
从典籍英译看中国文化的对外传译
　　——王宏教授访谈录 ………………………………… 付瑛瑛，王　宏（21）
【中国典籍的传播与影响力研究】 ……………………………………（31）
美国东方学会图书馆的早期汉学藏书（1842—1905）
　　——兼论 19 世纪的美国汉学目录学 ……………………… 孟庆波（31）
中国当代文学的世界影响力
　　——基于中英文本海外图书馆藏的考察 ………………… 姜智芹（53）
【中国文化典籍翻译研究】 ……………………………………………（63）
后格义时代的译释现象研究 ………………………………… 刘华文（63）
典籍翻译个案研究的微观史建构
　　——以理雅各为中心的考察 ……………………………… 丁大刚（77）
中国文化元关键词在西方的诠释
　　——以安乐哲和郝大维英译《中庸》为中心 …………… 李伟荣（93）
1945 年以前《道德经》在德国的译介研究 …………………… 唐　雪（104）
"禅"的坎坷西行路
　　——"Zen"还是"Chan" …………………………………… 于海玲（114）
【中国文学典籍翻译研究】 ……………………………………………（124）
古代、近代文学典籍翻译研究方向 ………………………………（124）
世界诗学视域下中国文论海外传播的跨学科路径探索
　　——兼谈中国文论"走出去"四步并举法 ……………… 戴文静（124）
注释与译者情感的建构
　　——以施友忠《文心雕龙》英译本为例 ……… 胡作友，朱寒婧娟（133）

1

跨学科之镜鉴:美国汉学视阈中国古典小说宗教议题的主要维度 …………………………………………………………………… 何 敏,王玉莹(147)
原作之死:《金瓶梅》英译的去经典化研究 ………… 齐林涛(160)
20世纪域外杜甫英译专著之文化语境、诠释立场及影响 ……… 江 岚(177)
北美汉学界宋诗研究百年综述 ………………………… 万 燚(193)
汉学家白之英译《牡丹亭》戏剧翻译规范探究 ………… 赵征军(206)

专题研究:《诗经》翻译与海外传播 ……………………………(215)
西方《关雎》阐释三百年 ……………………… 李伟荣,郭紫云(215)
论《诗经》翻译中的变异 ……………………… 李玉良,张 月(232)
让文学还归文学:耶稣会士顾赛芬《诗经》法译研究 ……… 蒋向艳(250)

现当代文学翻译与海外传播研究方向 ……………………………(261)
走出秦地,走向世界
　　——试论陕西当代小说的对外翻译 ………………… 王宏印(261)
从单一走向多维的忠实理念
　　——以葛浩文对萧红作品的改译为中心 ………… 朱振武,朱 砂(279)
香港《译丛》的中国文学对外翻译传播模式研究
　　——以孔慧怡主编时期(1987—2007)为中心 ……… 葛文峰(290)
鲁迅小说杨译本在美国的传播与接受 ………………… 魏家海(302)

【中国民族典籍翻译研究】 ……………………………………(317)
根深植故土,性本向高天
　　——王宏印民族典籍翻译思想探微 ………………… 王治国(317)
中国式人类学诗学的构建
　　——论王宏印先生民族诗学的创作、翻译与研究 ……… 张 媛(328)

【中国科技典籍翻译研究】 ……………………………………(337)
多模态翻译视角下中国古代科技文明的国际传播 … 王海燕,刘 欣,刘迎春(337)
跨学科视域下的中国科技典籍对外译介
　　——访中国科学院自然科学史研究所孙显斌研究员 ……… 王烟朦 孙显斌(348)

【中国典籍翻译理论与批评研究】

拓展与整合：中国文化外译研究发展趋势的四重思考①

任增强

（山东大学 国际汉学研究中心，山东 济南 250100）

[摘 要] 中华古文献是中国文化的重要载体，就中国文化在非汉字文化圈内的传播而言，古文献的翻译至为关键。鉴于目前外译研究的现状，有四个问题应进一步加以商榷。首先，中华文化外译研究应拓展外延，不仅考虑典籍，更应将整个中华古文献的外译纳入研究视野；第二，中华文化外译主体的问题，汉学家译者无法在非中国的"话语真空"中进行，应考虑到中华古文献自身的生成特点，其中隐含着"潜对话的他者"，鼓励中外学者百花齐放；第三，在中国文化外译的研究路径上，应突破套用西方翻译理论的窠臼，开展汉学与国学间的双向阐释与建构，考察译本与其衍生品在海外的接受与影响；最后，善待汉学家译者的翻译成果，以平等的学术对话而非苛责批评的方式，建构起中国文化外译的中外学术与情感共同体。中外合作，方能推动中国文化的外译和不同文明间的互鉴与交流。

[基金项目] 国家社科基金重大项目"法国国家图书馆所藏中文古籍的编目、复制与整理研究"（17ZDA167）；山东大学基本科研业务费专项资金资助项目（2018TB038）的系列性研究成果

[作者简介] 任增强（1980— ），男，山东泰安人，文学博士，山东大学国际汉学研究中心副教授，兼任文化和旅游部与北京语言大学共建"中国文化对外翻译与传播研究中心"研究员，主要研究方向为海外汉学、中国文化对外翻译与传播。

① 原文刊于《燕山大学学报（哲学社会科学版）》2021年第1期，2023年11月22日被《新华文摘》网络版全文转载。

[**关键词**] 中国文化;中华古文献;外译研究;汉学家

一、引言

中国文化的海外传播,翻译往往起着关键性的媒介作用,特别是就中国文化在非汉字文化圈内的流布而言,外译是绕不过的一个关键环节和重要话题。

由于地理位置的便利,汉字与中国文化很早便在日本、越南、琉球和朝鲜半岛等周边国家和地区传播开来,由此以汉字与书籍为基础,而形成了所谓的"汉字文化圈"。"外人之研究汉籍,日本始于皇子稚郎子之读《论语》,时当晋太康中"①,"如同日本、越南等国家,韩国也将汉字作为书写工具,到20世纪初为止,韩国大部分档案皆以汉字写成"②。由此可见,在汉字文化圈中,中国文化的传布,虽然也有针对普通受众的翻译,但是就精英阶层的阅读与研究而言,基本上是无须借助于翻译且可以无障碍进行的。

中国文化外译作为大事件的出现,无疑发生在与非汉字文化圈的接触中,较早应是唐代律宗大师道宣所撰《集古今佛道论衡》中提及的"文帝诏令奘法师翻老子为梵文事";而在中国与西方文化的交流中,最早的中国文化外译似应是西班牙籍多明我会传教士汉学家高母羡(Juan Cobo)将中国的蒙学读物《明心宝鉴》迻译为西班牙语。而后,中国文化逐步经由来华传教士、专业汉学家以及中国学人的迻译,而更为广泛地传播至世界各地。

而国内学界对中国文化外译的观瞩与研究,似肇端于晚清时期。清季学人王韬在《送西儒理雅各回国序》中,盛赞英国汉学家理雅各对中国儒家经典的迻译之功,"先生独以西国儒宗,抗心媲古,俯首以就铅椠之役,其志欲于群经悉有译述,以广其嘉惠后学之心"③。近代以来,不断有中国学人负笈海外,而汉学界与中国学界交往频繁,"国际汉学界对中国认识的深化和中国学者掌握西学外语程度的增强,使得彼此沟通,渐成一有机整体"④,这促使国内更为有意识地关注国际汉学动态趋势,对中国文化的外译多有评论和介绍。而改革开放以降,特别是21世纪以来,随着中国文化"走出去"国家战略的实施,中国文化外译研究逐步升温,渐成为

---

① 梁绳祎:《外国汉学研究论》,《国学丛刊》,1941年第3期,第26页,第33页。
② [韩]全寅初:《〈韩国所藏中国汉籍总目〉的编纂与体例》,《中国索引》,2005年第4期,第48页。
③ 王韬,李天纲编校:《弢园文新编》,上海:中西书局,2012年,第107页。
④ 桑兵:《国学与汉学:近代中外学界交往录》,北京:中国人民大学出版社,2010年,第2页。

学界的热点话题。然而,就目前中国文化外译研究而言,本文以为在中国文化外译对象的外延、外译主体、外译研究路径与外译对话合作等方面,尚有待进一步加以辨清,借此也与学界同行加以商榷。

二、作为整体的中华古文献外译

首先,所谓的"典籍外译"这一说法,可能会无形中缩小了外译对象的外延,中国文化外译研究应有"中华古文献外译"的清醒意识。

作为中国文化载体的书籍,学界或者准确地说外语学界目前主要关注的是典籍。何为典籍?按照《说文解字》卷五"丌"部的说法,"典"指的是"五帝之书也。从册在丌上,尊阁之也";《尔雅·释言》认为"典,经也";《广韵》中也说"典","法也"。由此也可看出,典籍在中文语境中是重要的、经典的、可作为规则和示范性的传统文化书籍,与英语中的"canon"具有类似的意涵。

因为开展中国文化外译研究,外语能力是必备的条件,由此也决定了外译研究的主体主要集中于外语界的学人;再者,学科之间的壁垒导致外国语言文学专业的学者往往将目光聚集于经、史、子、集各部中熟为人知的经典著作,而不甚关注浩如烟海的其他中国古籍文献。检翻一下《永乐大典》《四库全书总目》,或者由中华书局与上海古籍出版社推出的《中国古籍总目》等,其实不难发现中华古文献的数量是远非所谓的"经典"所能容纳的。比如《中国古籍总目》著录古籍近20万种,时间跨度上考虑1911年之前,种类上不包括甲骨、铭文、竹简、帛书、碑刻等文献。如果算上未曾著录的以满、藏、回、西夏等少数民族文字所书写的,以及大量在不同历史时期散佚于海外的古籍,那么中华古文献的数量无疑是十分庞大的,这远远溢出了所谓"典籍"的范畴。

其次,拓宽学术视野,关注中华古文献,而非仅仅锁定所谓的"典籍",其中也有对中国文化外译历史与实际情况的考量。

一般来说,古今中外对经典的认知没有统一的标准,所以经典的生成与"去经典化"(de-canonization)是一种动态的存在。比如,明清时期,文学领域尚有所谓"十才子书"的说法,包括《三国演义》《好逑传》《玉娇梨》《平山冷燕》《水浒传》《西厢记》《琵琶记》《花笺记》《捉鬼传》《驻春园》在内的十部作品,俨然是明清之际的文学经典。早期来华西士出于"入国而问俗"的初衷,必然要了解中国人所认可的经典,这也可以解释为何《好逑传》《玉娇梨》《花笺记》等现在看来当归属于通俗文学的作品,而在彼时竟引发了汉学家的关注与翻译,并传至欧洲,引起了黑格尔、歌德、席勒等西方学者的关注。

从另一方面而言,特别是在跨文化语境中,由于意识形态、审美趣味、问题意识的不同,国内所认可的经典,未必是汉学家和海外受众眼中的经典。这样的案例在中国文化外译史上屡见不鲜。如唐代并无盛名的诗人寒山,竟在20世纪上半叶借助于汉学家韦利(Arthur Waley)、华兹生(Burton Watson),以及诗人斯奈德(Gary Snyder)等的翻译而风靡于大洋彼岸,寒山诗歌中蕴含的对主流文化和主流价值观的叛逆与颠覆,成为美国"垮掉派"诗人追捧的经典;再比如荷兰汉学家高罗佩(Robert van Gulik),他关注的是中国公案小说、房中术、琴谱、书谱等的迻译。

另外,由于地理位置的影响,欧洲学者治史,自西向东,由埃及、伊朗、印度而至中国,而日本学者则是自东而西,由朝鲜半岛、东北地区而至中国内陆,二者"注意于边疆较内地为先"[①];在学术研究之外,也不排除早期殖民扩张的政策需要,故除以汉字为载体的古文献外,少数民族文献也是海外译介的重要内容,斯坦因(Marc Aurel Stein)与伯希和(Paul Pelliot)的西北地区探险与劫获大量古文献自不待言,其他如汉学家韦利曾翻译《蒙古秘史》,俄罗斯汉学家对黑水城文献、日本汉学家对满蒙史料等,亦多有译介与研究。

既然经典的意涵是变动不居的,而且海外汉学界对中华古文献的译介与研究是全方位的,故而在中国文化外译研究中,中华古文献应该视为一个整体加以对待,各种古文献的外译均需要中国学界的关注与研究。而目前的情况是中国文化外译研究,基本成为外语翻译领域的专属地,但是若只具备外语语言能力,而缺少与古文献相关的专业知识背景,难免会导致研究视野的局限与高水平研究成果的难产,这也急需大量非外语学科学者的介入,以进一步拓展中华古文献外译研究的广度与深度。

三、中国文化外译主体的中外融合

关于中国文化外译的主体问题。如前所述,中国文化在非汉字文化圈内的传播,翻译发挥着重要的媒介作用,具体到"谁来译",学界存在一些分歧。[②] 有学者主张国外汉学家是中国文化"走出去"的外译主体,而另有学者则认为中国学者应作为外译主体。中国文化外译的主体性,说到底关系一个话语权的问题,译者无论如何标榜所谓的"信"与"忠实",往往不自觉中对翻译文本会产生操控,这一点翻

---

① 梁绳祎:《外国汉学研究论》,《国学丛刊》,1941年第3期,第26页,第33页。
② 任增强:《论中国文化"走出去"的外译主体》,《学术探索》,2017年第7期,第136—140页。

译界的相关论述已颇丰,特别是王晓平先生所著《中日文学经典的传播与翻译》一书对此有着精到的阐发,兹不赘述。

那么,汉学家自行迻译中华古文献,是否完全会排除掉中国因素的影响,而在非中国的"话语真空"中进行呢?事实并非如此。我们可以粗略地将汉学家分为两种类型,第一种类型的汉学家可以读懂古汉语,直接以古汉语文本为底本开展翻译;第二种类型的汉学家不通古汉语,必需要借助于白话文的译文而开展外译。在第二种情况下,古文献显然已经经过了中国学者的现代理解与删减处理,体现着我们有意识或无意识中需要注入的话语因子。

而第一种情况下的外译,似乎争议更大一些。翻译主体是通晓古汉语的汉学家,对于中国古典文献与文化有着深入的研究与个人的独到理解,往往在翻译中会发挥更大的主体性作用,给中国学者造成某些译文"失真"的印象。

事实上,大可不必如此紧张。原因在于中华古文献中隐含着与汉学家"潜对话的他者"。正如美国汉学家蔡九迪(Judith T. Zeitlin)所言:"中国古代的批评话语不单纯是阐释性的,还是互动式的。由此形成一种滚雪球效应:一部书籍或者手稿在流传中,读者会在书页上,甚至是各行间记下各样的反应。新的读者会将先前读者的评论视为书中的一部分而加以评论。以如此方式,文本成了作者与读者乃至各个时代不同读者之间永无休止的对话场。"身为汉学家的蔡九迪本人也坦言,无视这一有机的阐释进程,在阅读中将评论从文本中剔除,这对于后代读者而言是极为困难的。[1] 可以说,即便是现代中文读者,无论有着多高的古汉语阅读水平,终究不可能在没有附带评注的"裸文本"基础上而开展翻译工作,遑论母语是非中文的汉学家?无论汉学界耳熟能详的理雅各(James Legge)迻译儒家经典,抑或李约瑟(Joseph Needham)对中国古代科技文献的翻译和研究,均很难脱离注解本或中国助手的协助而在非中国的"话语真空"中独立进行。

故而可以说,中华古文献的外译是汉学家与古文献的评注者,或者说是汉学家与中国学术思想之间交融与对话后的产物,这也进一步说明汉学与国学其实是关于中国文化研究的一体两面,也就无所谓有"谁应该是外译主体"的不必要焦虑。非汉字文化圈内的汉学家,抑或是中国学者,均可以从事中华古文献的外译,一部古文献在海外某一语言区域的译本永远也不可能只有一种定本。我们大可以更为开放的姿态,鼓励中外双方百家争鸣,百花齐放,或者开展合作翻译。

---

[1] Judith T. *Historian of the Strange: Pu Songling and the Chinese Classical Tale*, Stanford: Stanford University Press, 1993. p. 15.

由此，也看出对中华古文献的整理与研究理应加强，或者说古代汉语、古代文学、少数民族语言文学、古代历史与古代哲学等专业领域的学者，在中国文化外译中应该发挥更大的作用。这体现在，发挥中国传统目录版本训诂之学，以专业的学科知识整理出优良的古籍版本，作为外译的底本；或作为专业顾问参与到古文献外译的工作中来，乃至开展中国文化外译的学术研究，从专业领域提出可行性的研究方案。

四、中国文化外译研究的可能性路径

如前所述，中华古文献的外译研究，目前基本是外国语言文学专业学者的专擅领域。因为外语学科偏重于语言层面的教学与研究，故稍加留意不难发现，不乏诸如以"某某译本的翻译策略研究""某某翻译理论视域下的某某译本研究"等为题的研究论文与著作。中华古文献的外译研究，需要对相关译作，特别是海外汉学家的译文或译本的翻译技巧加以探讨，细查汉学家译者在中外语言之间的自由切换与外文表达技巧，由此为外译提供若干有益的可操作性方法，就此一点而言，目前国内外语学界对之所开展的相关研究已是粲然可观。

诚然，此类研究的应用价值不言而喻。但中华古文献的外译，不应该仅仅是一项语言层面的转换工作，还涉及古文献在另一语言语境中的传播、接受以及对他国文化所产生的影响；而且，中华古文献通过外译形式而在他国的接受与影响，又会为我们理解中华古文献的文化价值与历史意义提供一种启示与参鉴，进一步丰富我们对中华古文献、对中国文化的认知与理解。因此，以古文献为载体在中外文化间所开展的应该是一种"双向互动"，是动态而多维度的，并非仅仅停留于语言层面的转换。这必然要求我们对其的研究要超离已有的以翻译技巧和翻译效果为主的讨论。

另外，外语学人因为语言优势和学科特点，往往会接触到很多西方的翻译理论，进而借用西方的翻译理论对中华古文献的外译加以考察，也似乎成为一种常见的研究路数。似乎缺乏西方翻译理论的介入，整个外译研究会处于一种疲弱的展现状态，哪怕某一理论是预先寻找到，也要以之对翻译文本进行强制阐释。

但是这种对理论的操作，应尽量具有针对性与适用性，若单单挪用某一种貌似"放诸四海而皆准"的翻译理论来阐释汉学家对中华古文献的翻译，往往使得一个活生生的翻译文本沦落为验证西方翻译理论的跑马场，充其量也只是揭橥该译本与其他译本间的某些共性，恐怕并不能真正发掘和揭示汉学家某一译本的特色与个性,反多有圆凿而方枘之弊,且对于中华古文献外译的理论探讨也并无多少益处。

如此并非是在对汉学家的译本加以考察时,完全排斥中外翻译理论,而是从规定的"情境"(conjuncture)而非某种先在的"预设"(presupposition)入手来面对和处理各种史实的。[①] 基于对译本的文本细读,找寻译本自身的特点,规避理论先行的做法,综合"化用"某些翻译理论,由此尝试性地从某特定译本中抽绎出某些关乎古文献翻译的研究方法,甚至是理论思考,以期揭橥个别翻译文本的独特之处。

此外,在研究内容上,考虑到古文献是中国文化"走出去"的重要载体,除去对译本本身的考察外,在研究中还要着重于该译本或某些译本在海外的传播路径、接受状况以及对当地文化所产生的诸种影响,揭橥其中所蕴含的"走出去"与"走进去"的策略与有效方式。故而,对于中华古文献的译介研究,尽可能考察译本在海外各大图书馆的收藏情况、在国外社交媒体上的读者反映情况、译本的被引与在学界的相关评论情况。对于古文献译本的衍生品,比如以影视、网络游戏、动漫等大众传媒形式的改编与传播,尽可能地搜集相关资料,盘点海外的接受情况,包括传播的历史进程、缘由、相应的效果等,由此探讨其对中华古文献外译乃至中国文化"走出去"的启示。

这一方面,要突破实证调查的软肋,尽可能就古文献译本、译本衍生品在海外的接受状况与后期反响开展实证研究。勘察各类古文献重要译本在欧美乃至全球等各知名高校、研究机构、各国家图书馆的收藏,在亚马逊、"Goodreads"等国外网站媒体的读者评论,以及其中所展现出的读者审美趣味与阅读偏好;再如译本被海外学者征引或被其他海外同行学者以书评形式加以评论等的情况,需要广罗相关资料加以清理;而前文所提若干古文献译本衍生品的接受情况,亦可由专业影评(critic reviews)与普通观众评论(audience reviews)入手,了解其在海外的传播与接受。而这对于中国文化"走出去"寻绎规律与策略皆是不可或缺的。

最后,在研究的广度和深度上应该有所拓展。前文所述,目前外译研究所存在的问题,很大程度上是由于现行的学科设置,外语学科长期以来对国学的隔膜,以及文史哲等领域的学者外语水平不高而导致的。由此,外语学界的中华古文献外译研究,往往缺少对古籍本身的深入理解,而无法与汉学家译者开展必要的学术对话与批判性研究,大多停留于译介史的梳理与译本评介,或者如上文所述翻译策略

[①] 黄卓越:《英美聊斋学研究·序言》,见任增强:《英美聊斋学研究》,北京:中国社会科学出版社,2020年,第5页。

的讨论、西方译论的借用。

对于中华古文献的外译研究,在研究方法上可以尝试汉学与国学间的双向阐释法,以中华古文献的外文译本为中介,以求中外文化间互相发明。海外汉学与国学具有共同的研究客体,其差异性则是由不同的研究主体所引发的。中华古文献是海外汉学与国学共同研究的对象,但是海外的汉学家译者与国内的研究学者却因分处于不同的文化语境,拥有不一样的知识背景,而产生了不同的问题意识与不同的观察问题角度,二者间的研究成果往往各有千秋,其中不乏洞见和偏见。而中国学者反观外译研究,便可以津梁式的沟通二者,促进"自我"与"他者"间的学术对话,以期增进不同文明间的互通、互解与互识。这一外译研究模式显然不同于一般的翻译研究,似应是现有外译研究的一种可能性拓展路径。

五、善待汉学家译者的翻译成果

最后一个问题,即如何对待中华古文献外译,特别是汉学家译者的翻译成果。笔者在他处曾提出"情感汉学"的概念,倡导先前对海外汉学从理性与逻辑层面的关注,转向对情感因素的研究。

汉学家译者对某部中华古文献的译介,除去受雇于某些机构担任翻译工作外,大多数情况下是出于主观的情感偏向和个体的兴趣爱好,比如英国汉学家霍克斯(David Hawkes)与闵福德(John Minford)。霍克斯为全身心翻译《红楼梦》这部"十年辛苦不寻常"的大作,不惜辞去牛津大学讲座教授的职位;而闵福德在《红楼梦》之外,又颇为偏爱《聊斋志异》,盛赞《聊斋志异》是与《红楼梦》相媲美的杰作,而且为了翻译《聊斋志异》索性放弃教职,于1991年迁居法国南部、靠近西班牙的山地,在那里买下一座小小的葡萄园,一边劳作,一边笔耕。据其回忆,"在万格罗德一个偏远的山村里,在酒窖里伴着昏黄的灯泡与头上一只伏在网上的大蜘蛛。而外面连绵起伏的法国南部科尔比埃山脉,与蒲松龄笔下的山东一样奇异"[①],环境如此艰苦,却能苦中作乐。

与国内的科研评价机制相类似,对汉学家译者而言,从事翻译够不上科研成果,所以正是出于对中华古文献深沉的热爱,两位汉学家译者自发投入了大量的时间、精力和心血,在这种情况下所生成的译作,对于汉学家译者而言是极为艰难与可贵的,这就要求国内学者在面对这些译作时要多一分理解与欣赏,少一分批评与

---

① Pu Songling. *Strange Tales from a Chinese Studio*, translated and edited by John Minford, London: Penguin Group, 2006. p. xxxii.

苛责。对于汉学家所完成的中华古文献译作,我们最好使用"对话"而非"批评"一词,对于无伤大雅的常识性错误,尽量不要大张旗鼓地挑毛病;对于不同的文本解读,应更多地给予"同情之了解",设身处地考虑到汉学家译者的翻译不足与时代局限。

从学界而言,还要加强与海外汉学界的沟通,追踪汉学家的翻译动态与翻译计划,建立动态的数据库及时了解汉学家的中华古文献翻译工作;对于某部中华古文献有深厚学养的国内专家,更要以积极的姿态配合汉学家的翻译,建立中外合作机制,定期召开学术会议或以信件形式解疑释惑,助力汉学家高质量完成翻译工作。

从政府层面而言,在"中华图书特殊贡献奖"之外,可以考虑设立专门的中国文化外译奖。由民间团体负责组织,以早期著名汉学家译者的名义,设立诸如"理雅各翻译奖"或者"卫礼贤翻译奖"等奖项,一方面资助和扶持海外汉学家开展对中华古文献的翻译工作,另一方面支持国内学界开展中华古文献外译的研究工作,进而形成海内外之间良性的学术交流与互相促进,共同推动中华古文献的对外翻译与传播,进一步提升中国文化在全球的影响力。

六、结语

总而言之,中华古文献不但浩如烟海,而且其中蕴含着博大精深的中华文明。但是从目前的情况来看,大量的古文献还被束之高阁于海内外的图书馆或沉睡于藏书机构的某一角落中,尚不曾为人发现,遑论被转译为外文,为世人所了解和认知,特别是对于非汉字文化圈而言,对中华古文献的搜寻、整理与翻译工作更是极为重要和必需的。但这项工作的开展,又必然是极为艰巨的,需要中外学界通力合作,共同完成。

对中华古文献和中国文化的热爱者,在海外汉学界代不乏人,而且不断涌现出翻译传播中国文化的杰出人士。这需要我们以中华古文献为纽带,团结海内外的力量,建立起中国文化外译的"学术共同体"与"情感共同体",其宗旨不仅在于中华古文献的外译,更在于不同文明间的互鉴与交流,由此增进彼此间的了解与理解,互识与互信,从而为人类命运共同体的建构注入强大的文化因子与精神动力。

王宏印教授的学术之道与治学方法[①]

陈大亮[1]，陈婉玉[2]

(1. 苏州大学 外国语学院，江苏 苏州 215006；
2. 浙江财经大学 外国语学院，浙江 杭州 310018)

[**摘　要**]　王宏印教授集学者、导师、翻译家和作家四种身份于一身，融研究、教学、翻译、创作于一体。翻译与研究相辅相成，教学与科研相互促进，中西会通与古今贯通，自由出入于学科之间，这四种治学方法是他成就大学问的学术正道，值得深入研究。

[**关键词**]　王宏印；治学方法；翻译型研究；中西会通

王宏印教授走了，年仅66岁，留给后人的是134篇论文和83部著作，还有若干没有来得及出版的书稿。[②]虽然斯人已去，但其作品还在，思想还在，治学方法还在。王教授是学者、导师、翻译家、作家，集四种身份于一身，融研究、教学、翻译、创作于一体。说他是学者，有研究成果与学术思想为证；说他是导师，有教过的学生、编撰的教材以及留下的教育思想为证；说他是翻译家，有资深翻译家证书与翻译作

[**作者简介**]　陈大亮(1969—)，男，江苏徐州人，博士，苏州大学特聘教授，博士生导师，研究方向为典籍英译、中西译论、翻译批评；陈婉玉(1993—)，女，江苏徐州人，硕士，浙江财经大学讲师，研究方向为文学翻译。

① 原文刊于《燕山大学学报(哲学社会科学版)》2021年第5期，这里做了编修。

② 已经发表出版以及未发表出版的数据统计，详见梁高燕老师整理的《王宏印先生学术研究和文学创作成果目录》：出版学术专著、译著、教材、编著及丛书83部，发表学术论文134篇。其中，发表原创诗歌集2部(642首)，散文集1部，诗剧2部，小说1部，已出版成果共计2 000多万字。未出版学术成果共计90多万字，原创文学作品约30万字。未出版文学创作成果包括原创诗歌集1部(254首)，散文集1部，小说1部(近27 000字)。感谢梁高燕老师提供的统计数据。

品为证;说他是作家,有原创的诗歌、散文、小说为证。王教授是真正的学者,淡泊名利,潜心治学,高深做学问,低调做学人,他的学术之道与治学方法值得学术界提炼总结,以便薪火相传,泽被后人。

一、翻译与研究相辅相成

王宏印教授自1976年从西安外国语学院本科毕业起就开始做翻译,先做科技翻译,后来是诗歌翻译与典籍翻译,还翻译过诗品、画论、剧本、民歌等多种体裁的文本。王教授治学的第一个特点就是把翻译与研究有机结合起来,翻译中有研究,研究中有翻译。他的翻译是研究型翻译,他的研究是翻译型研究,二者如车之两轮,鸟之两翼,相辅相成,相得益彰。这种治学方法产生了系列科研成果,比如《穆旦诗英译与解析》(2004年)、《"画语录"注译与石涛画论研究》(2007年)、《英语诗歌选译》(2011年)、《哈姆雷特:英汉对照》(2012年)、《美国诗歌选译:从印第安诗歌到纽约诗派:英汉对照》(2018年)、《英国诗歌选译:从中古民谣到现代诗歌:英汉对照》(2018年)等等。

1. 研究型翻译

所谓研究型翻译,就是凡是翻译,必先研究,研究之后有心得体会,才动笔翻译,动笔之后的翻译过程也是研究过程,而且反过来加深对原作的理解。王宏印教授的翻译就属于研究型翻译,在选择当译之本、翻译理念、翻译方法等方面都有自己独到的见解。

在选择当译之本上,王宏印教授首先选择别人没有翻译过、有一定难度且有研究价值的作品翻译,其次才是重译有译本的作品。他首译的作品主要有加拿大女诗人白蒂诗集、于右任诗选、陕北民歌、石涛画语录、公孙龙子六篇以及自己创作的诗歌等等。他重译的作品主要包括英美经典诗歌、毛泽东诗词、莎剧等等。他重译是因为"时隔多年,有些语言已经比较陈旧,有些体制和形式也不再符合今人的审美情趣,而有些诗歌的选择也不能完全满足今天读者的阅读兴趣和审美要求,需要重新考虑,刷新翻译"[1]22。他的翻译有自己独到的理解、体会、创新与笔法,重译的作品兼有研究心得和经典重译之长,不重复前人,也不与其他译本雷同。在研究兴趣点方面,他按照从古到今以及从哲学向文学转移的基本路径进行,所选文本基本属于文史哲领域。

在翻译理念上,王宏印教授遵循"四不翻"做法,即不喜欢不翻,没有研究不翻,没有灵感不翻,没有突破不翻。这种理念始终如一,一直贯穿他晚年的翻译实践活动中。第一个不翻:他翻译的动机多数是发自心底的热爱,因为喜欢,所以才翻译,尤其是诗歌,是他的最爱;他喜欢唱歌,因而翻译了很多古今民歌,包括陕北民歌;他喜欢毛泽东和于右任的书法,爱屋及乌,因而翻译了毛泽东诗词和于右任诗歌。第二个不翻:没有研究不翻,诗歌翻译之前要研究,典籍翻译之前也要研究,没有感觉,没有灵感,没有心得体会的时候,他不动笔翻译;就诗歌而言,"每一首诗几乎都是独特的,在没有认真研究之前,几乎是不可能随意决定能否翻译和如何翻译的。"[2]6 只有落实到每一首诗的研究,才能进入真正意义上的翻译;就典籍而言,《二十四诗品》《公孙龙子》《石涛画语录》都是非常难懂的学术著作,他翻译是因为对这些作品有长期深入的研究,而且有研究发现和心得体会,并且摸索出来合适的译法。第三个不翻:对于诗歌来说,无论是创作还是翻译,都需要灵感才能动笔;灵感的迸发以及创作冲动的到来需要一定时间酝酿,需要一个潜伏期,才能有顿悟和创造;无病呻吟,为赋新词强说愁,这样翻出来的东西也没有什么价值。第四个不翻:没有突破不翻,这是针对重译而言的,重译的作品至少应该在某些方面有超越和突破。他用九年时间,精心推敲,五易其稿,推出《哈姆雷特:英汉对照》新译本,在文体对应与风格模仿的和谐关系、表现手法与戏剧语言的交融状态、深度暗示和文化解读的相辅相成三方面比原译有突破。①[3]序

在翻译方法上,王宏印教授摆脱了传统的直译与意译窠臼,针对不同文体与文本类型提出不同的翻译方法,最终形成了包括翻译策略(口译、笔译策略)、翻译手法(再现、表现手法)、翻译技法(十大翻译技法)在内的翻译方法系统。②[4]177 他把翻译原文本划分为再现类和表现类两种文体。针对表现类文本的翻译,他提出文学艺术翻译的十大类表现手法,注重总体的翻译艺术效果,与传统的忠实和通顺为标准的要求有所不同,与西方翻译理论的说法也不尽相同。

此外,王宏印教授还擅长回译,这既是一种翻译方法,也是一种研究方法,其中蕴藏着丰富的翻译思想值得探究。他的回译主要用于诗歌翻译,有些是局部性回译,有些则是全部回译。他回译过霍克斯和杨宪益英译的《红楼梦》诗词曲赋,作为一种分析方法穿插于译作比较与分析的全过程。不满足于杨译和霍译的语义翻译原则,他在长期探索的基础上自己翻译了十二首《红楼梦》诗词曲赋,且都附中

---

① 关于《哈姆雷特》重译的若干原则和做法,具体参见译者序言。在序言中,王宏印教授首先评析了四种代表性译本,然后提出重译的三个前提条件,接着阐述了三条翻译原则,集中解决好三对矛盾,最后分析了重译的重要意义。

② 关于十大翻译技法与文学翻译的十大表现手法的具体内涵与应用,详见《英汉翻译高级教程》,2010年版本,第四单元,第177—200页。

文回译。对于司空图的《二十四诗品》,王教授非常喜爱,在翻译与研究的基础上,他把英文的《二十四诗品》以诗体的形式回译到中文。他回译的目的不是为了检验原文翻译的质量,而是"通过回译,揭示《诗品》的诗性品质,看其能否使我们产生新的认识。与此同时,也尽力把回译作品提高到一个创作水平,让它呈现一种新的文本样式"。[5]392

他的翻译是一种境界翻译,通过翻译,他感悟人生,通过翻译,他认识别人,也提升自我。他用"我翻,故我在"诠释了他的存在方式,证明了他的生命价值与存在意义。

2. 翻译型研究

王宏印教授不是为了翻译而翻译,翻译不是目的,也不是终点,而是为了研究与发现。他在《诗品文心:唐末高士司空图:生平、诗文与〈诗品〉翻译研究》的序言中提出了"翻译型研究"这个概念:"那就是以某一文化或文学的经典文本为对象,参较其他相关文献,通过文本翻译(注释是翻译的基础),进行作者思想挖掘和理论系统化整理性质的研究。"[5]7 王教授的这个研究特点在于不脱离文本而空言理论,并在文本研究基础上进行阐发性研究。

总结起来,王宏印教授的翻译型研究主要包括两大类:一是中外诗歌翻译与研究,二是中国文化典籍翻译与研究。其成果形式也相应分为两类:一是由译作+解析或评论构成,如《穆旦诗英译与解析》;二是由文本翻译和注释系列构成,包括原文注释、古文今译、古文英译三部分构成,形成注释、今译、英译的三角互动关系。这一模式,构成了他典籍翻译的基本格局,一直贯穿于一系列典籍文本的翻译与研究。对于一些难理解的典籍作品,他在三部分基础上会添加思想疏解,对原作的主题与要旨等方面的思想内容进一步阐释,如《二十四诗品》《石涛画语录》及《公孙龙子》的翻译与研究就采用这个体例。

对于中外诗歌的翻译型研究,王宏印教授注重研究诗歌的意象、意境、形式、内容、体制、风格、流派等内容,通过讲座、课堂、译者序言、学术论文、著作等形式总结提炼出诗歌翻译的理论、原则、理念、技巧与方法。在翻译原则上,他提出"三个必有分别"翻译原则,即汉译英与英译汉,必有分别;古体诗与现代诗,必有分别;古典诗与词,必有分别;在翻译理念上,他认为古今中外的诗歌翻译在总体上都应该向现代诗方向落实和转化,向着创造和创作的方向发展和落实。①[6]17

---

① 具体参见王宏印在《山东外语教学》上发表的论文:《遇之匪深,即之愈希——我的诗词翻译道路和几点思考》。

对于中国文化典籍的翻译型研究,王宏印教授投入了大量的时间与精力研读前人的研究文献,做细致的文本分析,挖掘作者学术思想,进行阐发研究,在整合零碎资料的基础上建构理论体系,进行某种程度的融合和创造,使经典文本的思想和艺术的总体倾向发生从古代向现代的转移,等等。在原作注释方面,他注重文字、典故、古语,旨在追根溯源,寻求理据,加深读者对典籍的理解。在古文今译方面,他分析古今词义的变化,考察文言文和白话文之间的文体差异,注意文言虚词和句式调整,研究行文谋篇和衔接连贯,旨在打通古文和现代文之间的语言和文化的差异。在古文英译方面,他注重研究术语的翻译、典故的翻译、专有名词的翻译,关注不同文体和表达功能的再现问题,提倡深度翻译的理念与原则,让外国读者领略中国典籍的艺术魅力,体验中国古人的诗意表现和生活智慧。在思想疏解方面,他运用阐发研究以及诠释学思想,拓宽思路和挖掘思想,侧重原理性的解决和哲理性的阐释;司空图的诗学思想、石涛的绘画美学思想以及公孙龙子的逻辑学和语言哲学思想,就属于这类研究。

研究型翻译以翻译为落脚点,翻译型研究以研究为落脚点。分开讲,只是为了讨论的方便。其实,研究型翻译和翻译型研究在实际操作时是很难截然分开的,二者是你中有我、我中有你的关系。在操作顺序上,一般情况下先研究后翻译,翻译之后又进一步研究,也有可能一边翻译,一边研究,翻译与研究就构成了一种不间断的循环往复。翻译有灵感,研究有发现,学术成果就在翻译与研究的循环往复中不断升华。

二、教学与科研相互促进

有些人只适合做科研,不会教学;有些人则只会教学,不懂科研;还有一些人既擅长教学,又擅长科研。显然,王宏印教授属于第三种人,他的教学与科研不分家。编写教材,适应不同层面的教学需要;重视文本研究,架起教学与科研之间的桥梁;开展翻译批评,建立翻译实践与理论之间的联系,这是他治学方法的第二个特点。

除了在西北电管局中心实验研究所从事科技翻译那五年之外,王宏印教授一直工作在教学第一线,甚至在退休之后还在上课。他的教学涵盖本科生、硕士生和博士生,与之对应地产出一系列教学研究成果,分别适应不同层次的教学需要。"无论给哪个层面的学生上课,我都按照教学大纲、能力梯度和知识台阶自编教材,前后上过的课有十几门,全是自己的书,不用任何现成的教科书。"这是王教授在接受《求学考研》采访时说的一句话,他是这么说的,实际也是这么做的。自编教材既是教学的心得体会,也是科研的学术成果,是教学和科研相互融合的结果。

在教学目标定位方面,王宏印教授认为本科阶段重在打好语言基本功,还谈不上什么科研,硕士阶段应该具有一定翻译能力和基本的研究能力,博士阶段的主要任务是进入翻译学科的前沿去研究创新性课题,以推动整个学科向前发展。

王宏印教授为本科生编写的教材主要有《英汉翻译综合教程》和《哈姆雷特:英汉对照》,旨在培养学生的语言能力、双语转换能力、翻译技巧、译作鉴赏能力。前一部教材先后经历1989年、2002年、2007年和2010年四个版本,每一版本都有大幅度的修改、补充、更新与完善,书名也相应有少许更变。① 其中,2007年的那次修订是比较全面的,旧貌换新颜,与时俱进,增加了作者近几年的研究心得体会。后一部教材是上海外语教育出版社组织专家编写的"翻译专业名著名译研读本"系列教材之一,采用英汉对照的形式排版,方便读者阅读揣摩。王教授为这部教材倾注了很多心血,写了两万多字的译者序言,还为译本增添评点与注释。与其他本科教材不同,该教材让学生通过阅读名著与名译学习翻译,改变了传统教材只见树木不见森林的弊端。

王宏印教授为硕士研究生开的课较多,内容主要包括跨文化交际、诗歌翻译、中外文化典籍翻译、文学翻译与鉴赏、文学翻译批评、翻译理论,与这些课程相对应的自编教材主要有《现代跨文化交通:如何与外国人交往》《世界名作汉译选析》《中外文学经典翻译教程》《中国文化典籍英译》《世界文化典籍汉译》《新译学论稿》《诗与翻译:双向互动与多维阐释》。这些教材依据不同的学科特点与教学目的,编排体例不尽相同,分属不同的教材系列,有的属于国家级规划教材,有的属于全国翻译硕士专业学位(MTI)教材,有的属于高等学校翻译课程教材,有的属于新世纪英语教学丛书,不一而足。

王宏印教授最初为博士生开两门课,后来发展到四门。最初的两门课分别是中国传统译论现代诠释和文学翻译批评,配套的两本教材分别是《中国传统译论经典诠释——从道安到傅雷》和《文学翻译批评论稿》。后来发展成四门课:"中国传统译论经典诠释""译学建设课""文学翻译批评""诗歌翻译鉴赏"。前两门课偏重理论,以西学治国学,注重理论思维,旨在培养学生的反思批评能力、哲学思辨能力以及理论建构能力。后两门课既有理论的深度,又有实践的指向,重点包括文学翻译批评的原则、标准与评级、文学翻译批评的方法与操作程序、诗歌翻译的多维阐

---

① 四个版本的书名按照出版时间的先后顺序依次是,1989年《英汉翻译综合教程:理论、技法、习作、欣赏》、2002年《英汉翻译综合教程》、2007年《英汉翻译综合教程 修订版》、2010年《英汉翻译高级教程》。

释等,旨在培养学生的诗性智慧,养成鉴赏的灵敏和批评的本领。

由于学术著作在性质、写法与体例等方面与教材不同,王宏印教授还根据教学的需要把原来的学术专著转化为教材。例如,《文学翻译批评概论》就是由《文学翻译批评论稿》改编而成的硕士生教材,作者尽量避免简单的搬用,扩充了一些新的翻译类型,删减了有关翻译学科建设的有关内容,降低了难度,增加了诗歌翻译作品的赏析与比较内容,并照顾实践环节,让学术理念落实到课堂上来。

王宏印教授不是象牙塔里边做学问的人,他搞教学注重翻译实践,做科研不脱离文本分析,而且能够借助翻译批评的中介环节把翻译实践和翻译理论联系起来,这是他的科研成果能够走进课堂且深受学生欢迎的主要原因。

三、中西会通与古今贯通

王宏印教授早年在美国新墨西哥大学攻读硕士学位期间,广泛涉猎西学,系统学习阅读了从古希腊到当代的西方经典著作,涉及文史哲和自然科学的一部分,也关注当下的西方社会和学术思潮,打下了扎实的西学功底。回国后,学术兴趣逐渐从西学转向国学,按照从古到今的顺序,研读先秦典籍、汉代儒学、唐诗宋词元曲、宋明理学、明清小说以及五四之后的现代学术。在兴趣点转移方面,先进行哲学和社会科学研究,然后转向文学,又转向翻译学,并从事中国文化典籍翻译研究。

王宏印教授从事跨文化研究和比较研究,兼及人文社科类比较研究,深受王国维、陈寅恪、钱锺书等人的影响,擅长中西会通与古今贯通,融通众说而成一家之言,这是他治学方法的第三个特点。王教授把这种治学方法运用到中国传统译论现代诠释、中西文化典籍翻译与研究、中外诗歌互译等领域,让传统译论向现代译论转化,让中西文化相互阐发,让"史"向"思"转变,让古典诗歌向现代诗转化,最终朝着人类文化共同体生成。

在中国传统译论的现代诠释方面,王教授秉持中国传统译论的人文主义传统,以史为鉴,系统梳理中国传统译论的资源,从中国传统译论或者文论中汲取可用的概念,参照西方哲学史发展路径,对中国传统译论进行分期,运用西方诠释学方法,把中国传统译论的论题、概念、形态向现代转换,作为建立中国翻译学的一种努力。在翻译史编纂问题上,他慎思明辨,旗帜鲜明地反对把实践史和理论史混编的做法。在译论评价方面,他运用陈寅恪的"对于古人之学说,必具了解之同情"的研究思路,对传统译论优点、缺点、出路等问题进行历史评价和理论评价。在中国传统译论的现代转换方面,他致力于中西译论的融合创新和相互阐发,反对抽象笼统地谈中西结合以及硬套西方模式的做法,在总结国内学者研究方法的基础上,他归纳出四种路径和方法,具有很强的可操作性和指导意义。①[7]284-286[8]36

在典籍翻译与研究方面,王宏印教授的这种治学方法表现在微观与宏观两个层面:在宏观层面,他用一种贯通的研究思路和科学的分期研究,把整体的典籍翻译与传播分成三大历史阶段,相应地形成三重文化境界[9]19;在微观层面,他用今译贯通古今,用英译会通中西,让"史"向"思"转变,让古代的思想与艺术向现代转化,让中西文化通过翻译而会通。现以《公孙龙子》为例来说明王教授如何进行中西融通与古今贯通。作者首先对公孙龙学说误解和曲解原因作历史考察,揭示了以"史"代"思"的弊端,提出从"史"的因果联系与事实评价的研究路径向"思"的逻辑勾连与思想重建的研究思路转变,以便拨开"史"的迷雾以寻求"思"的本质。作者"综合地运用了纵向横向交织、宏观微观兼顾、国学西学并用、中哲外哲贯通的多维度研究方法",重建公孙龙的理论体系。[10]3

在古诗英译方面,王宏印教授主张中译西化,古诗今化。他借鉴比较文学的研究方法,将中西诗歌与古典诗歌和现代诗歌打通,古典的诗歌朝现代的方向转化。用他自己的话说,就是"我想在比较文学的层面上,将中西诗歌逐渐打通,古典的诗歌朝现代的方向转化,和现代诗接触,和现代的汉语诗的创作情况接触,能够把古诗转化成当下中国汉语诗歌创作的一个依据,一个资源。同时用英语阅读的时候,也能够和英语诗自由地衔接,就是朝西化的方向转化。"[11]64此外,王教授还借助回译的方法,让中西进行对话,让古人今人在同一文本的不同时代转换中,找到思想的变化与连接。诗歌的回译,这不是一个简单的回译及其效果展示,而是一个探索带有诗学本体论意义的经典翻译的可能性有限延伸的可贵尝试。"这一诗学本体与现象的探索,基本上沟通了汉语古体诗与现代诗的传统,也在一定程度上打通了汉语诗与英语诗(甚至西方诗歌)的表现形式与诗学观念。"[5]11

中西会通其实是一种横向比较方法,其关键在于会通而不是混淆,同中见异,异中求同,融会贯通,才能相互阐发。古今贯通是一种纵向的历时研究法,其关键在于辨明学问的源流本末,古为今用,推陈出新,让典籍里的古文字在当代活起来。王宏印教授"一方面吸收输入外来之学说,一方面不忘本来民族之地位"②,他常常以陈寅恪的这句治学名言与大家共勉,在思想上自成系统,在学问上有所创新。

---

① 这是陈寅恪为冯友兰的《中国哲学史》写的《审查报告》里的一句话,具体参见《三松堂全集》第三卷。

② 中西译论如何融合的具体思路与做法涉及内容很多,笔者为节省篇幅,没有直接引用。具体内容参见2017年版《中国传统译论经典诠释——从道安到傅雷》,第284—286页。

四、学科之间自由出入

王宏印教授学识渊博,兴趣广泛,治学领域涉及跨文化交际学、跨文化心理学、语言学、文学、哲学、解释学、教育学、逻辑学、民族学、人类学等不同学科,能够在学科之间自由出入,因而成为大学者。自由出入于学科之间,打通不同学科,他山之石可以攻玉,这是他治学方法的第四个特点。

王宏印教授写过一篇文章,专门探讨自由出入于学科之间才能做大学问,重点在于文史哲之间的出与入。[12]95-96 笔者在本节内容中讨论的学科之间自由出入不限于文史哲,也包括其他学科。所谓"自由出入于学科之间",其实就是打通不同的学科,博采众长,融汇百家,王国维、陈寅恪、钱锺书等大学问家都擅长运用这种治学方法。

王宏印教授所说的文史哲不是通常意义上的文史哲,而是借其名称而有所发挥和拓展。文指的是文学、文本和话语,史指的是历史、事实、规律,哲指的是哲学、哲理、理论。分开来讲,文史哲各有自己的特点、路径和知识类型。从文本切入,可以获得知识、经验与见解,但距离事实和真理世界还有一段距离。从史切入,可以抵达事实的真相与认识的真理,但如果只掌握事实而无思想,则不能算是学问。从哲学切入,可以让人有思想,但思想如果变成教条,则让人失去批判精神和问题意识。因此,凡成大学问者,必须把文史哲合一,把知识、门径和本体视为一个整体,打通不同的学科,从此门入,从彼门出,把知识连成一片,形成网络,方能出新意。

王宏印教授具有多个学科的知识网络,因而能够自由于学科之间,笔者总结了他做学问的几个出口与入口。第一条路径是:从文学批评门入,从文学翻译批评门出,代表性研究成果是《文学翻译批评论稿》;第二条路径是:从书法绘画门入,从翻译学门出,提出翻译的笔法、译笔、文学翻译的十种表现手法等译学术语;第三条路径是:从逻辑学、语言学、哲学门入,从跨学科出,代表性研究成果是《白马非马:〈公孙龙子〉的智慧》;第四条路径是:从人类学、民族学与诗学入,从人类学诗学出;第五条路径是,从诗学与史学入,从翻译家传记出,代表性研究成果是《诗人翻译家穆旦(查良铮)评传》,走的是陈寅恪"诗史互证"的路子。

典籍翻译涉及很多学科,其中的民族典籍翻译涉及的学科更多,情况更为复杂。2013 年,王宏印教授结合自己从事民族诗歌创作的经验,把民族诗歌的创作提升到人类学诗学的高度,写出中国人自己的人类学诗学之诗,提出建立中国人类学诗学的设想。[13]61 2014 年,王教授根据近年来的翻译研究和观察,结合国际有关学科发展的最新动向,尝试提出中国民族文化典籍翻译的研究方法、学科基础和发展目标。[14]2 2015年,王教授进一步阐发了人类学诗学的内涵、实践与理论意义。[15]84 2019年,王教授总结了自己在民族典籍翻译、研究与创作三结合的道路,发现民族典籍的翻译与研究对汉族典籍的翻译与研究产生逆向的影响作用,最后得出典籍翻译的学科归属是古典学的结论。[16]7

在王宏印教授看来,画道、书道、诗道、文道、艺道、译道,一概相通相合,融通无碍,运思行文,内外无间。逻辑思维与形象思维的方法结合起来,哲学的边界是诗,诗是哲学的核心,"诗"与"思"相通。此所谓"世事洞明皆学问,人情练达即文章"是也。

五、结语

王宏印教授经过多年的探索,形成了自己一以贯之的治学路径与研究方法,在中国传统译论的现代诠释、文学翻译批评、典籍翻译、诗歌翻译与研究等领域作出重要的学术贡献。在中国传统译论的现代诠释方面,他提出的论题、概念与形态三个层次的转换,让中国传统译论在理论与观念上脱胎换骨,获得理论上的新生;在转换的基础上,他进一步提出四种可操作的中西融合创新的新译学理念,为译学建设指出行之有效的发展路径。在文学翻译批评方面,他提出文化的分层概念、文学翻译批评的方法论、翻译批评的原作、标准与评级以及操作程序等理论与实践问题,奠定了文学翻译批评的学科地位,为客观、公正的翻译批评提供具体可行的翻译质量评价模式。在诗歌翻译与研究方面,他经过多年的探索与实践,提出"三化"原则、"三个必有分别"主张、"四个不翻"做法,并用诗歌回译法拓宽了中西诗歌会通的空间。在典籍翻译方面,他创新性地提出"异语写作""无本回译""古本复原"等新术语与理论,丰富发展了典籍翻译的理论与实践;他是民族典籍翻译的践行者和开拓者,探索中国民族文化典籍翻译的研究方法、学科基础和发展目标,提出建立中国人类学诗学的设想。当然,王宏印教授学识渊博,视野开阔,涉及领域很多,他的治学方法与学术贡献远非一篇文章就能概括全面,挂一漏万,在所难免,希望其他学者的研究能够弥补笔者这方面的不足。

参考文献

[1] 王宏印.英语诗歌选译[M].北京:国防工业出版社,2011.
[2] 王宏印.英诗经典名译评析:从莎士比亚到金斯伯格[M].济南:山东大学出版社,2004.

[3] 王宏印.哈姆雷特:英汉对照[M].上海:上海外语教育出版社,2012.

[4] 王宏印.英汉翻译高级教程[M].大连:大连海事大学出版社,2010.

[5] 王宏印.诗品文心:唐末高士司空图:生平、诗文与《诗品》翻译研究[M].北京:社会科学文献出版社,2020.

[6] 王宏印.遇之匪深,即之愈希:我的诗词翻译道路和几点思考[J].山东外语教学,2012(3):13-19.

[7] 王宏印.中国传统译论经典诠释:从道安到傅雷[M].大连:大连海事大学出版社,2017.

[8] 王宏印.融通中西译论,革新中国译学[J].中国外语,2008(6):33-36.

[9] 王宏印.典籍翻译:三大阶段、三重境界:兼论汉语典籍、民族典籍与海外汉学的总体关系[J].中国翻译,2017(5):19-27.

[10] 赵馥洁.序[M]//王宏印.白马非马:《公孙龙子》的智慧:逻辑学、语言学、哲学三维解析.北京:社会科学文献出版社,2018.

[11] 王宏印.关于中国文化典籍翻译的若干问题与思考[J].中国文化研究,2015(2):59-68.

[12] 王宏印.自由出入于学科之间才能做大学问:兼论文史哲之间的人与出[J].中国外语,2009(4):94-96.

[13] 王宏印.写出中国人自己的人类学诗学之诗:我的民族诗歌创作与民族文化探索[J].燕山大学学报(哲学社会科学版),2013(4):61-70.

[14] 王宏印.民族典籍翻译研究的学科基础与发展目标[J].广西民族大学学报(哲学社会科学版),2014(4):2-6.

[15] 王宏印,张媛.人类学诗学:民族诗歌的创作、翻译与研究:王宏印教授访谈录[J].燕山大学学报(哲学社会科学版),2015(1):84-88.

[16] 王宏印.多元共生,稳定发展,共同繁荣:关于我国民族典籍翻译的学科归属与文化资源的利用[J].民族翻译,2019(1):7-15.

从典籍英译看中国文化的对外传译[①]
——王宏教授访谈录

付瑛瑛[1]，王 宏[2]

(1. 江西师范大学 外国语学院，江西 南昌 330022；
2. 苏州大学 外国语学院，江苏 苏州 215006)

[摘 要] 中国典籍是中国文化的重要组成部分，因此中国典籍英译和传播一直是学界讨论的热点。作者为此专门采访了苏州大学王宏教授。王教授以"传播中国文化，塑造中国形象"为出发点，围绕"何为译""为何译""如何译""译何为""如何评""如何有效传播"等方面指出中国文化对外传译中存在的问题及相关解决方法，并突出强调了意识形态对译者文本选择、翻译策略制定的影响。王教授最后指出，在中国文化对外传译中应跳出语言层面，从构建国家文化形象的角度来看待中国文化的传播。

[关键词] 中国文化对外传译；典籍英译；意识形态；中国形象

一

王宏，男，苏州大学典籍英译首席专家、翻译学科带头人、博士生导师。20世纪80年代末开启其翻译之旅，从此投身翻译和翻译研究，成果斐然。迄今已承担国家社科、省部级及横向项目12项，出版著译作43部，发表学术论文70篇。其代表译作《墨子》(汉译英)、《梦溪笔谈》(汉译英)、《山海经》(汉译英)、《明清小品

[作者简介] 付瑛瑛(1981—)，女，江西抚州人，江西师范大学外国语学院博士、博士后，硕士生导师，研究方向为典籍英译、语料库翻译学；王宏(1956—)，男，浙江宁波人，苏州大学外国语学院教授，博士生导师，研究方向为翻译学、典籍英译。

① 原文刊于《燕山大学学报(哲学社会科学版)》2018年第4期，这里做了个别文字、格式的编修。

文》(汉译英)、《国语》(汉译英)等入选《大中华文库》。特别值得一提的是,由他主持翻译的《梦溪笔谈》(*Brush Talks from Dream Brook*)、《明清小品文》(*The Short Essays of the Ming and Qing Dynasties*)、《清代城市生活长卷》(*The Urban Life of the Qing Dynasty*)、《教育理论与实践探索》(*Rethinking Education: Explorations in Theory and Practice*)分别由英国帕斯国际出版社(Paths International Ltd.)和美国麦格劳-希尔教育出版公司(The McGraw-Hill Education Companies)全球出版发行。

付瑛瑛:(以下简称"付"):王教授您好!感谢您百忙之中接受采访!中国文化走出去一直是比较热门的话题,而文学作品作为文化的重要载体,承担着传播中国文化的重大责任。1981年启动的"熊猫丛书"推介了一大批中国古代、当代和现代的优秀作品,涌现和培养了大批学贯中西、中西合璧的优秀翻译家,在国外产生了较大的影响。1995年,国家新闻出版总署启动"大中华文库"项目;2004年实施"中国图书对外推广计划"。2006年9月13日,我国颁布《国家"十一五"时期文化发展规划纲要》,将中国文化走出去纳入"十一五"规划纲要,其后又陆续推出"经典中国国际出版工程"(2009)、"中国文化著作翻译出版工程"(2010)等项目,其规模不断扩大,成果日渐丰厚。能否请您从典籍英译的角度来谈谈如何看待中国文化走出去。

王宏:(以下简称"王"):我国在中国文化走出去的文化战略部署上的确取得了喜人的成绩,这些国家级译介项目都是"功在当代、利在千秋"的伟业。

中国典籍是中国文化的重要组成部分,在中国文化走出去战略中承载着对外传播的重大使命。就拿"大中华文库"来说,"它是我国历史上首次系统全面地向世界推出的中国古籍整理和翻译的重大文化工程,也是弘扬中华优秀传统文化的基础工程。该文库精选了110种最有影响、最具代表性的中国典籍优秀作品"[1]78。当前,"大中华文库"的规模日渐扩大,其在国内外的影响也愈加深远,同时也得到党和国家领导人的充分肯定。然而,我们也须承认,"大中华文库"对外译介的效果与我们的期待值还有一定的距离。我想主要围绕"何为译""为何译""如何译""译何为""如何评""如何有效传播"等几个方面来谈谈中国文化走出去存在的问题,并展望其未来的发展方向。

先说"何为译"。"典籍英译是将中国古典作品翻译成英语的一种跨文化、跨语内、跨语际的信息传播活动。"[2]70 自从《好逑传》(*Hao Chiu Chuan*)1761年首次在英国出版以来,中国典籍英译已经走过了250多年的历史。大量中国重要典籍英译作品先后出版问世,彰显中华民族在古代对世界文明做出的卓越贡献。进入21世纪后,随着中国国家软实力的上升,国家大力弘扬中国文化"走出去",平等参与世界文明对话,促进世界对中国的认知和了解。以此为契机,中国典籍英译跃升为国家战略工程,无论是在作品翻译与出版,还是在学术研究、人才培养等方面都取得了巨大进步。但在取得进步的同时,也出现了以下问题:我们发现译界同仁对中国古典诗歌、小说、戏剧、散文等体裁的翻译较多,而对中国古典科技类作品的翻译偏少。[3]60 世人除知道四大发明源自古代中国外,对中国古代科技的其他重要成就知之甚少。从查阅相关翻译史书籍以及网络搜索所获的数据来看,已有英译本的科技典籍不到已知科技典籍总数的4.7%;且这些有译本的典籍也出现分布不均的情况,其中医学典籍的数量最多,而天文典籍、生物典籍等均未发现相关译本。另外,对中国少数民族典籍的英译和对外传播也重视不够,虽然近年在此方面有所起色。

付:诚如您所言,对中国典籍作品进行英译有助于传译中国文化、构建中国形象。的确有学者指出:"中国典籍作品走出去过多关注文学典籍,而忽略其他典籍,尤其是科技典籍,这无疑直接制约着中国文化走出去战略的深度实施。"[4]71

王:确实如此。中国古代科技典籍的译介与海外传播对于新时代中国科技参与世界科技文化交流、向世界介绍中国古代科技范式、构筑中国的科技文化话语体系、树立中国的国际文化形象至关重要。[5]77-78 中国传统文化典籍浩如烟海,目前只有一小部分被译介出去,外译任务任道而道远。增加科技典籍和少数民族典籍的翻译比重可更准确地传达出中国文化典籍的丰富性和多样性,有益于构建更完善的中国文化形象。

付:是的,文学作品对中国形象的影响不那么立竿见影,而是起着潜移默化的作用,如同"润物细无声",具有包容、渗透的功能[6]71。翻译可以逾越语言障碍,让国外广大民众直接了解并感受通过翻译文本呈现的中国形象。那么,如何在浩如烟海的文化典籍中选择作品进行翻译、如何制定翻译策略非常重要,这直接决定了中国形象所呈现的时代特征和时代精神。

王:"如何选择作品"和"为何译"与"如何译"密不可分。在中国文化走出去的战略中,除了要注重翻译本身,还要重视译本的接受和传播问题,尤其是译本在大众读者中的接受与传播,这就事关中国形象塑造与重构。"为何译"深受意识形态的影响。意识形态在翻译语境中,存在多种意识形态类型。从宏观上言,可以分为原语意识形态、译语意识形态与译者意识形态三大类。勒弗维尔认为,意识形态是通过译者影响翻译行为的。至于"如何译",译者要么认同顺应所处社会的意识形态,以积极方式选择拟译文本,确定翻译策略,解决原文语言与"文化万象造成的各种障碍";要么不认同不顺应所处社会的意识形态,但在委托人的强权下,消极地在主流意识形态影响下实施个人翻译行为。其实,译者有时也可超越意识形态的操控,主动积极实施翻译行为,或主动抵制翻译行为,或在原语意识形态与译语意识形态之间进行调和。[7]

付:国家级的对外译介工程,如"大中华文库""中国文化著作翻译出版工程"等,可以说是主流意识形态对译作的选择吗?

王:这样的表述过于笼统。勒弗维尔在他的理论中阐述了赞助人对翻译的影响,这可以在中国佛经翻译的发展中得到验证。佛教因为迎合了统治阶级的需要而得到大力提倡,从而带动了佛经的翻译。尤其在唐朝,皇帝作为佛经翻译最有力的赞助人,设立了专门的译场,译场设有译主、证义、证文、度语、笔受、缀文、参译、刊定、润文、梵呗、监护大使,从财力,物力和人力上保证了佛经的翻译。但从另一方面看,这也是在意识形态方面对译经进行监督。佛经译成后,要交由钦命大臣阅读,然后再上呈给皇帝过目。唐太宗时期,为玄奘设了专门的译场,译经主要选择大乘佛经,这是因为大乘佛经能够满足一个统一的大帝国的需要。高宗初期,玄奘圆寂,佛经翻译也随之陷入了低谷,直到武则天建立大周王朝,大乘佛教得到了统治者的鼎立支持,华严三祖法藏进宫为武则天宣讲大乘教义,西域胡僧大量涌入中国,佛经翻译又开始如火如荼地开展起来。今天我们国家级的对外译介工程是顺应了国际间交流、融通的大趋势。国际社会需要了解中国,我们的文化应当走出去,所选译的作品应当是我国文化形象的典型代表。

付:也就是说,译作的选材是第一步,选译的作品要能呈现出某个时代或某种特征的中国形象,具有一定的代表性。那么译者如何从事翻译,又如何在翻译实践中呈现出这些文学作品中蕴含的中国文化形象呢?

王:译者是翻译活动的主体,也是最积极最活跃的因素。译者的主体性体现在译者对翻译过程的每一个阶段,主要包括对翻译文本的选择、对翻译方法和翻译策略的制定和对翻译总体的把握。然后,翻译活动不可能在真空中进行,译者在发挥主观能动性的同时会受到原文、原作者、译文读者的制约,更关键的是受到意识形态、赞助者、诗学一系列因素的影响。简言之,意识形态等对翻译的影响体现在译者对译作的选材、翻译策略的选择甚至翻译的全过程。"意识形态因素的引入促使典籍英译研究从原来平面、静止、单一的语言研究转向立体、动态、多维的文化研究。"[2]76

付：那么译者可以在多大程度上发挥其主体性呢？

王：再现与重构典籍作品中的中国文化形象需要译者发挥其主体性，进行跨文化交流的调整与协商，提高译文的接受度。在诸多因素中，译者应考虑目的语读者的阅读态度，他们的态度是功用的、批判的还是审美的？译入语的读者态度、文化语境等都决定了作者与译者一直处于动态的关系中。尽管译者受到种种牵制，译者还是有一定的回旋余地。为了译文的接受度，译者可以对原文进行一定程度的改造。

付：这种改造恐怕得注意"度"的把握吧。您将翻译区分为"严格意义上的翻译"和"宽泛意义上的翻译"是否是出于对这个"度"的考虑呢？

王：确实有这方面的考虑。"严格意义上的翻译"要求原文和译文在内容、形式、结构、修辞、风格、功能等各方面要高度相似或对等；反之，则为"宽泛意义上的翻译"。译者在从事"严格意义的翻译"时，只能有限度地彰显其主体性、有限度地去调控文本，比如，决定译文语气的轻重、译文的显形与隐形、译文词语的选择、译文语域的选择、译文的归化、异化或杂合化等。[8]53 只有在从事"宽泛意义的翻译"时，译者的主体性才能得到较充分发挥。比如，"亚瑟·韦利将《西游记》译为《猴》(*Monkey*)，并于1942年由伦敦乔治·艾伦与昂温出版有限公司出版。该译本在欧美产生广泛的影响，曾多次再版，但韦利实际上只选译了原书的30回"[8]55。

付：倘若要提高中国典籍作品在国外的接受度，您认为译者在翻译时该以哪种翻译策略为标准呢？

王：我们先来看两个从"宽泛意义上翻译"的例子吧。美国译者伊万·金(Evan King)翻译了老舍的《骆驼祥子》，但译者对原著进行了大量删改，甚至将故事结尾改成大团圆结局。该译本一经发行，立即成为美国畅销书。[8]55 再比如，《鲁拜集》(*Rubaiyat*)的译者爱德华·费兹杰拉德(Edward Fitzgerald)对原作也进行了随意改动，结果译作不仅被视作英国翻译史上最优秀的译作之一，而且成为英国文学史上的杰作，被列入"世界文学名著"[9]87。从译文的传播和接受上来看，似乎"宽泛意义上的翻译"更易被民众接受。这样对原文进行"改造"的翻译通常居先，等到一定的时候，国外的严肃读者还是希望读到"严格意义上的翻译"，即全译。大卫·霍克斯和他女婿合译的《红楼梦》就属于"严格意义上的翻译"，在国外的接受程度也很高。至于讨论得比较多的，是他们译著中采取的"归化"为主的翻译策略为好，还是杨宪益、戴乃迭夫妇译著中采取的"异化"为主的翻译策略更佳的问题。翻译的最终目的是尽可能地让各方都接受译作。为了达到此目的,译者要通过参与译作的选材、主动制定翻译策略、主动参与译作在译语文化中的传播与接受等方式满足"交流"的需求。

付:也就是说,选择什么样的作品、什么内容、什么体裁、采取何种翻译策略等直接决定译作能否实现传播目的,需要各方认真策划,精心组织,共同参与。切不可盲目以某个政府职能部门,或是出版社,或是译者的好恶选择需传播的内容,而应是考虑多重因素后的综合考量。另外一个讨论得比较多但争议也不少的问题是,将中国典籍作品对外传译时谁是合适的译者？由中国译者或者外国译者独译呢？还是中外译者合译？还是译者与专业人士合译呢？

王:由谁来译涉及"译何为",即翻译的功能是什么。所以,不能简单地回答由谁译最佳,要看从哪个角度去看待。从历史上看,中国典籍英译经历了最初的由外国传教士、外交官、汉学家译介到中外译者合译再到现在中国人自己进行翻译的过程。目前,中西两支队伍都在进行着中国典籍作品的译介与研究。在由传教士、外交官、汉学家进行翻译的阶段,他们往往将他国之需求与自身兴趣相结合来选译作品。在中外译者合译阶段,中国译者往往受制于他国译者,利马窦与徐光启合译《几何原本》就是一个例子。在中国译者为主进行翻译的阶段,所选作品往往合乎自身传播的需求和目的,也与当代国际文化市场的需求相吻合。

典籍的外译工作对译者的要求相当高,不仅需要译者精通中外双方的语言,更要深谙双方文化；要把原著的精神吃透,把握住神韵。事实上,流畅、易懂且符合译入语读者阅读习惯的译本最受欢迎。中国译者在语言表达上略次于外国译者,外国译者对中国文化的理解上或浅于中国译者。如果从语言与文化结合的层面来考虑,中西合译似乎是比较理想的方式,比如,杨宪益和戴乃迭的合作就是所谓"借脑共译"的翻译方法[2]78。

然而,如果从中国文化走出去、呈现中国形象的层面上来看,中国译者、外国译者的译本都需要。翻译在传播中国文化,塑造中国形象方面发挥着重要作用。同时,中国形象有自塑和他塑之分:中国译者的译作体现的是自塑；外国译者的译作呈现的是他塑；两种译作呈现的形象肯定有所区别,因为不同的形象代表着受不同意识形态的影响。若将两种译作进行比较研究,跳出语言层面,分析译作呈现中国形象的异同,这有助于推动翻译与意识形态之间关系的研究,尤其是翻译对意识形态的反作用研究。

二

付：以上讨论内容概括了翻译内部研究和外部研究的诸多因素,那么在研究中应如何看待内部研究与外部研究的关系,如何平衡两者诸多的因素呢?

王：翻译内部研究重视微观研究,翻译外部研究重视宏观研究,但两者无主次之分、并行不悖、互为补充。[9]85 翻译的跨语言、跨文化属性在翻译内部研究和外部研究都有体现,只是研究方法和重心的不同。前者是微观研究,后者是宏观研究。这两者之间并不是对立或者互相否定的关系,后者是对前者的发展延伸,是翻译研究从语言走向文化,从内部走向外部的一个转向。语言作为文化的载体,与文化相辅相成。而今天我们要让中国文化走出去,就不能仅停留于语言层面的研究,要跳出语言层面,从对外译介传播的角度来考虑。

付：典籍英译旨在对外传播中国文化,使国外读者了解中国与中国文化。那么,如何了解、掌握并评价译著在国外的接受度和影响力呢?

王：这涉及"如何评"。对于典籍英译的对外传播与接受我们可采取现代技术手段进行分析统计,筛选出在国外接受度较高的作品和译者,重点进行分析。而对于国内外读者,则可以通过图书馆馆藏、借阅情况、购买数据、网上购买留言、读者读后反映、问卷调查等方式,确定译本的发售情况、读者反馈与建议,为此类文本的翻译策略和翻译方法提供借鉴。

我曾在谷歌和亚马逊网站输入《梦溪笔谈》的英文"*Brush Talks from Dream Brook*"进行检索。谷歌搜索中只用时 0.31 秒就得到 12.6 万条结果;亚马逊网站显示英国帕斯国际出版社于 2011 年出版精装本《梦溪笔谈》后,又于 2014 年推出了平装本的《梦溪笔谈》,这说明《梦溪笔谈》的英文全译本销售情况很好。帕斯国际出版社社长保罗先生在其网页上把《梦溪笔谈》的英文全译本称为"中国科技发展史上的重要代表作"(an important masterpiece in the history of Chinese scientific and technological development)[10]。

我又搜索了包括牛津大学、剑桥大学、哈佛大学、耶鲁大学、哥伦比亚大学、斯坦福大学等几十所英美著名大学图书馆的网站,发现它们的馆藏里都有《梦溪笔谈》英文全译本,有些大学图书馆有收藏,下属学院图书馆也有收藏。我还在网上读到英美硕士生在读完《梦溪笔谈》英文全译本以后,以《梦溪笔谈》反映的中国古代科技为题目写出的系列论文等。这些都说明《梦溪笔谈》的英文全译本已经真正走向了世界并起到了传播传统中国文化,弘扬中国古代科技成就的作用。作为

《梦溪笔谈》的英译者,我看到这些信息感到很高兴。[10]

付:可以说《梦溪笔谈》是真正走向了世界并起到了传播中国文化、弘扬中国古代科技成就的作用了,也为我国其他经典作品走向世界提供了很好的借鉴,进一步完善了中国文化形象。《梦溪笔谈》之所以取得这样的成功,除了译本自身的原因,还得益于什么其他因素吗?

王:一部典籍英译作品要取得成功,主要是让译本自己说话。当然,译本以外的因素也非常重要。比如译本由谁出版?面对的读者群是谁?作品是全译本、节译本,还是摘译本?这些都直接关系到典籍英译作品的接受与传播。譬如,"由谁出版"就是指赞助者,他们可以决定文学作品的发行。因此,选择赞助者、了解其赞助目的有助于有针对性地制定恰当的翻译策略,将典籍作品成功译介到西方。我们曾提出典籍英译作品"借船出海"的出版策略,即由国内出版社与国外出版社联合出版,共同推动中华传统优秀文化的对外传播。[2]76

付:我们也需要接受这样的事实:以往的典籍外译项目有的传播效果并不佳,未达到传播的目的。就拿《红楼梦》的翻译来说,"大中华文库"收录的是杨宪益和戴乃迭的译本。他们堪称珠联璧合,公认为是比较理想的翻译方式,然而他们的译本在国外接受度和影响力都次于大卫·霍克斯和他女婿闵福德合译的译本。这其中有什么需要考虑的因素吗?

王:传播效果可以作为中国典籍作品对外传播成功与否的一项重要评价依据,设立科学的传播效果考察与评价机制,将传播效果的考察和内容具体化。新的翻译项目的确定、需要翻译书籍的选择、传播效果的评估等,均可以依此为标准。对于传播效果良好的,我们要戒骄戒躁、继续努力;对于传播效果稍差的,我们也不能灰心丧气、妄自菲薄。杨宪益和戴乃迭的译本其实也是佳译。中国文化走出去未取得预期的效果,有时不是文学典籍本身质和量的问题,有先入为主的问题,还有西方世界和读者对中国一贯的态度问题。所以,我们主要有两方面的考虑:一是自身所做的努力与投入程度;二是英语国家对外来作品的接受机制与传播机制。刚才你说的《红楼梦》的两个版本的传播与接受问题,我认为应正面、积极地对待。我们可以收集相关数据,来分析霍克斯译本更受欢迎的原因,列出一系列参数,跟杨宪益译本进行比读,分析内因和外因,取长补短。毕竟,我们文化走出去还处于初期探索阶段,我们要将现在遇到的问题转化为以后对外传译的宝贵经验。我们要在对比、摸索和反思中前行,催生出一种前所未有的、更加自信、更加包容的新氛围。

付:这样看来,无论是译著的选材,还是翻译策略的制定甚至是对外传播,都与意识形态密不可分。您之前说过,"意识形态因素的引入促使典籍英译研究从原来平面、静止、单一的语言研究转向立体、动态、多维的文化研究"。那么,这种立体、动态和多维的研究是如何体现的呢?

王:我们试想,中国翻译者对莎士比亚等西方作家的作品也有那么多的简写本、简译本和改编本等翻译版本,文学的创作与接受需要百花齐放[11]。与莎士比亚齐名的明代著名戏曲学家汤显祖著有经典作品《牡丹亭》。《牡丹亭》现有三个全译本,"大中华文库"收录的是汪榕培译本。而据资料显示,在国外更受欢迎的是美国汉学家白之译本。其实《牡丹亭》在国外产生巨大影响,主要得益于白先勇首创的昆曲"青春版《牡丹亭》",这种推介的方法非常可取,它从文本自身的特点出发,将原著55出戏压缩为9个小时,分上、中、下三场演出。它在全球巡演,场场爆满,为中国传统文化的国际传播树立了典范。除了昆曲版《牡丹亭》,还有地方戏曲版《牡丹亭》。就在美国时间2018年3月20日晚,斯坦福大学音乐厅上演了一出由国家一级演员吴岚等表演的盱河高腔《牡丹亭·游园》片段,悠扬婉转的唱腔、明快清秀的妆容、刚柔相配的身段,赢得了在场观看的原斯坦福大学校长等美国及世界各地专家学者的阵阵掌声。像这样呈现的形象就是正面的、积极的、立体的、动态的。它是对我国文化形象的美好诠释,彰显了我国的文化软实力,有助于完善中国表达,树立中国形象。

付:以这种立体形态展现的《牡丹亭》想必能吸引读者对原作产生好奇,从而产生想读原作的强烈欲望。中国文化要走出去,除了专家型学者,还必须有普通读者的广泛参与。

王:是的。普通读者是社会文学生活的重要成员,他们接受程度能从另一个侧面反映传播的力度。典籍作品作为文学经典已经渗透到社会生活的各个方面,影响和制约着人们的思维和审美方式,所以我们要将外国普通读者的接受度纳入研究视野,使研究成果更完整、更全面。

付:最后请王教授再总结一下如何从典籍英译的角度做好中国文化对外传译吧。

王:中国文化对外传译其实涉及塑造中国形象的问题,从典籍英译的角度去研究中国形象的研究还未出现,这可以作为一个新的研究视角。简言之,我们应以"传播中国文化,塑造中国形象"为出发点去做好典籍英译,去重新审视"何为译""为何译""如何译""译何为""如何评""如何有效传播"等问题。

具体来说,就译者的主体性而言,塑造何种中国形象决定了译者对文本的选择,对翻译策略的制定甚至翻译的全过程;就翻译的形式而言,译本可以多种多样,以呈现立体多维的中国形象。再以《牡丹亭》的对外传译为例,外国读者是通过昆曲青春版《牡丹亭》了解并喜爱汤显祖的作品,恐怕只有研究型的学者会去阅读原著或译著,但我们中国普通读者何尝不是通过昆曲青春版《牡丹亭》了解这部作品,试问有多少读者读过原著?"己所不欲,勿施于人。"所以,"严格意义上的翻译"和"宽泛意义上的翻译"都需要,"严格意义上的翻译"已有三个译本;我们还可以将《牡丹亭》翻译成简体版、插图版、故事版等,这些版本并不意味着去除了文化的成分,相对而言,有些反而是高度浓缩的精华,去除原著冗长多余的文字描写,符合现代读者的审美意趣。此外,中国典籍作品言简意赅、内涵丰富,非一部译本可完整呈现,我们鼓励并提倡"和而不同,各司其职",力求呈现立体、动态、多维的文化形象。

总之,中国文化对外翻译、传播和交流都有其内在的规律和方向。我们应该清楚,从初步"走出去"到完全"融进去"是一条很艰辛的道路。真正融入另外一种文化十分不易。我们可以扪心自问,有多少外国作品已完全真正融入我们的文化当中?显然,文化传播要产生效益需要时间和耐心。我认为,"以柔克刚,换位思考"不失为一种有效交流的途径;"分步实施、持续推进"是我们应有的心态;"百舸争流,借海扬帆"是我们应坚持的原则。我们应采取积极进取、顺势而为的态度看待中国文化走出去,争取早日迎来"瓜熟蒂落、水到渠成"的那一天。

参考文献

[1] 刘伟,王宏.中国典籍英译研究:回顾与展望:王宏教授访谈录[J].外文研究,2013(1):77-83,101.

[2] 王宏,刘性峰.当代语境下的中国典籍英译研究[J].中国文化研究,2015(2):69-79.

[3] 林宗豪,王宏.古代科技典籍英译本现状及成因的传播学阐释[J].中国科技翻译,2017(3):60-63.

[4] 李伟荣.20世纪以来中国典籍出版走出去的回顾与思考[J].中国出版,2016(23):70-73.

[5] 刘性峰,王宏.中国古典科技翻译研究框架构建及相关对策[J].上海翻译,2016(4):77-81.

[6] 胡开宝,李鑫.基于语料库的翻译与中国形象研究:内涵与意义[J].外语研究,2017(4):70-75.

[7] 王宏.走进绚丽多彩的翻译世界[M].北京:外语教学与研究出版社,2012.

[8] 王宏.对当前翻译研究几个热点问题的再思考[J].上海翻译,2010(2):52-56.

[9] 王宏.怎么译:是操控还是投降[J].外国语,2011(2):84-89.

[10] 王宏.翻译的烦恼和快乐来自不同文化的碰撞[N].苏州日报,2014-02-28(10).

[11] 周领顺.拓展文化"走出去"的翻译传播机制研究[N].2016-11-14(15).

【中国典籍的传播与影响力研究】

美国东方学会图书馆的早期汉学藏书(1842—1905)①
——兼论19世纪的美国汉学目录学

孟庆波

(中国矿业大学 外文学院,江苏 徐州 221116)

[摘 要] 美国东方学会图书馆成立于1842年,最早在北美地区开展了规模性的汉学图书收藏。至1905年4月,该馆已经藏有汉学图书737种。就藏书时间及数量看,该馆汉学图书的入藏整体缓慢,但个别年份有爆发式增长,未受美国内战影响,却与中美《望厦条约》直接相关;就藏书来源看,厦门和宁波极为突出,其余地点相对分散,来自中国的藏书远超欧洲,宗教组织及个人、汉学机构及汉学家是重要的捐赠体;就图书内容看,涉及宗教事务、汉语学习、中外关系的藏书较为突出,世界汉学期刊和汉学目录学著作的收录较为全面,汉文书籍占有一定比重。该馆的藏书目录开创了美国的汉学目录学,见证了19世纪美国本土汉学目录学的初步繁荣。

[关键词] 美国东方学会图书馆;汉学;目录学

美国东方学会(American Oriental Society)于1842年在波士顿成立,是美国历

[基金项目] 江苏省教育科学"十三五"规划2016年度重点课题"美国汉语教材编纂史"(2016-ZX0115-0044);中国矿业大学"国际汉学与比较文学研究中心"资助项目

[作者简介] 孟庆波(1977—),男,河北卢龙人,博士,中国矿业大学外文学院副教授,主要从事欧美汉学史及中西文化交流史研究。

① 原文刊于《燕山大学学报(哲学社会科学版)》2020年第3期。

史上的第四个专业学术团体。该学会的宗旨是"培育对亚洲、非洲和波利尼西亚语言的研究"[1]，注重以文献学和考古学的方法研究东方文明。美国东方学会在美国的中国研究学术史上占有极其重要的地位：它是美国汉学的发源地①，是美国中国学的孕育者②，也是美国汉学的常青藤③。建立并运行图书馆是美国东方学会的初衷之一，相关内容可见于1843年4月7日颁布的学会章程第二条第三款[2]。美国东方学会图书馆原建于波士顿，1855年迁至纽黑文，现坐落于耶鲁大学斯特林纪念图书馆（Sterling Memorial Library）内，已发展成一座高度专业化的东方学图书馆。除收藏东方学研究的西文书籍以外，也广泛收藏阿拉伯文、波斯文、土耳其文、亚述文、巴比伦文、苏美尔文、古代印度文、巴利文、汉文、日文及亚美尼亚文的文献及手稿。美国东方学会图书馆自成立之始即接受汉学图书④的捐赠，《美国东方学会会刊》(Journal of the American Oriental Society，简称JAOS）第一卷第三期即刊出"图书馆的受赠图书"(Donations to the Library)一文，此后也持续关注图书的入藏情况，并且列出具体的书目和来源。截至1905年4月⑤，该馆已藏有汉学图书737种⑥。这是北美地区最早的规模性汉学藏书[3]，其目录也开创了美国的汉学目录学。

一、早期汉学图书的入藏时间及数量

根据美国东方学会成立时的决议，图书馆员需要在学会的半年会及年会上作出专门报告，《美国东方学会会刊》也刊载图书馆的详细入藏，从时间上完整记录了该馆的图书增长。根据《美国东方学会会刊》的不定期刊载，笔者统计早期汉学图书的入藏数量，如表1所示：

---

① 费正清(John K. Fairbank，1907—1991)曾有过权威表述："美国有组织的汉学研究始自美国东方学会。"

② 美国中国学研究的倡导者远东学会(Far Eastern Association)，即从美国东方学会的内部独立而来，其七位创建者均为美国东方学会会员。美国东方学会在远东学会的成立初期对之进行了大力扶持。

③ 美国东方学会成立至今，已发行《美国东方学会会刊》139卷，各卷均刊载汉学研究文章；1951年成立的西部分会，更是以汉学为主要研究目标。

④ 提请注意，依照《美国东方学会会刊》的刊载传统，本文未将西文汉学书目与汉籍图书进行区分，将之统称为汉学书目。

⑤ 本文将研究下限定于1905年，一方面是因为19世纪《美国东方学会会刊》最后一次统计的时间范围为1898年4月至1905年4月，客观上使本文无法断定书目的具体入藏年份；另一方面的原因是1904年圣路易斯博览会(4月30日至12月1日)撤展后，清政府在同年年底向美国国会图书馆捐赠了1 965册参展汉籍。因此，1905年可定为美国汉学藏书及美国汉学目录学的一个断代点。

⑥ 本文所涉及的汉学书目坚持从严原则，中国文化研究必须是书目的主体内容；而有关亚洲事务、东西方文化、国际东方学及世界语言学、哲学等泛化或专题性著作均未列入。

表1　美国东方学会图书馆早期汉学藏书(1842—1905)历年入藏数量一览表

序号	入藏时间及数量	序号	入藏时间及数量
1	1842年8月至1847年1月,23种[4]	13	1864年5月至1865年5月,48种[16]
2	1847年1月①至1849年4月,5种[5]	14	1865年5月至1867年5月,6种[17]
3	1849年5月至1851年2月,18种[6]	15	1867年5月至1871年5月,19种[18]
4	1851年3月至1852年4月,95种[7]	16	1871年6月至1878年6月,53种[19]
5	1852年5月至1853年3月,15种[8]	17	1878年7月至1881年12月,27种[20]
6	1853年2月至1854年7月,43种[9]	18	1882年1月至1885年5月,12种[21]
7	1854年8月至1855年8月,42种[10]	19	1885年5月至1889年4月,14种[22]
8	1855年9月至1856年10月,29种[11]	20	1889年5月至1891年7月,8种[23]
9	1856年10月至1860年5月,32种[12]	21	1891年8月至1893年3月,9种[24]
10	1860年5月至1861年5月,158种[13]	22	1893年4月至1896年3月,20种[25]
11	1861年5月至1862年10月,5种[14]	23	1896年4月至1898年4月,4种[26]
12	1862年11月至1864年5月,34种[15]	24	1898年4月至1905年4月,18种[27]

浏览上述数字,可以看出该学会的早期汉学藏书在时间及数量增长上具有几个特点:

第一,除去少数特殊年份以外,从整体上讲美国东方学会图书馆的藏书增长极为缓慢。最为典型的,从美国东方学会成立的1842年8月至第三次统计的1851年2月,8年半内该馆汉学藏书总量仅为46种,年均入藏5.4种;而到了本文统计的末期,即从1896年4月至1905年4月,9年内该馆增加汉学藏书22种,年均入藏量不增反降,仅为2.4种。由此看来,美国东方学会图书馆早期汉学书目的缓慢入藏是维持了半个多世纪的常态,并且图书的入藏并不符合一般性设想,即增长率随着时间的后移、中美接触的增加而有所提高。这一统计揭示出1905年以前的汉学在美国东方学会的学术谱系内位居偏流,整体的美国汉学也处于萌芽之后的缓慢发展状态②。

第二个特点,个别年份的图书入藏有爆发式增长,如1851年3月至1852年4

---

① 《美国东方学会会刊》历次统计的起止时间偶有重合、但整体接续,本文未加改动。
② 直到20世纪30年代以前,美国东方学会的主要关注领域一直为中东学,汉学只处于边缘位置;整体美国汉学的提速和升温,需要等到1925年太平洋学会(The Institute of Pacific Relations)、1928年哈佛燕京学社(Harvard-Yenching Institute)成立甚至两次世界大战之后。

月、1860年5月至1861年5月,这两年的入藏量分别达到了95种和158种。查其史实,乃是美国外交官及商人俾列利查士威林(Charles W. Bradley,1807—1865)从厦门及宁波向美国东方学会图书馆批量赠书之故。笔者已有专文研究,此处不再赘述。这种爆发式增长凸显出该馆的早期汉学图书入藏虽然有多种渠道,但却过于依赖个体捐赠;而个体捐赠在时间和数量上又有极大偶然性。

第三个特点,美国东方学会图书馆早期汉学图书的入藏并未受到美国内战的影响。南北战争爆发于1861年4月12日,在1865年4月9日停战,将东部各州全数卷入;而《美国东方学会会刊》第7、8两卷统计入藏书目的时间为1861年5月至1865年5月,两个时间段大致重合。该馆此期入藏的汉学书目有87种,年均入藏近22种,反而远高于其他时段。

第四个特点,美国东方学会图书馆早期汉学图书的大批入藏与中美《望厦条约》有直接关系。1844年的《望厦条约》是中美之间的第一份外交协定,它在中英《南京条约》的基础上,在西方列强条约中首次增加了"准(合众国官民)采买中国各项书籍"的表述。这一条款无疑对美国汉学书目的入藏产生了极大的推动,俾列利查士威林的赠书就是明证:他1849—1853年任驻厦门领事,捐出各类图书95种,其中有汉学书目79种;1857—1860年任驻宁波领事,捐出各类书籍608种,其中有汉学书籍159种;1861—1863年任汉口海关助理,捐出各类图书39种,其中有汉学书目27种。[28]一位美国驻华外交官员能够如此大规模地从中国采购书籍并向美国邮寄,应该说是受到了《望厦条约》的直接保护。

二、早期汉学藏书的来源及特征

美国东方学会图书馆的早期汉学藏书多来自个人捐赠以及与其他学术组织的交换,另有少量来自购买,其中个人捐赠是最主要的藏书来源。

从1842年成立到1847年的第一次统计,美国东方学会图书馆最早收到的汉学图书共23种,其中20种来自个人捐赠,详见表2:

表2　美国东方学会图书馆所收最早的个人捐赠

捐赠人	图书
William Jenks（1778—1866，美国公理会牧师）	21卷汉籍，包括《大学》《中庸》《孟子》《论语》《易经》《诗经》等
	32卷《康熙字典》
	20卷《三国志》
	36卷《王凤洲先生纲鉴正约会纂》（Fung-chow's History of China）①
	1813年小德经（C. L. J. de Guignes, 1759—1845）在巴黎出版的《汉法拉字典》（Dictionnaire Chinoise, Français et Latin）
	1814年马士曼（Joshua Marshman, 1768—1834）在塞兰坡出版的《中国言法》（Elements of Chinese Grammar）
	1842年麦都思（Walter Henry Medhurst, 1796—1857）在巴达维亚出版的《英汉字典》（The Chinese and English Dictionary）
顾盛（Caleb Cushing, 1800—1879，美国驻华公使）	30种未具名汉籍
鲍狄埃（G. Pauthier, 1801—1873，法国汉学家）②	1832年巴黎出版的译著《大学》（Le Tá-Hio où la Grande Étude）
	1838年巴黎出版的译著《道德经》（Premier Livres du Tao-te-King de Lao-Tseu）
	1840年巴黎出版的译著《天竺》（Thian-Tchu ou l'Inde）③
	1841年巴黎出版的译著《中华帝国官方统计文献》（Documents Statistique Officiels sur l'Empire de la Chine）
	1842年巴黎出版的自著《汉语与埃及语，论两种象形语言类似的起源与发展》（Sinico-Ægyptiaca）
	1842年巴黎出版的自著《汉学的公诉》（Vindiciæ Sinicæ）
	1842年巴黎出版的自著《答儒莲》（Réponse à l'Examen Critique de M. Stanislas Julien）
	1843年巴黎出版的自著《汉学的公诉：补议》（Supplement aux Vindiciæ Sinicæ）
	1843年巴黎出版的译著《中华帝国总理各国事务官方文献》（Documents Officiels Chinois sur les Ambassades Étrangères）
	1844年巴黎出版的自著《中国哲学史》（Esquisse d'un Histoire de la Philosophie Chinoise）
R. K. Haight（？—？）	1842年由鲍狄埃翻译、巴黎出版的《东方圣书》（Les Livres Sacrés de l'Orient），包括《书经》和《四书》等
裨治文（Elijah C. Bridgman, 1801—1861，美国首位来华传教士）	1840年在澳门出版的自编教材《广东方言读本》（A Chinese Chrestomathy in the Canton Dialect）

---

　　① 此文献名称的回译蒙南京大学李庆及北京理工大学安学勇两位老师指点，特此鸣谢。

　　② G. Pauthier的名字有"颇节""波提埃""博迪耶""保提爱""鲍梯""鲍吉耶""颇箭""包几耶""庞迪""鲍节""波迪埃""曳铁""卜铁"等十余种译法。本文采用的是捷克科学院东方研究所李世佳（Vladimír Liščák）及张西平、卢梦雅等学者的译法。

　　③ 原文录入有误，实际上该书题名为"Examen Méthodique des Faits qui Concernent le Thian-Tchu ou l'Inde"

在首次统计的藏书中,另有 3 种来自组织交换:即英国皇家亚洲学会捐赠 1833—1834 年的《会报》(*Journal of the Royal Asiatic Society*);巴黎亚洲学会捐赠 1844 年的《报告》(*Rapport Fait à la Societé Asiatique*);美国公理会海外传道部(AB-CFM)捐赠的 1846 年的《第 37 次年度报告》(*Thirty-Seventh Annual Report*)。

首次统计已能看出美国东方学会图书馆藏书来源相对集中的端倪。本文综合统计 1842—1905 年的所有汉学藏书,发现该馆早期汉学藏书的来源最终呈以下特征:

第一,大捐赠量的来源极少,小捐赠量的捐赠者很多。纵观本文所关注的 1842—1905 年,捐赠量最大的,无疑是捐出 340 种的俾列利查士威林,其捐赠量几乎占据此期美国东方学会图书馆汉学藏书的半壁江山。其余捐赠来源,则极为分散且捐书数量较小,例如有捐出 39 种汉学图书的美国公理会海外传道部、捐出 35 种的美国长老会海外传道部宁波差会(Ningpo Mission of the Presbyterian Board of Foreign Missions)、捐出 20 种的驻宁波传教士玛高温(D. J. MacGowan,1814—1893)、捐出 15 种的驻广州传教士卫三畏(Samuel W. Williams,1812—1884),都算得上是捐赠数量较大的组织和个人;其余的绝大多数捐赠机构和个人,如大英博物馆、牛津大学出版社和香港总督包令(John Bowring,1792—1872)、英国汉学家理雅各(James Legge,1815—1897)等,只捐出两三种。这种藏书来源的极不均衡,至少说明两个问题:首先,自 1814 年汉学讲席设立到 19 世纪末,以法国为代表的欧洲专业汉学已经获得全面且快速的发展,汉学成果一派繁荣;而美国东方学会图书馆早期汉学藏书的最主要来源是中国而不是欧洲①,说明美国东方学会及美国的汉学研究仍大致处于研究材料的积累阶段,水准远不及已经进入学术研究轨道的欧洲专业汉学;其次,美国东方学会图书馆藏书的来源地极为分散,中国、英国、法国、德国、荷兰、意大利、俄国、印度、日本等都有个人和机构向该馆零散赠书,这倒是从侧面说明美国东方学会及美国汉学正逐渐获得世界性关注,美国汉学在 20 世纪会成为世界汉学的一支重要力量。

第二,美国东方学会图书馆早期汉学藏书的捐赠者名单中,更多是宗教组织及个人。比较典型的宗教组织,除前述的美国长老会海外传道部宁波差会以外,还有

---

① 中国是否为世界汉学藏书的主要来源,值得探讨。依本文体例,汉学藏书可分为外传汉籍及外文研究作品两类。对这两类图书的确切统计目前几无可能;但据笔者掌握的材料,似乎国外汉学界的外文研究作品比中国的外传汉籍更多。造成这一印象的原因有二,一是笔者身处外语学科,知识背景决定了对国外目录更为关注,而著名的《域外汉籍研究集刊》等只作印证或补充;二是根据汉学目录学的常见记法,大型的汉籍丛书如《四库全书》等只记为一种,无疑让外传汉籍的条目显得相对较少。不当之处,还请方家指正。

美国长老会海外传道部(Board of Foreign Missions of the Presbyterian Church)、美国教会香港差会(Hong Kong Mission of the American Board)、美国浸礼会(American Baptist Missionary Union)等机构。就个人方面,大批来华传教士也从中国向该馆赠书,如驻宁波的麦嘉缔(Divie B. McCartee, 1820—1900)、蓝亨利(Henry N. Rankin, 1825—1863)、那尔敦(M. J. Knowlton, 1825—1874)等人,驻上海的姜别利(William Gamble, 1830—1886)、施约瑟(S. I. J. Schereschewsky, 1831—1906)、丁韪良(W. A. P. Martin, 1827—1916)[①]等人,驻广州的哈巴安德(Andrew P. Happer, 1818—1894),驻福州的怀德(M. C. White, 1819—1900)、贝勒(E. Bretschneider, 1833—1901),驻北京的白汉理(Henry Blodgett, 1825—1903),驻杭州的格林(D. D. Green, 1828—1872)等。美国东方学会图书馆得到宗教组织及个人如此众多的扶持,其原因可追溯到美国东方学会成立的最初时刻。该学会的主要创始人多为"牧师、神学家和传教士",有学者曾称其具备"美国公理会的架构"[29]。另外,早在1843年4月7日举行的美国东方学会第一届年会上,首任会长皮克林(John Pickering, 1777—1846)就直接说道:"掌握那些异教徒语言和文化的美国传教士……他们极大地拓展了我们对东方民族语言和文化的了解,为人类历史和人种学的建立提供了最有价值的补充材料。"[30]由此可见该学会的东方学研究从最初即对传教士有所依赖,他们顺理成章地成为汉学图书的一个重要来源渠道。

第三,专业汉学组织和汉学家贡献颇多。在专业汉学组织方面,除前述的英国皇家亚洲学会、巴黎亚洲学会以外,还有皇家亚洲学会北中国支会(North-China Branch of the Royal Asiatic Society)、法国东方学会(Societé Orientale de France)、德国东方学会(Deutschen Morgenländischen Gesellschaft)、北京东方学会(Peking Oriental Society)、巴黎印中学会(Indo-Chinese Society)、圣彼得科学院(St. Petersburg Imperial Academy of Sciences)和法国远东学校(École Française d'Extrême-Orient)等。这一特征正好呼应了19世纪专业汉学研究机构在全世界兴起的热潮。以1824年获准成立的英国皇家亚洲学会(1784年初创于加尔各答)为例,该学会自成立后就不断在东亚及东南亚开办分支机构:马德拉斯(1812)、孟买(1838)、斯里兰卡(1845)、香港(1845)、上海(1857)、日本(1875)、马来西亚(1877)、朝鲜(1900)和班加罗尔(1909),并且向美国东方学会赠书。另外一方面,美国东方学会的早期藏书也离不开世界各地汉学家们的支持,例如儒莲(Stanislas Julien, 1797—1873)、索尔兹伯里(Edward E. Salisbury, 1814—1901)、里金斯(John Liggins, 1829—

---

① 丁韪良的主要活动区域是宁波和北京,有可能在上海参加新教传教士全国大会时寄出了赠书。

1912)、维白耳（Albrecht Weber，1825—1901）、罗尼（Léon de Rosny，1837—1914）、佛库（P. E. Foucaux，1811—1894）、卫斐列（Frederick W. Williams，1857—1928）等。仅在来自耶鲁大学的捐赠名单里，我们就发现了索尔兹伯里、卫三畏①及卫斐列等教授的名字，并且他们均曾担任美国东方学会的会长、副会长、司库等职。

三、早期汉学图书的主题及内容分类述论

美国东方学会图书馆的早期汉学藏书较之后期相对凌乱，涉及的内容与主题也颇为琐碎。经汇总统计，该馆早期藏书数量较多的主题包括如下几个：

（一）宗教事务

鉴于早期美国东方学会与宗教组织之间有着密切的联系，不难理解该学会图书馆藏书的一大特色就是关注包括基督教在华传教在内的中国宗教事务。据笔者统计，美国东方学会图书馆的这类藏书共计83种。

涉及基督教在华传教的图书非常多，最大的亮点在于圣经翻译中的名词及概念争议，如美国公理会海外传道部捐赠的1849年《"神"的真正含义》（*On the True Meaning of the Word Shin*）、1850年《论"Elohim"及"Theos"的汉译》（*Some Thoughts on the Proper Term to be Employed to Translate Elohim and Theos into Chinese*）及《再论"Elohim"及"θEO∑"的汉译》（*Defense of an Essay on the Proper Rendering of the Words Elohim and θEO∑ into the Chinese Language*）、1852年理雅各为反对文惠廉（Wm. J. Boone，1811—1864）观点所作的《中国人关于神与灵的观念："Elohim"和"Theos"汉语译名之争》（*The Notions of the Chinese Concerning God and Spirits: with an Examination of the Defense of an Essay on the Proper Rendering of the Words Elohim and Theos, into the Chinese Language*）、1855年马兰（S. C. Malan，1812—1894）《中国的造物主是神还是上帝？"Elohim"和"Theos"的语源和汉语译名》（*Who is God in China, Shin or Shang-te? Remarks on the Etymology of Elohīm and of Theos, and on the Rendering of Those Terms into Chinese*）、1861年北华捷报（*North-China Herald*）编辑部捐赠的《"God"汉译》（*On the Word to be Employed in Chinese for Expressing the Christian Idea of God*）、1865年麦嘉缔的《有关"God"汉译的几点看法》（*A Few Thoughts on the Question, What Term Can be Christianized for God in Chinese*）。俾列利查士威林也有几种赠书关注圣经翻译，如1847年《中国的神学，兼论汉语表达神

---

① 卫三畏1876年从中国返美后，1878年担任耶鲁大学也是美国的首位汉学教授。

性的词汇》(*A Dissertation on the Theology of the Chinese*)、1848年《论"Elohim"及"θεος"的汉译》(*An Essay on the Proper Rendering of the Words Elohim and θεος into Chinese Language*)、1850年《论God的汉译》(*Letters on the Rendering of the Name God in the Chinese Language*)等。另外,1860年5月至1861年5月,该馆还集中收到过不同作者论"God"汉译的8本未具名著作。

除去基督教神学以外,美国东方学会图书馆也有部分早期藏书关注中国的其他宗教及相关思想,按年份排列如下:索尔兹伯里捐赠的1846年《从高亚到中国的佛教》(*Ueber den Buddhaismus in Hoch-Asien und in China*)、1853年南京出版的《伊斯兰年历》(*Sheet-Almanac for the Mohammedans of China*)、1855年艾约瑟(Joseph Edkins,1823—1905)在上海出版的《中国佛教纪略》(*Notices of Chinese Buddhism*)、1857年缪勒(Max Müller,1823—1900)的《佛教与佛教巡礼》(*Buddhism and Buddhist Pilgrims*)、耶鲁大学教授惠特尼(William D. Whitney,1827—1894)捐赠的1875年《孟子生平及作品》(*Mencius. The Life and Works of Mencius*)、1879年倭妥玛(Thomas W. Watters,1840—1901)的《文庙碑匾指南》(*A Guide to the Tablets in A Temple of Confucius*)、柔克义(W. W. Rockhill,1854—1914)在1884年根据藏文翻译的《波罗提木叉戒经》(*Prâtimoksha Sûtra*)、理雅各1886年翻译的法显《佛国记》(*A Record of Buddhist Kingdoms*)及1891年的《道家文本》(*Texts of Tâoism*)、1892年白汉理的《〈书经〉中的祖先崇拜》(*Ancestral Worship in the Shu King*),比利时鲁汶大学教授哈雷兹(Ch. De Harlez,1832—1899)也曾捐赠1893年《神仙书》(*Le Livre des Esprits et des Immortels*)、1894年《近代中国的宗教与帝国礼仪:根据礼仪和官文》(*La Religion et les Cérémonies Imperials de la Chine Modern d'après le Ceremonial et les Décrets Officiels*)、1897—1898年《易经注疏译本及满文本》(*Le Yi-King Traduit d'après les Interprêtes Chinois avec la Version Mandchoue*)等。

(二) 语言学习

一般来说,对汉语的学习和研究是汉学发展的第一步。美国东方学会图书馆早期入藏的有关中国语言的图书共计62种,以汉外字典居多,其他的也多为汉语学习材料,真正意义上对汉语进行研究的书目尚未成为主流。

典型的汉语学习书目,包括George W. Pratt(?—?)捐赠的1789—1790年《满法字典》(*Dictionnaire Tartare-Mantchou-Français d'après un Dictionnaire Mantchou-Chinois*)、未具名人士捐赠的1823年《英华书院英语语法》(*A Grammar of the English Language, for the Use of the Anglo-Chinese College*)、1840年麦都思翻译的《华武

浪语词典》(*Dictionary of the Favorlang Dialect of the Formosa Language*)、1841年《英语、马来语和汉语词汇》(*A Lexilogus of the English, Malay and Chinese Languages*)、法国汉学家儒莲捐赠的1842年《汉语词汇、句法及语篇分析的实用练习》(*Exercises Pratiques d'Analyse de Syntaxe et de Lexigraphie Chinoise*)、玛高温捐赠的1843年罗伯聃(R. Thom, 1807—1846)著《英华通用杂话》(*Chinese and English Vocabulary*)、高德(Josiah Goddard, 1813—1854)捐赠的1847年《汉英潮州方言词汇》(*A Chinese and English Vocabulary in the Tie Chiu Dialect*)、俾列利查士威林捐赠的传教士养为霖(William Young, 1816—1886)所编《厦门方言教程》(*Lessons in the Amoy Colloquial Dialect*)、麦都思的《福建方言语汇》(*A Vocabulary of the Hok-këen Dialect*)及邦妮(S. W. Bonney, 1815—1864)的1853年①的英汉对照版《粤语词汇》(*Phrases in the Canton Colloquial Dialect*),另外还有1882年佛兰根(J. J. C. Fraucken, ?—1863)和赫莱斯(C. F. MI. De Grijs, 1832—1902)在巴达维亚出版的《厦荷大辞典》(*Chineesch-Hollandsch Woordenboek van het Emoi Dialekt*), 1888年夏德(F. Hirth, 1845—1927)在上海出版的《文件小字典》(*Vocabulary of the Text Book of Documentary Chinese*)、《文件字句入门》(*Notes on the Chinese Documentary Style*)以及1889—1891年间的《荷华文语类参》(*Nederlandsch-Chineesch Woordenboek*)等。

学习中国少数民族语言的书目也有一小部分,例如该馆收藏的1865年传教士吉斯克(H. A. Jaeschke, 1817—1883)的《简明藏语语法》(*A Short Practical Grammar of the Tibetan Language*)、1878年普意尼(Carlo Puini, 1839—1924)编写的《蒙古语法要素》(*Elementi della Grammatical Mongolica*)、1881年吉斯克编写的《藏英双向词典》(*Tibetan-English Dictionary, to which is Added An English-Tibetan Vocabulary*)和1902年印度政府捐赠的《藏英字典,附梵文同义词》(*Tibetan-English Dictionary with Sanskrit Synonyms*)等。

(三) 期刊杂志

美国东方学会立足学术,其图书馆与世界其他学术组织开展了广泛且稳定的期刊交流。在该馆所藏的19世纪期刊杂志中,经常刊载汉学研究文献的有40余种,可以说覆盖较为全面。②

入藏较早的,包括《英国皇家亚洲学会会报》、《巴黎亚洲学会报告》、《美国公

---

① 《美国东方学会会刊》原文将该书的出版年份记为1851年,有误。
② 欧洲汉学的权威期刊《通报》(*T'oung Pao*)创刊于1890年,但在本文研究的时段内,未见美国东方学会图书馆收藏。

理会海外传道部年报》(*Annual Report*)、美国长老会海外传道部的《年度报告》(*Annual Report*)、美国文理学院(American Academy of Arts and Sciences)的《备忘录》(*Memoirs*)及《会纪》(*Proceedings*)、美国人类学学会(American Ethnology Society)的《会刊》(*Transactions*)、《印度群岛与东亚学报》(*Journal of the Indian Archipelago and Eastern Asia*)、美国考古学会(American Antiquarian Society)的《会纪》(*Proceedings*)、孟加拉亚洲学会(Asiatic Society of Bengal)的《会刊》(*Journal*)、皇家亚洲学会孟买支会(Bombay Branch of the Royal Asiatic Society)的《会刊》(*Journal*)等。

入藏较晚的,包括来自美国国会图书馆(Library of Congress)的《报告》(*Report*)、美国哲学学会(American Philosophical Society)的《会纪》(*Proceedings*)及《会刊》(*Transactions*)、德国东方学会的《会刊》(*Zeitschrift*)、日本亚洲学会(Asiatic Society of Japan)的《会刊》(*Transactions*)、意大利东方学会(Società Asiatica Italiana)的《会刊》(*Giornale*)、皇家亚洲学会锡兰支会(Ceylon Branch of the Royal Asiatic Society)的《会刊》(*Journal*)、法国远东学校从河内捐赠的《校刊》(*Bulletin*)、巴黎人类学学会(Société d'Ethnographie)捐赠的《中日委员会备忘录》(*Mémoires du Comité Sinico-Japonais*)、菲尔德哥伦比亚博物馆(Field Columbian Museum)的《文集》(*Publications*)、吉美博物馆(Musée Guimet)的《年报》(*Annales*)、首尔的《朝鲜丛报》(*Korean Repository*)、圣彼得科学院捐赠的《院刊》(*Bulletin*)、国际东方学家大会(International Congress of Orientalists)的《会刊》(*Transactions*)等。

另外需要说明的是,该馆也收藏了部分来自中国的期刊杂志,如北京东方学会的《会刊》(*Journal*)、皇家亚洲学会北中国支会的《会刊》(*Journal*)、《京报》(*Peking Gazette*)、《香港政府宪报》(*Hong Kong Government Gazette*)、广州的《中国丛报》(*Chinese Repository*)、上海的《上海年鉴》(*Shanghai Almanac and Miscellany*)、宁波的《中外新报》(*Chinese and Foreign Gazette*)等。

(四)西方汉学目录学著作

在美国东方学会图书馆的早期汉学藏书里,我们也发现了世界各国的目录学著作近30种。这些目录学著作有三个特征:一是入藏时间分散,但总体保持了连续性;二是从教会图书馆到国家科学院再到国家图书馆,藏书来源具有一定权威性;三是关注的对象不同,有的关注西方汉学著作,有的关注馆藏汉籍。该馆所藏主要的西方汉学目录学著作包括:

William Jenks牧师捐赠的1833年《雷慕沙著作总目》(*Catalogue des Livres, Imprimés et Manuscrits, de feu M. J. P. Abel-Rémusat*)、索尔兹伯里捐赠的1846年《东方

丛书》(Bibliotheca Orientalis)、巴黎吉美博物馆捐赠的 1883 年《吉美博物馆藏品目录：印度、中国、日本》(Catalogue du Musée Guimet: Inde, Chine et Japon)、莱顿大学捐赠的 1883 年《莱顿大学图书馆藏汉籍目录》(Catalogue des Livres Chinois dans la Bibliothéque de l'Université)及《补录》(Supplément)、1883 年南条文雄(Bunyiu Nanjio, 1849—1927)在牛津大学出版的《大明三藏圣教目录》(Catalogue of the Chinese Translation of the Buddhist Tripitaka)、意大利政府捐赠的 1897 年《意大利图书馆所藏东方法典目录》(Cataloghi dei Codici Oriental di Alcune Biblioteche d'Italia)、伦敦会(London Missionary Society)捐赠的 1899 年《罗克哈特图书馆及伦敦会总图书馆藏书目录》(Catalogue of Books Contained in the Lockhart Library and in the General Library of the London Missionary Society)、巴黎现代东方语言学校(L'École des Langues Orientales Vivantes)捐赠的 1901 年《十七及十八世纪欧洲人在中国出版的书籍目录》(Bibliographie des Ouvrages Publiés en Chine par les Européens au 17e et au 18e Siècle)①、大英博物馆捐赠的 1903 年《大英博物馆藏汉文书籍及手稿目录补录》(Supplementary Catalogue of Chinese Books and Manuscripts in the British Museum)、巴达维亚文理学会(Batavian Society of Arts and Aciences)捐赠的 1904 年《中国、日本、朝鲜及安南硬币及图符目录》(Catalogus der Munten en Amuletten van China, Japan, Corea en Annam Behoerende tot de Numismatische Verzameling)以及圣彼得科学院捐赠的 1904 年《佛教目录》(Bibiotheca Buddhica)。

（五）边疆与中外关系

这类图书共计 116 种，主题差异较为明显，可细分为如下几类：

第一类是有关官方外交的文献，例如 1839 年广东出版的《鸦片贸易危机：中国政府的系列压制措施》(Crisis in the Opium Traffic: Being An Account of the Proceedings of the Chinese Government to Suppress That Trade)、叔未士(J. Lewis Shuck, 1812—1863)翻译并捐赠的 1840 年《中国政府文件汇编》(Port-Folio Chinensis, or A Collection of Authentic State Papers)、1902 年美国国务院捐赠的《美国对外关系文集，附中国事务》(Papers Relating to the Foreign Relations of the United States, Affairs in China)等。

第二类关于西方人的在华经历，例如 John Meares(1756—1809)的 1790 年

---

① 按照《美国东方学会会刊》原文录入。原文不确定，实际上该书的正题名为"L' imprimerie Sino-Européenne en Chine"。

《1788—1789年间从中国到美国西北海岸的航海记》(*Voyages Made in the Years 1788 and 1789 from China to the Northwest Coast of America*)、伊礼士(Henry Ellis, 1777—1855)的1817年《阿美士德使团出使中国日志》(*Journal of the Proceedings of the Late Embassy to China*)、奈伊(Gideon Nye, 1812—1888)的1874年《鸦片与北征》(*The Opium Question and the Northern Campaigns*)等。与西方人在华经历相对的,是中国人在西方的经历。这方面书籍在美国东方学会图书馆的早期藏书中十分罕见,仅有1885年文宁(Edward P. Vining, 1847—1920)的考证著作《湮没无闻的哥伦布:慧深与一群阿富汗僧侣于公元五世纪发现美洲的证据》(*An Inglorious Columbus Or, Evidence That Hwui Shan and A Party of Buddhist Monks from Afghanistan Discovered America in the Fifth Century AD*),以及美国驻厦门领事馆通译Liu King-Chin①的《1847—1848年游历美国行纪》(*Travels in the U. S. of America, in the Years 1847—1848*)。

第三类是中外关系研究的学术著作,例如俾列利查士威林复印自《伦敦古典研究》(*London Classical Journal*)的《哈盖尔论中国钱币史,及中国与希腊的交流》(*Hager on the Numismatical History of the Chinese, and Their Intercourse with the Greeks*)、儒莲捐赠的1841年《对中印关系的评论》(*Examen Critique de Quelques Pages de Chinois Relatives a l'Inde*)、美国哲学学会捐赠的1885年《大秦国全录》(*China and the Roman Orient*)②等。

第四类主要关于中国的边疆史地。典型文献有史密森尼学会捐赠的《1891—1892年蒙古和西藏之旅日记》(*Diary of A Journey Through Mongolia and Tibet in 1891 and 1892*)、圣彼得科学院捐赠的1894—1899年四卷本《蒙古突厥语碑铭》(*Die Alttürkischen Inschriften der Mongolei*)和1892—1899年《额尔浑探险记及蒙古古物图录》(*Arbeiten der Orkhon-Expedition. Atlas der Alterthümer der Mongolei*),以及印度政府捐赠的1901年《中国新疆地区考古和地形探测之旅初步报告》(*Preliminary Report on A Journey of Archaeological and Topographical Exploration in Chinese Turkestan*)等。

另外,有关琉球的早期藏书可以单独列出:1851年3月至1852年4月,美国东

---

① 本文疑"Liu King-Chin"是"Lin King-Chou"(刘景周)的误录,此处求教于方家。林鍼(1824—?),字景周,号留轩,曾因兼通外语在厦门"奉委经理通商事务"。1847年春,林鍼受美商聘请前往美国教习汉语;1849年2月返回厦门,并将自己在美国的游历和见闻撰写成《西海纪游草》。该书是近代第一部中国人的游美笔记。

② 该书名直译为"中国与罗马东部地区";本文采用的是朱杰勤先生1964年汉译本的译法。

方学会图书馆收到第一位到达琉球的新教传教士伯德令(Bernard J. Bettelheim, 1811—1870)寄送的书信;1852年5月至1853年3月,伯德令又寄送了由他亲自翻译成琉球文的《路加福音》手稿,分标注及未标注罗马读音的两个版本,以及1850年在广东出版的一份他本人的三年传教工作报告;驻宁波传教士玛高温也曾捐赠1851—1852年的《第七次琉球传教报告》(*The Seventh Report of the Loochoo Mission Society*);1860年5月至1861年5月,该馆又收到有关琉球的另3种文献:1818年伦敦出版的(H. J. Clifford, 1789—1855)的《朝鲜西部沿岸及大琉球岛航海探险记》(*Account of A Voyage of Discovery to the West Coast of Corea, and the Great Loo-choo Island*)、1852年伯德令寄给驻广州医学传教士伯驾(Peter Parker, 1804—1888)的书信,以及1854年香港出版的伯德令《路加福音》琉球—日文(Loo-chooan Japanese)译本。

(六) 汉文书籍

汉文书籍的大量入藏,是美国东方学会图书馆早期藏书的一个重要特色。汉文书籍虽不能算是主题,但由于藏书数量众多,且前文未予涉及,故开列于此。经汇总分析,这些汉文书籍共计212种,可大致分为非宗教书籍与宗教书籍两大类别。

非宗教书籍主要是汉文古籍和清政府公文。与我们的预先设想不同,美国东方学会的古籍数量并不算多。除去前文已经表述过的以外,主要就是《四书》(*The Four Books*)、《五经》(*The Five King*)、《三字经》(*The Tri-metrical Classic*)、《千字文》(*The Thousand-character Classic*)、《百家姓》(*The Hundred Family Names*)、《孝经》(*Hok King*)和《朱子治家格言》(*Chu-fu-tsz's Maxims for the Regulation of the Family*)等。清政府的公文和档案也有收藏,例如道光三十年的《时宪书》(*Hien-szu*)、道光二十六年的年鉴(*Almanac*)、道光遗训(*Last Will of Táu-kwáng*)、咸丰登基诏书(*Inaugural Proclamation of Hien-fung*)、耆英的弛禁天主教奏折(*Petition for the Toleration of the Christian Religion in China*)、1851年厦门的禁绝杀婴公告(*Proclamation Against Infanticide*)、1856年广州警告美国公使伯驾勿入城内的告示(*A Manifesto Warning Peter Parker, US Commissioner to China, Not to Come to Canton*)、第一次剿灭林爽文叛乱的记录(*Imperial Record of the First Extermination of Rebels in Formosa*)等。

宗教书籍可细分为两类,即圣经译文和宗教文学。美国东方学会图书馆所藏的圣经译文书籍和汉文手册有近百种,特点是重复性非常高。典型的有汉文《创世纪》、马礼逊翻译的《年中每日早晚祈祷叙式》(*Church of England's Common Prayer Book*)、郭实猎(Karl F. Gutzlaff, 1803—1851)和麦都思合译的汉语《四福音书》、怜为仁(William Dean, 1807—1895)的1848年《马太传福音书注释》、1851年的上海方言版《马太福音》(*Historical Books of the New Testament: Matthew Acts*)、《马可福音》《十诫评论》(*Commentary on the Ten Commandments*)①、文惠廉翻译的上海方言版《美国圣公会教义问答》(*Catechism of the Pro. Episcopal Church*)、美魏茶(William C. Milne, 1815—1863)改编的《幼学浅解问答》(*Rev. Dr. Wm. Milnes's Catechism*)、1853年宁波方言版《马太福音》《路加福音》《约翰福音》,传教士打马字(J. V. N. Talmage, 1819—1892)的罗马标音厦门方言版《约翰福音》、何进善的《马太福音注释》,以及1865年福州版《新约》等。

在宗教文学方面,典型的有《基督教三字经》、米怜的《乡训五十二则》(*Twelve Village Sermons*)及传教士小说《张远两友相论》、《好人善终》(*The Peaceful Death of Good Men*)等。另外还有1849年5月至1851年2月美国东方学会秘书格里诺(William W. Greenough, 1823—1890)一次性捐赠的数种汉文手册,包括《坟前祭文》《追思逝者文》《梁进德生日帖》②《日记言行》③《耶稣山上垂训》和英国传教士米怜(William Milne, 1785—1822)的《诸国异神论》、《赌博明论略讲》、《生意公平聚益法》、《进小门走窄路解论》合集、《灵魂篇大全》及一本未具名手册。

另外,在华传教士的部分非宗教性汉文作品也被美国东方学会图书馆收藏。例如英国医学传教士合信(Benjamin Hobson, 1816—1873)的《全体新论》(*Treatise on Physiology*)和1849年《天文略论》(*A Treatise on Astronomy*)、孟可芙(E. T. R. Moncrieff, 1824—1857)在香港出版的《算法全书》(*A Treatise on Arithmetic in the Chinese Language*)④、郭实猎的《大英国统志》(*A History of England*)和《古今万国纲

---

① 有关十诫的传教士中文作品有几种。英文标题为"*Commentary on the Ten Commandments*"的,就有卢公明(Justus Doolittle, 1824—1880)的《神十诫其注释》、麦都思的《神天之十条圣诫注解》、阳玛诺(Emmanuel Diaz, 1574—1659)的《天主圣教十条直诠》,本文未能确定该馆的藏书到底是哪一种。

② 原文标记为"*Birthday of Seang-Tay*"。笔者疑"Seang-Tay"为"Leang-Tay"的误录,而后者又是"Leang Tsin teh"或"Leang Tsin tĭh"(梁进德)的误录。

③ 原文标记为"*Seang Afa's Experience*"。笔者疑"Seang"为"Leang"的误录。Leang Afa 是梁发(马礼逊和米怜最早的中国助手)的罗马式标音,可见于1835年裨治文的《简忆中国教徒梁发》(*Brief Memoir of the Chinese Evangelist Leang Afa*)等作品。有关梁发《日记言行》的情况,可参考司佳:《从〈日记言行〉手稿看梁发的宗教观念》,《近代史研究》,2017年第6期,第122—130页。

④ 《美国东方学会会刊》所录的英文标题为"*Specimen of an Arithmetic Arranged to the Plan of Arabic Numerals*"。但考察多种史料,传教士孟可芙与此标题相近的汉文算学著作仅有这本《算法全书》,在此求教于方家。

鉴》(Universal History)、裨治文的《美理哥合省国志略》(A History of the United States of America)、卦德明(John W. Quarterman,1821—1857)在宁波重新整理出版的利玛窦(Matteo Ricci,1552—1610)的《几何原本》(Euclid's Elements of Geometry)汉译本等。

经过对上述六类藏书的简要分析之后,我们发现美国东方学会图书馆的早期汉学藏书未能符合通常的设想:作为汉学最主要研究对象的中国文学、历史及思想,其相关藏书的数量相比之下几乎可以忽略不计,令人遐想该馆的早期汉学藏书是否严重"跑偏";汉学着力最重的文史哲书目缺位,而介绍性、描写性、实用性的书目大量入藏,揭示出在本文所涉的时间限度内,美国东方学会的汉学甚至整体的美国汉学都还处于较为初级的知识积累阶段,讲求功利性而学术性不足,总体上尚没有能力对中国文化进行深层次、学科化的专业研究。

四、美国东方学会图书馆藏书目录与19世纪的美国汉学目录学

目录学的首要使命是汇总某一领域的全部文献。纵观西方汉学史,我们有理由认为汉学目录学几乎是与汉学同时发生的,它也迅速内化成汉学的最重要分支之一。早在1629年,皮聂罗(León Pinelo,1589—1660)就在西班牙马德里出版了《东西方书目概要,航海及地理》(Epitome de la Bibliotheca Oriental i Occidental, Nautica i Geografica)。该书第27至31页的第七部分"中国历史",收录了1552—1620年间出版的论述中国的书目共36种,向学界昭示了西方汉学目录学的悠久传统。考狄(Henri Cordier,1849—1925)①编辑的《西人论中国书目》(Bibliotheca Sinica)、1958年袁同礼在耶鲁大学出版社出版的《西文汉学书目》(China in Western Literature)更被认为是世界汉学的里程碑式成就。汉学目录学隶属于汉学,然而又汇总着汉学,成为一个特殊的研究领域。

应该说,19世纪的美国汉学目录学虽处于起步阶段,但却取得了不俗的成绩。总体看来,19世纪的美国汉学目录学可以分为两大类型,即美国的侨居地汉学目录学和美国的本土汉学目录学。

(一)美国侨居地汉学目录学及其特点

1830年2月19日,美国公理会海外传道部传教士裨治文到达中国。他一方面

---

① Henri Cordier汉名"高迪爱",也有"高第"的译法;本文遵从学界的一般做法(如2017年中华书局出版其著作《西人论中国书目》封面所示),记为"考狄"。

履行传教使命,另一方面学习汉语、研究中国文化,1832年5月即创办《中国丛报》向世界介绍中国。美国汉学的最早一支,侨居地汉学就此发展。

美国的侨居地汉学目录学以1849年《中国丛报》第18卷发表的《外国论中国书目》[31]为代表。这份目录由卫三畏整理,所收文献以英文和法文为主,分语言学著作、译本、概论性著作及游记、满蒙语言四类,收入西文汉学书目共403种①。该目录分成两部分发表。第一部分刊登于1849年第8期,分三大主题收录374种文献,涉及202位作者。第一个主题为"汉语学习辅助文献",分为语法、字典及词汇、会话及其他语言学著作三个子类,文献数目分别为12种、9种、22种;第二个主题为"译自汉文的文献",分为经籍译著及其他译著两个子类,文献数目分别为20种、30种;第三个主题为"中国研究书目",分为概述、海陆旅行、中外条约、传教文献、有关中国的连续出版物、非中原省份的相关文献、关于日本、东南亚及朝鲜的文献共七个子类,文献数目分别为38种、40种、71种、28种、13种、35种、46种。在这374种文献中,雷慕沙(Abel-Rémusat,1788—1832)和马礼逊(Robert Morrison,1782—1834)各有14种,麦都思、克拉普罗特(Julius Klaproth,1783—1835)各有10种,其余绝大多数作者只有1—2种。该目录的第二部分刊登于《中国丛报》同年第12期,收录文献29种,以满蒙语言文学著作为主,另有个别其他作品,没有划分子类。收录书目数量最多的是施密特(I. J. Schmidt,1779—1847),计有10种。

美国的侨居地汉学目录学有以下几个特点:第一是数量少。在美国的侨居地汉学目录学中,卫三畏的这份《外国论中国书目》可谓一枝独秀,其他的美国早期来华传教士、商人、外交官均未能贡献出如此全面的汉学目录学作品。第二是质量高。卫三畏在进行书目编目时不考虑捐赠来源,只是按照科目与类别划分,并且在每一条目下均加上了详略不一的注解文字,以方便查阅者考究其版本,因此比《美国东方学会会刊》中的汉学目录具有更高的学科价值。第三是影响大。从发行数量上说,《美国东方学会会刊》1905年的发行量仅为500份,而《中国丛报》第1卷的印刷数量就已达到400份;从发行范围上说,前者主要面向美国,欧洲与中国只有极少数会员才可以收到刊物;而中国和美国1836年订阅后者的数量分别为200和167份,欧洲也有49份[32]。可以说,因为《外国论中国书目》的杰出贡献,19世纪的美国侨居地汉学目录学取得了完全比肩世界汉学的高水平成果。当然,随着20世纪美国侨居地汉学的逐渐衰落,19世纪的美国侨居地汉学目录学也只能是昙

---

① 原文所收图书的最大编号为402。但有两种图书被重复标记成141,因此卫三畏的这份目录实际上收录图书403种。

花一现。

(二) 美国本土汉学目录学:形态与特征

总体而言,19世纪的美国本土汉学目录学共有四种形态,它们并立共生,共同见证了汉学目录学在美国的产生和初步繁荣。

第一种形态是专业学术组织的汉学目录学,以美国东方学会图书馆为代表。通过前文叙述,不难发现这种目录学的三个特征:首先是发源于1842年,它是美国本土汉学目录学,也是美国汉学目录学的最早形态;其次是汉学书目虽然在目录内相对集中,但这种目录学并非只针对汉学,而是面向更宏观的东方学,需要研究者具备一定的甄别能力并进行查找;最后是它保持了时间上的连贯性,其出版也最具稳定性。因此,以美国东方学会为代表的专业学术组织的汉学目录学可以说是19世纪美国汉学目录学的开创者和贯穿始终的见证者。

第二种形态是高校图书馆的汉学目录学,以埃塞克斯学院为代表。埃塞克斯学院成立于1848年,位于马萨诸塞州的塞勒姆。塞勒姆是最早与中国建立直接贸易往来的城市,也是新英格兰殖民地的早期文化中心,埃塞克斯学院因此有条件成为北美地区最早收藏汉学书籍的高校之一。1895年该校图书馆发布其第一份目录专辑《汉学书目》(Books on China in the Library of the Essex Institute),收录31大类772种汉学图书①。这份汉学目录与《美国东方学会会刊》类似,没有附上书目注解。

第三种形态是社会机构的汉学目录学,以波士顿公共图书馆为代表。1895年,波士顿公共图书馆出版了《有关朝鲜、日本及中国的研究书目》(List of Works on Corea, Japan, and China),有关中国的内容分语言、文学、历史、农业、制造业等51个主题收录了1771—1894年间出版的英、法、德及西班牙文书目共905册(部分图书有多本收藏);与卫三畏《外国论中国书目》相同,波士顿图书馆的汉学目录为部分重点图书提供了简明注解。

第四种形态是私人藏书的汉学目录学,以美国人顾盛和记青为代表。

顾盛于1843—1844年任美国首位驻华全权公使,是《望厦条约》的美方签订人,在澳门曾购买汉文及满文图书,这些藏书逐渐发展成一个个人图书馆。有报纸曾报道说,"它不仅包括研究中国的英语文献,还有汉语词汇手册及字典,另有几百

---

① 埃塞克斯学院图书馆的汉学藏书始自1864年汤马斯·肯特(Thomas F. Hunt, 1841—1898)的捐赠,比美国东方学会晚了二十余年。埃塞克斯学院图书馆的藏书详情,可参考笔者在《国际汉学》的论文《美国埃塞克斯学院图书馆所藏汉学书目(1895)》。

册汉文典籍"[33]。《顾盛私人图书馆藏书目录》(Catalogue of the Private Library of the Late Hon. Caleb Cushing)于1879年在其家乡纽伯里波特(Newburyport)出版,极可能已经亡佚,但在考狄《西人论中国书目》、埃塞克斯学院图书馆《汉学书目》及《美国图书出版记录》(American Book Publishing Record)中均有记载。顾盛在去世之前,将自己的藏书赠送给美国国会图书馆,该馆工作人员 Louis C. Solyom(1836—1913)为顾盛的赠书整理了目录,计有237种图书。2016年,德国汉学家魏汉茂(Hartmut Walravens,1944—)在《华裔学志》(Monumenta Serica)上刊文对顾盛藏书目录进行了详细研究①,本文不再赘述。

记青(George W. Bailey),生卒不考,幼年随父母到中国经商,汉名"记青"(Tank Kee),曾加入戈登的常胜军,又传授清军炮术。1879年起,他在美国各地发表有关中国的演讲,并展示他收藏的器物和书籍。1896年,记青出版《中国研究书目》(List of Works on China: Comprising in Part the Library of "Tank Kee")。这份汉学目录共收录汉学图书568种,只是将汉学书目按字母顺序排列,列出了作者、出版地、年份、卷数等信息,没有内容说明。记青目录中最早的图书出版于1733年,最晚的出版于1889年,最受人瞩目的是360册的《皇清经解》(Imperial Exposition of the Classics)、240册的《古今图书集成》(General Encyclopedia)和40册的《康熙字典》(Imperial Kanghi Dictionary)。

纵观19世纪美国本土汉学目录学的四种形态,我们可以看到如下特征:一是数量众多。此节只列出了四种具有形态代表性的汉学目录学著作,实际上还有1871年加利福尼亚州立图书馆的《藏书目录》(Bibliotheca Californiæ)、1897年库林(Stewart Culin,1858—1929)的《中国杂记》(Miscellaneous Works on China)、1902年美国国务院图书馆的《图书、手册及地图名录》(A List of Books, Pamphlets, and Maps)等其他作品集中开列过汉学书目。二是形态复杂。我们看到这些目录学著作不仅有专业学术组织的会刊,也有高校和公共图书馆的专刊,还有私人藏书的目录。尤其到19世纪中后期,在美国各公共图书馆的《通讯》、博览会的《展品集》里面几乎都能找到多寡不一的汉学图书目录。三是美国国会图书馆及知名高校缺位。美国国会图书馆在1869年收到清政府赠送的10种丛书,1879年获得顾盛捐赠的汉学书籍,1901—1902年又获得柔克义的6 000册赠书,1904年再次收到清政府参展圣路易斯博览会的198种赠书;耶鲁大学图书馆的汉籍收藏始自1849年卫

---

① Walravens Hartmut. Die Chinesische Büchersammlung Caleb Cushings (1800—1879) in der Library of Congress, Monumenta Serica, 2016, No2. pp. 411-444.

三畏在广州的一次代购,1854级学生容闳也多次向母校赠书促成1877年汉学讲座的设立;哥伦比亚大学也在1902年收到李鸿章赠送的一套《古今图书集成》。在美国,上述机构的汉学书目收藏起步不晚、规模不小、价值极高;但在本文的研究范围内,我们却未能找到它们的专门汉学图书目录。

美国的侨居地汉学目录学和本土汉学目录学应该说更有千秋:前者精细,后者庞大;前者有世界影响,后者服务美国本土;前者存在不长,后者接续有力。但不管怎样,二者共同构建了成就巨大的19世纪美国汉学目录学。众所周知,19世纪的美国汉学在世界汉学领域还处于看客或者小学生的尴尬角色,整体水平远不及以法德英为代表的欧洲汉学,比俄国汉学也大为逊色。这与20世纪中叶以后西方汉学的欧、美、俄三足鼎立形成了鲜明对比。然而,在汉学整体力量对比极度悬殊的情形下,美国汉学目录学却在19世纪初放异彩,其水平与规模并不亚于欧俄,为20至21世纪美国汉学目录学成为世界翘楚奠定了扎实的基础,凸显出目录学在美国汉学中的重要性。

纵观全文,笔者简析了美国东方学会图书馆的早期汉学藏书及19世纪美国汉学目录学的概况,意在呼吁国内学界重视对汉学目录学进行整理和研究。"目录之学,学中第一要紧事。必从此问途,方能得其门而入"[34],它是知识谱系之纲目,研究治学之舟楫。陈寅恪初到清华任教就作"西人之东方学之目录学"的讲演,以彰目录学的重要性。当前,中国学界对汉学的研究从整体上说还属于文献研究。对文献资源的调查是这一学术的前提和基础,需要我们一个图书馆一个图书馆、一个学科一个学科、一个时代一个时代地去整理和研究文献目录,以求汇成世界汉学的整体图景。个案的目录研究总是枯燥琐碎,但聚沙成塔、集腋成裘,其意义极为深远。有了世界汉学的整体图景,我们才可能真正说得清汉学的承续、汉学家及汉学作品的学术史价值。"目录明,方可读书;不明,终是乱读。"[34-35]可以说,什么时候厘清了汉学目录学,中国学界的汉学研究才算是有了真正扎实的文献基础。

参考文献

[1] An Act to Incorporate the American Oriental Society [J]. JAOS,1843 (1):iii.

[2] Constitution of the American Oriental Society [J]. JAOS,1843 (1):vi-viii.

[3] CHI Wang. Building a Better Chinese Collection for the Library of Congress [M]. Scarecrow Press, 2012:117.

[4] Donations to the Library [J]. JAOS,1847 (1):xii-xxiv.

[5] Donations to the Library [J]. JAOS,1847 (1):lxviii-lxxiii.

[6] Additions to the Library and Cabinet of the American Oriental Society [J].JAOS,1851(2):xxxi-xlii.

[7] Additions to the Library and Cabinet of the American Oriental Society [J].JAOS,1853(3):i,iii-xxxi.

[8] Additions to the Library and Cabinet of the American Oriental Society [J].JAOS,1853(3):i,iii-xi.

[9] Additions to the Library and Cabinet of the American Oriental Society [J].JAOS,1854(4):i,iii-xiv.

[10] Additions to the Library and Cabinet of the American Oriental Society [J].JAOS,1855—1856(5):i-iv,vii-xxii.

[11] Additions to the Library and Cabinet of the American Oriental Society [J].JAOS,1855—1856(5):xxiii,xxv-xliii.

[12] Additions to the Library and Cabinet [J].Journal of the American Oriental Society,1858—1860(6):588-606.

[13] Additions to the Library and Cabinet.[J].JAOS,1860—1863(7):xv-xlii.

[14] Additions to the Library and Cabinet [J].JAOS,1860—1863(7):lxi-lxv.

[15] Additions to the Library and Cabinet.[J].JAOS,1866(8):xxxv-xlii.

[16] Additions to the Library and Cabinet [J].JAOS,1866(8):lxx-lxxx.

[17] Additions to the Library and Cabinet [J].JAOS,1868—1871(9):xix-xxvi.

[18] Additions to the Library and Cabinet [J].JAOS,1872—1880(10):xvii-xxix.

[19] Additions to the Library and Cabinet [J].JAOS,1872—1880(10):clxxii-cxciii.

[20] Additions to the Library [J].JAOS,1885(11):lxxxiii-civ.

[21] Additions to the Library [J].JAOS,1885(11):cxxxii-ccxl.

[22] Additions to the Library and Cabinet [J].JAOS,1889(13):cccviii-cccxvii.

[23] Additions to the Library.[J].JAOS,1893(15):cxxxiii-cxl.

[24] Additions to the Library [J].JAOS,1893(15):ccxxxi-ccxxxix.

[25] Additions to the Library [J].JAOS,1896(16):cclv-cclxxiv.

[26] Additions to the Library [J].JAOS,1898(19):171-181.

[27] Additions to the Library [J].JAOS,1905(26):427-449.

[28] 孟庆波.俾列利查士威林向美国东方学会图书馆的赠书 [J].汉学研究,2017(1):338-356.

[29] WEIR D. American Orient:Imagining the East from the Colonial Era through the Twentieth Century [M].Amherst:University of Massachusetts Press,2011:76.

[30] PICKERING J. Address at the First Annual Meeting [J].JAOS,1843(1):2-75.

[31] WILLIAMS S. W. List of Works upon China [J].Chinese Repository,1849(XVIII):402-444;657-661.

[32] 皮书数据库.1836年《中国丛报》的发行量统计[EB/OL].(2018-01)[2019-12-15].https://www.pishu.com.cn/skwx_ps/multimedia/ImageDetail?SiteID=14&type=ImageTable&ID=9424299&ContentType=MultimediaImageContentType&isHost=null.

[33] Caleb Cushing's Library [N].The Flintshire Observer,1879-10-03.

[34] 王鸣盛.十七史商榷 [M].广雅书局覆刻本,清光绪十九年(1893年):1.

说明:《美国东方学会会刊》对该馆的图书入藏进行连载,这一做法导致了部分参考文献尽管页码相隔很多,但名称和卷数却相同,如参考文献[4]和[5]、[7]和[8]、[10]和[11]、[13]和[14]、[15]和[16]、[18]和[19]、[20]和[21]、[23]和[24]即属于此类情况。提请读者注意,这些文献因内容不同,在原刊目录中均独立出现。

中国当代文学的世界影响力①
——基于中英文本海外图书馆藏的考察

姜智芹

（山东师范大学 文学院，山东 济南 250014）

[摘　要]　一国文学作品的世界图书馆藏是衡量其国际影响力的核心指标之一。中国当代文学作品中文本的世界图书馆收藏量是从内视角来考察其海外影响力，而外译本的世界图书馆收藏量则是从外视角来衡量其在海外的影响，内外联动，能更为全面、准确地评估当代文学的海外影响力。考察当代文学海外影响力的大小不仅有助于我们分析文学译介、传播活动的成功与否，也能为以后的文学"走出去"提供某些启示与借鉴，避免花大力气"译出去"而没有"走进去"的现象复现。

[关键词]　中国当代文学；海外影响力；世界图书馆藏；联动效应

美国学者达姆罗什在《什么是世界文学》一书中认为，"流通"在一部作品成为世界文学的过程中起着不可忽视的作用，当然，他所说的"流通"主要指一种跨语言、跨文化的"流通"。在达姆罗什看来，世界文学是一种"流通"模式，他的这一观点对于我们研究中国当代文学在海外的传播及其影响力不无启发意义。"流通"和作品的图书馆藏有着密切关系，根据图书馆收藏量来分析一部著作或作品的传播力、影响力和阅读使用情况，是西班牙格拉纳达大学教授托雷斯·萨利纳斯

[基金项目]　国家社科基金项目"当代小说译介与接受中的中国形象建构研究"（16BZW119）
[作者简介]　姜智芹（1967—），女，山东单县人，文学博士，山东师范大学文学院教授，博士生导师，主要研究方向为中西文学比较、中国文学海外传播。
①　原文刊于《燕山大学学报（哲学社会科学版）》2021年第2期。

(Daniel Torres-Salinas)和荷兰莱顿大学教授汉克·F.莫伊德(Henk F. Moed)于2008年提出来的一种评价图书影响力的方法,其初衷是用以考察人文社会科学学术著作的影响力,"但也可用于对其他图书的分析"[1]3。图书馆藏目录是为读者查询借阅服务的,并非旨在进行图书评价。但是,"如果一本书被很多图书馆收藏,这就意味着两点,一是该书被图书馆人员或使用者视为是有价值的,二是由于被很多图书馆收藏,该书比其他没有被收藏的图书拥有更多的读者和更大的潜在价值。"[1]8 因此,图书馆收藏数据可以用来作为评价作家作品影响力的工具。本文将通过考察中国当代文学中文本和外译本的世界图书馆收藏量来分析其海外影响力,因为"能够进入世界图书馆藏排名的图书",很大程度上都是在"学术创新、思想价值、历史贡献等方面具有不可替代性"[2]的图书,而"一个国家、地区的图书馆系统拥有某本书的数量,代表了这本书在这个国家、地区馆藏影响力的水平"[3]。作品的世界图书馆收藏量是衡量其国际影响力的核心指标之一。

一、当代文学中文本的海外图书馆藏

北京外国语大学"中国文化走出去效果评估中心"执行主任何明星教授自2012年以来每年都发布中国图书海外(世界)馆藏影响力研究报告,以欧美的Worldcat数据库、日本的CiNii数据库为检索基础,统计海外图书馆收藏的中文图书(主要是大陆出版机构出版的图书),追踪中华文化的海外传播情况,分析当代文学中文本图书在世界上的影响力。

何明星在其历年的中国图书海外馆藏影响力研究报告中,将被全世界30家以上图书馆收藏的文学、文化类中文图书纳入统计,结果显示:从2013年起,中国文学类图书开始占据绝大部分份额,取代之前历史典籍占据海外图书馆收藏的主导地位。而从2014年开始,中国当代文学"成为最具有优势的板块,彻底改变了中国历史、典籍等占据主要地位的历史"[4]。这"意味着中国当代文学的世界话语权在逐步增强"[4],并"日益成为世界各国普通民众了解中国、认知中国的一个窗口"[3]。从海外图书馆收藏的当代文学作品类型来看,既有纯文学作品,像贾平凹、余华、莫言、王安忆、迟子建等人的小说,又有类型文学作品,如刘慈欣和陈楸帆的科幻小说、唐隐的悬疑小说、晴空蓝兮的言情小说、紫金陈的推理小说、匪我思存的网络小说等等。从收藏中文图书的海外图书馆性质来看,既有大学图书馆、专业机构图书馆,也有公共图书馆、社区图书馆,而且国外的公共图书馆越来越成为选购中文图书的最大用户,以往学术性的大学图书馆是购买、收藏大户的局面正在改变,说明中文小说在国外的传播从学术机构扩展到普通民众,这之中阅读中文作品的海外华人群体起到了积极的推动作用,帮助改变了中国文学在世界上的形象。

从何明星对当代文学中文作品的世界馆藏统计结果来看,贾平凹居于首位。从2012年到2019年,他共有6部中文作品8次进入全球30家图书馆以上收藏范围,有的作品像《秦腔》《高兴》连续两年得到统计,6部作品的全球图书馆收藏量总计达522家[①],充分显示了贾平凹作品中文版在海外的影响力。排在第二位的是严歌苓,其《小姨多鹤》《妈阁是座城》《陆犯焉识》《芳华》《老师好美》《床畔》《舞男》7部作品进入统计范围,收藏的海外图书馆总计435家。严歌苓的这些作品中前5部都已被拍成电影或电视剧,并且都有不错的票房和收视率,说明影视改编是其中文作品在海外传播的重要促动力。排在第三位的是余华,其《兄弟》《第七天》《我们生活在巨大的差距里》《我没有自己的名字》《河边的错误》进入海外30家以上图书馆收藏统计范围,其中《兄弟》连续两年纳入统计,收藏的海外图书馆总计359家。排在第四位的是王安忆,其《遍地枭雄》《众声喧哗》《波特哈根海岸》《匿名》《考工记》进入海外30家以上图书馆收藏统计范围,其中《遍地枭雄》连续两年纳入统计,收藏的海外图书馆总计283家。余秋雨有5部散文作品进入统计范围,莫言、迟子建、叶兆言、梁晓声等分别有3部小说进入统计范围。

从海外图书馆收藏当代文学作品中文图书的数量和收藏的图书馆总量来看,我们发现有以下四个特点。

一是排名靠前的基本上都是在国内具有较高知名度的作家,其中纯文学占绝大多数,并且很多是写实性的作品,说明通过文学作品了解中国社会的发展面貌是海外接受的偏好之一。

二是从2014年到2019年,当代文学作品越来越多地超过其他中文图书,成为海外中文图书馆藏的首选,说明以前重中国古典文学、轻中国当代文学的局面在发生改变。当代文学以对社会现实的关切和创作方式的革新,赢得了海外的认可,国外对中国当代文学的评价正在悄然发生变化,当代中国文学形象正取代古代中国文学形象被世界所感知、认可。

三是中国当代文学中文本的海外图书馆收藏量与国内文坛的发展相一致。最近三年来,类型小说的海外馆藏量不断增加,而在国内,科幻小说、网络小说、悬疑小说等是新世纪以来逐渐引起读者兴趣和研究者关注的文学类型,这一方面显示出海外

---

① 2012—2019年,贾平凹的同一作品进入海外图书馆藏前30家的,统计时按数量最大的取值,不重复统计。其他作家亦复如此,不再另作说明。

馆藏同步反映了中国文坛的新变化,另一方面也向世界展示了中国当代文学创作的繁荣和多向度发展。中国在致力于实现中华民族伟大复兴,当代文学创作也在向文学高峰迈进,融入中国和平崛起、共建人类命运共同体的时代使命当中。

四是海外公共图书馆的中国当代文学馆藏量日益超过国外高校、研究机构图书馆的馆藏量,说明当代文学在海外的影响已渐渐走出象牙塔,开始飞向寻常百姓家,成为公众阅读书单上的选项。当代文学在国外的影响范围在不断扩大,中国文本正日益变为世界文学。达姆罗什将"阅读"作为评判民族文学成为世界文学的标准之一,认为世界文学是一种阅读模式,特别是普通大众的阅读,而"真正意义上的中国文学'走出去'是面向大众的中国文学"[5]160,国外的普通民众从阅读中观察、感受中国文化传统,中华民族的东西变成了世界人民的共享。

二、当代文学英文本的海外图书馆藏

如果说当代文学中文本的海外图书馆收藏量是从内视角来考察其世界影响力的话,那么外译本的海外图书馆收藏量则是从外视角来衡量其在世界上的影响,内外联动,能更为全面、准确地评估当代文学的世界影响力。鉴于英语在世界文化格局中的强势地位、中国当代文学英语翻译的规模化进程和英译本强大的辐射力,本文主要以当代文学英译本的海外图书馆收藏量为统计对象,适当兼顾其他语种的海外图书馆藏。

参照前一部分对当代文学中文图书海外馆藏的统计,着眼于近年来在海外影响较大的当代作家,利用被称为世界上最大的联机书目数据库 Worldcat,对莫言、余华、苏童、王安忆、贾平凹、刘慈欣、毕飞宇、麦家、曹文轩、严歌苓①的英译本进行检索统计。② 统计结果显示:莫言有 11 部作品③被译成英语,海外图书馆收藏量共计 9 289 家,排在第一位。余华有 9 部作品被译成英语,海外图书馆收藏量共计 5 418 家,位居第二。排在第三位的是刘慈欣,他有 6 部作品被译成英语,海外图书馆收藏量共计 5 251 家。苏童排在第四位,有 7 部作品译成英语,海外图书馆收藏量共计 3 160 家。曹文轩位列第五,共有 19 部作品译成英语,海外图书馆收藏量共计 2 567 家。王安忆排名第六,有 10 部作品被译成英语,海外图书馆收藏量共计

---

① 严歌苓是美国华裔作家,但鉴于前一部分涉及她的中文作品海外馆藏,故本部分将她纳入进来,以做对比观照。
② 统计时间截至 2020 年 6 月 27 日。
③ 包括莫言的作品单行本和小说集,其他作家的统计亦复如此。

2 326家。严歌苓排名第七,有6部翻译成英语和用英文创作的作品,海外图书馆收藏量共计1 511家。贾平凹排名第八,有11部作品译成英语,海外图书馆收藏量共计1 251家。毕飞宇排名第九,有3部作品译成英语,海外图书馆收藏量共计1 053家。麦家排在第十,有3部作品译成英语,海外图书馆收藏量共计968家。之所以选择这十位作家,是考虑了不同文学类型以及这些作家在其他西方主要语种中的影响力和未来的发展潜力,并不是说其他当代作家都在这个排名之后,像残雪、王蒙等人英译作品的海外图书馆收藏量总计都在1 000家以上。因此,这10位作家是我们选取的代表性个案。①

对以上10位作家英译作品海外馆藏的详细数据进行分析,可以发现有以下几个特点。

一是翻译的持续性和系统性。很多作家的作品都有持续、系统的翻译,并多次重印或再版。以莫言英译本馆藏量最多的《红高粱家族》为例。该作英译本于1993年面世,并于1994、1995、2003、2012年被美国的企鹅出版集团(Penguin Books)、维京出版社(Viking Press)、箭书出版社(Arrow Books),英国的海尼曼出版社(Heinemann)、企鹅出版集团、密涅瓦出版社(Minerva)等不断重印、再版。莫言的作品从1993年走进英语读者,2019年还有作品翻译成英语出版,尤其是获得诺贝尔文学奖后的几年迎来翻译高峰。时至今日,莫言几乎所有的作品都被翻译成英语出版,且译者多为美国汉学家葛浩文,其作品翻译的连续性体现得尤为充分。如果说莫言作为诺贝尔文学奖得主在英语世界得到的关注度相应要高,对于当代作家在英语世界的译介来说不具有普遍性,那么以余华为例可能更具有说服力。余华最早译成英语的是短篇小说集《往事与刑罚》②,于1996年由夏威夷大学出版社出版,此后《活着》、《许三观卖血记》(2003年)、《在细雨中呼喊》(2007年)、《兄弟》(2009年)、《十个词汇里的中国》(2011年)、小说集《黄昏里的男孩》(2014

---

① 毕飞宇、贾平凹、麦家虽然英译本馆藏量排名靠后,但毕飞宇和贾平凹在法语世界、麦家在西语世界具有相当的影响力。毕飞宇走向世界的历程是从作品译成法语开始的,目前已有《玉米》《青衣》《推拿》《平原》《上海往事》《雨天的棉花糖》7部作品译成法语出版,法译本的海外图书馆收藏量为239家,而在法国荣获文学大奖的贾平凹,其法译作品的海外图书馆收藏量为207家。麦家2014年到西语国家进行巡回宣传,在25天的时间里接受了107家西方重要媒体的采访,得到一致盛赞,是第一位在法兰克福书展上举行个人主题活动的中国当代作家,在西方世界掀起过"麦旋风""解密热"。

② 英译小说集《往事与刑罚》收入《十八岁出门远行》《古典爱情》《世事如烟》《往事与刑罚》《一九八六》《鲜血梅花》《一个地主的死》《难逃劫数》8篇小说。

年)①、长篇小说《第七天》(2014 年)、小说集《四月三日事件》(2018 年)②相继被译成英语出版,其中白亚仁(Allan Hepburn Barr)翻译了《十个词汇里的中国》《第七天》《黄昏里的男孩》《在细雨中呼喊》《四月三日事件》5 部作品,安道(Andrew Jones)翻译了《往事与刑罚》《许三观卖血记》2 部作品,余华作品在英译出版和译者方面都有较强的连续性。更值得一提的是,出版余华英译作品的海外出版社非常集中,纽约船锚出版社(Anchor Books)出版或再版了余华的 7 部英译小说③,纽约万神殿书局(Pantheon Books)出版或再版了余华的 6 部英译作品④。作品翻译的连续性、译者的相对统一性、海外出版社的连贯性为余华作品在英语世界的传播创造了有利条件,不仅使其作品的翻译出版形成气候,而且带动形成较高的认可度,产生了良好的连锁效应。在统计的 10 位作家中,他们的主要作品大都译成了英语,像贾平凹的《浮躁》《废都》《高兴》《极花》《带灯》,毕飞宇的《青衣》《玉米》《推拿》,麦家的《解密》《暗算》《风声》等,从英译本基本上能了解他们创作的风貌,这是他们作品英译系统性的重要体现。

  二是由知名译者翻译和权威出版社出版。上述 10 位作家几乎都有慧眼独具的译者和合作得力的出版社。翻译界美誉度极高的葛浩文翻译了莫言的绝大多数作品、毕飞宇的 3 部作品和苏童、贾平凹、王安忆的部分小说。此外,刘宇昆之于刘慈欣、米欧敏(Olivia Milburn)和克里斯托弗·佩恩(Christopher Payne)之于麦家、汪海岚(Helen Wang)之于曹文轩,都堪称著名学者许钧教授所形象比喻的"好作家"遇上"好翻译"的"艳遇",[6]正是他们出色的翻译助推刘慈欣摘取科幻作品最高级别的"雨果奖",曹文轩获得儿童文学最高荣誉"国际安徒生奖",麦家携"麦旋风"之名刮遍西方世界。

  出版中国当代小说英译本的有很多是海外知名度很高的出版社。譬如麦家的《解密》《暗算》英译本由英国的企鹅出版集团、美国的 FSG(Farrar, Straus and Giroux)出版集团出版。众所周知,企鹅出版集团是英语经典作品的诞生地,为全球读者提供了世界范围内的经典之作。而 FSG 是美国最大的文学出版商业集团,有

---

① 英译小说集《黄昏里的男孩》收入《我没有自己的名字》《黄昏里的男孩》《为什么没有音乐》《女人的胜利》《阑尾》《空中爆炸》《在桥上》《炎热的夏天》《我胆小如鼠》《他们的儿子》《蹦蹦跳跳的游戏》《我为什么要结婚》《朋友》13 篇小说。
② 英译小说集《四月三日事件》收入《西北风呼啸的中午》《四月三日事件》《死亡叙事》《此文献给少女杨柳》《爱情故事》《两个人的历史》《夏季台风》7 篇小说。
③ 分别是《十个词汇里的中国》《活着》《第七天》《黄昏里的男孩》《在细雨中呼喊》《许三观卖血记》《四月三日事件》。
④ 包括《十个词汇里的中国》《兄弟》《第七天》《黄昏里的男孩》《许三观卖血记》《四月三日事件》。

"文学帝国守护神"之美誉,旗下有20余位作家获得了诺贝尔文学奖、10多人获得美国国家图书奖、数十人获得普利策奖。出版曹文轩《青铜葵花》的是英国儿童图书界有口皆碑的沃克出版社(Walker Books),出版刘慈欣英译作品的有美国科幻作品权威出版公司托尔(Tor Books)、英国最佳独立出版社宙斯之首(Head of Zeus)……作品能够在这些权威出版社出版是受到认可的证明,它们独特的选题眼光、成功的营销策略、多维的销售渠道,是当代中国文学在海外产生影响力的通行证。

三是当代文学的翻译传播出现了多类型、多元化的态势。在纯文学得到持续译介的同时,类型文学成为中国文学海外传播的新名片。刘慈欣的科幻小说2014年才有英译本,但其英译作品的海外图书馆收藏量一路高歌猛进,《三体》自2014年后每年都在重印或再版,海外图书馆收藏量也日新月异。曹文轩的儿童文学作品最多时一年有近10部英译本出版、再版或重印①,呈现出后来居上的喜人局面。当代文学的翻译传播日渐蔚为大观,其海外影响力也水涨船高。科幻小说、儿童文学、谍战小说、网络文学、武侠小说等,成为当代文学译介的新宠,它们的海外图书馆收藏量不断攀升,帮助扩大了中国当代文学在海外的影响力。

四是在影响中国当代文学海外馆藏量的因素中,作家在国外的获奖和作品的影视改编是不容忽视的要素。莫言获得诺贝尔文学奖是其作品在海外更多地重印、再版、跟进翻译的重要原因;贾平凹获得美国美孚飞马文学奖、法国费米那文学奖、法兰西文学艺术骑士勋章是他的作品外译本在海外产生更大影响的促动力;余华获得过诸多国外奖项,像有诺贝尔文学奖风向标之称的意大利格林扎纳·卡佛文学奖、澳大利亚悬念句子文学奖、法兰西文学艺术骑士勋章、美国诺贝尔新发现文学奖、法国"国际信使"外国小说奖、意大利格林扎纳之"橡树"奖,获奖的作品有《活着》《往事与刑罚》《许三观卖血记》《兄弟》《第七天》等,而这些也正是翻译成外文后在海外图书馆收藏量较多的作品,对其世界影响力的扩展具有举足轻重的作用。同样,刘慈欣的"雨果奖"、曹文轩的"国际安徒生奖"是他们作品海外影响力生成的助推器。

当代作家作品海外影响力的形成与增长和他们作品的影视改编也有一定关系。莫言、余华、苏童在很长一段时间内被视为在海外最受欢迎的三位当代作家,这得益于根据他们作品改拍的电影《红高粱》《活着》《大红灯笼高高挂》在国际上

---

① 2016年,曹文轩的《夏天》《烟》英译本由全球知名儿童图书出版社、新西兰优诺雅出版公司(Eunoia Publishing Limited)麾下的Twinkling Books出版。同年,他的"丁丁当当系列"《黑痴白痴》《跳蚤剧团》《山那边还是山》《草根街》《盲羊》《蚂蚁象》《黑水手》由新加坡的中华书局(Chung Hwa Book Company)出版。

多次获奖带来的良好效应。更准确地说，电影改编和他们在海外的声名互相成就。将作品改拍成电影属于二度创作，只有在主题、创意上有突出特点和优势的作品才能引起导演的兴趣，将之以另一种艺术形式呈现给观众。电影改编某种程度上拓展了作品的影响时空，带动了作品的翻译传播。麦家、刘慈欣、严歌苓、王安忆、毕飞宇、贾平凹同样也有多部作品改编成电影或电视剧，在形成作品的海外影响力方面功不可没。各位作家英译本海外馆藏量排在第一位的，大多是被拍成影视剧的小说，如莫言的《红高粱家族》、苏童的《妻妾成群》、刘慈欣的《三体》、贾平凹的《浮躁》、王安忆的《长恨歌》、毕飞宇的《青衣》、麦家的《解密》、曹文轩的《青铜葵花》等。它们的影视改编有的在作品译介之前，有的在作品外译之后，但总的来说都在一定程度上增进了作品的海外图书馆收藏量。概而言之，影视改编一定程度上起到了扩大作品海外影响力的作用。

三、中英文本海外图书馆藏的对比分析

将当代文学中英文本的海外图书馆藏进行对比分析，发现二者有很大的错位互补性。英译本馆藏量排在第一位的是莫言，但其2012—2019年仅有3部作品进入海外中文图书30家以上图书馆收藏之列，而且还都是在他获得诺贝尔文学奖之后的2013年，之前和之后都没有中文本进入馆藏统计。这从侧面反映了中国当代文学创作的繁盛景象和海外读者阅读趣味的多样化，即便获得了国际瞩目的最高文学奖，也很难能始终吸引读者的注意力。贾平凹在2012—2019年统计的中文图书海外馆藏中位居第一，无论是海外图书馆收藏他作品的数量还是馆藏量都出其他当代作家之右，但其英译本海外图书馆的收藏量在我们统计的10人中排在第八，海外图书馆中文本收藏中具有优势的《秦腔》《老生》等目前还没有译成英语。严歌苓的海外图书馆中英文本收藏量也体现出很大的差异。根据何明星的统计，2012—2019年，她的中文作品海外图书馆收藏量排在第二位，而在英文作品海外图书馆藏中排在第七位，只有《小姨多鹤》是中英文海外图书馆藏统计中都有的，英译本馆藏量较多的是《扶桑》《白蛇及其他故事》《金陵十三钗》《密语者》，而这些作品的中文本并没有进入2012—2019年的海外中文图书馆藏统计范围。王安忆和刘慈欣的中英文本作品海外馆藏则完全不同。王安忆进入2012—2019年海外中文图书30家以上图书馆收藏的是《遍地枭雄》《众声喧哗》《波特哈根海岸》《匿名》《考工记》，而英译作品海外馆藏较多是《长恨歌》《小鲍庄》《流逝》《锦绣谷之恋》《荒山之恋》《小城之恋》《富萍》《小饭店》等。刘慈欣的英译作品《三体》《黑

暗森林》《死神永生》《超新星纪元》《流浪地球》《地球往事》的海外馆藏量节节升高,但进入2012—2019年中文图书海外30家以上图书馆收藏的是《太空游民》和收入刘慈欣作品的多人合集《十二个明天》。麦家2012—2019年没有一部中文本作品进入世界30家以上图书馆收藏,但其《解密》《暗算》《风声》的英译本在海外的馆藏量却令人欣慰,更不用说他在西语世界的强劲影响。

  这种差异同满足不同类型读者的需求有关。中文本的读者以海外华人群体和国外大学、科研机构的教学、研究人员以及学生为主,而英译本的读者则多为看不懂中文的英语读者。华人社群和汉学在国外虽然是小众群体和相对边缘的学科,但英语世界的华裔和华人数量在逐渐增长,国外不少大学的课程设置中都有中国文学或与中国文学相关的课程,每年均有选修中国文学的学生。因而细水长流,华人群体和学中国文学的外国学生是一支不可小觑的影响中国当代文学海外传播的力量。华人群体的中文阅读需求扩大了英语世界社区图书馆的中国当代文学作品中文本馆藏量,而国外学中国文学的学生毕业后行走于世界上不同的地区,从事各个行业的工作,因缘际会,会带动中国当代文学的传播,扩大其在海外的影响力。另外,随着中国的日益强大,世界对中国的关注度越来越高,催生了更多了解中国文化文学的渴望和需求。外国读者希望通过阅读当代文学作品来了解中国社会面貌,将之作为除新闻媒体、政治、经济、军事等渠道之外认知中国的又一途径,而且相较于官方带有浓厚政治色彩的国家形象宣传,文学以一种普罗大众的交流方式,借助鲜活的人物、生动的情节塑造和传播的中国形象更具价值信任度和可接受度,容易得到其他民族情感上的亲近、观念上的认同、行动上的支持。中文本和英译本的中国当代文学海外馆藏是两股平行推进的力量,二者之间的差异性越大,互补性越强,带来的一个积极影响是扩大了国外的阅读面和海外影响范围,内外联动让更多的中国当代文学作品走出国门,让世界读者通过文学作品了解中国文化和中国社会的发展变化,并潜移默化地影响他们对中国的看法。

  从作品的海外馆藏来看,英译本更能反映作家创作的全貌,中文本主要作为补充而存在。不过中文本馆藏也可能会向英文本馆藏转化,因为海外接受较好的中文作品会引起国外出版社和译者的注意,促进将其翻译成英语出版。中国当代文学英译本馆藏量远超过中文本馆藏量的事实符合文学传播的通律,说明翻译在使一国文学变为世界文学的历程中起着决定性作用。达姆罗什在《什么是世界文学》中强调翻译在世界文学形成过程中的重要作用,民族文学的世界流通主要取决于翻译。诚然,作品的价值是其走向世界的先决条件,但翻译尤其是翻译质量的高低决定了其流通范围的大小。法国批评家帕斯卡尔·卡萨诺瓦在其《文学世界共和国》中将翻译视为"世界文学空间建立和形成的重要驱动力之一"[7]147,并提出文学拥有自己的"中心"和"边缘"的主张,而翻译能使那些用影响力小的语言创作、处于世界文学"边缘"的作家作品向"中心"靠拢。因而翻译不仅是语言之间的转换,更是获得世界认可、向世界文学经典演化的一种方式。莫言、余华、苏童、刘慈欣、王安忆、麦家等人的作品有的已被世界其他国家视为经典,有的走在向世界文学经典演化的途中。

一国文学要想在域外产生影响,流通、翻译、阅读这些环节必不可少,为人津津乐道的5W传播模式最终落脚到传播效果,而影响力是传播效果的彰显,可见文学的海外传播最重要的是要达到传播效果,也就是在域外产生影响力,让海外读者对中国文学形成"真正的'文学印象'"[8]10。探讨中国当代文学的海外影响力有多种指标,"是否有翻译传播""是否有多语种翻译传播""是否有一定重译率""是否有一定研究数量""是否有权威的研究""是否是文学角度的研究""翻译和研究是否有持续性""研究或者接受意见是否具有广泛性"[9]206 等都是重要的考量因素,而海外图书馆收藏量是用数据说话、将定量分析与定性研究结合起来的直观、科学的方式之一。考察当代文学海外影响力的大小不仅有助于我们分析文学译介、传播活动的成功与否,也能为以后的文学"走出去"提供某些启示与借鉴,避免花大力气"译出去"而没有"走进去"的现象复现。

参考文献

[1] TORRES-SALINAS Daniel & Wenceslao Arroyo-Machado. Library Catalog Analysis and Library Holdings Counts:Origins,Methodological Issues and Application to the Field of Informetrics [EB/OL]. [2020-6-19]. https://arxiv.org/abs/1910.03855.

[2] 何明星.中国图书世界馆藏影响力报告[N].中国图书商报,2012-08-28(001).

[3] 何明星.中国图书世界馆藏影响力调查报告(2015版)[N].中国出版传媒商报,2015-08-25(049).

[4] 何明星."海外馆藏:中国图书世界影响力"报告(2014版)[N].中国出版传媒商报,2014-08-26(037).

[5] 陈大亮,许多.英国主流媒体对当代中国文学的评价与接受[J].小说评论,2018(4):153-161.

[6] 缪志聪,许钧:行走天下的孤独译者[N].中国教育报,2013-09-14(04).

[7] CASANOVA P. Entretien sur La République mondiale des Lettres [C]//Christophe Pradeau et Tiphaine Samoyault (dir.). Où est la littérature mondiale. Paris:Presses Universitaires de Vincennes,2005: 139-150.

[8] 许多.中国文学译介与影响因素:作家看中国当代文学外译[J].小说评论,2017(2):4-10.

[9] 刘江凯.世界经典化视野下的中国当代文学海外传播研究反思[J].文学评论,2019(4):199-208.

【中国文化典籍翻译研究】

后格义时代的译释现象研究[①]

刘华文

(上海交通大学 外国语学院,上海 200240)

[摘　要]　全球化时代迎来了后格义特征的中国典籍译释行为。通过考察这一时期以安乐哲为代表的译释活动,发现了其中译释所具有的特征,即双向性、译释和经释的交织、"物性"和"事件性"的发问方式、从概念格义到观念格义的过渡,同时也识别出了译释所具有的文体类型,即评注、话语、叙事和构述。

[关键词]　中国典籍译释;后格义时代;译释特征;译释文体[①]

人类的行为都是发生在特定的时空之中。翻译也不例外,也一定是发生在时间和空间这两个坐标轴的交叉点上。从20世纪后半叶直至21世纪初期,中国典籍的翻译所面对的时空特征是以"全球化"为标志的。经典文本在全球化时代改变了原本只接受单语的解读诠释的状态,过渡到了接受语际诠释的状态,前者可以被称为单纯意义上的经释,后者则是由经释和译释交叉纠扯在一起对经典进行解读。这种全球化时代的经典诠解方式的转变可以通过围绕"格义"这一本为佛经译释方法来获得历时性和共时性描述。于是对应从单纯的经释到经释和译释杂合

[作者简介]　刘华文(1968—),男,山东嘉祥人,翻译学博士,上海交通大学外国语学院教授,博士生导师,研究方向为翻译诗学、译释学、语际历史书写、认知与翻译、双语词典学。

① 原文刊于《燕山大学学报(哲学社会科学版)》2022年第2期,这里做了个别文字和参考文献的格式编修。

的这样一个过程,不妨说也是一个从"格义"时代到"后格义"时代的转变过程。

一、何谓"后格义时代"

"格义"是在佛经翻译时期出现的概念。它兼具翻译和诠释的品性。这种双重品性使得它的内涵重心不断地变化和游移。随着时间的推移,"格义"逐渐从作为一种翻译方法逐渐迁移变成了诠释方法。尤其是到了当代,"格义"成了中国诠释学的重要概念,也一度成为研究的热点。[1]当"格义"成了诠释学概念之后,它的方向性也逐渐地获得凸显性的认识。在中国的诠释语境中,如果是以"内(中国)"释"外(西方)",即"以固有的、大家熟知的文化经典中的概念解释尚未普及的、外来文化的基本概念"[1]99,那么就是"正向格义";反之,如果是以"外"释"内",即"以西方哲学的概念和术语研究、诠释中国哲学的方法"[1]101,那么就是"反向格义"。对"格义"的方向性①的区分会帮助我们对中国经典的诠释进行时空定位。将"格义"放在历时和中国的空间场域中,中国的经学诠释就是一种历时性的正向格义,即从先秦时期的经典文本形成之后,随着时间的推进历时性地经历了汉朝时期的汉学、魏晋时期的玄学、宋朝时期的理学、明朝时期的心学、清朝乾嘉时期的朴学,以及随后的国学这样一个历时性的经学诠释历程,并且都是以"内"释"内"的正向格义,同佛经翻译中的以"内"释"外"类似,只是诠释对象不同。从清朝初年,耶稣会士着手对《论语》进行拉丁语的翻译解读后[2],断断续续地就有了对中国经典的以"外"释"内"的反向格义。这种反向格义起初发生在中国空间,逐渐挪移到了西方,直至今日的全球化时代,成了当下在全球的时空定位中的诠释现象。反向格义的以"外"释"内"中"内"非常明确地主要指向的是诸子百家的经典文本,而"外"指向的是西方的形而上学[3]、哲学方法论[4]、认识论[5]、伦理学[6]等观念。

中国传统经典的诠释简称"经释"经历了前格义时代、格义时代和后格义时代。前格义时代是指在佛经翻译出现之前也就是"格义"这一诠释方法未提出之前对先秦经典的诠释,主要时间范围是在东汉之前。"格义"的诠释方式呈现为经典之间的互释互文特征。到了东汉佛经传入,译经的需要从而产生了"格义"的、以"内"即中国概念译释佛经概念的现象,这是在中国首次大规模出现了译释活动,经释和译释也首次出现了交叉。这个时期主要是以"内"释"外"的正向格义为

---

① "格义"的方向性是相对于语言而言,不是相对于译者或诠释者而言。不论译者的身份,"以中译(释)外"就是"正向格义","以外译(释)中"就是"反向格义"。如将 logic 译为"名理"是正向格义;将"龙"译为 dragon 就是反向格义。

主导。到了明清之际,耶稣会士和传教士来华对主要是中国的传统经典文本进行翻译,用理雅各所译的经典文集的名称表述的话这些文本叫做"中国经典"和"中国圣典",开始出现了以"外"释"内"的反向格义。到了清末民初,乘"西学东渐"之风,以严复为代表的翻译者采用的是以"内"释"外"的正向格义。由此可见,正向和反向格义的穿插交替贯穿着格义时代。从20世纪中叶开始,伴随着从"新儒学"到"后新儒学"的转向[7],在全球化的推动之下,中国传统经典的经释和译释进入了一个后格义时代。在格义时代,无论是经释还是译释,格义基本上是单向的,或正向或反向。而到了后格义时代,格义的发生则是双向对流的,经释和译释是浑然为一的,概念格义和观念格义是并行的且重心转向了观念格义。

二、后格义时代的译释特征

1. 译释的双向性

后格义特征在葛瑞汉(A. C. Graham)对中国经典的译释活动中初露端倪。葛瑞汉主要是翻译和研究《庄子》为主,但他还致力于二程理学的研究,其研究成果就是《二程兄弟的新儒学》。不过,我们可以从这本书的初版和再版时书名的变化发现葛瑞汉对中西哲学关系在认识上的变化。该书在1958年初版时的书名为 *Two Chinese Philosophers: Cheng Ming-tao and Cheng Yi-chuan*[8],但到了1992年再版时更名为 *Two Chinese philosophers: the Metaphysics of Brothers Cheng*[8]。这个变化说明"二程"即宋朝的程颐、程颢的思想不仅相当于西方的"哲学"(所以他们是"哲学家"),而且他们的"哲学"还可以具体到西方的"形而上学"。这种以"外"释"中"的反向格义在翻译成汉语时遭到了抵制,中文译者将此书书名置换为"新儒学"[8],明显的是以"中"释"中",属于正向格义的范畴。作为葛瑞汉学生的安乐哲(Roger T. Ames)对中西思想的格义关系也有一个变迁的过程,呈现出一种反向格义逐渐式微的趋向:从安乐哲[9]以"翻译中国哲学"(Translating Chinese Philosophy)为题收入《翻译百科全书》(*An Encyclopaedia of Translation*)中的文章,到用"哲学翻译"(philosophical translation)作为《道德经》《论语》《孝经》等这些经典译著的书名副标题[10-12],再到"形而上学地解读《中庸》"(Reading the Zhongyong "Metaphysically")[13]一文,可以发现安乐哲在对中国传统思想的译释初期将这些经典文本所表述的思想看成相当于西方的"哲学",后来慢慢地将"哲学"移作"翻译"的修饰语放在"翻译"之前,再到最后移至"翻译"这个动词的前面,渐渐地将"哲学"同中国传统思想作出区隔,"(西方)哲学"从作为中国思想的内在成分,到逐渐过渡为中国思想的一个衬托物,对应着反向格义的译释方式的衰落。反向格义从释译中的剥离为正向格义提供了空间,单向格义的经典译释方式也相应地让渡给了双向格义。

安乐哲是后格义时代的儒家经典的经释和译释的代表人物,也是集大成者。在建构"儒家角色伦理学"[14]之前,安乐哲致力儒家经典的译释,明确地提出他及其合作者的译释是"哲学性的"。在他最新出版的 *Human Becomings:Theorizing Persons for Confucian Role Ethics* [15] 一书中,他的译释行为更加凸显了后格义时代的特征。安乐哲利用"正名"的方式将西方伦理学中的概念如 individual、intersubjectivity、autonomy、choice 分别修正为 individuality、intrasubjectivity、relational autonomy、thick choice[15],而最终的目的是让西方的道德伦理学(virtue ethics)朝向他的角色伦理学(role ethics)靠拢,这属于以"外"释"内"的反向格义。相对地,安乐哲还利用回溯范畴字的历史,追溯到它们的最初的书写形态去挖掘所蕴含的深意,亦即利用"文字考古学"(philological archaeology)来树立它们在其"角色伦理学"中的地位。这属于以"内"释"内",是正向格义。这说明了安乐哲的译释活动有着格义的双向性。

2. 译释和经释的交织

将"译释"看成是在跨语言的条件下进行的诠释活动,不仅指经典文本的翻译,只要是用另一种语言、文化去诠释源语经典,都可以被看作是"译释"。中国传统的经典文本经历了由纯粹的经释到翻译过程中的诠释再到源语文化在异语表述中的译释这样一个过程。相对来讲,单纯的"译释"缺乏生成性,"经释"则具有生成性、创新性。但是在后格义时代,译释也具备了经释的特征,也有着生成性,对所释对象也有着相当程度的发展。

纵观中国的学术传统,经学为中国传统知识谱系提供了方法论基础,而经学的方法就是经学诠释,不妨称之为"经释"。就儒家思想来说,虽然有着诸子学、汉学、理学、心学以及朴学,但是经学贯穿着整个儒学发展的进程,因为上述的诸学都离不开经学作为它们的方法论基础。其中经学跟理学的关系就出现过这样一种认识:"要真正从经学来看理学,弄清楚理学如何从经学中转出,首先必须对中国传统知识谱系中的知识观念作出清理,不仅使得基于经学的宋明理学研究具有可靠的知识依据,而且使得基于经学的宋明理学研究能够在中国传统知识谱系中广泛展开,从而充分彰显宋明理学的丰富性,打开宋明理学潜在的论域。"[16]理学的发展与对儒家的经部的诠释是分不开的。尽管这一表述将经学和理学分开,但是它们之间的交融关系从很大程度上讲是理学离不开经学,至少在方法论意义上可以对它们之间的关系有这样的一个认识。在全球化时代,以儒家思想为主导的中国传统知识谱系在海外接受了传播、研究甚或重述,这些"遭遇"也在很大程度上借助经学所提供的方法论基础即经释。后格义时代的经释有着自身的复杂性,主要体现在两个方面:一是跨语种的,或者是需要通过翻译进行,与翻译诠释即译释有着密切的关系;另外一个就是跨地域的,空间语境异于经学时代。这样,一方面可以将经释和译释分别论之,但另一方面也可以将两者相互参照论述。

总的说来,译释发生的方式有以下几种:中国经典文本的翻译;用目标语论述经典文本,如杜维明对《中庸》的论述[17];对原来经释文本的语际元诠释(meta-exegesis),如 Makeham 对《论语》的四种评注本的研究[18];对经典文本的翻译,比如由理雅各翻译的中国经典和中国圣典,其翻译文本就是语际诠释的结果,只是他的诠释通过翻译文本表述了出来,属于纯粹意义上的译释。随后译释的成分变得越来越少,语际经释逐渐取得上风。经释和译释的最佳关系是混我一体、彼此成就。这也是经典文本基本实现了译出之后,后格义时代的译释特征。

"人"是儒家思想中的核心概念。Munro 在他的初版于 1969 年、再版于 2001 年的《早期中国人的概念》(*The Concept of Man in Early China*)[19]一书中将"人"译为 man。整部书虽然并非直接说明将"人"翻译成 man 的正当性,但是分别从人性、自然秩序和平等等方面论述了儒家和道家的"人"的概念。Munro 用 man 译释"人"这个概念,围绕这个概念又通过引述儒家和道家经典中的观念支撑这个译释,这样经释和译释就交织在了一起,其中的经释涉及《论语》《孟子》《中庸》《大学》《孝经》等。可见 Munro 还原了"人"译为 man 的译释过程,而这个过程则具化为对上述经典的经释。比如,他引述了《孟子》中的"仁者人也"这句话,通过对它进行释读,说明孟子将"人"和"仁"混同起来,使"人"具有了"仁"(humanheartedness)的内涵。[19]15 但是,这里的译释和经释的绞合度并不是很高,两者之间的界限仍然很分明。而到了后格义时代,译释和经释之间的融合就会更加地紧密,几乎达到了不分你我的程度。它们之间的合作不只停留在概念层面,而是上升到了一个观念层面;合作的目的不是还原原典概念的内涵,更重要的是发展和延伸源语经典的观念意义。

3. 译释的发问:"物性"和"事件性"

单纯的译释是还原原文的"物性",而与经释交织在一起的或者后格义时代的译释旨在还原或生成"事件性"。这种区分暗含着对经典的译释的发问方式。也就是说,译释的方式取决于译释者向原文提问的方式。格义时代的译释或经释发问的方式是用 what 即"什么"。但到了后格义时代，疑问词则被替换为 whence 和 whither，也就是"来自哪里或因何"和"去哪里或结果为何"。"物性"的发问方式可以在汉语典籍文本中找到一个疑问词来代表，那就是"安"字。在安乐哲看来，用"安"向《诗经》进行诠释性发问，这个"安"就是"如何"的意思；向《左传》进行诠释性发问，"安"代表的是"哪里"和"什么"；《庄子》中"鱼之乐"典故所蕴含的"安"字的发问方式则是"来自哪里或因何"和"去哪里或结果为何"。[15]50 在这里，安乐哲是对中西方哲学进行了一番区分，目的是认识如何针对特定哲学以何种方式发问。通过比较，单纯对儒家思想进行"什么"的发问，就会"通过制约和限制在时间和空间上对事件聚焦，但这个事件其实是内蕴着所有的过去历史和即将要发生的一切的"[15]51。用"什么"或"物性"的发问方式所获得的答案是一种诸如关系、地点、地位、状态、行动和情感等属性的抽象物，而忽略了从已然成为到即将成为的"过程性"或"事件性"。葛瑞汉[8]将程颐的"理""命""气""性""心""诚""敬""格物"分别译为 principle、decree、ether、nature、mind、integrity、composure、investigation of things，将程颢的"仁""易""神"分别译为 benevolence、the changes、psychic，就是经过"什么"式的发问，对上述两程哲学中这些范畴的直接回答，这些译名也贯穿在他对"二程"的文本的翻译之中，没有因具体语境的影响而动态地去处理它们的翻译，说明了这些范畴的翻译是固定的、抽象出来的属性，属于原范畴的"什么"。

那么"事件性"的发问方式又是如何体现出来的呢？安乐哲[15]的译释就非常典型地运用了这种用 whence 和 whither 的"事件性"发问方式。上文提及的孟子的"仁者人也"如果作"物性"理解，"仁"和"人"都是彼此相互抽象出来的属性，即"仁"具有"人"的属性，"人"也具有"仁"的属性。通过"物性"发问译释出来的结果就是"仁"译作 humanheartedness，"人"译作 man。[19]15 但是，如果对"仁者人也"作事件性理解，那么就会得出这样一个解读："仁"和"人"成就彼此；或者"仁"是"人"争取实现的最佳境界，而"人"不断地在趋向"仁"的境界的过程中成长。这样，就把"仁者人也"看成是一个"事件性"的表述。借此我们就不难理解安乐哲为什么将"仁"和"人"分别译作 aspiring to become consummate in our roles and relations[15]21 和 human becomings[14-15][20]。"仁(也)者人也。"也同样出现在了《中庸》中。但无论是在《中庸》还是在《孟子》中的这一表述，安乐哲都译为：Aspiring to consummate conduct in your roles and relations（ren 仁）is becoming a person（ren 人）[15]71。显然，这一译法是经过"事件性"的发问之后获得的译释性回答。安乐哲实际上承继的是葛瑞汉的对中西方思维的一种区别性认识，那就是以亚里士多德为代表的西方早期哲学思维方式是一种"名词为中心的思维","在语法上名词是被优先考虑的"。[15]37 鉴于葛瑞汉对儒家思想世界的全息性的理解,"在其中人(persons)是被断然地放置在情景之中而无法在故事'发生'(taking place)之时从时间性和持续叙事的变动不居的空间中抽离出来"[15]54。相对地,葛瑞汉则强调"汉语语言和思维的动词中心性,"[2]并且断定"比如在'事件性'的中国宇宙论中,'人'(human becomings)应该更好地被理解为流动的和包容的动词而不是静态的和排斥性的名词"[15]54。由此,"物性"或者 what 的译释发问所获得的是以-ness 为结尾的属性名词的翻译结果;相对地,以"事件性"或 whence 和 whither 进行译释发问所获得的是以-ing 为结尾的动词性语法形态。

回答"物性"问题需要用答案,而回答"事件性"问题则需要反应。"文本并不旨在像医疗诊断那样提供答案。它只是表征对它所提出的问题的一个反应,而非一个直接的解决方案。"[22]答案具有正确性或真理性或唯一性,是完全排他的。因此,如果译释提供的是答案,那么就只能有一个,或者更具体地讲,答案式的译释行为只能为一个经典文本给出一个唯一的译本,或者只能假定有一个译本。但实不尽然,不同主体的译释行为都有着对同一个文本的不同译本,都是对同一个原文作出的不同反应。从某种意义上讲,用"物性"问题发问得出的译释结果就是"答案",而用"事件性"问题发问所得出的译释结果则是"反应"。那么,"物性"发问和"事件性"发问所得出的答案或反应又会呈现出两种样态:概念和观念。

4. 概念格义和观念格义

在后格义时代,表面上译释的单位同格义时代一样都是以个体范畴为主,但是对范畴的格义方式其实是发生了根本性的转变:格义时代是对范畴进行概念性格义,而后格义时代则是进行观念性格义。就拿"人"这一个儒家伦理学的重要范畴来说,在 Munro[19]那里"人"被译释为 man,被葛瑞汉[8]译释为 human body、human nature,被 Makeham[18]译释为 human,被安乐哲[15]译释为 human becoming、persons,而在 Hershock 和安乐哲[23]中则是三种译释结果即 human beings、human becomings 和 person 相互竞争。"人"直接被释译为 man 或 human being 就会带上普遍性意义,无论在西方的道德伦理学中还是在儒家伦理学中,这个概念都是一样的,都是高度抽象出来的。但是到了安乐哲[15]那里,"人"的译释就带上了观念性标记:起先是用 becoming 代替 being,强调了这一概念所内含的过程性观念,后来又将其复数化,变成了 persons[15],所强调的是这一概念所内含的角色性观念。

"人"被释译为 persons 是为了抵制西方个人主义观念中的"个体"(individual)而

进行的观念建构。儒家伦理学中"人"的观念不同于西方那种独立的、自主的、离散的、自我利益为重心的"个体人"(individual),而是相互渗透的、关系性建构起来的各种角色构成的复数的"人"(persons)。将儒家伦理学中的"人"译为 man、human being 或 person 只是实现了概念层面的对应,但在观念上是不对称的。"人"在被译释为 persons 之后,这个复数形式-s 有着两层观念内涵:一为"人"承担着各种不同的角色,有着不同的角色层面(aspects);二为"人"需要同其他人之间的互动互联才能存在着,"人"始终是关系性的。

如果说"人"被安乐哲译释为 persons 所强调的是儒家伦理学中的"角色"观念的话,那么"人"被他译释为 human becomings 所强调的则是儒家伦理学中的"过程"观念。"确实,作为'(成)人'(human becomings)的人(persons)的儒家观念是在自然过程宇宙论中发展起来的,而这种宇宙论为这个替代性传统提供了人的成长的语境。"[15]153 比较而言,persons 体现的是相对于西方个人主义的伦理观念,而 human becomings 所体现的则是相对于西方本质主义的伦理观念。Hershock 和安乐哲在共同编辑的 *Human Beings or Human Becomings: A Conversation with Confucianism on the Concept of Person* 一书的序言中这样表述了 human becomings 的观念内涵:"(它)所呈现出来的是一种基于在角色构成的语境中道德习惯的动态展开和加强而对人的在场的理解,这些规定了所实现的最优境界的意义——这种境界表现为一种与他人和谐共处的关系性构成的人的景观,在这里人(persons)所成为的不仅是'人'(human),而且是真正意义上的'仁'(humane)。"[23]5 在"人"被译释为 persons 和 human becomings 所体现的总观念的引领下,儒家思想中的其他范畴的译释也呈现为观念化取向,如"仁""孝""儒""体""礼""恕""度""势"等。[15][20]

三、后格义时代的译释文体

对经典的诠释行为伴随着一定的诠释文体(genre)。从前格义时代的经学诠释,到正向格义时代的佛经诠释、宋明的理学和心学诠释,以及清朝乾嘉时期的朴学诠释,其间及其随后穿插着以反向格义为诠释特征的中国典籍的外译以及在汉学形成发展过程中对中国典籍的语际诠释。在 20 世纪末到 21 世纪前二十年,伴随着"全球化"迎来了正向格义和反向格义交织在一起的中国经典的后格义时代。对应着各个时期的"格义"或诠释,有着相应的诠释文体,分别是评注、话语、叙事(叙述)和构述。

1. 评注(commentary)

在经学诠释传统中,一般会使用注、疏、传、解、集解、集注等诠释文体。这些文体可以统称为"评注"。Makeham[18]就分别对魏晋时期何晏的《论语集解》(Collected explanations of the Analects)、皇侃的《论语义疏》(Elucidation of the meaning of the Analects)、宋朝朱熹的《论语集注》(Collected annotations on the Analects)以及清朝刘宝楠和刘恭冕合注的《论语正义》(Correct meaning of the Analects)进行了研究。在Makeham看来,这四部对《论语》的集解、义疏、集注和正义都属于"评注文体"(commentarial genre),并且都是"哲学表达的介质",强调不应该忽视对作为"哲学表达的文体"的"评注"的研究。[18]4 评注的文体形式主要是随文评注,缺乏主题的统一性和连贯性,显得随机和零碎。但经释传统中的评注文体的价值在西方汉学界并没有因此被忽视,也出现了典籍评注本的翻译,如 Paul J. Lin 对老子《道德经》及其王弼评注的翻译[24]、Daniel K. Gardner 所翻译的朱熹对《大学》的评注[25]、林理彰所翻译的王弼对《周易》的评注[26]等等。

2. 话语(discourse)

通过对附着在经典文本上的原有评注的翻译,译者就自然地借助原来的评注完成了自己对源经典文本的诠释。无论对评注的翻译会游离或靠近被诠释文本有多远或多近,译者基本上还是做到尽量免受所处语境的影响。但是,评注毕竟是一种话语形态,它的话语性随着对诠释语境的自觉慢慢会变得越来越受制于语境,同"权力"发生越来越密切的关联,话语性也就越来越强,就逐渐地将格义文体由原来的评注转变为"话语"。如果说"评注"这一诠释文体是以经典文本为中心,正如上述所提及的对《老子》《大学》《周易》的诠释性翻译,那么话语这种诠释文体就会从附着着权力内涵的概念出发,用概念作为预设去先入为主地对经典文本实施话语权。

诠释的"话语性"说明诠释是由诠释者在特定的条件下发出的言语行为。话语的发出不是完全受发出主体的控制的,总是在已然存在的条件下发出的。这些条件包括发出者的社会地位、各种相关文本交织在一起的文本网络等等。"每一个文本都是表演的痕迹,一种话语化主体的话语行为。"[27]2 诠释主体是话语化的,也就是先在地被赋予了话语权。诠释话语是一个话语权的角力场。安乐哲[14-15][20]在译释性建构"儒家角色伦理学"的时候,都会首先消解以西方为中心的东方主义话语权。在早期或者具体地说在反向格义时代,西方对儒家典籍的译释在安乐哲看来都会造成经典文本的"贬值"(depreciation)。造成儒家思想"贬值"的原因是译释者"滥用"了诠释话语权,也就是在建构诠释话语的过程中"滥用"了西方中心主义赋予他们的权力。安乐哲经常提及的这种话语权在译释中的表现就是用基督教的概念翻译儒家范畴,比如"天"译为 Heaven,"礼"译为 ritual,"道"译为 the Way,"仁"译为 benevolence,"德"译为 virtue,"孝"译为 filial piety,"体"译为 substance,"理"译为 principle,"气"译为 material substance。[14]19[15]2[20]xxv 这些儒家范畴的译释所体现的"基督教化"(Christianization)正是西方译者东方主义话语权实施的结果。安乐哲意识到了西方在诠释儒家时对话语权的"滥用",于是开始努力矫正这一"滥用"现象,从受东方主义操纵的译释者那里夺回正当的话语权。

3. 叙事(narrative)

译释是具有话语性的言语行为,或者说译释是一种权力实施的话语场域。在译释话语经过系统化、整体化和主题化之后就产生了"叙事性",这时译释话语就可以被看成是译释叙事(或叙述)。"叙事行为生成一个叙事文本(récit),整个文本讲述一个故事(histoire)。"[27]5 Makeham[18] 在他对《论语》的四个评注文本的译释中就很好地体现了这种译释话语的叙事性特征。作为一个评注者,Makeham 采用译释的形式进行了一种元评注(meta-commentary),因为他的评注是对四种《论语》的评注文本的评注。在他那里,这四个评注本不是离散式的、各说各话的,而是经由主题化被串联成了一个全息性的整体,说明了他的评注有着典型的叙事性,他所采用的译释文体是叙事文体。这也印证他在书中的这句话:"通过识别出重要的一些评注,那么就可以回顾式地界定评注传统的轮廓。"[18]6 这里的"轮廓"就是在一定的主题引领形成的一个叙事脉络和轨迹,它的显现需要借助"叙事"才能够实现。还有一个例子就是 2021 年出版的《安乐哲比较儒学关键词》[28],这本书虽然采用的是类似词典的文体,却显露出一种诠释文体的叙事性特征:先用"人""天"和"天人合一"作为关键词也就是主题概念开始了它的"叙事",并且统领随后的"叙事"。而更为典型的例子是倪培民[29],他对《论语》的翻译既结合了译释和经释,同时还选择"功夫"作为主题取向,将他的译释进行叙事化处理。

4. 构述(conception)

在安乐哲[15]中的第三章标题是 A Narrative Conception of Human Nature,旨在对"人性"进行叙事性构建,那么我们不妨就将这种话语模式说成是一种"叙构"或者"构述",将它作为一种译释文体来看待。新的观念的构述需要依靠前构观念(pre-conception)和错构观念(misconception)。与一般的译释结果即翻译文本不同,安乐哲的译释结果则是建构儒家角色伦理学,而他的译释建构过程就是构述的过程,所基于的也是前构观念和错构观念。前者主要体现为中国古代的宇宙论,后者则主要体现为西方的道德伦理学。对前者的利用主要用文字考古学的方法,对后者的利用则是通过比较和正名的方法。

(1) 比较的方法

"构述"的译释文体就是用叙事的方式建构围绕所译释对象的新观念。在安乐哲[14-15]建构儒家角色伦理学的过程中首先使用了比较的构述方法,在突出儒家伦理学同西方道德伦理学差异的同时凸显前者,以避免儒家伦理学被西方的道德伦理学所过度书写(overwritten)或书写不及(underwritten)。"在儒家宇宙论中,将人的范畴广泛地容纳进来的物的范畴是由人在彼此关系中所承担的角色的所作所为建构起来的,而不是由他们对他们为何物的本体指涉建构起来的。"[15]18 这种所谓的"对为何物的本体指涉"是西方道德伦理学的理论基础,这里被用来衬比儒家的角色伦理学。安乐哲继而将 virtue(道德)分成两个所指,一个是儒家的"德",它是通过与在"道"构成的场域中其他成员的全息性互动实现的;另一个所指是希腊语的 arête 即"德性",它的运行是依靠作为施为者的个体的心智后面的理性或实践智慧。安乐哲没有借用西方道德伦理学的诸如能动者(agents)、一般性道德(generic virtues)、性格特征(character traits)、自主性(autonomy)、动机(motivation)、理性(reasons)等等去理论化建构儒家角色伦理学的观念,他只是将它们拿过来去衬托儒家角色伦理学的特异性,并且希望使其成为有着自身独立概念价值的理论。

(2) 正名的方法

在与西方的观念及其范畴系统进行比较之后,进而还可以通过修正这些范畴去接近儒家角色伦理学。安乐哲借用杜威(John Dewey)对 individualism 修正之后得来的 individuality 作为对儒家至高追求的圆满境界的一种呼应。[15]22 到了另一位美国的伦理学家桑德尔(Michael Sandel)那里,则是将主体间性(intersubjectivity)修正为内主体性(intrasubjectivity)。"主体间性"被用来将人的主体性定义为是由单一性(singularity)控制的,只是发现与外部主体互动,也就是主体间互动。但在桑德尔看来,人并不具有主体的单一性,而是多面的和多维的,在其主体内部就存在着不同身份或角色之间的竞争甚至冲突。"之所以推荐 intrasubjective 而不是 intersubjective 是因为前者所指的并不是在界分成的个体主体之间所获得的外部关系,而是可以在一个有机的、内部的关系矩阵中聚焦人并显现他的各个侧面,也就是让'人'成为一个延伸的'多个自我的场域',这些'自我'构成了共享的、无法减约的社会性和个人性身份。"[15]25 为了达到 individuality 的层次,在儒家角色伦理学那里,就是要实现自我的圆满,其中有两种方式:既要进行主体间的互动,这属于 intersubjectivity,在儒家那里是"两人成人"的"仁"范畴;同时又要实施内主体活动,这属于 intrasubjectivity,呼应的是儒家思想里的"恕",需要将"他人"化成自己内心的某个角色,想象性地演练与这个内化成一个自我角色的"他者"互动。

(3)文字考古的方法

安乐哲试图在焦点-场域的范型中架构他的"文字考古学"(philological archaeology)。"(成)人"的事件的展开需要通过儒家思想中的字范畴来实施。比如,伦理事件可以具化为言语行为,而这个言语行为则是通过共享言(speech)或心(heartmind)的字范畴体现出来的。通过文字考古,这两个部首被发掘了出来,于是"表示'君子'的'君'字有一个'口'的部首,表示信任和诚信关系的'信'有'言'部首,表示共情尊敬的'恕'则有'口'和'心'两个部首(表示思考和情感),表示诚意和决心的'诚'则有'言'部首,表达道德娴熟的'德'则有'心'部首,等等"[15]64。可见,安乐哲追寻这些字范畴的最原始的书写形态是对他的儒家角色伦理学的文字学支撑,直至回溯到这些范畴字的甲骨文和金文的书写形态。除了上述字范畴之外,安乐哲[14-15]还利用文字考古学挖掘"仁""孝""儒""体""礼""恕""度""势"等的内涵,使其儒家角色伦理学的译释性构述具有了鲜明的文字学特征。

在译释构述中,比较和正名的方法都是以"外"释"内",属于反向格义,而文字考古的方法则是以"内"释"内",属于正向格义。这显然符合上述译释的格义特征之一,即双向性。而上述对译释文体特征作分别论,并不意味着各个文体都是各自为政、各司其职,实际上它们之间则是互有交叉、相互包孕。这也说明了后格义时代经典文本译释现象的复杂性。

四、结语

对中国典籍在域外的传播除了进行单纯翻译视角的考察之外,还应该考察同翻译相关联的其他问题,如翻译与中国传统思想的关系、翻译在中国哲学边界的想象和迁移所发挥的作用、翻译同对中国典籍的诠释之间的互动等等。也就是说,中国传统思想的世界性传播并非只局限在文本对译这样一个唯一途径,尤其是中国古代的重要典籍已大部分接受了翻译,而现在的继续翻译大多为复译的情况下,就需要推动这些翻译所承载的中国文化在世界范围内更为深入的传播。典籍的翻译不只是一味地符合原典的本意,而是需要另一种功能,那就是通过翻译者或者研究者的语际诠释进一步延展原典的思想内涵,去面向世界和面向未来地传播中国文化。对后格义时代中国典籍的译释行为的审视,可以帮助我们更加清楚地认识在全球化时代中国传统文化和思想的传播特征,以便明晰典籍翻译者和翻译研究者所肩负的新时代的任务。

参考文献

[1] 刘笑敢.诠释与定向:中国哲学研究方法之探究[M].北京:商务印书馆,2009.

[2] MEYNARD T. The Jesuit Reading of Confucius:the First Complete Translation of *Lunyu*(1687)Published in the West [M]. Leiden & Boston:Brill,2015.

[3] LI C, PERKINS F. Chinese Metaphysics and Its Problems [M]. Cambridge:Cambridge University Press,2015.

[4] TAN Sor-hoon,RAM-Prasad C(ed.). The Bloomsbury Research Handbook of Chinese Philosophy Methodologies [C]. Bloomsbury Academic,2017.

[5] LENK H,PAUL G. Epistemological Issues in Classical Chinese Philosophy [M]. Albany:State University of New York Press,1993.

[6] NORDEN B W Van. Virtue Ethics and Consequentialism in Early Chinese Philosophy [M]. Cambridge:Cambridge University Press,2007.

[7] 林安梧.儒学革命:从"新儒学"到"后新儒学"[M].北京:商务印书馆,2011.

[8] 葛瑞汉.中国的两位哲学家:二程兄弟的新儒学[M].程德祥,等译.郑州:大象出版社,2000.

[9] AMES R T. "Translating Chinese Philosophy." An Encyclopaedia of Translation [C]. CHAN Sin-Wai & POLLARD David E. (ed.). Hong Kong:the Chinese University Press,2001:731-746.

[10] AMES R T,ROSEMONT Henry Jr. The Analects of Confucius:A Philosophical Translation [M]. New York:Ballantine Books,1998.

[11] AMES R T,HALL L. *Daodejing*:"Making This Life Significant":A Philosophical Translation [M]. New York:Ballantine Books,2003.

[12] ROSEMONT H,AMES R T. The Chinese Classic of Family Reverence:A Philosophical Translation of the *Xiaojing* [M]. Honolulu:University of Hawaii Press,2009.

[13] AMES R T. "Reading the Zhongyong 'Metaphysically.' " Chinese Metaphysics and Its Problems [C]. LI,Chenyang & Perkins Franklin (ed.). Cambridge:Cambridge University Press,2015:85-104.

[14] AMES R T. Confucian Role Ethics:A Vocabulary [M]. Hong Kong:The Chinese University Press,2011.

[15] AMES R T. Human Becomings:Theorizing Persons for Confucian Role Ethics [M]. Albany:State University of New York Press,2021.

[16] 何俊.从经学到理学[M].上海:上海人民出版社,2021:4.

[17] TU Wei TU. Centrality and Commonality:An Essay on Confucian Religiousness [M]. Albany:State University of New York Press,1989.

[18] MAKEHAM J. Transmitter and Creator:Chinese Commentator and Commentaries on the Analects [M].

Cambridge (Massachusetts) and London:Harvard University Press,2003.

[19] MUNRO D J. The Concept of Man in Early China [M]. Ann Arbor:the University of Michigan Press,2001.

[20] AMES R T. A Conceptual Lexicon for Classical Confucian Philosophy [M]. Beijing:the Commercial Press, 2021.

[21] GRAHAM A C. Studies in Chinese Philosophy and Philosophical Literature [M]. Albany:State University of New York Press,1990:391.

[22] EAGLETON T. The Event of Literature [M]. New Haven & London:Yale University Press,2012:174.

[23] HERSHOCK P D,AMES Roger T(ed.). Human Beings or Human Becomings:A Conversation with Confucianism on the Concept of Person [C]. Albany:State University of New York Press,2021.

[24] LIN P J. A Translation of Lao-tzu's Tao Te Ching and Wang Pi's Commentary [M]. Ann Arbor:the University of Michigan Press,1979.

[25] GARDNER D K. Chu Hsi and the Ta-hsueh:Neo-Confucian Reflection on the Confucian Canon [M]. Cambridge:Harvard University Press,1986.

[26] LYNN R J. The Classic of Changes:A New Translation of the I Ching as Interpreted by Wang Bi [M]. New York:Columbia University Press,2004.

[27] SANDERS G. Words Well Put:Visions of Poetic Competence in the Chinese Tradition [M]. Cambridge (Massachusetts) and London:Harvard University Press,2006.

[28] 温海明,路则权. 安乐哲比较儒学关键词[M]. 北京:华夏出版社,2021.

[29] NI P. Understanding the Analects of Confucius:A New Translation of *Lunyu* with Annotations [M]. Albany: State University of New York Press,2017:22-29.

典籍翻译个案研究的微观史建构[①]
——以理雅各为中心的考察

丁大刚

(上海师范大学 外国语学院,上海 200234)

[摘 要] 翻译理论的创造要以翻译史的梳理和深入研究为根柢。在张西平书写四百年中学西传史两部著作的启发下,以芒迪的"微观翻译史"概念为指引,以理雅各的中国典籍翻译为例,提出微观文献编目、微观翻译史书写、比较文化文本分析三位一体的典籍翻译个案研究的微观史模式。

[关键词] 典籍翻译;理雅各;微观翻译史

一、引言

当前,绝大多数中国典籍翻译的研究者是外语专业出身,其语言能力使其成为这个领域的主力军,但这些学者大多缺乏中国传统历史文化的教育和文献学训练,其翻译及研究在广度和深度上难以展开。[1]16 其研究大多还局限于"只考察分析原文和译文这两个原始文献,其文本分析结论和对文本产生过程的解读往往具有推测性"[2]151,缺乏历史的视野和文献目录学的意识。

针对这样的问题,我在《〈20世纪中国古代文化经典在域外的传播与影响研究

[基金项目] 国家社科基金一般项目"理雅各汉学文献整理与研究"(18BZJ005)
[作者简介] 丁大刚(1976—),男,河南宜阳人,比较文学与世界文学博士,上海师范大学外国语学院副教授,主要从事传教士汉学和典籍翻译研究。
① 原文刊于《燕山大学学报(哲学社会科学版)》2021年第1期,这里又做了编修。

〈导论〉简评》一文结尾呼吁我们要沿着《导论》①所开辟的研究路径,从微观文献目录和微观史的视角把《导论》的个案研究向纵深处推衍。《导论》所开创的中国典籍对外翻译研究路径,综而言之,是以全球史的宏观视野和西方汉学文献学的构建为基本框架,以比较文化理论为基本方法,深入考察译者和分析译本。以微观文献目录为门径,做典籍翻译微观史研究,也应遵循这样的路径。本文以理雅各为例,说明如何以微观史的视野和微观文献目录学为基本框架,做典籍翻译个案研究,包括文献编目、历史书写和文本分析三个方面。

二、微观文献编目

《导论》提出的"西方汉学文献学"这一概念,对于书写中外文化交流史和中国典籍外译史有重大意义。但若从微观史的视角做翻译个案研究,尤其是考察单个译者翻译的源流,这样的宏大叙事就显得有些笼统,其文献不应局限于西方语言的书写,还应包含译者的中文藏书以及其他用中文写成的文献,也不应看它是否与中国有关,而是只要与译者有关的文献,都要尽可能作穷尽式搜罗。而且,文献也不仅仅限于书籍、档案、手稿、书札等纸质资料,也要包含承载有文献或与文献有关的实物,比如通过赠礼、照片来考察人物的交游,通过印刷设备、字模等考察翻译文本的刊刻与流传等。因为"文献"一词,就其在中文语境里的原始含义②,本身就包含"书"与"人"两个方面。

文献搜集后还要按照目录学的方法编目,否则就只是杂乱无章的资料。通过编目,使杂乱的资料条理化、系统化,我们便能在"书"与"人"之间建立起有机的联系。编目的目的是对文献作分类考察,因为"类例既分,则学术自明"[3]。做微观史的典籍翻译研究,一方面要从"书"的角度出发做文本研究,包括对译本、底本、注本、参考文献、个人著述、译评等做文献学的考察;另一方面还要从"人"的角度出发做译者研究,而且要把译者作为活生生的个人看待,而不是套用一种理论使其成为机械般的"翻译者"。不仅要考察译者身份,还要利用其个人档案文献考察其家庭、教育、交游等。

就理雅各中国经典翻译这一个案研究而言,因其原始文献数量庞大,至今未有

---

① 本文所说"《导论》"包括张西平教授的《儒学西传欧洲研究导论:16—18世纪中学西传的轨迹与影响》和《20世纪中国古代文化经典在域外的传播与影响研究导论》两部著作。

② "文献"一词,最早见于《论语·八佾》:"夏礼,吾能言之,杞不足征也;殷礼,吾能言之,宋不足征也。文献不足故也。足,则吾能征之矣。"汉代郑玄注:"献,犹贤也。我不以礼成之者,以此二国之君文章贤才不足故也。"宋代朱熹注:"文,典籍也;献,贤也。"清代刘宝楠注:"文谓典策,献谓秉礼之贤士大夫。"

一个完整的编目,致使理雅各研究者难窥其整体面貌,只能做单一文本的研究,结论往往偏于一隅。甚至学界连理雅各总计翻译了多少中国经典都说不清楚,仅仅以"四书""五经"笼统称之。

我们根据伦敦大学亚非学院(SOAS)图书馆、牛津大学图书馆、纽约公共图书馆、埃默里大学神学院图书馆、澳大利亚国家图书馆、香港图书馆等收藏的有关理雅各的档案文献,以及一些19世纪报纸杂志的数据库,理雅各曾孙克里斯托弗·莱格(Christopher Legge)的家族收藏,把理雅各的文献分为以下几类。

1. 译作目录

这个目录不仅论列理雅各的翻译书目和手稿,还运用版本学的知识,对勘其主要版本,包括刊样本、初版本、修订本、重印本,以及盗版本等。① 理雅各的翻译书目可分为:

(1)《中国经典》(The Chinese Classics)系列,五卷。第一卷《论语》《大学》《中庸》(1861),第二卷《孟子》(1861),第三卷《书经》(1865),第四卷《诗经》(1871),第五卷《春秋附左传》(1872)。理雅各本打算在这个系列包含"四书""五经",共七卷,因此初版内封页标注的都是"七卷"(in seven volumes),但由于1873年理雅各离开香港,《易经》《礼记》未在香港印刷出版。《中国经典》初版本有两种装帧形式,一是封面无图像的装帧本,一是封面有孔子或孟子(第二卷)浮雕图像的装帧本。实际上,理雅各《中国经典》第一卷的翻译在1858年即已完成,且把在《德臣西报》(The China Mail)印刷所的印样寄给了伦敦会总部。这个刊样在版式和译文方面都与初版本有较大差异。

1893—1895年在牛津大学克莱伦登出版社(The Clarendon Press)出版修订再版本,其中只修订了第一、二卷,第三至五卷没有修订。

另外,1867—1876年,理雅各修订出版了三卷没有中文对照的"通俗版"(popular edition)《中国经典》,包括第一卷《孔子的生平及其教导》(1867),第二卷《孟子的生平及其著作》(1875),第三卷"韵体本"《诗经》(1876)。[4]102-119

(2)《中国圣书》(The Sacred Books of China)系列,六部,分属缪勒(Max Müller)主编的《东方圣书》(The Sacred Books of the East)系列的第3、16、27、28、39、40卷。第一部《书经》《诗经(宗教部分)》《孝经》(1879),第二部《易经》(1882),第三部《礼记1—10》(1885),第四部《礼记11—46》(1885),第五部《道德经》和

---

① 由于篇幅限制,本文仅作理雅各文献简目,日后将有作为《理雅各全集》之一卷的《理雅各文献编目》专书出版。

《庄子1—17》(1891),第六部《庄子18—33》《太上感应篇》和八个附录:《清净经》或《清静经》《阴符经》《玉枢经》《日用经》的翻译,以及林云铭《庄子因》、薛道衡《老子庙碑》、苏轼《庄子祠堂记》的译介,还有一个附录列举了《庄子》各篇中的寓言故事(1891)。其中前四部属于"儒教(家)文本"(The Texts of Confucianism),后两部属于"道教(家)文本"(The Texts of Taoism)。

(3)其他译作,包括《正德皇游江南》(1843)、《河南奇荒铁泪图》(1878)、《佛国记》(1886)、《大秦景教流行中国碑》(1888)、《三教平心论》(1893)、《神箭手养由基传》(1893)、《离骚》(1895),以及《约瑟纪略》(1852)、《耶稣山上垂训》(1854)、《亚伯拉罕纪略》(1857)、《浪子悔改》《落炉不烧》等《圣经》故事的中文译述。

(4)翻译手稿,包括《宋华元解睢阳之围》、《神箭手》(两个版本)、《复仇英雄伍员伍子胥》、《百里奚传》、《卫国两兄弟》等《东周列国志》人物故事的译述,《山神》、《菱角》、《白莲教》、《邢子仪》、《胡四娘》等《聊斋志异》篇目选译,《论佛骨表》(两个版本)、《原道》、《鳄鱼文》、《祭十二郎文》(两个版本)、《获麟解》等韩愈散文,李密《陈情表》、刘禹锡《陋室铭》、王羲之《兰亭集序》、欧阳修《醉翁亭记》等散文,《列子·黄帝》、《列子·仲尼》节译,《九歌》、《春日醉起言志》、《下终南山过斛斯山人宿置酒》、《望天门山》、《过商山》、《阿房宫赋》、《秋声赋》、《华祝歌》等诗词歌赋,《五帝本纪》、《秦本纪》、《秦始皇本纪》、《屈原列传》、《纲鉴易知录》、《隋书·经籍志》等史志,以及译自史陶斯(Victor von Strauss)《道德经》德语译本的序言及导论和译自雷孝思《易经》拉丁文译本导论及前八卦。

2. 著作目录

这个目录涵盖理雅各已出版的著作(包括中文作品)和发表的文章,以及一些讲稿。

(1)语言学习类,如《英语、马来语和汉语习语集:附闽南语和粤语》(1841)、《智环启蒙塾课初步》(1857)等教材,以及关于汉字、汉语语法等方面的论文、讲稿、书评等,如《汉字的历史与性质:中文写作法则导论》(1876)、《中国语文学的历史和现状》(1877)、《透过汉字看中国古代文明的进程》(1878)、《根据汉字谈中文写作的原则》(1879)、《中国学研究的现状及汉字分析尚需完成的工作》(1881)等,凡11种。

(2)宗教类,如《关于God译名的通信》(1850)、《中国人关于上帝与神的观念》(1852)、《理雅各致蒂德曼的信:答复文惠廉关于以弗所书的翻译评论》

(1852)、《儒教与基督教的关系》(1877)、《东方宗教及其与普世宗教的关系》(1878)、《中国宗教：儒教、道教与基督教的描述和比较》(1880)、《基督教与儒教关于人的全部责任的比较》(1883)、《法显描述的弥勒佛形象》(1887)、《佛教和道教的炼狱》(1895)等。这类作品还包含理雅各用中文书写的一些宣教手册，以及与何进善合作编写的《圣经》注释作品，如《华番和合通书（日月刻度通书）》(1844)、《重修礼拜堂仁济医馆祈祷上帝祝文》(1852)、《圣书要说析义》(1856)、《圣经证据》(1862)、《圣会准绳》(1866)、《宗主诗章》(1867)、《往金山要诀》(1871)、《耶稣门徒信经》(1871)、《新约全书注释》(何进善著，理雅各校订)，凡38种。

(3)交游类，包括理雅各与他人一道在中国广东、山东、北京、直隶等省的游记见闻，以及他乘船回国途中所留下的日记，还有为一些与他关系密切的人士如何进善、车锦光、缪勒等写的回忆录等。如《广东西江三周游记》《广东东江游记》《中国北方和美国之行》《余生漫录》《乔治·莱格回忆录》《车锦光》《何进善生平》《麦克斯·缪勒》等，计16种。

(4)文章、讲稿类，包括中国典籍翻译、研究和中国历史、国情两部分。前者如《孔子》《孟子》《老子》《庄子》《道德经》《帝国的儒教：康熙圣谕十六条》《离骚及其作者》《中国诗歌》等，计20种；后者如《中国革命》(即太平天国运动)、《殖民地香港》(理雅各在香港市政厅的演讲)、《中国的教育》、《中日战争》、《中国纪年》、《中国封建社会——夏商周》、《中国历史上的两位英雄》(齐桓公和晋文公)、《战争与会盟：被中国公元前四世纪所主张和实践》、《秦始皇帝》、《班氏家族》等，凡26种。

3. 书评目录

这个目录的主要目的在于考察理雅各著作、译作在当时西方社会的接受情况。这些书评较重要者有发表在《爱丁堡评论》《英国评论季刊》《中国评论》《教务杂志》《福音杂志及传教士编年》《雅典娜周刊》《皇家亚洲文会北中国支会会刊》《星期六评论》《北美评论》《北华捷报》《泰晤士报》等，凡105种。

4. 布道文稿目录

作为传教士和牧师，理雅各非常注重福音的宣讲，一生留下了大量的布道文，已发表的如《秦国》《有许多住处的房屋》《中国的断言》《安息日制度》等，但大多是未发表的手稿，如《在广州为特纳牧师授任神职证道》《良知及其补充》《论福音书的真实性》《比较宗教知识于传教事业的意义》《上帝之城》《人的四重境界》《十诫》《八福》等，凡201种。

这些文稿内容涵盖《圣经》经文讲解、基督教历史、年轻人教育、社会问题、传教事业等，受众对象包括教堂会众、士兵、年轻人、主日学校的孩子、监狱的囚犯等；还有为某些特别事件如按立牧师、葬礼等而做的布道，为某些机构如中国饥荒基金会、牛津郡协会和教会援助协会做的布道。有的布道文在不同时间不同地点多次使用，有的布道分多次跨越数月完成，文稿长达一百多页。

这些布道文体现了理雅各在传教活动中对宣讲福音的重视，以及对历史和当下社会问题的关注。文稿体现了理雅各卓越的讲道能力和解经能力。从内容看，理雅各随时关注《圣经》批判，尤其是文本批判或校勘(textual criticism)，非常关注英文《圣经》的翻译史和《圣经》版本史，并在自己的讲道中向会众传达最新的研究成果和自己的见解。讲解经文时，理雅各非常注意经文的互文阅读和文本细读，尤其关注关键词的翻译。从中我们可以考察理雅各的解经方法，及其宗教思想、传教主张、历史观，以及隐含于布道文中的个人情感等。继而可以考察理雅各的解经思想和方法对于他译注中国经典的影响，看他如何就某些道德伦理概念如良知、孝、人性等展开经文辩读。

5. 书札目录

这个目录辑录理雅各1839—1897年与家人、朋友、伦敦会、同工、同事、中英官员等的通信手稿，绝大部分为英文，有数通为法文，是法国汉学家儒莲写给理雅各的，还有数通为中文，是与王韬等中国人的通信。凡1 056通。

这些信件的内容涉及理雅各在香港、牛津的生活和工作，以及各地的旅行记录等。部分信件谈论理雅各对中国语言文化、哲学、社会等的认识，以及探讨某些学术问题。还有一些信件揭示了中国人、中国信徒的宗教信仰和生活状况。与亲人朋友的许多信件表现了理雅各细腻的情感，甚至文学修养。许多写给伦敦会和传教同工的信件，是研究伦敦会和19世纪新教传教事业的珍贵历史资料。这些信件对于考察19世纪香港的社会、政治、历史、文化等具有重要的价值。从这些信件我们可以读出理雅各从事传教、中国经典翻译、教育等事业的心路历程，对于考察19世纪中西文化交流意义重大。另外，通过这些信件我们基本上可以做一个理雅各年表，探寻他与世界各地不同人士的交游，把理雅各放在19世纪的大背景下考察他丰富的人生。

6. 中国典籍翻译参考书目

这个目录包括理雅各在《中国经典》每卷绪论中论列的参考书目，还包括从理雅各《中国圣书》析出的参考书目，凡272种。

从理雅各《中国经典》参考书目论列体例,我们可以看出他有清晰的文献目录学意识。他首先翻译每部参考书的书名,继而说明书的作者、作者所处朝代或生卒年、书的卷数、刊刻时间、版本情况、内容简介、评价等,最后说明对于自己研究或学习者的价值。

结合《四库全书总目》经部总序和部类小序可看出理雅各参考书目所反映的中国固有学术之源流。例如,理雅各译注《春秋》尤重《左传》事迹,而对于《公羊》《穀梁》之主褒贬的解经路向颇多微词,但参考书中仍列刘敞(1019—1077)取诸《公羊》《穀梁》褒贬义例的《春秋传》,实则因其有开宋代义理经学之功;而接续刘敞《春秋传》的则是叶梦得(1077—1148)的《春秋传》,因其纠正孙复、刘敞废传从经和其他主一传而废他传之弊,显示宋代《春秋》学向义理转化之趋势;继而到张洽(1160—1237)"能析三传之异同,溯关洛之本统""竭力模仿朱熹《语》《孟》之体式"的《春秋集注》,等等。这些书总体上反映了《春秋》学汉唐以降至有宋一代的学术发展史。

7. 藏书目录

理雅各藏书有两份目录,一份是1867年理雅各要回国时曾桂垣手订的《理雅各牧师书房存目录》,另一份是1899年收购理雅各藏书的鲁扎克公司(Luzac & Co.)制作的《理雅各教授中国图书目录》。第一份目录仅有中文图书135种,记录信息简略,只有书名和本数。第二份目录所载图书1 489种,依据内容被分成六个部分:(1)期刊(学会期刊和学报、各种书刊等);(2)书目文献(比较语文学、文学史等);(3)历史、地理、旅行、考古、人种等等;(4)宗教(佛教、儒教、道教等,传教);(5)论汉语语言的书籍(汉语语法、字典、读本等);(6)中文书及翻译。前5部分为汉学书籍,为西人所著,包括英语、法语、德语、意大利语、拉丁语等多个语种。第6部分基本上都是中文图书,但书名和刊刻信息记录不甚详细准确。

由于这两个目录过于简单,我们需要借助《纽约公共图书馆理雅各中文藏书目录》、"台湾中央研究院"傅斯年图书馆藏《蘅花馆杂录》中王韬手订的藏书目如《丁卯秋八月寄去英国书籍目录》《粤海幸存书目》等、王韬《蘅花馆日记·悔余漫录》后所附书目、王韬《弢园藏书目》以及理雅各《中国典籍翻译参考书目》,对这两个目录做校勘和增补。

根据这个目录,我们可以考察理雅各中国古代经典译注的西方汉学和中国经学之源。同时,理雅各的汉学藏书基本上可以勾勒出19世纪之前的西方汉学轮廓,我们可以据此书目大略梳理出西方19世纪之前对中国古代经典翻译研究的历史。

8. 其他文献承载物

其他承载理雅各文献的实物包括理雅各曾孙的家族收藏、照片、理雅各任教的牛津大学基督圣体学院（Corpus Christi College）悬挂的镜框、牌匾等，以及理雅各的墓碑碑文。这些实物文献可以给我们提供更多理雅各的交游信息和文本信息。例如，牛津大学东方学院悬挂有一副王韬《送理雅各大牧师回国序》的镜框（原匾文无题，笔者据落款加此标题），其文本信息与《弢园文录外编》中《送西儒理雅各回国序》文本有异，若加对勘，会发现很有意思的分别。尤其是前者中"先生自谓此不过间出其绪馀耳。至其大旨所尚，则以福音训人为先，欲跻一世于仁寿之域，而俾圣道之光，无乎不独"。被改编为后者中的"先生自谓此不过间出其绪馀耳。吾人分内所当为之事，自有其大者远者在也，盖即此不可须臾离之道也"。另外，前者匾文有落款："时在癸酉岁花朝月下浣谷旦//敬送//理雅各大牧师大人荣旋//吴郡王韬 撰//香港教会同人公赠"，后者无。

"类例既分，则学术自明。"从这个简目我们可以看出，理雅各早期关注传教与汉语学习，即使是翻译儒家经典，最大的目标也是为传教服务，更别提直接参与《圣经》的翻译与解释，以及有关"上帝"译名问题的论争；而汉语学习也是为更好地宣讲福音打下语言的基础。晚期，理雅各无论是在翻译还是学术著作或讲座中，开始关注道教（家）和佛教，以及中国三教与基督教的比较，这与19世纪后半叶西方学者开始关注道家的学术潮流有关，也与缪勒倡导的比较宗教学有关，也说明理雅各后期的学术视野和思想更为开放，开始参与关于中国学术的论争，例如与翟理斯、道格拉斯、拉克伯里等的论争。对于汉语语言的研究，不再停留在语言学习的层面，而是深入探讨语言的机理，这与理雅各作为牛津大学汉学教授的身份有关，也与19世纪晚期西方语文学或比较语言学的兴起与发达有关。理雅各的中文编译、注释或宣教作品可以让我们了解其中文解经策略，与理雅各的英文翻译构成双向阐释。

理雅各的译作、著作、书札等从一个侧面印证了"读其书，知其人"的道理，也为"知人论世"的交游考奠定基础。考察理雅各的交游，我们可以发掘其思想受哪些人物的影响与帮助，如早期的英华书院西席任瑞图、曾桂垣等，还有一直跟随理雅各的同工何进善，及稍后加入理雅各的黄胜和学贯中西的王韬，以及中国官员如郭嵩焘、曾纪泽等，西人如湛约翰、慕维廉、伟烈亚力、欧德理、缪勒等，对于理雅各翻译中国典籍都起到了一定的作用或有影响。对于参考书目、藏书目的考察，更可直接探究理雅各译注中国经典的方法论和思想之源。

目前在世界范围内,对理雅各相关档案进行全面整理和文献编目还属于空白领域。作为基础性研究,这将推动理雅各及相关汉学研究从文本转向档案的更深层研究,由于档案内容的丰富性,将会在宗教学、中西文化交流和中国典籍海外传播等研究领域有着持续性的推动力。

三、微观翻译史书写

"微观翻译史"(Microhistory of Translation)的概念首先由阿达莫[5]提出,后由翻译理论家芒迪[6]深化为"翻译与译者的微观史"(Microhistory of Translation and Translators),主要是根据译者的档案、手稿、文件、译后叙述、通信、访谈等原始资料,探究译者的翻译决策过程,重点关注译者个体生命体验与翻译之间的关系。

利用译者档案文件构建微观翻译史,在历史的观照下分析影响翻译生成的文本内和文本外因素,并将这两种因素整合起来考量,例如对原文的解读、译文的选词用字,关乎译者所依从的底本、参考的文献、个人的成长和教育背景、人际交往等。同时,把个别译者的档案文件与其所处的社会文化背景联系起来,不仅有利于加深对个别译者翻译的理解,也有可能挑战主流的翻译话语,从而较为全面地构建一个时期的翻译史。这就要求在书写翻译与译者的微观史时,也要具备张西平书写《导论》的全球史视野,考察翻译产生的社会文化语境及其对翻译的影响,进而从文化间互动与交流的视角考察由翻译而生成的意义,而不是仅仅看译文是否忠实地再现了原文的意义。

另外,翻译与译者微观史的书写,应与译者的传记书写有所不同。虽然两者面对的是同样的档案材料,但关注点和关注角度不同,翻译研究者主要关注译者的决策过程或译文生成的过程和翻译的社会文化影响,因此特别注重翻译文本的分析,重视"译者作为创造性的文化协调者的角色"[5]86。

21世纪出版的三部理雅各英文传记,都可谓一种微观史的书写,但较突出理雅各译者身份的传记是吉瑞德(Norman Girardot)的《维多利亚时代对中国的翻译:理雅各的东方朝圣之旅》(*The Victorian Translation of China: James Legge's Oriental Pilgrimage*)。他通过文献史料的详尽考证,以宏阔的学术视野和缜密理性的推论,将理雅各置于19世纪传教士传统、汉学东方主义和比较宗教科学的理论背景下,重点论述了理雅各作为"传教士""朝圣者""中文教授""异端者""阐释者""比较学者""译者""开拓者"等8个不同但又紧密相关的人生侧面,或可称之为一部"多元微观史"[7]xviii。或者说他的著作是一部"回应19世纪后期文化史的传记研究"[7]xix。但吉瑞德的著作不是一部简单的理雅各传记，而是透过理雅各的生平和作品，说明现代西方对中国和中国宗教认识的基础是在维多利亚时代奠定的。吉瑞德把理雅各看作19世纪末思想和宗教发展的代表人物，其著作的焦点是19世纪末理雅各与牛津大学、缪勒、维多利亚时代文化传统有关的生涯。他的关注点是汉学和比较宗教学，因此他视理雅各翻译的《中国经典》为19世纪英国汉学的表征，《中国圣书》为19世纪晚期比较宗教学的表征。吉瑞德的微观史书写是在人物传记、文本阐释和背景分析间微妙平衡的结果，既有文化的广度，也有传记的深度。

从吉瑞德对理雅各译者身份的论述及其译本的分析来看，他不仅把翻译作为理雅各研究的关键切入点，而且指出理雅各是把翻译作为一个方法论来反观自我。理雅各翻译的不是僵死的中国文本，而是在翻译过程中加进了自己的理解和阐释，在向西方译介中国文化的同时也在进行自我反思。1873年前生活于香港的传教士理雅各也许是受其传教士/帝国主义世界观的影响，对孔子的评价相当消极；但是，1873年后理雅各对孔子的评价在逐渐发生改变，直至最终他认为孔子是一位卡莱尔式的"英雄"和"伟人"[7]67。这种自我修正，在很大程度上是由其翻译促成的，因此理雅各在翻译中国典籍的同时，自我也得到了翻译/翻转/改变。吉瑞德著作的英文标题强调的正是理雅各通过翻译中国对东方的朝觐。吉瑞德认为翻译是跨文化再现和阐释的主要模式，体现在历史脉络之中，充满意识形态的前见和各种修辞策略。这是一种阐释学的翻译观。

不过，吉瑞德对理雅各翻译的论述不够全面和深入，书中虽辟有专章探讨作为译者的理雅各，但他所依据材料仅限于"副文本"（paratext），没有对译文本身做出阐释。而且，他的叙述基本以时间为序，作为传记这毫无问题，但这样做就不能对理雅各的全部翻译做系统化的研究。

要书写理雅各的翻译和他作为译者的微观史，就要依据翻译主题，把理雅各的一生打通，而不应依年代将其思想发展割裂开来。这就使得另外两部英文传记具有了特别的意义。一是费乐仁（Lauren Pfister）的《为完成"人当应尽的本分"而奋斗：苏格兰新教传教士理雅各与中国的遭遇》（*Striving for "The Whole Duty of Man": James Legge and the Scottish Protestant Encounter with China*），二是玛丽莲·鲍曼（Marilyn Bowman）的《理雅各与儒经：香港动荡岁月里的一位杰出苏格兰人》（*James Legge and the Confucian Classics: Brilliant Scot in the Turmoil of Colonial Hong Kong*），两者都以书写理雅各在中国的传教生涯为主。费乐仁认为自己"首先是历史学家",所以他对理雅各的翻译研究基本上采取的是历史的方法,在充分挖掘理雅各的思想文化背景和世界观之后,"以一种历史的、动态的发展观去理解或评价理雅各的译本"[8]13。用他自己创造的术语来说,他采取的方法是"组合批评"(karpocritical),或者说是"代间传承"(intergenerational transfer),他相信个体生命的深层价值并非仅仅由其生与死之间的时代所决定,而是在一代人与另一代人之间传承的结果。[9]所以,费乐仁所写的理雅各传记注重影响研究,包括早期理雅各接受拉丁语、希腊语、希伯来语、解经学、苏格兰常识哲学的训练,以及他的哥哥乔治·莱格(George Legge)、岳父约翰·莫里森(John Morison)、神学家约翰·诺克斯(John Knox)和巴特勒(Joseph Butler)的神学思想,苏格兰安息日文化等因素对理雅各人生的影响;或者说费乐仁是从理雅各的人生成就或遗产(legacy)出发,揭示这些遗产形成多元性(multiformity)的同时,予以更深入的评价。但是由于偏向综合的历史性研究,所以费乐仁的著作缺乏吉瑞德那样细致的文本分析,不过这被费乐仁发表的大量有关理雅各个案研究的文章所弥补。鲍曼原为加拿大心理理疗学教授,所以她对理雅各的精神世界有相当的洞见,其著作对于挖掘理雅各翻译《中国经典》的心路历程有特别的意义。

总之,通过书写翻译与译者的微观史,我们可以重新思考那些已被广泛接受但从未被理论化或体系化的翻译策略与实践,被普遍低估了的译者的体验和思想,以及翻译的生产(呈现翻译的方式、方法)、流通和使用等问题。[5]88 但是,书写这一微观史时还要有宏观的学术史视野,尤其是对于理雅各的汉学翻译而言,要对西方汉学翻译史给予密切的关注,只有在这一学术史的背景下分析理雅各的翻译,才能清晰地把握其翻译的历史脉络。如理雅各把《大学》标题翻译为"The Great Learning",虽说有中文的训诂和疏解作依据,尤其是郑玄的"大学,以其记博学,可以为政矣",以及朱熹的"大学者,大人之学也",但理雅各直译"大学"二字为"The Great Learning"是别有传承的。最早用拉丁文翻译《大学》的耶稣会士罗明坚(Michele Ruggieri)将其译为"Humanae institutionis ratio",即"育人之道";殷铎泽(Prospero Intorcetta)译为"Magnorum Virorum sciendi institutum",即"大人之教育";1687年柏应理(Philippe Couplet)出版的《中国哲学家孔子》(*Confucius Sinarum Philosophus*)一书中将之译为"magnum adeoque virorum Principum, sciendi institutum",即"大人,或者君主的教育"。[10]18 1691年转译自法文节译本的《中国哲学家孔子》英译本,译之为"Ta-Hio, or The Great Science"[11],开启了《大学》在英语世界传播的先河。马礼逊在1812年出版的《中国通俗文学译文集》(*Horae Sinicae: Translations from the*

Popular Literature of the Chinese)即沿用了这一标题的翻译。不过需要指出的是,无论是这些拉丁文翻译中的 sciendi,还是英译文中的 science,并非现代意义上的"科学",而是相当于表示"学问""知识"意义的"learning",因而 1814 年马士曼在《中国言法》(*Elements of Chinese Grammar*)便用了 learning 一词,把《大学》标题译为"Learning Proper for Men",1828 年高大卫在《四书》(*The Chinese Classical Work, Commonly Called the Four Books*)译之为"Superior Learning"。从这一《大学》标题翻译的历史脉络,我们可以看出理雅各的"The Great Learning",并非独创,至少应是借鉴了《中国哲学家孔子》至新教传教士的翻译,因为这些书都在理雅各的参考书目之中。

四、以比较文化为方法论的文本分析

中国古代文化经典翻译在本质上属于中外文化交流范畴,这决定了典籍翻译研究是一种跨文化研究,是在"跨语言、跨学科、跨文化、跨国别的背景下"探讨各种翻译现象的文化成因与发生机制的研究。张西平通过研究耶稣会士的中国典籍翻译,尤其是罗明坚翻译的《大学》,认为"跨文化翻译的难题是如何理解两种文化之间的思想转移,如何理解跨文化中的外来文化的变与不变,如何理解母体文化对外来文化的接受和理解"[10]58。他提请研究者注意翻译是一种"交错的文化史",译者与文本之间是"联系与变动的混合关系",翻译作品是"保留与改造"的产物;因此翻译研究的重点是解释改变中的关联和关联互应中的改变。

理雅各的中国典籍翻译从一开始就表现出强烈的比较文化意识。这样的意识首先体现在他对经典文本进行历史重构。一般而言,理雅各翻译一部经典都以一个权威的中文本子作底本,如朱熹的《四书章句集注》,阮元刊刻的《十三经注疏》,但若细加考核,我们会发现理雅各的中文底本比较复杂,他常常参考其他注本,如《新刻批点四书读本》《钦定书经传说汇纂》《钦定春秋传说汇纂》,做出自己的校勘本,用圈画法为异读字标音,并依照《圣经》文本体例和中国章句之学,为卷、篇、章、句编码,并在注释中写出篇名或章旨、题解等。因此,若深究理雅各译经之源,我们就要区别理雅各翻译所依据的一般底本和工作底本,以及参考注本,否则会出现论证之虚妄,结论便不堪一击。

理雅各对翻译底本的确立,是清代考据学和西方校勘学(textual criticism)双向互动的结果。理雅各非常重视文本的考据或校勘,有时甚至会提供一种异读来支持他的底本。在翻译《佛国记》时,理雅各运用他的中西校勘学知识,以高丽本为底本，以宋本、明本、和刻本为对勘本，最终做出了一个校勘本，作为其翻译的底本。当然，理雅各这个校勘本是否完善，其校勘方法是否正确，值得商榷。但这至少表明理雅各有清晰的版本意识和校勘意识。因此理雅各在序言中呼吁要像欧洲学者数百年来研究希腊、拉丁经典，以及数千位评注者在长达18个世纪的时间里批注《圣经》那样，去解读中国文本、佛教文本。[12]理雅各是在运用西方古典学和《圣经》解经学的学术精神看待中国的经学传统。理雅各校勘的最大特点是客观呈现底本和校本的全貌，不掺己见(己见只在注释中发表)，不作拣选，这是中西校勘学的基本原则，也是理雅各常常比读不同版本古书的结果。

除了运用校勘学知识重构经典文本外，在译音的选择上，理雅各也体现出对文本进行历史重构的努力。再以理雅各翻译《佛国记》为例，当时以描写北京官话为对象的威妥玛拼音方案已在英语世界相当普及，但理雅各仍然选用以描写广东方言为主的马礼逊拼音方案来翻译汉语专名，因为在理雅各看来"南方话肯定比目前的北京话更接近"法显时代的发音(同上)，这也是当时许多西方语言学家的看法。

理雅各的比较文化意识还体现在从核心词汇和关键概念层面沟通中西思想和进行意义重构。翻译《道德经》时，理雅各根据《河上公章句》，把河上公为每一章附加的标题如"体道""养身""安民""虚用""韬光"等都在注释中用中英文对照的形式翻译了出来，这首先在形式上"形成了中英词汇的思想交流与意义共构"[13]81-82。继而理雅各从比较宗教和比较文化的角度阐释老子的思想。

翻译完《道德经》第1章后，理雅各在注释中首先以中英文对照的形式翻译河上公为本章所加的标题："體道，'Embodying the Tao'"。然后解释说：老子说"道"的本质在其自身，也在其外部显现。要理解"道"，就必须成为其本质的参与者。无名的"道"是老子的理想，是绝对真理，是天地的"创始者"(the Originator)；"德"是"道"的运行，是有名之"道"，是万物之"母"(Mother)。[14]47这一兼具内外特征神秘的"道"需要人通过"体证"(to embody)或参与其中而理解。理雅各认为这与基督教的教义"认识上帝"(to know God)是一致的。于是，理雅各下一按语说："第三段('故常无欲，以观其妙；常有欲，以观其徼')暗示了使徒保罗的话：'那没有爱的，就不认识上帝，因为上帝就是爱。'"[14]47理雅各以此建立了"上帝"与无法认识、无法"观其妙"的无名之"道"的关联，"爱"则是"道"的显现和运行，是"体道"的唯一方式。而且，别有深意的是，理雅各没有把老子之"道"翻译为任何一个英文对等词，而是用音译的方式把它直接转写到译文中。理雅各通过转写"道"为"the Tao"，在东西方"圣书"之间开辟了巨大的理解空间。[15]60对于理雅各这样的翻译和阐释方式，我们不可将其简单化约为东方主义或殖民主义，而是要用比较文化的方法论揭示其丰富的内涵，从其"误读"或"误释"中看到它在中西思想对话过程中的积极意义。

况且，理雅各的比较阐释也不全是与基督教相比较。比如《道德经》第31章，理雅各在注释中说："结尾句（'杀人之众，以哀悲泣之，战胜以丧礼处之'）可使一些读者想起威灵顿公爵的话：赢得一场战争是仅次于输掉一场战争令人最悲伤的一件事。"[14]74 而且，理雅各是反对早期天主教传教士索隐主义的解经法，即力图寻找《道德经》与《圣经》的契合之处，尤其是他们认为《道德经》第14章的"夷、希、微"三个音节等同于希伯来词语 Je-ho-va（耶和华）。理雅各在注释中说："老子心中没有一个人格神的存在（personal Being），只有他那神秘的'道'，即人类凭感知所不可认识的'道'，只可做接近性描述的'道'。"[14]58

由于长期浸润在中西两种文化之中，这种中西文化比较的阐释方法已融入理雅各的生命体验，甚至遇到一个普通的汉字，也能让理雅各以比较的方法进行双向阐释。例如，在皇家亚洲学会（Royal Asiatic Society）的一次讲座中，理雅各讲解到会意字"婦"时，说这一表示女性的"女"字和表示扫帚的"帚"字的组合，会让西方人联想到"骑着扫帚的女巫"，而在中国人则会联想到"勤劳持家的妻子"。[16]247 理雅各也时常会把这种比较文化的思维带到生活中，比如在写继女玛丽安（Marian Willetts）的信中，理雅各用到"brightly"这个词，自然就联想到了"明"这个汉字，在作了一番"说文解字"式的解说后，感叹西方的社会和家庭生活不是随着"日""月"而过的。[17] 理雅各对汉字所反映的中国人的生活智慧极为赞赏。理雅各1896年写给子女的《吾生漫录》（Notes of My Life）开篇之言："你知道，我生于1815年12月20日，所以就像中国俗话里说的那样，现在正在迈过我的'暗九'之年。"[18] 用中国俗话来形容自己迟暮之年内心淡淡的悲伤。事实上，比较文化方法论是跨越不同文化者的惯常思维方式，他们往往以自我为参照来考察分析其他文化，通过认识和了解他者而反观自我。

我们今天谈中国文化"走出去"，而真正能走出去的也许应该是"可以世界化的中国文化，可以现代化的中国传统"[15]4，而只有以比较的方法阐释中国文化，才能赋予中国文化世界意义，使中国文化世界化，使中国传统现代化。这一比较文化的方法要求我们"既求证于彼，又返诸己身，在双向的考察中汲取双向的资源和能力"[15]4，最终实现文化间的双向交流与沟通。就翻译而言，这一比较文化的方法论要求翻译者秉持"兼容中西的文化立场"[1]580，发挥翻译双向教育的功能和目的，既进行自我教育,也教育他人,即一方面让中国民众意识到中华文明即便不优越于西方,至少也不比西方文明低劣,另一方面引发西方人对中国现有成见的反思,修正缪见,改变其国际交往的态度。[19]346-347 亦如张西平所言:"中国古代文化在世界的传播任务的完成首先是传播者对自身文化的清醒认知与充分理解,唯有此,才能在世界范围内说明中国文化的价值,中国道路的意义。"[1]668 这是立足自身文化,"不忘本来,吸收外来,面向未来",以文化间的双向交流与互动为目的的立场和态度。

五、结语

构建典籍翻译个案研究的微观翻译史,需要三个支点:一是文献的挖掘与编目;二是历史书写;三是比较文化理论指导下的文本分析。没有文献的挖掘与编目,文本的分析往往仅是臆测,结论也往往偏于一隅。没有历史的深入研究,不仅会犯常识性错误,也无法在理论上有新的创造;反之,没有理论的指导,文本分析常常只停留在感性层面,即使经过编目的材料也只是死的历史文献,不能对现今产生意义。"翻译揭示的是文化之间的相遇与交错,是交错的文化史。"[1]641 典籍翻译研究一定要走出语言文字转换的狭隘空间,进入比较文化这片广阔的天地。微观翻译史观照下的翻译个案研究是从文献、历史、文本进行立体的翻译研究,它打破了传统翻译研究以原文为中心,或以译文为中心,或以译者为中心的单一研究模式,而是一种多元化的系统研究,必将把翻译研究向纵深拓展。

参考文献

[1] 张西平. 20世纪中国古代文化经典在域外的传播与影响研究导论[M]. 郑州:大象出版社,2018.

[2] 丁大刚.《20世纪中国古代文化经典在域外的传播与影响研究导论》简评[J]. 国外社会科学,2020(4):151-157.

[3] 王锦民. 古典目录与国学源流[M]. 北京:中华书局,2012:9.

[4] 丁大刚. 理雅各中国典籍翻译研究[D]. 上海:上海师范大学,2017.

[5] ADAMO S. Microhistory of Translation [C]//BASTIN B. Charting the Future of Translation History. Ottawa: University of Ottawa Press,2006.

[6] MUNDAY J. Using Primary Sources to Produce a Microhistory of Translation and Translators:Theoretical and Methodological Concerns [J]. Translator:Studies in Intercultural Communication,2014(1):64-80.

[7] GIRARDOT N. The Victorian Translation of China:James Legge's Oriental Pilgrimage [M]. Berkeley:University of California Press,2002.

[8] 费乐仁,可凡,姚珺玲.费乐仁谈典籍翻译与中西文化交流[J].国际汉学,2012(22):11-15.

[9] PFISTER L. The 'Failures' of James Legge's Fruitful Life for China[J]. Ching Feng,1988(4):246-271.

[10] 张西平.儒学西传欧洲研究导论:16—18世纪中学西传的轨迹与影响[M].北京:北京大学出版社,2016.

[11] ANONY M. The Morals of Confucius, A Chinese Philosopher[M]. London: Printed for Randal Taylor, 1691:32.

[12] LEGGE J. A Record of Buddhist Kingdoms: Being an Account by the Chinese Monk Fa-Hien of His Travels India and Ceylon (A. D. 389—414) in Search of the Buddhist Books of Discipline[M]. Oxford: The Clarendon Press, 1886: xiii.

[13] 管恩森.老子的帐幕:理雅各、林语堂英译道德经辩读[M].济南:齐鲁书社,2020:81-82.

[14] LEGGE J. The Sacred Books of China. The Texts of Taoism, Part I[M]. London: Clarendon Press, 1891.

[15] 杨慧林.意义:当代神学的公共性问题[M].北京:北京大学出版社,2013.

[16] LEGGE J. Principles of Composition in Chinese, as Deduced from the Written Characters[J]. Journal of the Royal Asiatic Society of Great Britain and Ireland, 1879(2):238-277.

[17] LEGGE J. "8th July 1877". Legge Family Papers[EB/OL]. MS 380476/1-56, London: SOAS Library.

[18] LEGGE J. Notes of my Life[EB/OL]. MS. Eng. Misc. d. 996; MS. Eng. Misc. d. 1265, Oxford: Weston Library, 1896. CWM/LMS/China/Personal/James Legge/ Box 10, London: SOAS Library, 1896.

[19] 辜鸿铭.辜鸿铭文集:下[M].黄兴涛,等译.海口:海南出版社,1996:346-347.

中国文化元关键词在西方的诠释[①]
——以安乐哲和郝大维英译《中庸》为中心

李伟荣

(湖南大学 外国语学院,湖南 长沙 410082)

[摘 要] 中国文化元关键词在西方诠释得当与否,直接关系到西方读者能够真正理解中国文化的程度,故此问题关系重大。以安乐哲和郝大维合作英译的《中庸》为中心,以元关键词"中庸"和"诚"为例,阐明他们在诠释和翻译时运用的比较哲学和过程性思维,其目的是能够彰显中国哲学与西方哲学的不同,从而减少或杜绝文化简化主义。在此基础上,提出了安乐哲及其合作者在诠释中国哲学经典文本时带给我们的若干启示。

[关键词] 中国文化;元关键词;诠释;《中庸》

一、引言

语言是存在的家园,人类栖居于其间。[1]239关键词则在语言中具有枢纽性的作用,因为关键词本身是概括性很强的、精粹而具有文化密码性质的语言。中国文化关键词承载着中国文化的本质,是中国人在意义世界的存在方式。中国文化元关键词更是中国人的文化基因,是理解中国文化的金钥匙。[2]因此,中国文化元关键

[基金项目] 湖南省社科基金项目(15YBA093)
[作者简介] 李伟荣(1973—),男,湖南攸县人,文学博士,现为湖南大学岳麓书院教授,博士生导师,主要研究方向为中西文化比较、国际传播与中国形象建构。
① 原文刊于《燕山大学学报(哲学社会科学版)》2020年第3期。

词对于深入理解中国文化意义重大,不仅对国人如此,对外国人亦然。元关键词之所以重要,就是因为可以"振叶以寻根,观澜而索源"(刘勰《文心雕龙·序志》),而且"字以通词,词以通道"(戴震《戴东原集(二)》)。中国文化元关键词就是指第一次出现于中国传统经典(如《易经》《论语》《诗经》《道德经》《淮南子》《孙子兵法》等)中,对于中国后世的文化、哲学和思想方面具有重要影响的关键词,例如天、道、仁、德、诚、中庸等等。

孙周兴指出,就表达而言,所谓"现代汉语哲学"差不多是"翻译的哲学",或者说"现代汉语哲学"在很大程度上具有翻译的性质。[3]4-5 从某种意义上来说,中国哲学在西方语境里面也具有很强的翻译性质,因为大部分西方人如果要理解中国哲学,只能通过翻译的文本才能理解。对于哲学类文本这种非常学术化的文本,翻译中最重要的一个因素是对关键词尤其是代表中国文化核心的元关键词的翻译。

国际著名比较哲学家安乐哲(Roger T. Ames)对此早有自觉的认识:西方人文学者运用"翻译过来的"中国材料时,最大障碍就是那些赋予它意义的哲学关键术语。如果不能充分理解这些术语的语义内容,严重的就会导致不加分析地套用渗透了西方思想内涵的语言,其结果是在获得了一种外来的世界观时,还以为自己阅读和理解的是本人熟谙的那个世界。这样一来,就存在这样一个现状——用西方现有的常规术语来翻译中国哲学元关键词时,会让译文充满不属于中国人的世界观的内容,从而会导致有害的"文化简化主义"(cultural reductionism)。[4]Ⅵ-Ⅶ

严肃的学者对待外来文化时,都会对蕴含该文化的元关键词保持必要的警惕,否则便会陷入原有文化的泥淖而无法自拔。西方学者在引进或者翻译富含中国特性的元关键词时,大都会注意这些元关键词的中国特性。如果详查理雅各(James Legge,1815—1897)翻译的所有中国经典,便会注意到其译文中布满注释(学界称之为"厚重翻译"),这些注释大部分用来解释这些元关键词。这一传统一直延续下来,到了安乐哲及其合作者罗思文(Henry Rosemont, Jr. ,1934—2017)和郝大维(David L. Hall,1937—2001),则臻至另一个高度。他们尝试通过比较哲学和过程哲学的思维方式,让以前沾染上了西方色彩的中国文化元关键词恢复它们在中文语境中的本来意义。

基于此,本文拟以安乐哲和郝大维合译的《中庸》中的两个元关键词——"中庸"和"诚"——的翻译和诠释为例,来探讨中国文化元关键词在西方的诠释。

二、关于"中庸"的翻译和阐释

据笔者所见,在英语世界里最先对"中庸"一词进行英译并具有世界影响的可追溯至理雅各。理雅各最初将其翻译为"the Doctrine of the Mean"(中道),他坦承自己没有翻译"庸"字,因为他认为不管是中国的历代注疏者还是国外的翻译者,他们对"庸"字的理解存在较大分歧。[5]382 后来在穆勒(Frederick Max Müller, 1823—1900)主编的《东方圣书》(The Sacred Books of the East)中,理雅各修订了自己原来的翻译,将"中庸"译为"the State of Equilibrium and Harmony"[5]382,意为"中和之境"。也就是说,理雅各将"中"理解为"一种均衡状态",故译其为"equilibrium"(均衡),而将"庸"译为"harmony"(和谐)。

随后有多位汉学家或学者翻译了《中庸》这部中国经典。对于"中庸"一词的翻译,较为典型的有如下几例:修中诚(E. R. Hughes,1883—1956)翻译为"The Mean-in-Action"[6]1,辜鸿铭(Hungming Ku,1857—1928)翻译为"Central Harmony"[7]273-274,庞德(Ezra Pound,1885—1972)译为"The Unwobbling Pivot"[8]93-97 等。

杜维明(Weiming Tu,1940—)则选择不翻译,而保留其中文拼音"Chung Yung",只是在著作中将其解释为"centrality and commonality"[9]16。也就是说,杜维明将"中"译为"centrality",而将"庸"译为"commonality",他采用朱熹的诠释。朱熹在综合了历代注疏后,得出的结论是"庸,平常也。"(Yung signifies that which is "ordinary" and "common".)[9]16

安乐哲和郝大维则与此完全不同,也跟以前所有译者的翻译不同。他们将"中庸"翻译为"Focusing the Familiar"[10]43。这是因为安乐哲认为理雅各的翻译不是中文语境中的"中庸",而是西方哲学语境,尤其是柏拉图-亚里士多德系统中的"中道"(Doctrine of the mean),他们将其译为"focusing the familiar affairs of the day"(切中日用伦常),认为这样翻译更能把握"中庸"富有的涵盖性与连贯性。[10]43 而且,作为标题必须简洁,他们因而采用"Focusing the Familiar"作为书名《中庸》的翻译。之所以在翻译中选用"familiar"一字,是因为"familiar"与"family"的词根相同,这样会让人们想到"家庭"是儒家社会——宗教体验核心这一观念。[10]43 安乐哲和郝大维认为,"君子"才是那些能够"中庸"的人。[10]68 安乐哲和郝大维指出,"中"在《中庸》中频繁出现,一般译为"focus"和"equilibrium",《中庸》第一章的一段文字揭示了"中""和"之间的关系:"喜怒哀乐之未发谓之中。发而皆中节谓之和。中也者,天下之大本也。和也者,天下之达道也。致中和,天地位焉。万物育焉。"[10]86 而"中庸"这一词语表明获得中和(harmony and equilibrium)的核心是"庸"——日用伦常(the ordinary business of the day)。[10]86 他们这样翻译,既有合理的一面,如倪培民认为安乐哲和郝大维将"中"译为"focus"从形而上学的角度来看,更符合儒家的世界观;[11]192 也有不合理的一面,既无法表达其完全切中中道的意思,又与"having a peripheral vision"对立起来,而"中庸"本身却并无这种意义。[11]193 倪培民还指出,安乐哲和郝大维将"中"译为"equilibrium"(如第一章)或"impartiality"(如第六章),尽管这样做可以将"中道"之意带回到《中庸》本文,但是"中"那种内指本我、心的意思就丧失殆尽了。[11]193

以安乐哲和郝大维英译《中庸》中的例子来说明。上文说到他们将"中庸"主要译为"Focusing the Familiar",事实上这是"Focusing the Familiar Affairs of the Day"的节略形式,十分简洁,与"中庸"挺匹配,而且"familiar"与"family"同源,所以整个标题的意思就类似于"切中日用伦常"。倪培民批评安乐哲和郝大维这样翻译,主要是考虑到这样翻译会带来一些问题:一是"focus"虽然能够表达"场域"之意,却无法表达其完全切中中道的意思;其次,将"中"翻译为"focusing something",就与"having a peripheral vision"(有边缘的视野)对立起来,而《中庸》本身却并无这种意义。[11]193 同样地,将"中庸"译为"focusing the familiar",一方面确实表明人性就体现在侍奉父母、养育孩子、尊敬师长和帮助朋友等日常生活实践之中,体现了"庸"字的主要意义;另一方面,"focusing the familiar"易于被人误读为指导人们将注意力集中于个人所熟悉的任何事情上,而不顾其他,这就与《中庸》的本意相去甚远。[11]195

这样的批评不无道理。安乐哲在回应文章中指出,他们不是翻译为"focusing on the familiar",而是"focusing the familiar",取"bringing into meaning-disclosing focus"之义来使用"focusing"。[12]286 而且,安乐哲之所以将"中庸"翻译为"focusing the familiar",更多是受唐君毅"一多不分观"的影响。根据唐君毅,中国人的宇宙观的特质有七:一、无定体观,二、无往不复观,三、合有无动静观,四、一多不分观,五、非定命观,六、生生不已观,七、性即天道观。[13]2 唐君毅指出,中国人素无一多对立之论:

> 此种一多不分之宇宙观,亦唯在中国思想中始普遍。西洋思想常偏重多之一面。当西洋思想家持宇宙一元之论时,则恒易以此一为含超绝性之一,而多元论者恒泥多而失一。印度思想中婆罗门之思想明明偏重一,其他外道则大均偏重多。佛法诚最善持中道义,然佛法之合一与多,恒自非一非多处立论,少自即一即多处立论。故其合一多之理,恒用于超绝之境界,仍未能似中国思想家之应用之于日常所见,当前宇宙也。[13]9

结合安乐哲与郝大维的中国哲学研究和中国儒家典籍的翻译,唐君毅这段话中有两处引起笔者的兴趣:一是中国宇宙论的一多不分观,二是佛法合一多之理仍未能似中国思想家之应用之日常所见。笔者推测,安乐哲之所以将"中庸"译为"focusing the familiar"可能就是受唐君毅先生的启发,尽管安乐哲没有明说。另外,安乐哲这样翻译,也受到朱熹的启发。朱熹在《中庸章句》中对首段的疏解如下:"命,犹令也。性,即理也。天以阴阳五行化生万物,气以成形,而理亦赋焉,犹命令也。于是人物之生,因各得其所赋之理,以为健顺五常之德,所谓性也。率,循也。道,犹路也。人物各循其性之自然,则其日用事物之间,莫不各有当行之路,是则所谓道也。"[14]17 这里的"日用(事物)"就是安乐哲所翻译的"the familiar affairs of the day"。

三、关于"诚"的翻译和阐释

在安乐哲和郝大维看来,与之相关的另一个重要概念就是"诚"。理雅各将"诚"翻译为"sincerity"[5]413,修中诚将其翻译为"real"或"the real"[6]127,辜鸿铭将其翻译为"true"[7]283,杜维明将其翻译为"sincerity""truth"或"reality"[9]70-71 等。

安乐哲和郝大维对于"诚"的翻译如下:

Creativity is the way of tian; creating is the proper way of becoming human. Creativity is achieving equilibrium and focus without coercion; it is succeeding without reflection. Freely and easily traveling the center of the way-this is the sage. Creating is selecting what is efficacious and holding on to it firmly.①

从上面的译文可见,安乐哲和郝大维的翻译与众不同,他们将"诚"翻译为"creativity"。安乐哲与其合作者在不同的场合对于将"诚"翻译为"creativity"和"co-creativity"有过多次阐述,说明"诚"的翻译对他们而言一直是念兹在兹的事情。

首先,之所以这样翻译,是因为他们要为"诚"字正名。在"关键术语集"中,安乐哲和郝大维提到,在早期文献中,"诚"被译为"integrity"或"sincerity",但是他们

---

① 中文原文为:诚者,天之道也。诚之者,人之道也。诚者,不勉而中,不思而得,从容中道,圣人也。诚之者,择善而固执之者也。英文译文见 Roger T Ames & David L. Hall. Focusing the Familiar: A Translation and Philosophical Interpretation of the Zhongyong, Honolulu, Hawai i: University of Hawai i Press, 2001. p. 104.

引入"creativity"作为《中庸》中"诚"字的翻译,因为将"creativity"作为"诚"的翻译,其恰当性就在于《中庸》潜在世界观的过程假设。在一个满是日新月异事件的世界中,"诚信"(integrity)意味着一种积极过程,即以有意义的方式将各种处境熔于一炉,以获得意义所隐含的连贯性。"诚信"因而意味着一个创造过程。"诚意"(sincerity)则是创造过程的主观感受形式。也就是说,它暗示着促进成功整合的情绪或情感基调。[10]61-62 无论是将"诚"译为"integrity""sincerity"还是"creativity",都有其词源上的依据,因为"诚"由其同源词"成"和"言"字旁所构成。但是,安乐哲和郝大维认为译作"creativity"更好,因为它能够让人注意到宇宙创生的中心(the centrality of cosmic creativity),而这正是《中庸》的主题。[10]61-62 但是,倪培民认为安乐哲和郝大维在将"诚"译作"creativity"的时候,走得太远,因为读者读到"creativity"这个翻译的时候很难联系到"诚"。倪培民认为,"诚"与"creativity"少有直接关联;即便是"诚"确实跟其同源词"成"(consummation)意义相若,问题依然存在:一是从"consummation"(成)到"creativity"(诚)需要思维的延展,因为"诚"这个字只是意味着"a process creative",而不直接表示"creativity";其次,很难解释《中庸》不直接用"成",而要使用"诚",事实上前者比后者更接近"creativity"的意义。[11]196

其次,也正是中西"一""多"宇宙论的不同,安乐哲和郝大维受怀特海(A. N. Whitehead)的影响,将"诚"译为"co-creativity",后又简化为"creativity"。

对于怀特海而言,"创生力"(creativity)、"一"和"多"是终极范畴。这三者是涉及同义词"事物""存在""实体"含义的终极概念。[15]21 有论者指出,在终极范畴中,"创生力""一"和"多"事实上是过程的结果。在此过程中,每个新的实在实体都是其环境的输入的综合,包含许多其他实体。这跟有机体的概念相吻合,它作为一个单位通过其环境的输入来维持自身。整个环境——整个世界——本身并不是一个有机体,而是有机体得以产生的环境。[16]59 怀特海自己指出,"一"这个术语并不代表"整数一",而是一个复杂的特殊概念,代表一个实体的奇点;"多"这个术语预设了"一"这个术语,而"一"这个术语又预设了"多"这个术语。"多"这个术语传达了"离析的多样性"概念;这一概念是"存在"概念中的基本要素。在离析的多样性中有许多"存在"。"创造力"是表征事实的终极事物诸多共相的共相。正是通过终极原则,离析的宇宙中这种"多"变成"一"实际场合,宇宙在其中得以联结。"创生力"是新颖性的源泉(principle),由此形成离析的宇宙。"创进"(creative advance)是将这种终极的创造力源泉应用于它所创生的种种新情境。[16]21 正是基于这些原因,安乐哲和郝大维在《中庸》英译著作中坦承,用"creativity"来翻译"诚"是受怀特海的启发[10]30-31,而且这样翻译不管是从哲学上还是从历史上来说,都有其合理性[10]34,例如安乐哲和郝大维在注释里说明为什么将"中庸"译为"focusing the familiar affairs of the day",是因为他们认同朱熹对此的解释。[10]116 美籍华裔学者杜维明也认为,"诚"可以视为一种创生力的形式。[9]81-82

再次,安乐哲在与《通过孔子而思》的译者何金俐的访谈中曾主动提及,从中国的观念来看,将"诚"译做"creativity"或"co-creativity"看起来是有些奇怪,因为"诚"一般习惯于在"诚实"的意义上来理解。它通常被译为"sincerity"和"integrity"。[17]437-438 既然如此,那为什么还要这样译呢?

安乐哲指出,首先,从"诚者,天之道也,诚之者。人之道也"可知,"诚"并非在通常意义上予以使用。朱熹、周敦颐等大多数著名哲学家都视"诚"为某种宇宙论。因此,"诚"不是通常的"诚",它是哲学意义上的"诚"。[17]438 第二,《中庸》视宇宙为人类情感,其目的就是将人类情感宇宙化,人类因而是宇宙"协同创造者",即"co-creator",因此将"诚"译为"creativity"或"co-creativity"并未抛弃其情感因素,安乐哲与其合作者就是在这个基础上使用这个词语的。[17]438 第三,过程性思维规定当你与别人协同创造时,你应具备"integrity"(诚实),因为"integrity"是"合而为一"(becoming one together)的基础,你处于各种不同关系中,唯其如此你才"合二为一",成为一个"整体"。由此一来,"integrity"就是"创造"(或协同创造)所内蕴的品格。"creativity"或"co-creativity"并不是要祛除"诚"的普通意义,而是从不同角度来诠释"诚"。[17]438

坦率地说,最初看到安乐哲及其合作者将"诚"译为"co-creatitvity"或"creativity",笔者无法直观地理解这一翻译。只有在仔细地阅读了安乐哲及其合作者所做的详尽解释后,才明白他们的良苦用心:他们就是想通过比较哲学和过程哲学的思维,从元关键词的角度来让西方读者能够从根本上理解《中庸》中的重要哲学概念"诚"。

四、安乐哲及其合作者元关键词翻译的启示

安乐哲与其合作者在进行中国古典哲学的翻译和诠释时,有许多思考是值得学界总结、借鉴的。

首先,通读安乐哲与人合译的作品,可以发现他们都特别重视"正名"。"必也正名乎!"因为"名不正,则言不顺。"(《论语·子路篇》)潘文国明确指出,安乐哲翻译儒家经典所说的"philosophical translation"实质就是"正名",揭橥了中国文化外

译正名阶段的到来。[18]144 尤其由于中国哲学与西方哲学在运思方式上的差异,安乐哲与其合作者在翻译诸如《中庸》《论语》《道德经》等中国典籍时,特别注意对中国哲学术语进行正本清源式的正名。安乐哲对于翻译/诠释中国哲学经典有几件专注的事情:一是建立一套策略性框架,包括诠释性介绍、关键哲学术语词汇表、校对过的中文原文以及与之对应的译文;二是认为坚持要求译文完全忠实原文的想法不仅无知,而且也是一种文化偏见;三是认为由于缺乏充分的背景介绍和术语表,中国典籍的哲学内涵在翻译过程中将大打折扣。对于第三点,安乐哲进一步指出,在翻译中国哲学经典时借助所谓"客观的"辞典非常糟糕,因为辞典本身就深具文化偏见,如果借助这些辞典来进行翻译,那么对读者而言就是双重的背叛。[19]7 这正是安乐哲与其合作者在翻译《论语》《道德经》《中庸》等中国哲学经典时都采取策略性框架的根本原因,也是他们对中国哲学经典中的哲学术语进行正名的根本原因。就安乐哲和郝大维的《中庸》英译而言,正名的方式主要有两种:一是不予翻译而直接采用中文的拼音;二是通过比较哲学的方式对这些术语进行详尽的诠释后给出一以贯之的翻译。

史大海(Aaron Stalnaker)对安乐哲和郝大维的比较哲学研究素有研究。他指出,比较研究设置比较时最基本的选择是既处理比较的深度和精确度,又兼顾比较范畴的一般性;另一种策略性的选择是在历史语境化(historical contextualization)和创造性的、象征性的概括之间的比较。在这两种策略之间,史大海认为安乐哲和郝大维的比较哲学是后者,是一种跨文化的时代倒错(anachronism);他们的合作是一种创造性的尝试,是一种"新儒家"形式,非常倚重美国实用主义。这种策略潜在的主要优点是针对旧材料开发新方法,危险则在于会失去与最初激发大家努力的历史资源之间的联系。[20]15-16

其次,"焦点-场域"语言(the language of focus and field)的应用是安乐哲与其合作者在翻译中国古典哲学文本时的语言哲学基础。安乐哲和郝大维合著《通过孔子而思》的译者何金俐指出:"翻译"问题好比是一个焦点,它本身聚结的是文化比较的当代问题,与此同时,又深层折射哲学研究的根本——文化传统所承载的人类之"思"(thinking)的问题;安乐哲和郝大维对孔子思想的当代追问和重构,正是由此一涵融性的焦点出发,辐射出当代语境下比较文化所面临的严重的"思"的问题及其重构的大场域;"翻译"问题所自然归结到的有效"沟通"的可能性问题,实为他们诠释孔子思想的一条一以贯之之"道"。[21]428-430 "焦点-场域"语言是与过程性思维息息相关的,这对于安乐哲与其合作者在翻译和诠释中国古典哲学尤其是其中的元关键词的时候非常重要。安乐哲和郝大维直接指出：

> 这种语言假定世界由有关各种过程和事件彼此相互作用的场域而构成，其中并不存在终极元素，只存在现象域中不断变化的焦点，每一焦点都从其有限角度出发而聚焦于整个现象域。[10]7

之所以采用"焦点-场域"语言以及与此息息相关的过程性思维，是因为相较于西方传统的实体性语言（substance language），"焦点-场域"语言具备如下优势：一、它允许用过程和事件的推论性语言（deferential language）来替代离散对象的指涉性语言（referential language）；二、与要求将所有关系化约为外部行为关系的线性因果关系（linear causality）的语言相比，"焦点-场域"语言可以让人了解《中庸》所预设的各种自发而交互的关系的复杂关联场域，也就是互系性思维；三、过程语言避免由实体、数量和离散性词汇所赋予的明确性、单一性和规定性，并允许人们对中国哲学话语的诗意寓意有更充分的理解。[10]8

最后，中西哲学某种程度上具有"不可通约性"（incommensurability），这是安乐哲与其合作者在翻译和诠释中国古典哲学及其元关键词时另辟蹊径的原因。王新力指出，比较哲学家所面临的不可通约性有两种特殊形式：即无法相互理解（不可通约性的极端形式）和有效交流破裂（不可通约性的温和形式），[22]565 由此就会产生"偏见"。王新力认为，正如罗思文、安乐哲、郝大维和其他许多比较哲学家一再强调的那样，比较哲学的一个主要目标是通过识别和理解他人的文化"偏见"来澄清和解放我们自己的文化"偏见"。[22]569

安乐哲和郝大维还认为，运用西方范畴来理解中国文化，不管出于有意还是无意，必然导致曲解，因为这是一种文化简化的做法。最能代表这种做法的方法是，将一组模糊的中国范畴融入已有的西方诠释词汇中。[23]212

五、结语

安乐哲与其合作者在诠释和翻译中国哲学典籍时，特别自觉的是他们时刻警惕西方哲学思维对于中国哲学的反动作用。其中，最有效的方式就是通过比较哲学的方法，在诠释和翻译时，尽量回到中国哲学元关键词的源头，并且与西方哲学进行比较，从而让读者明白中国哲学元关键词与西方哲学中类似词汇的区别，这样既不会通过"化约"的方式而产生有害的文化简化主义，又能够真正呈现中国哲学及中华文化迥异于西方的思维方式。唯其如此,中国哲学典籍的英译才具有自身该有的建设性意义。

除了比较哲学之外,他们还借鉴了美国实用主义和过程哲学的思维方式。他们在诠释和翻译时一再提及的"焦点-场域语言"便是过程哲学的典型表现。在"焦点-场域语言"的关照下,中国哲学所强调的"互系性"思维便得到了强调,中国哲学的异质性才得以凸显。这就提醒读者,他们阅读的并不是西方哲学,而是具有一定异质性的中国哲学。这样有利于中国哲学作为世界哲学的一支而与西方哲学并驾齐驱,而不是作为西方哲学的附庸或注脚而存在。

因此我们便不难理解,安乐哲及其合作者在诠释或翻译中国哲学典籍(儒家典籍)时,都在书名中直接标识"philosophical"(哲学型/性的)这一关键词,要么是用于"philosophical translation"(哲学型翻译),要么是用于"philosophical interpretation"(哲学型诠释),如他与人合译的《论语》《中庸》《孝经》和《道德经》莫不如此。安乐哲与其合作者在诠释中国哲学典籍时,如此重视中国文化元关键词的诠释,如此重视将中国文化元关键词的原初意义呈现给西方读者,首先表明他们对于"他者"文化的尊重;其次,他们因为深入了解中国文化之后,知道中西文化固然有"同"的一面,但是也有深刻的"相异"的方面,这一方面对于西方人理解中国文化具有更为重要的意义。因此,他们在翻译和诠释中国哲学典籍时,时刻保持着对中西文化差异的警觉。这一点,对于中国文化"走出去"战略、对于任何从事中西文化诠释和交流的人无疑都具有相当重要的启发和借鉴意义。

参考文献

[1] HERDEGGER M. Pathmarks [M]. Cambridge, UK: Cambridge University Press, 1998.

[2] 李建中. 关键词研究开启中华文化现代意义世界 [N]. 中国社会科学报. 2014-06-04(B04).

[3] 孙周兴. 存在与超越:海德格尔与西哲汉译问题 [M]. 上海:复旦大学出版社,2013.

[4] 郝大维,安乐哲. 通过孔子而思 [M]. 何金俐,译. 北京:北京大学出版社,2005.

[5] LEGGE J T. Confucian Analects, The Great Learning, and the Doctrine of the Mean [M]. Rev. 2nd ed. Oxford, UK: At the Clarendon Press, 1893.

[6] HUGHES E R. trans. The Great Learning and the Mean-in-Action: Newly Translated from the Chinese, with an Introductory Essay on the History of Chinese Philosophy [M]. New York: E. P. Dutton and Company, Inc., 1943.

[7] KU H T. "The Golden Mean of Tsesze" [M]// LIN Yutang ed.. The Wisdom of China. London: Michael Joseph Ltd., 1954.

[8] POUND E trans. Confucius: The Great Digest, The Unwobbling Pivot, The Analects [M]. A New Directions

Book,1969.

[9] TU W. Centrality and Commonality:An Essay on Confucian Religiousness [M]. Albany:State University of New York Press,1989.

[10] AMES R T, David L Hall. Focusing the Familiar:A Translation and Philosophical Interpretation of the Zhongyong [M]. Honolulu:University of Hawai i Press,2001.

[11] NI P. Reading Zhongyong as a Gongfu Instruction:Comments on Focusing the Familiar [J]. Dao:A Journal of Comparative Philosophy,2004,III(2):189-203.

[12] AMES R T. A Response to Critics [J]. Dao:A Journal of Comparative Philosophy,2004,III(2):281-298.

[13] 唐君毅. 中西哲学思想之比较论文集(《唐君毅全集》第二卷)[M]. 北京:九州出版社,2016.

[14] 朱熹. 四书章句集注[M]. 北京:中华书局,1983.

[15] WHITEHEAD A N. Process and Reality [M]. New York:The Free Press,1978.

[16] EMMET D. Creativity and the Passage of Nature [M]// RAPP Friedrich & REINER Wiehl eds., Whitehead's Metaphysics of Creativity. Albany,NY:State University of New York Press,1990.

[17] 安乐哲,何金俐. 文化对话的意义[M]//郝大维,安乐哲. 通过孔子而思. 何金俐,译. 北京:北京大学出版社,2005.

[18] 潘文国. 从"格义"到"正名":翻译传播中华文化的必要一环[J]. 华东师范大学学报(哲学社会科学版),2017(5).

[19] 安乐哲. 和而不同:比较哲学与中西会通 [M]. 温海明,编译. 北京:北京大学出版社,2002.

[20] STALNAKER A. Overcoming our Evil:Human Nature and Spiritual Exercises in Xunzi and Augustine [M]. Washington,DC:Georgetown University Press,2006.

[21] 何金俐. 译者后记 [M]//郝大维,安乐哲. 通过孔子而思. 何金俐,译. 北京:北京大学出版社,2005.

[22] WANG XL. Incommensurability and Comparative Philosophy [J]. Philosophy East and West,2018,68(2).

[23] HALL D L,R T Ames. Anticipating China:Thinking through the Narratives of Chinese and Western Culture [M]. Albany,NY:State University of New York Press,1995.

1945年以前《道德经》在德国的译介研究①

唐 雪

（西南大学 外国语学院，重庆 北碚 400715）

[摘 要] 《道德经》是德语世界中传播最广和影响最大的中国典籍之一，1870年至1945年是《道德经》德译的肇始阶段，德国学术界在此阶段出现了第一次"道"的热潮，对德国产生了较大影响。文章以《道德经》最初的德译本为开端，探究当时德国学界产生"道"的热潮的渊源，同时梳理1945年以前德国《道德经》译介的发展脉络，通过对最早《道德经》德语全译本考述和对该时期代表译者及其译本的分析，总结出1945年以前《道德经》在德国译介的重要特点。

[关键词] 《道德经》；德国；译介

一、译介背景：第一次"道"的热潮

《道德经》（又称《老子》）是道家思想最重要的典籍，这部经典充满了深沉的智慧之言，展示了老子博大精深的哲学思想，是中国最早的具有完整体系的哲学著作之一，也早已被翻译成包括德语在内的三十多种外语，是世界上被翻译得最多的著

[基金项目] 中国外文局中国翻译研究院重点项目："中国传统经典文化对外翻译与国际传播调研报告"（2016B12）

[作者简介] 唐雪（1984— ），女，重庆渝中人，西南大学外国语学院讲师，文学博士，研究方向为比较文学、译介学和德语文学。

① 原文刊于《燕山大学学报（哲学社会科学版）》2019年第3期。

作之一。1870年,波莱恩克那教士(Reinhold von Plaenckner)和神学家史陶斯(Victor von Strauss)先后以"*TAO TA KING——der Weg zur Tugend*"和"*LAO TSE'S TAO TA KING*"为名出版了最初的两个《道德经》的德语全译本,打开了德语世界的《道德经》译介序幕,自此之后老子学说开始迅速在德语国家传播。德国学术界对老子的接受和研究在1920年左右达到了高潮,为第一次"道的热潮"①。究其根源,特定的学术根源和时代背景造就了该阶段的翻译和研究热潮。

首先,这股热潮与欧洲老子研究的兴起和繁荣密切相关。18世纪初,以白晋(Joachim Bouvet)和马若瑟(Joseph de Prémare)为代表的法国入华耶稣会士开始尝试系统地探究《道德经》与《旧约》之间的关系。在白晋等人之前,由于儒家思想对当时中国社会的影响更广泛和深入,因此入华传教士们对儒家典籍的研究更为重视,老子和《道德经》则鲜有西方人关注。而白晋等人运用对《旧约》的索隐式注释方法来研究包括《道德经》在内的中国典籍②,他们对《道德经》的研究打破了西方世界中忽视老子学说的传统,对《道德经》在欧洲世界的传播起到关键的促进作用。此后,法国汉学家雷慕沙(Jean Pierre Abel Rémusat)于1823年发表了《关于老子的生平以及作品报告》,并在文中选译了《道德经》的部分章节。他的弟子儒莲(Stanislas Julien)的法语全译本于1842年出版,这两位学者将《道德经》的影响辐射到欧洲其他诸国。在这样的学术背景下,《道德经》自然开始传播至德国并逐渐进入学者们的视线。

其次,这一时段正是德国乃至整个欧洲饱受战乱折磨的动荡时期。特别是第一次世界大战给欧洲带去的各种灾难和战后的社会秩序重组使知识分子们的精神追求和社会物质发展产生巨大失衡,思想界笼罩着悲观和消极的情绪,"在欧洲尤其是在德国思想界,普遍弥漫着一种文化危机和价值重估的倾向"③。因此他们转而在东方思想中寻找精神的慰藉和探求解决社会问题的答案,东方文化研究成为欧洲学术界的新热潮,《道德经》中的"自然""无为"等概念在德国知识分子界引起了共鸣,最早翻译《道德经》的波莱恩克那教士在其译作前言中的呼吁反映了当时许多学者的心声:"而是向所有对中国、中国人和来自中国的事物吹毛求疵和嘲笑

---

① Oliver Grasmück. *Geschichte und Aktualität der Daoismusrezeption im deutschsprachigen Raum*, Münster: LIT Verlag, 2004. p. 60.
② 柯兰霓著,李岩译,张西平、雷立柏审校:《耶稣会士白晋的生平与著作》,郑州:大象出版社,2009年,第1页。
③ 奥斯瓦尔德·斯宾格勒著,齐世荣、田农、吴琼等译:《西方的没落》,上海:上海三联书店,2006年,第3页。

的人展示:在最古老和最遥远的时代,拥有健康而高尚的思维方式的智者已经在中国生活着……我认为……摆脱物质主义,能够引向一种纯洁或者更纯洁的神学观和世界观。"①

然而随着希特勒上台,整个汉学研究界都随之遭到毁灭性的打击:"1933年后的政治事件使德国汉学遭受了极其严重的损失。损失的一部分已无可弥补。"②原本发展迅速的汉学研究在第三帝国时期却成为政治的工具,一方面出于政治因素,德国当局对中国的关注度未曾减弱,二战期间设在北京的"德国研究所"一直受到当时德国外交部的资助,德方工作人员都是由政府派遣。③ 而另一方面同样因为政治原因,许多德国汉学研究者们或被迫停止研究或流亡他乡。在此背景下,德国的《道德经》的译介和研究逐渐式微,出版的译本数量急剧减少,"1927年后几乎没有《道德经》译本出版"④。迫于政治压力,许多译者或用私人出版社的方式少量发行,或选择将译本在国外出版。但正是这些译者们的坚持,才使《道德经》在德国的译介历程没有被迫中断,他们为此作出了巨大贡献。

二、最早的《道德经》德语全译本考述

德国的《道德经》翻译虽晚于欧洲许多国家,但是《道德经》进入德国之初便呈现出不同于其他国家之处。重要的表现之一便是,最早的两个德语全译本均在1870年出版。其中一部的译者为波莱恩克那教士,书名为《道德经——美德之路》(*TAO TA KING——der Weg zur Tugend*),另一部由神学家史陶斯翻译并以《老子的道德经》(*LAO TSE'S TAO TA KING*)为名出版。由于两部译作面世的间隔时间较短,且后者的影响更广泛和持久,因此在一些研究中混淆上述两个译本的出版顺序和作者,甚至误将史陶斯的译本看作是第一部德语全译本。根据史陶斯在译本前言中谈及,在他刚完成这篇前言之后,他便得到一本波莱恩克那翻译的名为《道德经——美德之路》的书⑤,据此可知,波莱恩克那教士的译本较先出版,应为真正意义上的第一部《道德经》德语全译本。

---

① Reinhold von Plaenckner. *LAO-TSE TÁO-TE-KING , DER WEG ZUR TUGEND*, Leipzig: F. A. Brockhaus, 1870. p. xv.
② 马汉茂、汉雅娜、张西平、李雪涛:《德国汉学:历史、发展、人物与视角》,郑州:大象出版社,2005年,第224页。
③ 王维江:《20世纪德国的汉学研究》,*Historical Review*,2004年第5期,第7—13页。
④ Oliver Grasmück. *Geschichte und Aktualität der Daoismusrezeption im deutschsprachigen Raum*, Münster: LIT Verlag, 2004. p. 61.
⑤ Victor von Strauss. *LAO-TSE'S TAO TE KING*, Leipzig : Verlag von Fridrich, 1870. p. XIII.

当时,法国学者们对《道德经》的翻译和研究在开始时间和发展程度上都先于德国,两位最早的《道德经》德译者显然受到雷慕沙和儒莲的影响,在译本前言都评论了两位法国前辈的译文。尤其是波莱恩克那教士还坦言,他的翻译受到雷慕沙认为《道德经》晦涩难懂因而放弃全译的启发,他认为《道德经》是一部完整和完美的图画,其内部的各个部分精妙地编织成一个整体并构建了逻辑化的思想体系,因此将单个的部分从整体中割裂开是不可能理解这本书的,只有在多次的阅读和研究整本书之后,才能准确把握《道德经》中的思想。

虽然波莱恩克那教士的译本出版时间更早,但史陶斯的译本影响更深远,传播和接受更广泛。1923年版的《勃罗克豪百科辞典》将史陶斯的译本称为"最佳德译本"①,他的译本至1959年为止再版4次,被众多后继译者借鉴和学习,并且被许多学者视为了解老子学说的重要途径。史陶斯受"索隐派"的影响,认为像老子这样的东方智者拥有对上帝的正确认识,《道德经》就是包含基督教教义的重要典籍和《圣经》隐喻式的表达。然而,与"索隐派"直接比较《道德经》与《圣经》的方法不同,史陶斯则主张从《道德经》本身去探究"道"与"上帝"之间的关系。

三、代表译者的宏观阐释及翻译观解析

(一) 最早的《道德经》德译者史陶斯(Victor von Strauss)

作为《道德经》德语译介的开启者,史陶斯(1808—1899)对《道德经》的翻译和阐释建立在与基督教密切联系的基础上,首先从译者对"道"的理解便可探知他翻译时的这种神学倾向。史陶斯在译本中将"道"在《道德经》不同章节的主要含义罗列出来:"道"是不可捉摸的永恒存在(第25章);"道"具有空虚无形和不可估量的特征(第4章),以及不可确定、不可听见、隐匿无形(第14章),是万物的根源(第1章)和所有本质的祖先(第4章);道"既是万物之始祖(第21章),又是万物之终点(第16章);"道"永远没有需求和要求(第34章),也不会变老(第30章、55章);"道"蕴含精准的思想(第21章);按照"道"的准则做事,就能成为"道"的一部分(第23章);"道"能够带来和平(第46章)、庇护善人、拯救恶人(第62章)。②经过上述归纳,史陶斯最终提出,能够同时兼具上述特征的"道"就是"上帝,只能

---

① 胡其鼎:《由一角藏书看德国汉学研究》,《读书》,1983年第5期,第123页。
② Victor von Strauss. *LAO-TSE'S TAO TE KING*, Leipzig: Verlag von Fridrich, 1870. pp. XXXIV-XXXV.

是上帝"①。但在译文中,他却将"道"直接音译为"Tāo",而不似有些译者翻译为"神"(Gott)或"上帝"(HERR),因为他认识到古代汉语中没有与"上帝"相对等的词语,因此没有必要为了将"道"德语化而生硬翻译,这反映了史陶斯在翻译时并不局限在神学阐释的范围中,为了让译文更加贴近原文会灵活处理。

史陶斯意识到当英、法等国的学者们通过努力翻译将中国古代思想介绍给本国国民时,德国学术界却对此未显示相应的热情,只有少量学者开始翻译中国典籍,更遗憾的是,许多德国人对中国思想的看法相当片面。因此,他希望自己的译文不仅为一般学者,还特别为哲学、宗教学研究者翻译和阐释中国最重要的古代哲学思想。所以,史陶斯提出翻译需要保证最大的精确性和尽量接近原文的简洁。但是,单个汉字的多种意义无法与德语或者欧洲其他语言一一对应转换,译者时常找不到相应表达。鉴于此,史陶斯在译文后加入每个章节的详细评论,一方面保持了译文的简洁风格,另一方面详尽展示译者对《道德经》的阐释和让尚未了解老子思想的读者们更易理解,这种排版形式也成为之后《道德经》译本常用的模式。

(二) 神学影响下的《道德经》德译者于连·戈利尔(Julius Grill)

将老子与耶稣作平行比较是天主教神学家和东方学家于连·戈利尔(1840—1930)于 1910 年出版的译作《最高本质和最善的老子之书(道德经)》(*Lao-tszes Buch vom höchsten Wesen und vom höchsten Gut. (Tao-te-king)*)的亮点。译者早年获神学和东方学博士学位,自 1888 年起任图林根新教神学院教授,他的学术背景深刻影响了他对《道德经》的理解,因此他认为老子和耶稣之间有一种特殊的相似关系,译者希望在《道德经》与《新约》中找到老子的哲学思想与耶稣的宗教思想之间的相似性,并且以此作为翻译的目的。为了印证自己的上述观点和研究成果,译者在附录中专门将《道德经》和《新约》的章节整理成表格以直观地展示两者的对比。

戈利尔认为,老子与耶稣的基本道德观惊人的一致。在老子和耶稣相似的性情下将《道德经》与《新约》放在一起汇编会展示一种特别的关联性,前者在哲学思想与后者在宗教思想中建立起一种奇妙的协调。② 但是与"索隐派"极力在《道德经》中找到基督教启示的痕迹不同,戈利尔一开始就将老子和耶稣放在相等的研究地位上进行比较,在他的译本中"更为重要、更独特和更多的是与《新约》的平行对

---

① Victor von Strauss. *LAO-TSE'S TAO TE KING*, Leipzig: Verlag von Fridrich, 1870. p. XXXV.
② Julius Grill. *Lao-tszes Buch vom höchsten Wesen und vom höchsten Gut. (Tao-te-king)*, Tübingen: Verlag von J. C. B. Mohr (Paul Siebeck), 1910. p. Ⅵ.

照……"①。戈列尔不只将《道德经》视作一部哲学作品,同时他还认为《道德经》是一部蕴含基督教教义的宗教作品。他认为,老子在《道德经》中将这种"最高本质"描述为一种深刻且生动的敬畏、爱与升华的情感,而这种情感在基督教中通过将最高准则人格化("上帝")而产生。由此,老子的哲学思想与耶稣的宗教思想从根本上是一致的,他们都不仅将"最高本质"理解为"善"的原型,还赋予了该概念一切人类美德的完美典范。②

戈利尔虽然将"道"理解为"最高本质",但是在译文中却未用德语单词翻译"道"。在他的译本出版之前,学者们对"道"的翻译主要分为以下几种情况:第一,以雷蒙沙为代表的部分译者将"道"译为"理性"(ratios)或"逻各斯"(Logos),戈利尔认为这种阐释不能体现"道"的比喻含义;第二,以儒莲为代表的译者将"道"简单译为"道路"(Weg),戈利尔认为这种翻译不能展示"道"的形而上含义,无法直观体现"道"是被赋予一切理性和美德的概念;第三,还有一些译本将"道"直接译为"上帝"(Gott),这也遭到译者的批判,因为《道德经》中的"道"是一个存粹的哲学概念而非宗教概念。③ 译者首先将再现原文作为翻译的基础,反对在翻译时刻意将《道德经》德语化,因此如"最高准则"这样的概念不应该打上译者个人烙印。同时为了适应原文迂腐地将德语变形,也会导致译文生涩难懂,因此译者在翻译时需灵活处理两种语言的差异。戈利尔期望在当时"困难且沮丧"的社会背景下唤起读者对《道德经》的关注,因此他将译文放在至关重要的位置上,希望通过自己的译本引导读者去探索《道德经》的思想奥秘和接近老子哲学思想中的精髓。④

(三) 最经典的《道德经》德译者卫礼贤(Richard Wilhelm)

卫礼贤(1873—1930)是德国最著名的汉学家之一,被誉为"中国与欧洲的思想中介者"⑤。1899 年被普通福音新教传教协会(Allgemeinen Evangelisch-Protestantisch Missionsverein)委派至青岛传教,但他对传教任务并不重视,反而对研究中国语言、历史、文化和社会兴致盎然,"把主要的精力用于办医院、办学校和学习钻

---

① Julius Grill. *Lao-tszes Buch vom höchsten Wesen und vom höchsten Gut.* (*Tao-te-king*), Tübingen: Verlag von J. C. B. Mohr (Paul Siebeck), 1910. p. 203.
② 同①,第Ⅵ-Ⅶ页。
③ 同①,第 11—12 页。
④ 同①,第Ⅵ页。
⑤ Hartmut Walravens. *Richard Wilhelm* (1873—1930): *Missionar in China und Vermittler chinesischen Geistesguts*, Nettetal: Steyler Verlagsbuchhandlung, 2008. p. 7.

研中国文化上"①。他不仅通过翻译中国典籍将中国文化介绍和传播至德国,还专注于全面且深入的对中国社会各个方面开展研究。在当时德国政府驻青岛特派员单威廉(Wilhelm Schrameier)的鼓励下和劳乃宣等学者的帮助下,他开始翻译中国书籍,共计出版了包括《道德经》在内的9部中国典籍译著。他的中国典籍德译本和汉学专著成为影响欧洲乃至世界的经典作品。卫礼贤对中国典籍的释义和翻译并没有局限在传教士的身份中,而是试图从中国文化视角出发理解中国思想,因此他的译作成为东西方思想沟通的重要桥梁。1921年,卫礼贤作为德国外交顾问赴任北京,并在北京大学担任德国文学教授直至1924年返回德国。回德后,卫礼贤在法兰克福大学任教授并创建了德国第一所汉学研究所——中国研究所(China Institut),他将精力投入中国文化的传播和研究所的建设中,并坚持翻译和研究中国文学作品,在晚年仍出版了大量翻译作品和论著。

  1911年,卫礼贤出版了名为《老子,道德经,老子的"道"与"德"之书》(*Laotse, Tao Te King, Das Buch des Alten vom Sinn und Leben*)的《道德经》德译本,这部译本以严谨的考据、精准的翻译成为最具影响力和最畅销的德语译本之一,直到现在仍不断再版。此外,卫礼贤的译本也成为众多后继译者的重要参考版本,并在广度和深度上对《道德经》的读者影响深远,促进了《道德经》在德语世界的传播。译者认为,"道"对老子而言仅是一个数学符号般的标志,正如"吾不知其名,强谓之道",用以表示不能用言语明说的概念。与史陶斯认为中文中没有与"Gott"完全一致的词语相似,卫礼贤提出德语中也没有与"道"完全对应的单词。即使"道"的内涵范围非常广泛,但是译者出于审美仍坚持在译文中将"道"翻译成德语单词,并最终选择了"SINN"(意义)来表示"道"。为此,译者详细说明了德语单词"Sinn"在各个意义层面上都最接近"道":"Sinn"原始含义是"道路"和"方向",具体有以下几层内涵:(1)"人类内在的东西";(2)"作为意识、感知、思想和思考的人类内在""内在意义";(3)"身体的情感生活(内在世界)";(4)"文字、图画和情节的意见、概念、含义"②,上述释义中只有第三点与"道"相差较大,剩下的都非常一致。"德"则被译为"生命"(LEBEN)。译者指出,汉字"德"本意是"产生万物生命称为'德'"(Was die Wesen erhalten, um zu entstehen, heißt de)③:首先,《道德经》中的"道生

---

① 杨武能:《三叶集——德语文学·文学翻译·比较文学》,成都:巴蜀书社,2005年,第404页。
② Richard Wilhelm. *Laotse. Tao Te King. Das Buch des Alten vom Sinn und Leben*, Hamburg: Nikol Verlag, 2013. p. 20.
③ 同②。

之,德畜之"表示"德"即是养育万物之概念;其次,译者借鉴了《管子·心术》中的"虚无无形谓之道,化育万物谓之德"表示"德"产生了万物生命;最后,卫礼贤根据《约翰福音》的"生命在他里头,这生命就是人的光"[1]指出德语单词"Leben"含有产生万物生命之意,因此他认为"德"译为"LEBEN"可较好传达汉字"德"的本意。

即使在中国生活了很长时间,卫礼贤在翻译《道德经》时也遇到前所未有的困难和挑战,书中的奥秘和晦涩之处需要深思熟虑才能知晓,但《道德经》是中国哲学思想和宗教思想必不可少的重要组成部分,因此翻译《道德经》却又是汉学家不得不完成的挑战。卫礼贤认为,与其将中国古代哲学家老子的作品进行现代化还原,不如通过翻译让老子自己发出声音。所以将欧洲现存的《道德经》相关书籍进行简单的汇编,还不如重新翻译原著。同时,译者在翻译过程中每天都能在《道德经》中找到新发现,而某些之前的观点就会过时,加之人无完人,没有译者能保证不犯错误,所以重译《道德经》显得尤为重要。鉴于此,卫礼贤出版过两个《道德经》版本,第一个版本于1911年以《老子,道德经,老子的"道"与"德"之书》(*Laotse, Tao Te King, Das Buch des Alten vom Sinn und Leben*)为名在耶拿出版,该译本一经出版就受到广泛的流传,早在20世纪20年代已成为最受欢迎和影响最广的译本[2],在1911至1944年期间再版5次[3]。但是卫礼贤在此版本已有如此广泛的影响下,仍坚持研究原文,对此译本反复修改,甚至对一些章句重译,在1957年他将多年的研究和修改成果整理后出版了第二个《道德经》译本,第二版沿用了《老子,道德经,老子的"道"与"德"》(*Laotse, Tao Te King, Das Buch des Alten vom Sinn und Leben*)的书名。

(四) 早期学院派德译者鲁雅文(Erwin Rousselle)

曾在华任教的另一位德国汉学家鲁雅文教授(1890—1949)也是该阶段值得重点关注的汉学家和译者。鲁雅文自1916年起在海德堡大学攻读哲学博士学位,1921年开始修法学博士学位。获得博士学位之后,他在1924年到1929年作为卫礼贤的后继者在北京大学任德国哲学教授,并在清华大学任比较语言学客座教授,同时还兼任燕京大学"中国—印度研究所"所长。卫礼贤去世后,他接任了由卫礼贤创办的法兰克福大学中国研究所主任的职务。在这两位汉学家的努力下,该研

---

[1] 中国基督教协会:《圣经.新约》,南京:中国基督教三自爱国运动委员会,2003年,第104页。
[2] Oliver Grasmück. *Geschichte und Aktualitätt der Daoismusrezeption im deutschsprachigen Raum*, Münster: LIT Verlag, 2004. p. 43.
[3] 同[2],第59页。

究所成为当时德国一流的汉学研究中心且成为欧洲汉学的重要研究基地之一。

鲁雅文在1942年出版的译本《老子,永恒的引导和力量。(道德经)》(*Lau-dse, Führung und Kraft aus der Ewigkeit. (Dau-Dö-Ging)*))中从对东西方古代智者思想的对比出发,希望通过翻译《道德经》阐释老子对人类哲学思想传承上作出的伟大贡献。译者认为,东西方的人类思想在公元前600年左右开始同时觉醒,智者们开始探索和认识到与整个世界根基紧密联系的思想根源。东方的两大文明古国的智者,在中国以老子和孔子为代表,在印度以耆那教创始人玛哈维拉(Mahavira)和佛教始创者释迦牟尼为代表;在西方世界,则是古希腊的赫拉克利特(Heraclitus)和赫西俄德(Hesiod)为智者代表。① 由此可见,译者给予老子极大肯定。他还提出儒家思想和道家思想在古代中国都产生深远影响,但孔子侧重于对社会的建构,而老子则注重对世界的思考。因此,以儒家思想为基础的政权已然倒塌,但老子的智慧却因其没有时代限制而经久不衰。②

与之前的译者相比,鲁雅文对《道德经》的理解独树一帜。他提出老子的哲学思想来自母系社会文化。因此,"道"是"伟大的母神"(Große-Göttin-Mutter),而不是"父神"(Gottvater)或哲学上的抽象概念。译者认为,理解《道德经》的关键在于对"道"字的结构分析,"走之旁"和"首"的结合表示头脑决定该如何前进和走向何方,所以汉字"道"兼含名词"道路"和动词"指导方向"之意。而《道德经》中"道可以为万物始",因此"道"不应该译为名词"道路"(Weg),而是表示动词的名词化形式。因此,他将"道"译为"宇宙的(女)主宰"(die Führerin des Alls),一方面用阴性名词"Führerin"(女领导、女主宰)体现老子思想来源于母系文化,另一方面通过将表"指导方向"的动词"führen"名词化体现译者对"道"的理解。

他强调作为象形文字的汉字具有德语单词没有的形象性和画面感,这是在翻译时尤其需要注意的重点和难点,他的译本突显了汉字的象形性。因此他反对用表示抽象概念的德语单词来解释形象的汉字概念,如在对"敦兮其若朴"的"朴"字翻译时,他放弃了抽象名词"Einfachkeit"(简单、朴素)而选择表示具体事物的名词"Rohhloz"(原木),因为"朴"字的木字旁向读者形象地传递了"朴素"的画面感;再如汉字"骄"由马字旁构成,所以他不使用"hochmütig"(骄傲的),而用具有"抬高脚步"含义的"hochtrabend"(浮夸的)与"马"旁相对应,因此在翻译时将这种汉字

---

① Erwin Rousselle. *Lao-tse. Führung und Kraft aus der Ewigkeit*,Baden-Baden:Insel Taschenbuch,1985. p. 95.
② 同①,第97页。

的象形特征再现给德国读者是必要的。①

四、结语

通过对1945年以前《道德经》在德国的译介综述和分析,我们认为,有以下几点重要问题值得关注和思考。

首先,德语国家学术界对《道德经》的接受和译介受到时代背景的巨大影响。因此,在世纪之交时期的社会危机下,出现了第一次"道"的热潮,具体体现为:其一,译本数量增多。仅在20世纪初《老子》的德译本就有8种之多②,其中包括对《道德经》海外译介颇具影响力的卫礼贤译本;其二,影响了德语文学界。在这一时期德布林通过先锋派的写作手法创作了他的道家思想小说《王伦三跳》,黑塞和布莱希特阅读了《道德经》并影响了他们之后的创作;其三,对德语哲学界同样产生影响,如马克斯·韦伯完成了关于儒家和道家的作品《儒教与道教》,该著作将道家思想变成了流行的哲学。而此后,随着希特勒上台,同样在时代背景的影响下第一次"道"的热潮逐渐降温。在1933年至1945年期间,德国的《道德经》译介几乎停滞,鲜有译本可以在此期间出版。

其次,在西方宗教文化影响下,该阶段的译本往往具有宗教因素。无论是神学家史陶斯、于连·戈利尔,还是入华传教士卫礼贤都在译本中掺杂神学因素,他们或通过研究《道德经》以说明道家思想与基督教思想同宗同源,或引用《圣经》以阐释《道德经》的哲理,或将《圣经》与《道德经》作平行比较,就连并未具有神学背景的汉学家鲁雅文也将《道德经》视为一部具有母系社会文化思想的神秘主义之书。由此可见,德语学者们在此阶段对《道德经》的译介和接受往往从宗教角度出发,而并未将《道德经》单纯地视为一部中国古代哲学典籍。综上所述,1945年前的《道德经》译介对这部典籍在德语世界的传播起着举足轻重的作用。在该阶段不仅包含了对《道德经》的第一次接受热潮,也为二战后至今的道家典籍和道家思想的译介与研究奠定了基础,该阶段的经典译作至今仍被视为最重要的《道德经》德语译本,从而使得老子学说对德国的文学、哲学等方面产生了深远影响。

---

① Erwin Rousselle. *Lao-tse. Führung und Kraft aus der Ewigkeit*, Baden-Baden: Insel Taschenbuch, 1985. p. 101.
② 李雪涛:《日耳曼学术谱系中的汉学——德国汉学之研究》,北京:外语教学与研究出版社,2008年,第74页。

"禅"的坎坷西行路①
——"Zen"还是"Chan"

于海玲

(湖南大学 外国语学院,湖南 长沙 410082)

[摘 要] 20世纪以来,作为中华传统文化的重要组成部分,禅文化已逐渐走出汉文化圈,在英语世界中广为流传。但与儒、道文化不同,禅文化最初由日本学者传入西方,并被鼓吹为日本文化的精髓,以至于很长一段时间,英语读者只熟悉禅的日语发音"Zen",而不知道来自汉语的"Chan"。文章将以时间为经,以"Zen""Chan"在英语中的语义变化为纬,讨论"禅"在英语中的指称演变史。主要内容包括早期"Zen"在英语世界中广为流传背后的原因,20世纪90年代以来"Chan"的苏醒和崛起,以及"Zen""Chan"之争对争夺文化话语权重要性的启发。

[关键词] 禅;Zen;Chan;文化话语权;铃木大拙

一、引言

近年来,如何更好地对外传播中国文化,提升中国在国际社会的文化话语权,已成为学术界关注的重要话题。关于文化话语权的重要性和提升路径,中华传统

[基金项目] 国家社科基金青年项目"禅文化西渐进程中《六祖坛经》多模态译介研究"(18CYY013)阶段性成果

[作者简介] 于海玲(1984—),女,河南安阳人,澳大利亚麦考瑞大学翻译学博士,现为湖南大学外国语学院教授,博士生导师,主要从事《六祖坛经》英译、多模态与翻译研究。

① 原文刊于《燕山大学学报(哲学社会科学版)》2019年第5期,这里新做了编修。

文化在增强中国文化话语权过程中的重要性都已经得到广泛讨论[1]。这些研究告诉我们,文化话语权不是某一文化自然享有的,而必须通过主动建立和与其他文化竞争而获得。另一方面,鉴于英语的全球影响力,以英语为媒介的文化传播必将成为各国文化话语权争夺的焦点。

在已有宏观理论性探讨的基础上,本研究将主要关注微观层面,聚焦学界尚未涉及的中华禅文化。与儒、道文化不同,禅文化最初由日本学者传入西方,并被标榜为日本文化的精髓。本文将系统梳理"禅"这一术语在英语世界的传播史,并就其目前所使用的两种表达方式,即来自日语的"Zen"和来自汉语的"Chan",讨论特殊历史背景下中国文化话语权的流失,以及新时代文化自信背景下如何提高文化话语权意识。

禅是佛教与中国本土思想融合的结果,代表着佛教中国化的最高成就,是中国传统文化的重要组成部分。近代太虚法师曾指出,"禅宗者,中国唐、宋以来道德文化之根源"[2],禅在中国传统文化中的重要性可见一斑。禅在中国产生、发展之后,大约于公元6世纪传入越南,7世纪传入朝鲜半岛,12世纪传入日本,对东亚文化的发展产生了重要影响。[3]中国的"禅"在越南被称为Thiền,在朝鲜被称为Sǒn,在日本被称为Zen。而这些不同的名称中,来自日语的"Zen"在英语世界中最为流行,也成为唯一一个被录入《牛津英语外来语精要辞典》[4]中的"禅"的英文指称。那么,"Zen"在英语中的流行是否仅因为禅最初由日本人传入西方?"Zen"到底能不能作为"禅"的英文名称?基于汉语拼音的"Chan"又能否使用?"Zen"与"Chan"之争对新时期文化自信背景下文化话语权的建立和增强又有何启发?

到目前为止,国内外尚未有学者就这些问题进行讨论。本文将以时间为经,以"Zen""Chan"在英语中的语义变化为纬,讨论"禅"在英语中的指称演变史。主要内容包括早期"Zen"在英语世界中广为流传背后的原因,20世纪90年代以来"Chan"的苏醒和崛起,以及"Zen""Chan"之争对争夺文化话语权重要性的启发。

二、"Zen"在英语世界中的传播

(一)"Zen"进入西方:成功的开端

1893年9月,美国芝加哥召开"世界宗教大会",为有史以来参加人数最多、代表流派最为广泛的一届宗教盛会。在这次宗教大会上,来自日本的临济宗大师释宗演(1856—1919),做了"仲裁,而非战争"(Arbitration Instead of War)和"佛教的因果论"(The Law of Cause and Effect, as Taught by Buddha)两个发言。释宗演的发言成功引起了一些与会美国代表的兴趣,打开了随后日本禅顺利进入西方的大门。

这一事件看似偶然,背后却是日本佛教徒处心积虑将日本佛教文化向西方传播的周详计划。明治维新(1868—1912)初期,日本政府推崇神道,佛教被认为是外来的迷信思想,受到排挤和破坏。排佛运动顶峰时期的废佛毁释运动给日本佛教带来了进一步打击[5]。面对这一危机,日本佛教中的有识之士开始积极寻求应对之策,其中包括积极进行海外推广,努力使佛教成为独立宗教,以及提倡"护国爱教",加入建构帝国政治意识形态的主流。[6]作为佛教改革的坚定拥护者,释宗演在年轻时就主动学习西方文化、科技知识[7],为日本佛教的西方传播做准备。因此,释宗演在世界宗教大会上的演讲可谓知己知彼,准备充分。一方面,基于他对西方基督教的了解,释宗演采用了一种在场基督教徒易于理解的言说方式,且对西方的文化典故信手拈来。另一方面,对同时代西方思潮的准确把握也使得释宗演可以有的放矢,针对当时人们对佛教的指责和偏见进行一一反驳。[8]"仲裁,而非战争"这一发言所面对的是各国佛教代表,其主题是宣扬和平友爱,批判战争。佛教的因果论这一发言则针对所有与会代表,运用西方人所熟悉的推理方法对佛教因果论进行了论证。在发言中,释宗演声称,因果轮回为人类提供了天堂与地狱之外的其他可能。[9]

释宗演的发言极为成功,给与会代表留下了"极好的、难以忘怀的印象"[10]。大会期间,美国比较宗教学家、哲学家、作家、编辑保罗·卡鲁斯(Paul Carus)即与释宗演进行交谈,请释宗演协助翻译一些有关东方思想的书籍。释宗演向卡鲁斯推荐了他的学生,铃木大拙·贞太郎(D. T. Suzuki)。释宗演在宗教大会结束后即返回日本,但他在1905年应邀重新访美,在美国多所大学进行演讲,与美国佛教徒进行交流,并参观了一些禅学中心。释宗演1905至1906访美期间的演讲由铃木大拙整理并翻译,以《一个佛教僧正的法话集》(*Sermons of a Buddhist Abbot*)为题出版,后改为《向美国人讲禅》(*Zen for Americans*)。

尽管释宗演在世界宗教大会上的发言至今仍为日本学者所津津乐道,但毫无疑问,他对于"Zen"西传最大的贡献在于将铃木大拙送到了美国。铃木大拙于1897年抵美,担任卡鲁斯的翻译和助手,直到1909年返回日本。他一生致力于日本禅宗在西方世界的传播,著述颇丰。由于其对西方文化和思想颇为熟悉,采取了易于为西方人所接受的书写策略,铃木大拙的作品广受欢迎,被誉为向西方传播禅宗的第一人。

(二)"Zen"的语义演变：中国禅的升华和日本文化的精髓

与佛教其他流派进入西方不同，早期西方读者认识禅，大多是通过铃木大拙为代表的日本学者的英文著作。中国学者话语权的丧失和西方本土历史学家和文字学家的集体失声，导致了大量偏见和在民族主义情结操纵下对历史的刻意扭曲先入为主，占领了早期西方读者的思维。19世纪末20世纪初，正值日本国内民族主义、军国主义盛行，对外侵略扩张蠢蠢欲动。大量日本佛教学者积极向国家意识形态靠拢，一方面将禅与武士道精神捆绑，煽动普通士兵参战热情；另一方面急欲树立日本禅独一无二、高高在上的"完美"形象。然而，即使是最顽固的民族主义者，也无法否认禅起源于中国这一事实。在民族主义的操纵下，日本学者采取了另外一种策略，即向西方读者宣称，中国禅在传入日本之后就已经消亡，日本禅(Zen)是当今世界上仅存的、最纯粹的禅。

1906年，仍在担任卡鲁斯翻译助手的铃木大拙发表了题为《佛教禅宗》(*The Zen Sect of Buddhism*)一文，开篇便写道："在远东的众多佛教流派中，有一个流派尤为与众不同……这一流派的学名为佛心宗，但更为流行的名字是Zen(巴利文中是Jhana，汉语中是Shan，梵文中是Dhyana)。"[11]在叙述早期禅在中国的发展时，铃木大拙写道："六祖惠能所领导的南派传承了正统，在其发源地[中国]早已不再活跃，实际上已经灭亡，却依旧在日本繁荣发展。"同样，1913年，铃木大拙的朋友，日本曹洞宗大师忽滑谷快天在哈佛大学讲学期间写成《武士的宗教》(*The Religion of the Samurai*)一书。书中声称，佛教在其他东亚国家已经不复存在了。禅宗是佛教一个古老的流派。"纯粹的禅宗"如今只存在于日本。[12]

除了声称禅在现代中国已经消亡，日本学者还向西方读者宣称，中国禅与日本禅存在着根本的不同。中国人只是给予了禅最初级的形式，禅的内核是在禅宗思想与日本精神结合之后才产生的。中国禅只存在于寺庙和僧人之间，对普通人的日常生活并没有产生影响。在禅由中国传入日本之前，日本人就已经在过一种"禅一样"的生活了。禅的传入恰好触发了日本人固有精神的升华，从而催生了独一无二的、最纯粹的"日本禅(Zen)"[13]。铃木大拙影响较大的《禅与日本文化》一书[14]，更是将禅与日本武士道、剑道、茶道、文学紧密相连。禅的中国起源被贬低、弱化，禅一跃成为日本文化的精髓。

就这样，"Zen"摇身一变，不再仅仅是中国禅在日本的一个分支，而成为日本民族精神作用下对中国禅的继承和升华。禅在古老中国的产生和发展都是历史所做的漫长铺垫，只是为了有朝一日能够在合适的时机传入日本，与日本传统思想和文化相结合,创造出独一无二、至高无上的日本禅(Zen)。"Zen"所代表的(日本)禅是近两千年汉传佛教发展的最高阶段,是汉传佛教智慧的集大成者。

(三) "Zen"的语义扩张:"禅"的代名词

"二战"后,尤其是20世纪50、60年代,"Zen"在美国社会的影响进一步深入。50年代初,"垮掉的一代"代表作家杰克·科鲁亚克、艾伦·金斯堡、盖瑞·斯奈德等纷纷从禅宗文本中汲取灵感,催生了与美国本土文化交融后产生的"垮掉禅"(Beat Zen)。1951年,铃木大拙重返美国,在以哥伦比亚大学为主的多所大学巡回讲学。他的公开讲座经常吸引来自文学、艺术、文化等不同领域的学者。1958年,美国文学期刊《芝加哥评论》第12卷2期登载了一系列以"Zen Buddhism"为主题的文章,其作者包括阿兰·瓦兹、杰克·科鲁亚克、盖瑞·斯奈德和铃木大拙,在读者中引起较大反响。除文学领域外,铃木大拙的禅学思想还受到了大批西方心理学家的欢迎,如埃里希·弗罗姆、卡伦·霍尼和卡尔·荣格。与此同时,越来越多的日本禅学大师抵达美国传教,建立了较大的禅学中心,吸引着普通民众前来参禅打坐。"Zen"开始渗透美国社会不同阶层。这些来自日本的学者和禅师普遍都与美国受众之间建立了密切的联系,从而更加促进了其所传递信息的接受。以铃木大拙为例,"铃木大拙的成功在很大程度上与他的个人魅力有关。正如之前所说的,他从来不会冷落任何一个听众。所以,大多数对铃木作品的判断都会受到评判者对其个人印象的影响"[15]。

这种日本学者和僧人与美国受众之间的亲密接触,再加上特殊时代背景下有关中国禅的原始信息的缺乏,导致日本学者和僧人的观点没有受到任何质疑,几乎被全盘接受。在西方受众心中,"Zen"就是"禅",是世界上仅存的禅、唯一的禅,是日本文化所特有的精神。中国禅(Chan/Ch'an)虽然有时也被提起,但大都是作为日本禅的早期背景。例如,被称为"垮掉禅之父"的美国学者德怀特·戈达德,在其所编撰的《佛教圣经》(*A Buddhist Bible*)第一版中就写道:"这本书的目的是讲述早期印度佛教经过改造,并在六祖(惠能)时基本固定的过程。这本书的主体是禅宗(the Zen Sect)重要文献的英译。"[16]

值得一提的是,在来自日语的"Zen"在英语世界中大行其道的时候,中、越、韩学者对这一指称体现了自觉或不自觉的自我认同。1932年,中国学者胡适[17]发表了一篇题为 *Development of Zen Buddhism in China* 的文章,其中就使用了"Zen"而不是"Ch'an"①,尽管基于汉语拼音的"Ch'an"在之前西方传教士有关中国佛教的著作中已经出现过,如艾约瑟1880年出版的《中国的佛教》[18]。1959年,中国佛学家张澄基在纽约出版《禅道修习》一书。作者声称,该书内容完全基于汉语文本,目的在于系统地为西方读者介绍、分析和解释禅修,纠正西方读者对禅的误解和偏见。[19]但正如该书的题目所显示的那样,整本书中"Zen"都被用来指称中国禅。

20世纪60年代在欧美十分活跃的越南禅学大师释一行也主动使用"Zen"来指称越南禅。释一行的著作《越南佛教和禅宗》,第一次向西方读者介绍了禅在越南的历史、修行方法,以及禅对越南人民生活和文化的影响。[20]同样,20世纪70年代到达美国传教的韩国禅学大师崇山行愿,在其讲座和著作中无一例外使用"Zen",而非"Sŏn",来指称韩国禅,并自称为一个"Zen master"[21]。

至此,"Zen"完成了其由中国禅的日本分支,到"独立、纯粹的"日本禅,再到涵盖所有禅(中国禅Chan,越南禅Thiên,韩国禅Sŏn)的语义转变。

三、"Chan"的使用:"早期禅""中国禅"和"禅"

20世纪60年代末,西方佛教学者开始对其之前从日本学者那里接收到的信息进行反思。越来越多的西方学者也开始有机会得到有关中国禅的第一手资料。早期日本学者对禅宗历史的歪曲及其写作背后的民族主义情结逐渐受到揭发和批判。与此同时,中国佛教大师开始进入美国传教,越来越多的中国学者开始用英文写作。"Chan"(Ch'an)的使用逐渐增多,打破了长期以来英语中只用"Zen"来指称"禅"的局面。

西方学者开始关注禅的中国起源和真实历史。1967年杨波斯基敦煌本《六祖坛经》英译本中对于8世纪中国禅(Ch'an)的详细研究拉开了早期禅研究的序幕,"Chan"(Ch'an)在英语中的使用逐渐增多。[22]但值得注意的是,"Chan"大多数情况下只是作为唐、宋、元时期(即13世纪之前)中国禅的指称。受之前日本学者的影响,许多学者仍认为,禅在现代中国已经不复存在。例如,华裔学者张钟元在其1969年出版的《禅的原始教义》中就写道:"13世纪起,禅在中国消失。日本僧人和学者继承了这一传统。一些已经在中国消失了的禅学文本在京都和日本其他地方的寺庙中得以保存。作为一名来自中国的禅门学子,我向维护了禅学教义、并帮

---

① 值得注意的是,20世纪50年代,胡适公开批评铃木大拙禅学不讲历史,随后发表文章Ch'an (Zen) Buddhism in China: Its History and Method, *Philosophy East and West*, 1953, 3 (1): 3-24,其标题中"Ch'an"的使用引人深思。

助当今世人了解这一传统的日本僧人和学者表示感谢。"[23]所以,在张钟元的笔下,"Ch'an"仅仅指称13世纪之前的中国禅。

但中国禅在13世纪之后,即传入日本之后,就立刻消亡的观点,并非没有受到质疑。早在1967年,美国佛教学者尉迟酣就明确指出:"一些读者可能听说过如下言论,禅(Ch'an)仅在日本存活,中国禅很早以前就死于迷信和腐败。1934年,铃木大拙在一次中国佛教实地考察之后,曾声称,'我们对中国禅已不复存在这一现象深感痛心'。事实并不是这样的。在许多寺庙中,成百上千的中国僧人仍在大师的指导下严格进行打坐参禅,至少持续到1949年。"[24]

20多年后,尉迟酣的研究得到了其他学者的赞同。20世纪90年代起,布赖恩·维多利亚和罗伯特·沙夫等学者开始对禅的西传过程中所掺杂的日本民族主义进行批判。与尉迟酣一样,沙夫也一针见血地指出,日本学者笔下中国禅已经消亡的观点是对事实的故意歪曲。"我们[在铃木大拙的书中]读到,中国佛教在13世纪之后,也就是日本刚刚接触到禅之后,马上就停止发展了……实际上,直到当代,佛教仍在中国扮演着极为重要的角色"[25]。当今禅学仅在日本这一口号背后,是民族主义思想在作祟。在日本学者看来,"既然亚洲精神的根基在于禅,而纯粹的禅只在日本得以存活,日本就有权利,甚至有义务,担任亚洲各国的领导者,带领贫困的亚洲兄弟前进"。在沙夫的文章中,"Ch'an"被用来指称中国禅,而"Zen"则被用来指日本学者笔下的日本禅。这一用法在学术界也正变得越来越普遍。

然而,"Zen"在英语世界中长达半个多世纪的使用使得许多西方学者仍习惯于将其作为"禅"的统称。美国学者莫腾·舒特以研究中国佛教闻名,在其2008年的著作《禅如何成为禅》中,舒特就其术语的选择做了说明,"本书中,为大家熟知的日本术语'Zen'用来统称以中国禅为源头的东亚各个佛教流派的教义、思想和文献。在具体讨论中国禅、日本禅和韩国禅时,我将分别使用'Chan'、'Zen'和'Sŏn'"[26]。2017年,史蒂芬·海恩在其著作中采用了同样的策略。"Zen在本书中除用来指称日本的禅学运动和发展之外,还被用来指称整个宗教传统[禅]。'Chan'指中国所特有的与禅相关的人、地区和事件"[27]。

在学术界之外,"Chan"的使用更为广泛,不仅用来指称中国禅,甚至也逐渐开始作为禅的统称。这一现象的出现主要是由于20世纪60年代以来,中国僧人相继抵达美国进行传法、招收美国弟子、成立佛教机构并出版著作,如宣化上人、圣严法师、星云大师等。这些僧人大都同时教授弟子用汉语诵读经典,推动了"Chan"

在普通民众之间的影响。但值得注意的是,虽然在这些中国禅师的作品中,"Chan"经常作为禅的统称,但"Zen"并未完全消失。以著作等身的圣严法师为例,其作品标题中大都使用了基于汉语拼音的"Ch'an",如1987年《心的诗偈——信心铭讲录》(*Faith in Mind:A Guide to Ch'an Practice*),1996年的《法鼓:禅之生活与内心》(*Dharma Drum:The Life & Heart of Ch'an Practice*);但也偶尔出现日语的"Zen",如2002年的《禅的智慧》(*Zen Wisdom*)。

需要承认的是,整体而言,"Chan"在英语中的使用仍没有"Zen"那么广泛。许多学术性不强的著作,也许是受到编辑或者出版社的影响,不仅使用"Zen"作为禅的统称,甚至倾向于把中国禅简单称为"Zen"或者"Chinese Zen"。许多中国学者的著作也被英译者冠以"Zen"或"Chinese Zen"的标题。如南怀瑾的《禅与道概论》之"禅的部分"被翻译为 *Story of Chinese Zen*,吴言生的《中国禅——一条通向宁静与幸福之路》被翻译为 *Chinese Zen:A Path to Peace and Happiness*。

四、"Zen""Chan"之争对维护文化话语权的启发

"Zen""Chan"之争的历史告诉我们,一个文化的话语权不仅需要该文化成员有意识的建立和维护,有时还需要与其他文化进行竞争,以获取属于自己的发言权。由于几千年来中华传统文化在汉文化圈的巨大影响,以及近代中国所经历的特殊历史,类似"Zen"对"Chan"文化话语权的争夺并非特例。因此,在扩大中华传统文化对外传播,增强中国文化话语权的过程中,我们要坚守阵地,有意识地建立属于自己的话语体系。

子曰:"名不正则言不顺,言不顺则事不成。"在"Zen"这样一个看似简单的名称背后,是日本民族主义对中华禅文化的否认与抹杀。由于"Zen"与日本文化的密切联系,可以想象,使用"Zen"这样一个名称不仅不会对中国禅文化对外传播做出任何贡献,反而会强化西方受众多年来的错误印象,使传播效果与我们的预期背道而驰。

正如之前学者所指出的,"传统文化的国际认同薄弱约束了中国国际话语权的塑造。要想跨越国际认同的障碍,增强中华传统文化的影响力和感染力,必须扩大与国际社会的交流与对话,为提升中华传统文化的国际认知创造机会,为塑造中华传统文化的国际认同提供平台"[29]。要想获得国际认同,就必须拥有文化自信,努力摆脱其他文化强加的指称和言说方式,用我们自己的语言、术语,传播博大精深的中华文化。

五、结语

本文回顾了 19 世纪末以来"Zen"在英语世界中的传播和语义演变,以及 20 世纪 60 年代以来"Chan"的崛起。尽管整体而言,目前英语世界中"Chan"的使用仍不及"Zen"那么广泛,但不可否认的是,中国"Chan"已经在逐渐走出日本"Zen"的阴影,被越来越多的学者和普通读者所接受。正如华裔学者王友如所指出的那样"在过去 20 年间,在许多影响较大的领域中,以英语出版的有关禅[Chan]的学术著作大大超过了有关日本 Zen 的学术著作"[30]。这一成就与大量中国学者和僧人的努力是分不开的。

反观国内,以知网论文检索为例,汉语撰写的论文英文标题与摘要中,"Zen"的出现频率远远高于"Chan"。显而易见,相当一部分国内学者只是简单地将"Zen"作为"禅"的英文翻译。考虑到"Zen"西传过程中所体现的日本民族主义情结和当今中华文化话语权的重要性,本文对这部分学者的做法提出质疑。毫无疑问,基于汉语拼音的"Chan"应该而且必须得到使用。只有这样,才能彰显我们的文化自信,由于历史原因被抢夺的禅文化话语权才有可能逐渐回到中国学者手中。

参考文献

[1] 谢清果.中国文化的话语权提升之道[J].人民论坛,2016(23):10-14.

[2] 太虚.太虚大师全书[M].新竹:印顺文教基金会,2008.

[3] 蒋坚松.《坛经》与中国禅文化的国外传播:兼论典籍英译的一种策略[J].燕山大学学报(哲学社会科学版),2014(4):48-53.

[4] SPEAKE J M. The Oxford essential dictionary of foreign terms in English [M]. Oxford:Oxford Universtiy Press,1999.

[5] 高洪.明治时代的日本佛教改革运动[J].日本研究,1996(3):75-83.

[6] 葛兆光.怎样面对新世界?:1893 年芝加哥万国宗教大会后的中日佛教[M]//蒋坚永,徐以骅.中国宗教走出去战略论集.北京:宗教文化出版社,2015.

[7] SUZUKI D T. The training of the Zen Buddhist monk [M]. New York:University Books,1965.

[8] FADER L A. Zen in the West:Historical and Philosophical Implications of the 1893 Chicago World´s Parliament of Religions [J]. The Eastern Buddhist,1982,15(1):122-145.

[9] SEAGER R H. The dawn of religious pluralism:Voices from the World´s Parliament of Religions,1893 [M]. Chicago:Open Court Publishing,1993.

[10] SHARF R H. The zen of Japanese nationalism [J]. History of Religions,1993,33(1):1-43.

[11] SUZUKI D T. The Zen Sect of Buddhism [J]. Journal of the Pali Text Society,1906:8-43.

[12] NUKARIYA K. The religion of the samurai: a study of zen philosophy and discipline in China and Japan [M]. London: Luzac, 1913.

[13] SUZUKI D T. Japanese Spirituality [M]. Kyoto: Japan Society for the Promotion of Science, 1972.

[14] SUZUKI D T. and R. M. Jaffe. Zen and Japanese culture [M]. Princeton: Princeton University Press, 1959.

[15] FAURE B. Chan insights and oversights: An epistemological critique of the Chan tradition [M]. Princeton: Princeton University Press, 1993.

[16] GODDARD D. A Buddhist Bible [M]. Vermont: Cosimo Classics, 1932.

[17] HU S. Development of Zen Buddhism in China [J]. Chinese Social and Political Review, 1932, 15(4): 475-505.

[18] EDKINS J. Chinese Buddhism: a volume of sketches, historical, descriptive and critical [M]. London: Trubner and Company, 1880.

[19] CHANG C. -C. Foreword [M]//C. -C. Chang. The practice of Zen. Harper & Brothers: New York, 1959, ix-xi.

[20] THIEN-AN T. Buddhism and Zen in Vietnam in Relation to the Development of Buddhism in Asia [M]. Los Angeles: College of Oriental Studies, 1975.

[21] SAHN S. Only Don't Know: The Teaching Letters of Zen Master Seung Sahn [M]. San Francisco: Four Seasons Foundation, 1982.

[22] MCRAE J R. The Northern School and the Formation of Early Chan Buddhism [M]. Honolulu: University of Hawaii Press, 1986.

[23] C Chung-Yuan. Introduction [M]//C Chung-Yuan. Original Teachings of Ch'an Buddhism. Vintage Books: New York, 1969, vii-xvi.

[24] WELCH H. The Practice of Chinese Buddhism, 1900—1950 [M]. Cambridge: Harvard University Press, 1967.

[25] VICTORIA B. Zen at War [M]. New York: Weatherhill, 1997.

[26] SCHIÜTTER M. How Zen became Zen: The dispute over enlightenment and the formation of Chan Buddhism in Song-Dynasty China [M]. Honolulu: University of Hawaii Press, 2008.

[27] HEINE S. From Chinese Chan to Japanese Zen: A Remarkable Century of Transmission and Transformation [M]. Oxford: Oxford University Press, 2017.

[28] YEN S. Zen Wisdom: Conversations on Buddhism [M]. Berkeley: North Atlantic Books, 2002.

[29] 赵庆寺. 中华传统文化与中国国际话语权的建构路径[J]. 探索, 2017(6): 114-121.

[30] WANG Y. Preface [M]//Wang Y. Historical Dictionary of Chan Buddhism. Rowman and Littlefield: Lanham, 2017: xiii-xiv.

【中国文学典籍翻译研究】古代、近代文学典籍翻译研究方向

世界诗学视域下中国文论海外传播的跨学科路径探索[①]
——兼谈中国文论"走出去"四步并举法

戴文静[1,2]

(1. 江苏大学 外国语学院,江苏 镇江 212013；
2. 美国德州大学达拉斯分校,达拉斯 75080)

[摘 要] 新世纪中西比较诗学的一项重要任务即是在世界诗学的视域下考察中国文论的海外传播路径。文章在廓清中国文论与世界诗学关系的基础上,打通学科壁垒,进行中国文论海外传播研究的跨学科路径探索,提出"从介到研"中国文论"走出去"四步并举法。在此过程中,从世界诗学和人类文化的价值角度生发中国文论原生态的思想精粹,以更开放的姿态,深挖独具中国特色及价值的文论话语、哲思远见及文创技巧,对其加以现代化的双向解读与阐释,通过中西比较诗学的互释互证,探索中西文论间性的现代文学理论,才是当下中国文论"走出去"的应有之义。

[关键词] 中国文论；"走出去"；海外传播；诗学对话；跨学科

百年"欧风美雨、以西为师"的时代过去了,20世纪以来,西方对于中国文论的译介和研究已有了很大发展,并呈现出前所未有的态势,更多的汉学家和学者开始

[基金项目] 2017年度江苏高校哲学社会科学研究项目"《文心雕龙》在北美的译介与传播研究"(2017SJB1073)和2019年度教育部人文社科研究青年基金项目"《文心雕龙》在英语世界的译介与接受研究"(19YJCZH019)阶段研究成果

[作者简介] 戴文静(1983—),女,江苏镇江人,博士,现为江苏大学文学院副教授,美国德克萨斯大学达拉斯分校访问学者,主要研究方向为中国古代文论外译及比较诗学。

① 原文刊于《燕山大学学报(哲学社会科学版)》2019年第2期。

进入这一领域,这在一定程度上扩大了中国文论的发展空间。尤其是近二十年,随着比较诗学研究呈现出不断深化和扩展趋势,国内学界开始反观海外中国传统文论的研究及意义。在中西诗学研究的双向会通中,中国传统文论初步实现了文本的译介、材料的积累和人才的培养。这既是中国传统文论研究和海外汉学研究不断深化和拓展的必然,也为中国传统文论进入世界诗学研究视域奏响前曲。当前,世界诗学视域下考察中国文论海外传播的翻译学路径开始成为新世纪比较诗学的一项重要任务。

一、世界诗学视域下的中国文论

中国文论是世界诗学研究中的重要一极。世界诗学是在比较分析世界文学及其理论的基础上,建构具有普世标准及共同美学原则的世界性文学理论。① 它是东西方经典文论的汇总,是不同语言文论的翻译、流通和批判性选择的一种文论史演化的结果。建构一种有着共同美学原则和普世标准的世界性文学理论是世界诗学这一话题的目的所在。这并非单指西方诗学或东方文论,更非东西方文论的简单求和,而是在全球优质文学及理论话语研究基础上创构的一种理论。这种理论不仅可用于描述中国文学特性,也可解释西方文学现象。任何一种来自西方语境的理论在成为具有普世性的全球性理论之前,都必须将其放置在非西方文学和文化现象中加以考察,并检验其理论的适用度。与此同理,任何一种产自非西方语境的理论要想改变原生态的话语地位,从边缘走向理论的中心,甚至产生世界性影响,首先需经过译介才能得以在英语世界传播,进而被西方学界"发现"和"挖掘"。同理,世界诗学的表述方式也应是多元的单数和复数。② 其单数形式为具有世界性普世意义的文学标准,为世界优秀文论的精华;复数形式为不同种类的各国文论。无论世界诗学的表述方式如何,中国文论都是其中不可或缺的重要一极。

在追寻"世界诗学"普适性的同时,廓清中国文论与世界诗学的关系是第一要务。首先,中国文论应坚持自己的民族性,保留具有代表民族底色的理论,对其进行现代性转化和译介。要明确创建具有普适性的世界诗学,是中国文论的终极目标,但这并不等同于丢失民族性。中国文论走向世界,不仅仅是认识他者、走向他者的过程,同时也是自我与他者双向阐释、他者走向自我的交流与交融的过程。其次,在创建具有普适性世界诗学的过程中,中国文论也得到不断的自我修正与完

---

① Zhang Longxi. Poetics and World Literature. *Neohelicon* 38,2011(2),pp. 319-327.
② 王宁:《孟而康、比较诗学与世界诗学的建构》,《文艺理论研究》,2014 年第 6 期,第 31—32 页。

善。中国文论在古今纵向和中西横向的相互碰撞的合力中,不断创生出更具生命力和时代感的中国文论。再次,一定意义上而言,文学是一种人学,所有的文学作品都符合人类的共性,就这一层面而言,基于文学作品规律性之上所总结的文学理论,也是基于人类共性基础上的一种规律总结。因此,中国文论中既富有民族性的内涵,也蕴含着具有世界性的普世思想,通过中国文论的相互参照、互相照亮中国文论中的共通元素和共同规律,与西方文论一道构成了具有普适性价值的世界诗学。

当西方文艺理论和流派共时性地进入中国,我们发现受欧洲中心主义思想的影响,西方诗学话语一直被认定为是普世话语,如果中国文论继续用西方话语发声,并以西方价值作为衡量标准,那么中国文论仅仅是西方诗学的阐释注脚,世界诗学也只是西方诗学的扩展版而已。理论来自西方,被认为具有普适性,而当地的材料,则验证了理论,有时也丰富了理论。西方生产普适性理论,而非西方则接受这些理论,并作一些适应性的改变。在这种情况下形成了主体与他者的对立。处于攻势者大喊"普世价值",而处于守势则谈"和而不同",两相对立。随着后殖民运动的发展,"对话"成为一个具有深刻意义的词汇,它需要的一个前提就是从"他"到"你"的转化,非西方不再是作为"其他"的"他者",不是一个类,而是一个个体。① 如果我们要构建世界诗学体系,就要克服西方中心主义的思维模式,认清世界诗学想象共同体是由不同的国别文论互为他者共同构成的。与此同时,我们应以文化相对主义的态度看待世界诗学。世界诗学具有经典性,但这并不意味着我们得排除非经典理论,因为经过时代的变迁或地域间的行旅,非经典理论在新时代和新地域中或许会转身进入经典行列;与此同理,一些经典文论同样也会转出经典行列。因此世界诗学应具有包容性和开放性,是一个不断更新的动态体系。世界诗学不是静止的,在这样一个动态的不断生成的过程中,中国文论要发展,并有更新的视野和格局,就要将其引入世界诗学语境之中,将中国文论置于世界诗学的图景中。中西文论间的交流与碰撞,不仅生发中国文论研究的新语境,而且促发中西文论在各文化语境中相互寻找沟通的契合点。对中国文论而言,将西方诗学作为一种新的理论参照系,可以为其注入新的价值理念和创新因子。中西文论间的这种异质文化的碰撞、互补可以激发新的火光。历史上佛教引入中国,被中国文化吸收和改造后产生了禅宗。禅宗对中国文化和世界文化的发展产生了深远影响。同理,世界诗学不是一个静态的封闭场,中西文论间的相互交流、对话、阐释、互补,

---

① 高建平:《在交流对话中发展中国文论》,《探索与争鸣》,2016年第1期,第27—31页。

以及误读、改写、吸收与重构中,会使多元的世界诗学处在一个动态的不断丰富的学术创新过程中。正所谓"苟日新,日日新,又日新"。我们应跳出中国文论与世界诗学二元对立的圃域,跳出封闭、偏狭的文化语境,使中国传统文论在世界诗学语境下焕发生机。因此,我们应将世界诗学理解成一种"元文论",在此场域下,世界诗学的发展演变过程即是中国文论传统在变动不居、生生不息的语境下所获得的新的意义与内涵的过程。

二、中国文论海外传播的跨学科路径探索

1936年,朱光潜先生在其《诗论》的抗战版序文中说:"当前有两大问题须特别研究,一是固有的传统究竟有几分可以沿袭,一是外来的影响究竟有几分可以接收。"[①]朱先生的这种对于中国传统文论的态度,可以说至今不失其积极意义。中国传统文论只有不断创新,才能赋予其生命。只有通过洞察自身的基本特点,并在现代语境中对这些特点进行融汇古今、会通中外的解读,才能使中国文论原有的优质因子,在今天的土壤上得以传承生发,在跨文化语境中进行价值重估与理论重构,向未来展开一个新的起点。历史上的中国传统文论曾遭受外来文论和文化的冲击,并面临自身现代化转型的内忧外患的双重挑战。因此,当我们在摒弃故步自封,不断扩大域外影响力的同时,也要注意防范挟洋自大的弊端。在此过程中,我们要注意他者视角内的重理论与逻辑论证和轻文学实践与文学史观的分析惯习所导致的整体研究有时圆凿方枘,甚至不着边际的结果。而这一点恰可成为中国经典文论在海外译介与研究过程中引以为鉴的训诫。笔者认为中国文论和中国文学应相互结合走出去。因为来源于实践的理论将行之更远,而脱离实践的理论将成无本之木,无源之水,无法行远。只有基于中国文学作品之上的中国文论才能行之有效地与西方诗学进行双向阐释,与此同时,中国文论基础之上的中国文学才能摆脱西方诗学的圃限,用自己独特的理论和思想高度更好地"走出去"。

当前全球化时代下的现代性多极发展,中国现代性的建构从根本上动摇了长期以来西方单极现代性的霸主地位,各国语言及文化的疆界愈加模糊,一定程度而言,这为建构一种崭新的世界语言和文化体系创造了条件。由此在世界多元文论的大背景下,当今中国文论的国别研究疆界也已变得不再那么清晰,而其超民族性却愈加凸显。因此,我们完全可以从语际(interlingual)和跨文化(intercultural)两个

---

① 朱光潜:《诗论》,北京:中华书局,2012年,第4页。

层面开始,同时向世界译介中国。前者将有助于中国文学为更多的非汉语世界读者所知;而后者则将更为有效地把中国文学和文化推向世界。① 有鉴于此,我们认为中国文论的"介""译""释""研"要相互结合,协同发展。"译""释"是从语际层面而言的策略,而"介""研"则是从跨文化传播层面而言的路径。"介""译""释""研"四位并举,在中西文论比较中具有不可或缺的重要作用。通过"译""释",读者可从语言层面思考中西文论各自的差异性和普适性;经过"介""研",读者可从文论本体意义、文化价值、哲学高度等层面更加深入地理解各自的差异性。众所周知,"越是具有民族特征的作品越容易为世界所接受",但此说法成立的前提必须以翻译为中介,因为世界上并不存在能精通全球各类语言的通才,人们大多是借助译作才能了解别国文论。② 所以翻译在建立民族和文化认同感以及构建世界诗学的过程中举足轻重。因此中西文论甚至文化的跨语际对话,应以翻译为前提,通过传译,各国文论相互对话,在另一语域中获得新生。翻译要注重原文可读性和可理解性,注意原文的韵味。从"以译为主、释为辅"的第一阶段走向"以释为主、译为辅"的当下,创作出优质的经典文论译作。跨越中西语言文化的差异,了解并适应受众的理解程度和思维习惯,翻译不仅是一种语言性的表达,也关涉文学性的传达,翻译过程中需要平衡兼顾经典性和可读性这两个重要因素。译者必须努力在异域语境中实现经典再现,让读者能够真切地通过语言感知经典的灵魂与魅力。文学理论极具抽象性、概括性,如果不对其进行解读、阐释与研究,就无法超越自己的文化原产地或被域外读者所理解,也就难以延展其生命力。我们要走出中国传统文论印象式、直观式、感悟式的研究路径,借用西方分析式的方法把中国传统文论的概念和思想用现代语言诠释并表达。在此基础上,中西学者从跨文化层面进行互助合作,在西方学术界进行各译作的推介;对译本进行再批评;并进行中西文论比较研究。通过"从介到研"的四步并举,借助译者和研究者的镜像与阐释,不断生发"本义"的外延和能指,丰富原有的文论根基,有利于深刻认识传统文论的当下价值,助推中西文论间的理性对话。③ 这种"从介到研"的协同发展,只有打通中国文论与世界诗学中别国文论间畅通交流的渠道,中国文论才可进入西方大众传媒及海外学术研究领域。中国文论是世界诗学共同体中不可或缺的一员,在交流中应保持和发展中国文论这种独具民族文化和审美特性的理论。中国文论具有

---

① 王宁:《"世界文学"与翻译》,《文艺研究》,2009年第3期,第30页。
② 王宁:《西方文论关键词:世界主义》,《外国文学》,2014年第1期,第104页。
③ 戴文静:《中国文论英译的译者行为批评分析——以《文心雕龙》的翻译为例》,《解放军外国语学院学报》,2017年第1期,第33页。

源远流长的历史和持续的生命力,通过"从介到研",在转换、比较、对话中,使之从边缘走向中心,更接近世界诗学的主流范式。

认识到中西文论的不同是基本前提。与此同时,我们也要注意体认中国文论与世界诗学在心理和审美反映层面的相似性。就这一点而言,最后一步"研"的过程至关重要,在"研"的过程中,尤其要注重比较和跨学科研究。乔治·斯坦纳（George Steiner）曾直言,文学应以比较的方式教授与阐释,才能避免文化沙文主义。[1] 文学理论也应如此,在全球化时代,中国文论研究只有将其置于世界文论研究的宏大语境中进行考察,才能跳出我们自身研究的囿限;也只有将其与不同的国别文论相比较,才能够创生出更多有价值的理论增长点。大卫·休谟（David Hume）曾指出,对美及各类变形物,人们的感情经常是有差异的,但是总体话语却是相同的。人们之间的差异经常存在于总体的表象中,而非个体的现实中。人们对某个术语的解释常以争论结束,但争论的彼此都会惊讶地发现他们一直在争论的同时,其内心的判断却是惊人的一致。可见不同文明和文化虽然存在差异,但还是存有同质元素或内核。[2] 勒菲弗尔（André Lefevere）曾提出"元文学"的概念,他认为"元文学"是一门关于文学的学科。它的目标是科学地提出假说,建构理论,尽可能广泛地适用于各主体。"元文学"可以帮助我们擘肌分理地分析文学史的变化及成因,以及这些变化如何从一文学迁移到另一文学中。在此基础上,通过"译"与"释"的方式,可使原先深奥的文学作品变得通俗易懂。[3] 刘若愚也认为,如果在理论层面执行而非实践层面,对历史上中西两种互补关联的批评传统进行比较研究将会更有成就。因为对于那些不懂原文语言的读者而言,根本无法阅读某一特定作品,而且来自某一文学的批判标准也不一定适用于另一文学。因此,对他们而言,对其进行的批评几乎没有任何意义。然而比较来自不同文化传统的作家和批评家的所思之理,从中可以揭示出哪些批评观念是具有普适性的,哪些观念可能局限于某一特定文学传统,又有哪些观念是某一传统所独有的。[4] 历史悠久且独立发展的中国传统文学批评思想及文学理论,只有与来自其他传统的国别文论相比较,才能从中探寻出具有普适性的世界诗学。钱钟书在《管锥篇》中也曾努力

---

[1] George Steiner. *Language and Silence*. New York: Atheneum. 1967. p. 9.

[2] David Hume. Of the Standard of Taste. Vincent B. Leitch ed., *The Norton Anthology of Theory and Criticism*. 2001. p. 486.

[3] André Lefevere. Some Tactical Steps Toward a Common Poetics. *Xin ya xue shu ji kan*. 1978. pp. 9-16.

[4] Liu James J Y. Prolegomena to a Study of Traditional Chinese Theories of Literature. *Literature East and West*, 1972. Vol. 16. p. 937.

发现东西方文学中有价值的结合点,使相互理解和批判成为可能。他采用的"分解—比较—回望"的三步法值得借鉴。对待研究对象,他采用"两柄多边法"进行分解,然后采用历时、共时法进行比较,最后从新的视角回望中国文学和文化。他针对黑格尔轻视中文以及认为中文无法清楚表达逻辑思辨的观点,指出中西文学文论应相互照亮,不仅要找出中西普遍事实,而且更重要的是发掘出重新评估中国文论的新视角,用西方这面镜子来照亮这种新视角。①

三、世界诗学视域下的中西比较诗学研究

歌德当年提出"世界文学"这个概念,并极力主张文学间的平等,提倡尊重国别文学间的差异,是因为他深刻体会到当时的德国文学在法国文学面前暂居弱势地位。因此,他认为只有构建世界文学,德国文学才能兴盛。同理,世界诗学对中国文论的长足发展有着不可替代的特殊意义。此时正值向世界普及、弘扬中国传统文论,融合多种文论传统,创造中国特色当代文论的好时期,同时也是将具有深厚文化底蕴的古代文论融入当代文论的好时期。在全球化大潮中,我们面对的是人类命运共同体之下伟大文明的复兴,是一个逐梦中的文明型国家的发展,我们不仅应对世界文明做出原创性的贡献,也应在不失自我的同时汲取其他文明的一切优长之处。很显然,采取"介""译""释""研"四步并举的方式,有助于国别文学跨越语言和文化鸿沟进行传播与交流,最终变成世界诗学的一部分。中国文论的研究应放在世界诗学的大范围内,从世界诗学和人类文化的价值角度去开掘和发扬中国固有的文论思想精华。从中国文论独特的话语结构中开拓出具有中国特色的文论话语。因此发现东方,阐释中国,我们要在他者镜像中不断提出新世纪中国文论问题。汲取古今中外文明成果,在中西文化与文论比较的基础上,会通中西,自铸伟辞,自成系统地建立起既具有中国特色,又能与世界融通的文论话语体系。

中国文论真正"走出去"还有赖于文论的实际运用研究。只有加强中国文论的实证研究,才能扩大其在异质文化中的阐述空间。众所周知,《文心雕龙》是中国文论中的瑰宝,其中存在很多极富后现代意义的理论,可将其用于现当代世界文学作品的分析中,以激活中国传统文论,扩充其阐释空间及实践意义。如宇文所安,他曾用《原道》和《物色》两篇中的理论分析中西两首诗歌,即杜甫的《旅夜书

---

① Motsch M. *A New Method of Chinese-Western Comparative Literature*:*Qian Zhongshu's GuanZhuiBian. Chinese Literature and European Context*:*Proceedings of the 2nd International Sinological*. Bratislava:Institute of Asia and African Studies of the Slovak Academy of Sciences,1994. pp. 35-42.

怀》和华兹华斯的《威斯敏斯特桥上》；又如任世雍，运用刘勰的风骨论对夏目漱石作品风格的特征进行论述。再如香港学者黄维樑，曾调整《文心雕龙》中六观的次序，形成现代"六观说"，并以此评析中外文学作品，如范仲淹的《渔家傲》、余光中的诗文作品、白先勇的《骨灰》、莎士比亚的《罗密欧与朱丽叶》以及韩剧《大长今》等。这些研究结果告诉我们，结合作品进行理论分析不仅是可行的，而且将来这方面的发展仍有很大的提升空间。中国文论和西方诗学应是一种相映成趣的隐喻关系而非互相取代的借喻关系。以异质文化的互认、互补为终极目的，有助于异质文化间的交流，拓展原有视域，使之在互相体认的基础上达到互补共存，使人类文化处于普适性与多元化的良性生态环境中。

此外，当前跨学科研究具有广阔前景，中西比较诗学的跨学科研究有助于促进中国文论更快地融入世界诗学体系中。通过中西文论比较，应以更开放的姿态，挖掘元文论中具有深远意义的哲学思想，以及具有普适性的文学创作技巧和手法，将其运用在文学、美学、书法、绘画、语言学、文体学、社会学、历史学等各学科，或将其与其他各学科理论进行综合研究，并在其基础上探索出全新的、有价值的理论，这样做不仅可以巩固原有的文论价值基础，还可拓展其应用范围、深化其理论意义。反之，其他学科具有借鉴价值的理论思想、研究方法和各类有益成果，也可扩展文论研究的思路，使其得以全新发展，并通过这种互动实现双赢。

四、结语

心之同然，本乎理之当然，而理之当然，本乎物之必然。[①] 东西方文学理论具有共同的诗心和文心，在深层的人性和文学本性方面，中西文论之间还有很多共通的理论有待发现与对话。本文认为应在世界文论语境下，探索中国文论特有的开放性阐释空间。中国文论"走出去"不是一个简单的扩容问题，而是一个深层次的融合过程。中西文论的融合是可能的，通过中西融合构建既不同于现有西方文论，也不完全等同于中国古代文论，而具有人类性和世界性的超越性文论，是可以建立的。由于它是中国古代文论第一次真正进入世界性文论格局，因此它也是极富有中国特色的。[②] 历史上诸多先贤如王国维、陈寅恪、冯友兰、宗白华、钱钟书、徐复观等，已为我们开创了中西融合的成功典范。中国文论"走出去"要求我们不仅要善于利用西方文论来激发中国文论话语，在中西文论间的互释互补中也

---

① 钱钟书：《管锥篇》，北京：中华书局，1979年，第1册，第50页。
② 顾祖钊：《论中西文论融合的四种基本模式》，《文学评论》，2002年第3期，第174页。

要敢于用我们自己的理论去阐释西方。这期间少不了中西见异求同的对话与交流。要将中国文论置于全球化诗学语境中,在中西融合的世界文学立场上,进行中西对话,从中国经典文论的诗性言说传统中发掘具有现代性价值的言说方式及思维方式,研究它与其他文论的关系,使其成为正在进行中的全球文化多元建构的一个组成部分。在中国文论的现代性超越和世界性融入的大趋势下,历久弥新的中国传统文论有其独特的原创价值和审美情趣,是中国文论现代化转型及通变的基础,它的海外传播与发展与世界诗学的发展密切相关。因此,我们应在发展中国传统文论原有特色的同时,在比较诗学的视野下,综合跨学科的互动优势,对中西文论进行双向性的互释互证。只有将中国文论置于世界诗学这样一个更为开阔的研究场域内,才有可能探求出中西诗学中更多普适性的理论,从而构建超越国别界限和学科界限的多元世界诗学。

注释与译者情感的建构[①]
——以施友忠《文心雕龙》英译本为例

胡作友,朱寒婧娟

(合肥工业大学 外国语学院,安徽 合肥 230601)

[**摘 要**] 注释与译者的情感关系一直无人关注,实际上注释作为一种副文本可以建构译者的情感。通过注释,施友忠表明了自己对民族文化形象和民族文化输出的态度,建构了自己的民族情感;化解了读者中心和译者中心的矛盾,发挥了译者的主体作用,照顾了读者的阅读需求,彰显了译者对自我与他者的态度,建构了自己的个人情感;调节了因语言和文化因素造成的审美距离,保留了原作的异质特色,再现了原作的风格,在审美偏移和审美调节中建构了自己的审美情感。对注释与译者情感关系的研究,有利于揭示译者主体性的本质,提升翻译质量,提高译文的接受度,有助于中国文化走出去。

[**关键词**] 注释;译者情感;异质性;民族文化;施友忠;《文心雕龙》

一、引言

注释是一种翻译方法,常常被用于小说、诗歌、散文等典籍翻译中,能够将原文

[**基金项目**] 2017年国家社科基金项目"《文心雕龙》话语体系英译和中西文论对话研究"(17BYY061)的阶段性成果

[**作者简介**] 胡作友(1969—),男,安徽巢湖人,博士,合肥工业大学外国语学院教授,硕士生导师,研究方向为翻译与西方文论;朱寒婧娟(1994—),女,合肥工业大学外国语学院硕士生,研究方向为翻译与西方文论。

① 原文刊于《燕山大学学报(哲学社会科学版)》2021年第1期,这里新做了格式体例的编修。

所蕴含的隐性信息显化出来,因此注释一直为众多学者所关注。国内外关于注释的翻译研究可以分为以下几个方面。一是关于注释的定义。阿皮亚(K. A. Appiah)认为注释把译文置于丰厚的语言和文化语境中,可以使读者真正地了解他者,尊重他者[1]817-818;奈达(E. A. Nida)指出,注释是译文中保留直译的一种调整方法[2]238;奥斯本(N. Osborn)认为,注释是译者的第二种声音[3]417;帕洛波斯基(O. Paloposki)则将注释视为译者的脚印[4]91。二是注释的作用。赫尔曼斯(Theo Hermans)认为注释可以充实原文内涵,丰富原文的文化语境,凸显译者主体性[5];科克利(L. Kirkley)则认为,注释凸显两种语言的文化差异[6]288。三是注释在翻译中的必要性。杨振、许钧[7]论述了注释对译者阐释的必要性;赵勇[8]认为注释可以再现原文的语境意义,揭示原作者的意图。四是关于注释的功能与使用方法。伯克和克里斯特(D. Birke & B. Christ)认为副文本有阐释、商业和导引等三个功能[9]67-68;魏家海[10]108认为,注释是译者文化态度的折射;张广法、文军[11]71认为,注释可以用来建构人物的形象。可见,注释在翻译中起着重要作用。我们发现注释与译者情感关系密切,但迄今为止尚未见相关论述。

　　文学创作若没有情感的支撑会导致作品索然无味;同样,译者若缺乏情感,译文也会死气沉沉没有吸引力。刘宓庆[12]指出,译者要有适度的情感。情感的表达方式具有多样性,其中最具感染力和爆发力的方式是语言。译者在挖掘原文信息时会融入自己的情感态度[13]129。译者将情感融合在语言之中,通过译文、注释等手段展现出来,给译文增添人性的色彩。作品讲究以情动人,情感充盈才能打动读者。痛苦与欢乐、沮丧与狂喜、刚烈与温柔,如此对立的情感对立越丰富,张力越大,越能吸引读者。译者的情感植根于原作者的体验、感知,在翻译创作时,需要将原作复杂的情感熔铸在译文中。《文心雕龙》是中国古代文论力作,影响遍及全世界。施友忠英译本[14]是《文心雕龙》第一部英文全译本,是西方学者关注的主要译本[15]114。该译本注释较多,内含丰富的文化信息,隐藏着译者的情感密码。因此,本文将以施友忠《文心雕龙》英译本(以下简称施译本)为例,探讨注释与译者情感的关系。

二、注释与译者的民族情感

　　随着汉学在世界范围内的兴起,中国典籍翻译逐渐成为学界和翻译界的热门话题。刘云虹认为,创新是民族文化发展的根本和文化交流的动力[16]611,而翻译与文化交流联系紧密[17]99。译者的文化态度反映了译者对其文化地位的认知。译者对待译入语的态度,深受意识形态等政治因素的影响。译者的情感是复杂的:尊敬、热爱、怀疑兼而有之。[18]106 译者是有民族性的,这种民族性体现在译者对译语文化的态度、翻译策略和翻译方法中。施友忠是美籍华人,虽身在美国但情系中华,其深厚的民族情感常常隐匿于译文的注释中。

1. 妥协还是对抗:译者对文化形象的情感

源语文化和译语文化既有共鸣又有冲突。[19]22 译者从事翻译工作,会对两种文化进行对比,其传递的情感绝非简单对立,而是复杂交融。民族文化都是特定社会的产物,人在其中必然受到该文化的熏陶。译者在翻译中会对自身文化不断反思,对异域文化进行判断。是妥协还是对抗,译者的情感是充满矛盾的。在翻译创作中,译者对于来自本民族之外的文化、观念、思维方式是以好奇的眼光来看待的。孙艺风[20]14 指出,翻译是文化协商的过程。当自身文化与异域文化产生碰撞甚至冲突时译者会对两种文化进行权衡与判断。施友忠在美国从事教育工作多年,对中美文化了解透彻,但20世纪中期中国文学在美国乃至整个西方世界仍处于边缘文学的地位,影响甚微。施友忠发现在美国有关中国文学的资料太少,因此有必要将中国文学推向世界,于是他选择翻译《文心雕龙》。施友忠采用异化翻译策略,这种策略有利于保留原文的异质性,维护民族文化形象。对于有明显差异但不能在译文正文中处理的文化因素,施友忠通过注释表达自己的态度与看法。

例1:静居以叹凤,临衢而泣麟。(《文心雕龙·史传》)

…was smitten with sadness, when he resided at home, because of the failure of the phoenix to arrive; and shed tears while loitering on the street, on hearing of the capture of a unicorn. [14]85

Note: Both phoenix and unicorn are symbols indicating the prevailing of a kingly way, or signs that a sage is in command. In the case of the phoenix, Confucius mourned that there was no such sign, meaning that he was not at the helm of the government, hence the figure of residing at home; and in the case of the unicorn, its appearance was at a time when there was no kingly government to correspond to the auspicious prognostication. This appearance is symbolized by Confucius' loitering on the street. Of course, both the phoenix and the unicorn were used with reference to his own political fortune in life. [14]85

凤凰和麒麟是中国古代神话中的神兽,只存在于人们的想象中,现实世界没有与之对等的实物。在西方文化中,没有与之对等的概念。施友忠将"凤凰"译为

"phoenix",但前者是中国的瑞鸟,百鸟之王,后者是埃及神话中的长生鸟,二者并不等同。麒麟是中国神话中的瑞兽,集鹿角、龙鳞、虎眼、狮头、牛尾于一身,代表着吉祥和幸福,人们常常将其形象制作成门环,是一种典型的中国传统文化符号。"unicorn"是西方神话中一种形如白马的独角兽,代表着高傲与纯洁,与中国的麒麟风马牛不相及。施友忠将"麒麟"译为"unicorn",就是将东方的麒麟归化为西方的独角兽,这种以西释中的译法,弱化了文化差异,拉近了译文与读者的距离,体现了施友忠对处理民族文化形象的矛盾心理:妥协还是对抗。施友忠既想把中国文化不加修饰地移植到译文中,但又怕读者不接受,最终只能妥协,以靠近读者的方式翻译。但他并不是彻底妥协,而是用注释解释其翻译的理由:"凤凰和麒麟都是王道或圣人的象征,凤是孔子对其并非政府官员的悲叹,因此凤踞于室而不出现;麒麟则是对没有王权象征能与这个吉兆相呼应的悲叹。凤凰和麒麟都用来指代孔子的政治命运"。[14]85 在注释中,施友忠解释了凤凰和麒麟的象征意义,保留了原文的异域文化因素,同时也解释了这句话的具体涵义,还原了中国神话的语境,展现了源语文化在异域文化空间的意义。施友忠这种以西释中的翻译策略,不仅表达了译者对于文化冲突的态度,也让西方读者体会到东方文化的差异性,体现了施友忠在向西方读者传达东方文化时的民族情感。

2. 传统还是现代:译者对文化输出的情感

译者往往以两种眼光看待民族文学:传统和现代。传统眼光是指译者站在过去的角度看待民族文学的价值。这是一种封闭的态度,持这种态度的译者会弱化源语文化,翻译时倾向于采取归化翻译,凸显译语文化。[21]89 现代眼光是指译者站在未来的角度看待民族文学的价值。这是一种开放的态度,持这种态度的译者会消除自身的成见,用发展的眼光看源语文化,翻译时倾向于采取异化翻译,展现源语文化,让民族文学走向世界。施友忠就是以现代的发展的眼光看待民族文学。他在译本序言中高度赞扬刘勰的才华,肯定《文心雕龙》的价值,将其比作古希腊黄金时期的经典著作[14]xi-xii,他对《文心雕龙》的翻译就是其态度最好的证明。20世纪中期,西方文学发展进入快车道,中国文学作为边缘文学无法进入西方人的视野,文献资料稀缺致使汉学研究存在重重困难。在此背景下,海外汉学仍然与中国学建立了联系并相互影响。[22]24 当时,海外的中国文论译介处于初期,亟需高质量的文学翻译。1959年,施友忠《文心雕龙》英译本出版,海外对中国文论的研究才开始得到重视。[23]63-64 施译本推动了海外《文心雕龙》的研究,促使西方学者关注并重视中国文论研究。施友忠对民族文化输出的情感可从其注释中略见一斑。

例2:且夫思有利钝,时有通塞,沐则心覆,且或反常。(《文心雕龙·养气》)

Furthermore, sometimes we are sharp and sometimes dull in thinking; and there are moments when we are inspired and also moments when all our senses seem to be clogged. "When one is washing his hair, his heart [the seat of his reason] is out of position," and the result is abnormal thinking.[14]224

Note: T'ou Hsü, a former attendant of the Duke of Chin, ⋯requested an audience. The duke refused to see him because he was washing his hair. [T'ou-hsü] told his followers, "When one is washing his hair, his heart is out of position, and this will make him think in a way contrary to the normal manner. It is natural that the duke will not see me."[14]224

原文论述文思在畅通和阻塞时的不同情况,施友忠采取直译法翻译,将原文的字面意思呈现在读者面前。但西方读者的思维方式与中国人不同,他们难以理解洗头与思考之间的联系。施友忠在注释中对此加以解释,指出"沐则心覆"这一典故的出处,吸引读者兴趣。他并没有用传统的眼光来看待中国古典文化,而是将其与西方观点联系在一起,将中国人的思维代入到了外国人的思维中,同时打破了东西文化的隔阂,拉近了文化间的距离。施友忠用发展的眼光看待东西文化差异,这对于构建民族文化形象,促进中国传统文化对外传播,让西方世界重新认识中国文化具有十分重要的作用。施友忠在注释中常常给读者留下这样的印象:中国文化源远流长,是开放的、具有包容性的文化,自古以来一直都在不断地发展。施友忠的注释深入浅出,既维护了源语文化的独特性,又照顾到译语文化的多样性,同时谋求源语文化与译语文化的联系和互动,其对民族文化的情感在注释中溢于言表。

三、注释与译者的个人情感

译者是翻译文学的再创作者,其在翻译中的地位无疑是重要的,不可取代的。奈达认为,译者是翻译活动中的核心因素,译者的情感也是翻译活动的主导因素之一。[2]145 译者在翻译中既受外部因素制约,也受内部因素制约。"翻译中既有客观因素,也有主观因素。"[24]18 影响译者的外部因素包括译语读者空间,读者的期待视野是译者必须考虑的因素。影响译者的内部因素包括译者自身对译文的期待,对译语读者思维倾向的把握等。这些因素使得译者在受客观因素制约时,也陷入自身情感的纠结当中,因而产生个人情感张力。译者对源语文化的认知和了解也影响译语文本的建构,译者对源语文本的理解是进行翻译创作的前提条件。文化知识、社会背景、语言能力和情感体验共同合作,促使译者发挥主观能动性,因为"翻译不是对源语信息的简单复制,而是译者对原文的创造性模仿"[25]。译文有时并不能直接反映译者的心理,而注释却给译者抒发内心情感提供了便利条件,有助于研究译者心理。

1. 隐身还是显形:译者对翻译主体的情感

译者隐身指译者隐藏自己的身份,显形指译者在翻译中显示自己的身份。[26]69-70 译者在翻译中居于中心地位,主导翻译中的所有活动,但译者是人,而人都有感情,译者在翻译中也会显露自己的情感。译者对翻译主体的情感,是译者在翻译活动中流露出来的情感,是译者作为翻译主体的情感。译者出于对原文的热爱,以及传播文化的心理冲动,在翻译过程中必然对自身的翻译实践抱有期待,即译者期望通过自己的翻译实践产生一个理想的效果。那么译者在翻译中究竟是将自己放在显形的位置还是隐身的位置,与译者的情感关系密切,是译者主观能动性的发挥。译者以何种情感来看待这个问题,这就是译者需要考虑的问题。

翻译中还有个读者中心,而读者中心与译者中心是相矛盾的。译者的情感难免受到这种矛盾的影响,形成一种张力。以读者为中心,还是以译者为中心,实际上是关于译者应该隐身还是显形的博弈。以读者为中心,如韦努蒂[27]所言,译者应该消除自己的痕迹,把读者接受放在首位,将源语文本的主旨思想尽量忠实地传达给读者。在这种情况中,译者成了"隐身人"。而译者发挥主体性,往往会形成鲜明的译者风格,译者地位凸显,译者就会显形。

以译者为中心,则要求译者在翻译中将译语文本放在首位,发挥译者的主体作用。但译者的职责是尽可能忠实地传达原作的思想,译者主体性必须以忠实为前提。译者既要考虑到读者接受,将充满异质文化因素的原文传达给译语读者;也要尊重作者,对原作负责,这中间有个"度"的问题,这个"度"就是译者个人情感张力的关键所在。施友忠在翻译《文心雕龙》中,基本忠实地传达了原作的思想。他充分考虑了读者的阅读体验,对译文读者负责,同时在注释中又尽量对原作负责,尽心尽力地阐释原文信息。

例3:夫水性虚而沦漪结,木体实而花萼振,文附质也。(《文心雕龙·情采》)

Water by nature is plastic, allowing the formation of ripples; and it is of the essential nature of trees to be solid, supporting flowers on their calyxes. The ornamental pattern of a thing is of necessity conditioned by its essential nature. [14]174

Note: The original term is *hsü*, meaning empty. The reason for rendering it as "plastic" is that it is matched by the term *shih*, meaning solid, in the next line. Furthermore, the term empty does not seem to express the right idea. Liu Hsieh seems to be trying to show the flexibility of water, by which it may produce ripples. This flexibility I try to express by the term plastic. [14]174

刘勰以流水的波纹、树木的花朵比喻文章的辞采。在刘勰看来,情感是优秀作品的构成要素之一。"虚实"之辩是中国古典美学概念,"虚"的意义广泛,语境不同,含义也不同。施友忠作为原文的第一读者,自然了解此处语境中的"虚实"内涵。巴斯奈特认为,"重写就是操控",译者作为翻译活动的主要实践者,具有对源语文本的重写权力。[28]施友忠作为译者,也具有这样的操控权力,有权利对原文进行重写。施友忠将"虚"译为"plastic",接着又在注释中增加威氏拼音"hsü",说明这个字的意思是"empty"。这样的处理是以读者为中心的,符合译语读者思维模式,作为译者施友忠在译文正文中"隐身"了。但是,出于对原作者的尊重、对原文本的负责,他又在注释中解释了这么翻译的原因。他认为刘勰想表达水的流动性,但施友忠认为"empty"并不能表达原文想表达的意思。为了与下文的"实"相对应,施友忠最终选择用"plastic"来翻译"虚"[14]174。这样,施友忠在注释中显形了。在究竟是以读者为中心还是以译者为中心的矛盾中,施友忠巧妙地用注释化解了这一难题,在发挥译者创造性的同时显露了译者的个人情感。

2. 自我还是他者:译者对异质文化的情感

自我与他者都不是绝对的,而是相对的,其中包含着译者的个人情感。译文是具有异质性的,异质性使得原文与译文相异,但翻译的本质要求译文忠实于原文,因此异质性的程度是译者赋予的,与译者的翻译策略直接相关。因此,译者要以积极开放的心态来面对异质他者。[29]10 译者在翻译之初,要对原文进行深刻的理解体会,置身于源语语境之中,反复揣摩原作者的本意,仔细钻研,这其实是译者的自我定位。译者意识到自己的身份并尝试将自己代入原文,这也是对原文和原作者的尊重。译者在充分理解原文后,将自己的情感融入翻译,对异质文化做出价值判断,然后决定翻译策略。译者将原文转化为译文,满足读者的阅读需要,达到跨文化交际的目的,这是译者的自我凸显。最后,在完成翻译之后,译者为了实现自我价值和社会价值,会对译文反复修改,斟酌推敲。在整个过程中,他者是译者在异质文化关照下的自我镜像,是译者在异质文化语境中投射的自我形象。本族文化中的自我与异质文化的他者相遇,如何协调自我与他者是译者需要考虑的问题,也是翻译的关键问题。贝尔曼指出,"翻译必须再现原作的异质性,否则就是对读者的欺骗"[30]。可见,异质性是翻译不能逃避且必须面对的特点。施友忠基本采用直译法,呈现原文本来的面目,保留了原文真实的"自我"。他在译文中对异质性留下的空白,在注释里分别进行了补充说明,为译语读者提供了足够的空间去阐释他者。施友忠并没有用中国文论思想来解释其译文,也没有用西方文论思想来解读《文心雕龙》。他努力使译文忠实于原文,给予译语读者和译语文化一定的阐释空间,而不是用现成的给定的观点将其套住,因而施译本赋予他者更多的自由。

例4:夫桃李不言而成蹊,有实存也。(《文心雕龙·情采》)

Peach and plum trees do not speak, and yet paths are formed beneath them.[14]177

Note: A paraphrase of a line in the *tsan* to the biography of Li Kuang, in the *Shih-chi*. The implied meaning: If you have anything real to offer, like the peach and plum trees, though you do not speak, people will gather about you, just as people come to the trees, forming paths under them. Ralph Waldo Emerson seems to be expressing the same thought….[14]177

施友忠采用直译法将这句字面意思完整地翻译出来,表明了译者的他者观。但在译语读者看来,并不知道这句话究竟是什么意思,桃树、李树与小路又有何关联。施友忠在注释中向读者说明这个典故出自《史记·李将军列传论》,解释了这句成语的喻义:人与桃树李树一样,不必刻意显露自己,也会吸引人们前来。[14]177施友忠身处译语文化语境,向译语读者解读中国成语的含义,体现了他者的意义。施友忠还提到在西方文学中,也有与之互文的典故,其中便有艾默生的名言:"如果一个人有好玉米……也会有一条宽阔而崎岖的道路通往他家。"[14]177爱默生的名言与刘勰的成语互文互动,相映成趣,体现了译者在自我与他者中融贯中西的态度。注释将中西文学典故联系起来,打破了文化壁垒,而互文拉近了作者、读者、译者的距离,译者对异质文化的情感也同时得到了彰显。

四、注释与译者的审美情感

审美情感是审美主体对审美对象是否满足自己审美需要的感受与态度。[31]审美情感来自人本身的经验与实践,人的经验在实践中起着一定的作用,将外界的信息与实践结合加工,产生独特的审美情感。尽管译者的审美情感也可以包括于译者的个人情感,但两者的侧重点各有不同。与译者的审美情感不同的是,个人情感是译者对自身在翻译中所处的位置、读者接受以及对异域文化的情感,是译者自身在翻译活动中个人多种情感的体现,是译者对外界客观事物的反映或认识。而审美情感是译者对原文情感的直观反映,说明译者对原文的感性认识,是译者基于自身经验对译文与原文之间美学差异的直接体会,并努力调和淡化这一差异以满足自己的期望,是译者对原文与译文不同美学价值的感受与思考。

审美情感要求译者充分理解原文的话外音,领会原文的美学要素。[32]71 人生经历、高等教育、文化背景等多重因素影响着译者的翻译实践和审美取向。研究表明,译者在翻译实践中会表明自己的态度和感受。[33]74 译者在翻译中要做到形神兼备,既保留原文的异质特色,又协调好和译语的关系,努力再现原作的风格,处处都离不开译者的审美情感。

1. 熟悉还是陌生:译者对原文的审美偏移

译者对外界事物进行观察时,对收集到的信息进行整合加工,获得整体认识。这种认识结合了译者的个人经验、文化背景和品德修养,形成了具有个人特征的审美感知。审美感知建立在知觉的基础上,其中既有译者自我的美学观点,也结合了美学理论,体现了译者对原作的看法。译者的审美体验,需要在翻译中传递给译语读者,使之获得相似的美学享受。[34]129 在此过程中,源语文化的审美必然与译语文化的审美产生碰撞。译者的审美感知受到双方文化的影响,从而形成一种感知张力。这时,译者面临着一个审美抉择:是带给译语读者熟悉的审美感受还是陌生的审美感受。所谓熟悉,即译者采取归化翻译策略,用靠近译语表达方式进行翻译,给读者带来似曾相识的审美感受。所谓陌生,即译者用打破常规的翻译方法,给读者带来新奇的别样的审美感受。[35]135

译者的美学倾向在翻译实践过程中因受到语境或外界影响而发生了改变,这叫审美偏移,它并不以失去译文对原文的忠实为代价。译者的审美偏移从自我到他者之间是存在距离的,因此也叫做审美距离。原文、作者、译者之间是有时空距离的。时间跨度大的经典著作,由于历史的演变和文化的发展,对于本族语读者来说已经使人有了陌生感,对于外语读者来说更是难上加难。因此,审美距离受到原文、译者、读者等语言和文化系统的影响,而原文、译者、读者三方之间又是相互制约的,译者难以置身其外。译者对文本的情感发端于对文本的接受,译者对文本的接受又是其自身情感张力的重要支点之一。译文一经产生便具有译者个人的风格,打上译者个人的烙印。因此译文本身带有蕴含译者情感的质素,而对熟悉和陌生审美感受的处理恰好能反映译者的审美情感。

例5:又古诗佳丽,或称枚叔,其《孤竹》一篇,则傅毅之词。(《文心雕龙·明诗》)

As for the "ancient poems", they are fine and beautiful. Some attributed them to Mei Shu of the Western Han, except for the poem on "Ku-chu", which was believed to be from the pen of Fu I. [14]34-35

Note: The term "Ancient Poems" refers particularly to the group of nineteen five-word-line poems, collectively known as "Ku-shih shih-chiu shou" (Nineteen ancient poems), of which the authorship and date have been matters of conjecture and debate. [14]34-35

中文读者即使知道所谓的古诗佳丽,也未必知道其来龙去脉,遑论外语读者。施友忠在注释中将其解释为"the group of nineteen five-word-line poems",继而将之音译为"Ku-shih shih-chiu shou"。这样读者对其有了大致了解,明白了该种作品的文体样式。对于"孤竹",译者在注释中解释为"a lone bamboo, symbolic of a betrothed woman pining for her lover to come to take her as his bride"。这样就说明了《孤竹》的文化内涵,阐明了主题,同时赋予这一意象以东方美学色彩。在中华传统文化中,竹象征着高洁、坚贞的气节,译者的注释体现其对东方传统美学的理解与向往,却没有添加具有西方美学的解释,作为审美主体的译者的美学阐释与西方读者的审美心理产生了距离,形成审美偏移,激发了读者的阅读兴趣。

2. 不变还是协调:译者对原文的审美调节

译者作为翻译主体必须具有发现美和欣赏美的能力,译者主体性的发挥离不开译者的审美能力。[34]128 钟毅认为,文学语言都有美学追求。翻译作为一种文学再创造行为,将一种文学作品用另一种语言移植到他者文化中,译者的审美创造力功不可没。译者的阅读行为,实际上是一个信息接收行为。贝尔(Roger T. Bell)认为,理解语篇就是解构而后重构该语篇。[36]勒弗菲尔(André Lefevere)指出,译者要熟悉原文的语言,反复阅读、酝酿、思考,了解词语的含义与力量。[37]译者还要弄清楚原作者的审美取向与价值取向。译者不能滥用阐释,否则会因自己的审美习惯导致对原文的曲解、误解和误译。[38]99 译者的美学追求要与作者保持一致,但文学作品的审美价值在文字符号转换中会产生或多或少的流失。对翻译中产生的美学损失,有的译者不做任何修补,任其损失;但有的译者会想方设法通过种种手段加以弥补,尽量保留原作的美学价值。施友忠属于后一种。

译者的弥补手段就是审美调节,而注释就是一种有效的审美调节方式。译者的审美追求与翻译实践产生了冲突,这种冲突是可以调和的矛盾,译者的情感张力也在此体现。施友忠在译著序言中表明自己非常欣赏刘勰的文学观[14]xi-xii,所以他多采用异化翻译。原文多用文学典故，文化内容丰富，而他无法直接解释，因为译者不能为追求与原文形式相同而任意发挥[39]，这时页尾的注释则如画龙点睛，起到了译者话外音的作用。作为一种审美调节手段，注释既完善了文内信息，又体现了译者的美学追求。

例6：自扬马张蔡、崇盛丽辞，如宋画吴冶，刻形镂法。(《文心雕龙·丽辞》)

施译：In the hands of Yang［Hsiung］,［Ssu-］Ma［Hsiang-ju］, Chang［Heng］and Ts'ai［Yung］, all of whom stressed linguistic parallelism particularly strongly, couplet writing flourished as spectacularly as Sung painting and Wu casting, and in fact they too indulged in a species of carving and engraving. [14]191-192

Note：The ruler of Sung was having paintings made. All the painters gathered together and stood up ceremoniously after receiving their commissions and doing obeisance to the ruler…One painter came late, walking unhurriedly, and when he received his commission he did not stand up. Instead, he went to his quarters. The ruler sent someone to watch him. He found that the painter had taken off his dress and sat naked with his two legs stretched out. The ruler said, "This is the right way to behave. He is indeed a true painter." [14]191-192

扬马张蔡分别是我国古代两汉时期四位名人，皆以辞赋见长，这对外国读者是十分陌生的。译者以威氏拼音翻译了四人的姓名，以存原貌[40]90-91，这样就为读者了解这些名人提供了方便。注释详略得当，会提高读者的阅读效率和审美效果[41]71。原文语言精练，但信息量大。施友忠基本采用直译法，并不在译文中添加过多信息，也并未一味追求与原文保持一致，而是利用注释补充原文的深层信息，使原作的思想在注释中得以传递。不是复制，而是创造相似的作品。[42]与原文保持基本相似的结构，既保留了原文的异质美，也阐释了原文的内涵。再看"宋画吴冶"，施友忠只是译出了这个成语的字面意思，对于外语读者来说，读到的是他者文化的异质性，可能不知其味。为此，施友忠在注释中做了解释，说明了"宋画吴冶"的由来及含义，由此暗示写作和画画的道理殊途同归。施友忠为了实现与原文相似的审美追求，在译文中精简词汇以求大音希声，通过添加夹注与尾注以帮助读者了解异质文化，还原原文的文化语境，这是一种有效的审美调节手段，在调节中显露了自己的美学情感。

五、结语

注释与译者的情感关系一直无人关注，实际上注释作为一种副文本可以建构译者的情感。注释作为施友忠翻译《文心雕龙》的一种补偿手段,在传达译者情感方面起着重要作用。通过注释,施友忠表明了自己对民族文化形象和民族文化输出的态度,建构了自己的民族情感。通过注释,施友忠化解了读者中心和译者中心的矛盾,发挥了译者的主体作用,照顾了读者的阅读需求,彰显了译者对自我与他者的态度,建构了自己的个人情感。通过注释,施友忠调节了因语言和文化因素造成的审美距离,保留了原作的异质特色,再现了原作的风格,在审美偏移和审美调节中建构了自己的审美情感。总之,通过注释,施友忠抒发了自己对民族文学的欣赏与热爱,传递了富有东方特色的中国古代文论,体现了自己对美学的理解与追求,凸显了译者的情感张力。对注释与译者情感关系的研究,有利于挖掘译者主体性的内涵,揭示翻译过程的真相,对于推进翻译学的建设具有一定的作用。

  注释在翻译中的作用是不言而喻的。注释搭起了沟通的桥梁,使得源语文化与异域文化有机融合,打破了文化的边界,使译文既信于原文,又充满异质感和创新性,增添了译文的可读性,也有利于推动不同文化的互动与交流。注释作为一种翻译补偿手段,在揭示译者态度与情感方面举足轻重。注释让译者在异域文化中发声,拉近了源语文化与异域文化的距离,体现了译者的民族情感、个人情感和审美情感。通过注释,读者可以与译者对话,窥视译者深层次的文化思考,了解译者的文化态度。注释使原文与译文互动,有利于彰显原文的内在价值,展示译者独特的风格。施友忠的注释给其他译者提供了新思路和新方法,开拓了翻译的视野,给翻译研究提供了新材料。《文心雕龙》作为中国古代文论精品,其翻译成果直接影响着中国文学作品在世界的接受,也影响着我们民族文化形象的建立。译者情感的探讨有利于揭示译者主体性的本质,提升翻译质量,提高译文的接受度,有助于中国文化走出去。

参考文献

[1] APPIAH K A. Thick translation[J]. Callaloo, 1993(4):808-819.

[2] NIDA E A. Toward A Science of Translation [M]. Shanghai:Shanghai Foreign Language Education Press, 2004.

[3] OSBORN N. Basic Types of Footnotes for Old Testament Translations[J]. The Bible Translator,1982(4):414-418.

[4] PALOPOSKI O. The Translator's Footprints[C]//T. Kinnunen & K. Koskinen (eds). Tampere Studies in Language, Translation and Culture:Translators' Agency. Tampere:Tampere University Press, 2010:86-107.

[5] HERMANS T. Cross-cultural Translation Studies As Thick Translation[J]. Bulletin of the School of Oriental and African Studies, 2003 (3): 380-389.
[6] KIRKLEY L. The Question of Language: Postcolonial Translation in the Bilingual Collections of Nuala Dhomhnaill, Ní & Paul Muldoon[J]. Translation Studies, 2013 (3): 277-292.
[7] 杨振,许钧.从傅雷译作中的注释看译者直接阐释的必要性:以《傅雷译文集》第三卷为例[J].外语教学,2009(3):82-84,89.
[8] 赵勇."深度翻译"与意义阐释:以梭罗《瓦尔登湖》的典故翻译为例[J].外语与外语教学,2010 (2):77-81.
[9] BIRKE, D. & C BIRTE. Paratext and Digitized Narrative: Mapping the Field[J]. Narrative, 2013, 21 (1):65-87.
[10] 魏家海.汉学家译注中的文化形象建构[J].外语与外语教学,2017(2):108-115.
[11] 张广法,文军.翻译注释对庄子形象的社会建构研究:翻译注释的内容分析[J].外语研究,2018 (2):71-77,93.
[12] 刘宓庆.翻译美学导论:修订本[M].北京:中国对外翻译出版公司,2008:206.
[13] 张虹.深度翻译模式彰显《孝经》的译者主体性研究:以罗思文、安乐哲译本为例[J].解放军外国语学院学报,2020(5):128-134+160.
[14] SHIH, VINCENT YU-CHUNG. Literary Mind and the Carving of Dragons: A Study of Thought and Pattern in Chinese Literature[M]. New York: Columbia University Press, 1959.
[15] 胡作友,张丁慧.权力话语与中国话语的建构:以《文心雕龙》首部英文全译本为例[J].河南社会科学,2019(1):114-119.
[16] 刘云虹.试论文学翻译的生成性[J].外语教学与研究,2017(4):608-618.
[17] 刘云虹,许钧.如何把握翻译的丰富性、复杂性与创造性?:关于翻译本质的对谈[J].中国外语,2016(1):95-100.
[18] 张倩.对中国文学翻译的思考与践行:美国翻译家、汉学家罗鹏教授访谈录[J].中国翻译,2020(2):105-110.
[19] 王岫庐.译者文化态度的多歧性及其对翻译过程的影响[J].中国翻译,2014(4):21-25,128.
[20] 孙艺风.文化翻译的困惑与挑战[J].中国翻译,2016(3):5-14,128.
[21] 张南峰.文化输出与文化自省:从中国文学外推工作说起[J].中国翻译,2015(4):88-93.
[22] 王宏印.典籍翻译:三大阶段、三重境界:兼论汉语典籍、民族典籍与海外汉学的总体关系[J].中国翻译,2017(5):19-27,128.
[23] 戴文静.《文心雕龙》海外英译及其接受研究[J].中国文学批评,2020(2):62-70,158.
[24] 王寅.认知翻译研究[J].中国翻译,2012(4):17-23,127.
[25] MARTIN R. On Paradigms and Cognitive Translatology[C]// G. Shreve & E. Angelone. Translation and Cognition. Amsterdam: John Benjamins, 2010:177.
[26] 任东升,王芳.译者交互隐形与译本呈现[J].外语研究,2018(6):69-72.
[27] VENUTI L. The Translator's Invisibility: A History of Translation [M]. London and New York: Routledge, 1995:4-5.

[28] BASSNETT S, ANDRÉ L. Translation, Rewriting, and the Manipulation of Literary Fame[M]. London & New York: Routledge,1992: preface.

[29] 过婧,刘云虹."异"与翻译的建构性[J].上海翻译,2020(4):7-11.

[30] BERMAN A. La Traduction et la lettre ou L' auberge du lointain[M]. Paris: Editions du Seuil,1999: 73-74.

[31] 朱立元.美学大辞典[M].上海:上海辞书出版社,2010:101.

[32] 包通法.文学翻译中译者"本色"的哲学思辨[J].外国语,2003(6):70-76.

[33] 易点点.情感调节、空间置换与物态化:《诗经》翻译研究[J].外语研究,2020(3):74-79,97.

[34] 钟毅.陌生化语言的翻译与剧本"文学性"的实现:20世纪八、九十年代奥尼尔戏剧汉译本研究[J].中国翻译,2019(5):121-129,190.

[35] 胡作友,刘梦杰.《文心雕龙》英译的陌生化策略分析:以宇文所安英译本为例[J].中国翻译,2019(4):135-142,190.

[36] 罗杰·贝尔.翻译与翻译过程[M].秦洪武,译.北京:外语教学与研究出版社,2005:26.

[37] LEFEVERE A. Translation/ History /Culture: A Sourcebook[M]. Shanghai: Shanghai Foreign Language Education Press, 2004:83.

[38] 贾晓英,李正栓.国外译者古诗英译中的异化倾向与"再创造":以韦利《孔雀东南飞》英译为例[J].外语教学,2015(3):96-99.

[39] JEREMY M. Introducing Translation Studies: Theories and Applications[M]. London & New York: Routledge, 2001:87.

[40] 张德福.威妥玛与《论语》翻译[J].外语研究,2016(1):86-91.

[41] 王振平.《尤利西斯》汉译注释研究[J].外语研究,2015(3):71-76.

[42] BASSNETT S, L ANDRé. Constructing Cultures-Essays on Literary Translation[M]. Shanghai: Shanghai Foreign Language Education Press, 2001:66.

跨学科之镜鉴:美国汉学视阈中国古典小说宗教议题的主要维度①

何 敏,王玉莹

(电子科技大学 外国语学院,四川 成都 610054)

[摘 要] 立足于中国宗教的独特性,从宗教与古典小说起源、宗教为古典小说提供创作素材和古典小说文本中呈现的宗教混杂三方面,来探讨美国汉学界对中国古典小说中的宗教叙事研究,并指出美国汉学家善于借用中国学者研究成果,从中西比较宗教角度来进行跨学科研究的特点。关注美国汉学家的中国古典小说宗教叙事研究对于拓展中国文学的海外意义空间,对于中学西传和在世界文学版图中讲述"中国故事"都具有一定意义。

[关键词] 美国汉学家;中国古典小说;宗教;跨学科研究

一、引言

在北美汉学界对中国古典小说研究领域,文学与宗教的关系一直备受关注。

[基金项目] 教育部人文社科项目"英语学界中国文学史的历时研究"(15BYY037)阶段性成果;"欧美学界中国文学史书写话语建构研究"(19BWW017)阶段性成果

[作者简介] 何敏(1975—),女,四川成都人,文学博士,电子科技大学外国语学院副教授,研究方向为海外汉学、科幻小说;王玉莹(1995—),女,安徽滁州人,电子科技大学外国语学院硕士研究生,研究方向为科幻小说。

① 原文刊于《燕山大学学报(哲学社会科学版)》2019 年第 6 期,被人大复印报刊资料《文学研究文摘》2020 年第 1 期转载。

现代汉语中的"宗教"来自日语转译英文的"Religion"。西方传教士来到中国之前，汉语中没有词语可以对应西方话语里的"Religion"。最早的传教士受基督教影响，认为中国本土的宗教实践是"迷信"。[1]一直到20世纪，仍有汉学家认为中国"缺乏宗教启发性"[2]。西方人士在面对中国宗教时，往往面临如下困惑：基督教、伊斯兰教、佛教都具有其明确的特征、范畴、内容、指向。而中国的宗教与传统文化密不可分，其宗教实践与源自西方的"religion"一词所涵盖的意义指向甚为相异，有其独树一帜的独立性，这也是早期传教士和汉学家无法正确认识中国宗教的原因。

可喜的是，今天的汉学家逐渐认识到这种基于中国文化的宗教独特性。劳格文（John Lagerwey）指出："中国宗教是一个象征系统，它跳出阶级社会的共同象征体系，包括儒教、佛教、道教、连同各种巫教的神职人员及看风水、看相、算命等占卜活动……中国的宗教研究必须首先考虑中国人的宗教经验，要用中国人自己对宗教的理解和实践来理解中国宗教。"[3]劳格文的论述里有对中国宗教独特存在的理解与尊重，这是与西方"Religion"概念有所相异的表达。

中国古典小说与宗教渊源很深，从小说的源起开始，小说便与宗教结下了渊源。作为通俗性很强的样式，小说中总是会出现各种宗教现象。余国藩写道："现代多数文史学家眼中的'小说'一词，可溯至汉末与六朝其时在上与在下，汲汲关怀广义上可称之'超自然'的问题，举凡'不朽'、'来生'、赏罚与因果关系，以及道术、巫法、炼丹等都是他们关注的事物。"[4]359 从"因果报应"，到"炼丹术""巫法"，古典小说中的宗教描写呈现混杂化、通俗化，这种通俗性让它对大众产生了极大的影响。本文谨从劳格文对中国宗教的界定出发，从古典小说的起源、素材及小说中体现的宗教内容三方面，来探讨美国汉学界对中国古典小说中的宗教叙事研究。

二、宗教与小说起源

美国汉学界对中国小说起源有诸多理论假设，其中主要的一种，即杜志豪（Kenneth DeWoskin）的"六朝志怪起源说"和梅维恒（Victor Mair）的"变文起源说"。

1976年，密歇根大学汉学家杜志豪发表的《六朝志怪与小说的诞生》，成为汉学界探索小说溯源的重要作品。杜志豪认为，三国、西晋的志怪作品中，已经能看到佛教影响。到了东晋，志怪作品中记述佛法、僧徒的故事明显增多。六朝末端，史传与志怪开始分流，叙事文本呈现出新的特征。六朝志怪有强烈的宗教特征，这缘于志怪与宗教的诸多联系。道教是中国本土宗教，在东晋南北朝时期基本完备。很多志怪小说都打上了很深的道教烙印。《神仙传》《抱朴子》《搜神记》中，为了宣传神道,写作者常用故事做载体,讲究故事的完整,人物的丰满,他们刻意渲染气氛,突出人物,使读者受到强烈的文学感染。面对虚幻的神仙鬼道,写作者在时空上进行了富有想象力的虚构创造,他们常采用第三人称限制视角叙事,力图要使读者相信虚幻的故事为真实。因此他们列举具体的时间、地点、人物籍贯,着力描写当事人所见所感的主观感受,进入观察主体的内心世界,为读者再现故事情景。这是一种包含虚构的文学想象。虽然志怪中的鬼神神仙常常来自上古神话中的原型,其中也多有神仙鬼怪、巫术方士,成为"古今语怪之祖"。魏晋南北朝的"志怪"之作,成为中国小说史的开端。因此,杜志豪的结论是:"很难想象,没有在《搜神记》中呈现出来的虚构想象,会有唐传奇的产生。同样,没有《诗经》,或者《汉书》的描写,会有《搜神记》。"[5]

杜志豪的"六朝志怪"起源说里探讨了道教对小说起源的影响。"变文起源说"则探讨了佛教与小说起源的关联。

宾夕法尼亚大学的梅维恒教授认为,源于印度佛教影响的变文,对中国白话小说产生了重要影响,在变文产生前后,中国的叙事文学有着本质差异。正因为佛教从印度传入中国,影响到中国社会和文化的方方面面,也最终导致中国叙事文学里有真正的"虚构性创造"[6]因素的产生。

小说的本义是"虚构"。在变文出现之前,中国没有实际意义的虚构文本。中国在唐代之前的文本里呈现出来的是对真实的模仿,在佛教进入中国之前,文本中的幻想因素对中国读者而言是完全陌生的。唐代的佛教让务实的中国人有了"虚"的概念,也因此才有了"虚构"的理念与创作激情。[7]5 敦煌变文出现之后的中国叙事文本与早期叙事的明显差异正在于变文的想象呈现出来的虚构性。一种文学类型不会无缘无故发生如此明显巨大的变化,从印度到印度尼西亚和其他南亚国家传来的变文成为解释这种突然变化的谜底。而中国早期叙事传统为何与印度和西方的传统如此不同呢? 梅维恒认为:"闪语与印度的宇宙观里,世界由独立于存在之外的事物构成,闪族文化认为创造者拥有从无到有的创造能力(无—创造者—全部事物)……中国的本体观则截然不同,中国认为世界切实存在,决定事物顺序(无—程序——一切)。"[7]6

唐代的佛教传入中国后,经历了本土化的过程。在这过程中,中国人对虚构世界产生了浓厚的兴趣,印度的"空"的观念是一个从无到有的虚构过程,中国的叙事观念因此产生巨大转向,变文开创了新的叙事潮流,从佛教真正切实融入中国社会的唐代开始,叙事开始有了根本性的变化,最终汇聚成后世小说发展的洪流。中国具有虚构意义的小说正是受了印度韵散结合以表达佛教或历史故事的形式的启发而形成。佛教的演绎先间接讲经,而后演绎佛教故事,这与后来白话小说的形式非常相似。变文抄录者在抄写的过程中按照自己的想象对原作进行增补,在"一说一抄"的过程中,叙事内容不断扩展,情节愈加丰富,这种模仿与想象对白话小说创作也形成影响。到了明清之后,文人开始有意无意地模仿口头文学,创作具有中国特色的文本,最终形成明清时期的繁荣景象。

梅维恒的论述为中国小说起源添加了一种新的注解。虽然对梅氏的看法可能会有不同意见,但"不管我们是否同意梅氏之论小说起源,相信没有人会反对佛教曾为虚构文学提供素材,引进过新的文学与语言形式"[7]6。佛教传入中国,不仅意味着中国出现了一种新的宗教,也意味着一种文化的引进,其影响力之强,遍及中国社会文化生活的每一个侧面。

三、宗教内容:小说创作的素材

中国小说有纪实的传统,古典小说因此或多或少和宗教产生了关联。如作品中出现的大量题材都来自宗教。一些宗教观念如"业报""人生如梦"等,结合佛祖、高僧、奇人的事迹,为中国小说提供了很多素材来源。宗教成为社会环境描写的组成部分,或成为安排情节的一种手段。

1. 宗教成为小说题材

美国汉学家注意到宗教题材在文学作品中的普遍性。冉云华(Jan Yun-hua)在《佛教文学》中指出:"中国古典小说与佛教渊源甚深,小说史几乎从开篇起,便与佛教相关。佛教对中国古典小说而言,其首要影响便是为小说创作提供了素材,激发了小说作者的想象力,并影响了作者的人生态度和宇宙观,再折射到作品之中。"[8]

佛教作为小说的素材,最突出的例子莫过于《西游记》。《西游记》的来源是《大唐三藏取经史话》,是一出说经话本,共三卷十七段。《大唐三藏取经史话》来源于一桩历史史实:唐僧取经。唐太宗年间,年仅25岁的青年和尚玄奘和一名弟子只身前往天竺游学,这在佛教史上是一桩奇迹。根据玄奘的事迹改编的文本,成就了中国古典小说史上最伟大的神魔小说《西游记》。汉学家浦安迪(Andrew Plaks)对此评论:"小说《西游记》是一组不断扩充的一套故事之最终阶段……小说与它原始素材的关系,只有当这些素材被铸入新的文体模型后使故事发生了根本性的结构变化,并被赋予新的意义。"[9]175

在中国小说的演进过程中,从变文而来的韵散结合的文体,衍生出了诸宫调、宝卷、弹词等说唱文学,并表现于话本中,成为章回小说来源的重要素材。以宝卷为例,宝卷是宋末起出现的一种俗文学艺术,和变文关系密切,作者大都是僧侣尼姑,内容有佛经故事、劝事文、神道故事和民间故事,内容大多宣扬佛教教义,即因果报应、修道度世的生活,宗教色彩非常浓厚。韩南指出:"《金瓶梅》中有几处引用宝卷来源,分别来自《五祖黄梅宝卷》《黄氏女宝卷》《金刚科仪》《五戒禅师宝卷》等,内容以因果报应、得道修行为主。"[10]106

2. 小说中的佛教思想

西方汉学界关注佛教思想在古典小说中的反映,小说作为中国社会儒家传统中的非主流文学模式,对佛教思想有着精确的表达。佛教往往关系着小说的主题及整个故事的结构和框架。古典小说中,如果深入地辨析,会发现不同程度地存在佛教思想。如因果报应、地狱轮回等。汉学家在解读古典小说时,往往对此做出敏感回应。

明清时期,佛教净土宗倡导业报轮回,因果报应、无常苦空等宗教思想成为小说中的美学特征。韩南(Patrick Hanan)指出:"到了《金瓶梅》成文时期,运用佛教说教已经成为小说文体美学轮廓中常见的格局,甚至在根本套不上这种教义内容的作品里也用来作为一种固定的结构格式。"[10]114 夏志清(C. T. Hsia)也认为:因果观借助报应、转世的描写,给作品以故事框架。部分小说里,这已成为一种模式,如《红楼梦》中绛珠仙草的还泪即是一例。何谷理(Robert Hegel)注意到明朝人对小说认识常常攀附经史子集,强调其"扶持纲常""天道轮回""因果报应"的社会效果。《隋唐演义》《隋炀帝艳史》《隋史遗文》《西游补》这样的小说是"作家们用以表达他们严肃的艺术实验追求和精神表达的文学形式,很多作家得用小说来提出或解答他们对涉及人类生存意义的疑问"[11]3。17世纪时,中国佛教已充分世俗化,渗透于生活与观念的方方面面,白话作品中显示出明显的佛道影响的痕迹。在世情类巨著《金瓶梅》《红楼梦》《儒林外史》中,全书都多少依据佛理为基本框架,小说中有僧尼出现,佛教成为社会环境描写的一部分。即使是李渔的性喜剧《肉蒲团》中,也是作者在依据佛理"传达一个道德信息"[11]171。

明清时期的"文人小说"处处皆体现出"空"和"因果报应"的宗教教义。小说中,谈佛说空常常体现为具体情节中体现出的"空",将"空"设定为小说中的人物、情节、主旨。浦安迪认为,将"佛学说教"或明或暗地表现,已成为小说的固定格式。佛教中,"五蕴"由色蕴、受蕴、想蕴、行蕴、识蕴五种因素构成,本质为空,世间万物都是假象。"色"与"空"是理解《金瓶梅》的核心关键,"财色皆空"体现了《金瓶梅》全书的立意。小说中,西门庆的贪财好色促使他不择手段地积累,大肆挥霍,最终因为性欲和物欲的极度膨胀而毁灭。这正是作者对世事无常和万事皆空的表达。同时,因果报应的概念贯穿着《金瓶梅》的全部情节。"佛学上的因果报应概念在各回中是这样表述的:第10回'种瓜得瓜,种豆得豆';第29回'冤有头债有主';第59回也有类似的句子。"[9]102 小说中的"物归各主""看官听说"都突出地指明那些正在进行的事情会得到什么样的后果,这在小说中第19、30、31、62、82、87回都有明确的体现。因此,浦安迪明确得出结论:《金瓶梅》全书就是一个在复杂的人际关系框架下的佛学因果报应框架。小说中所有相关人物的言行举止都是僧侣们眼中的"空"。"色"即是"空","在这部可说是整个中国文学中描写世情最精辟入微的杰作里,它那反复告诫人们要从声色的虚幻中觉悟过来去领悟一切皆空的说教,听起来让人心灰意冷"[9]113。《西游记》中,作者也在谈"色"与"空"。小说中,人物历经磨难,最终到达圣地。从出发到回归,唐僧师徒不过回到了原点。《西游记》是一部对"空"的超越文本,"悟空"的名字中,作者在探讨"空"存在的意义。"色"和"空"都是虚无,成道之路是指返归自我,而不是成佛之后消灭自身。[9]235

佛教的结构模式多衍生于佛教的报应理论,这在多部古典小说中得到体现。如余国藩认为,在《红楼梦》中,作者将人生如梦的观念放在一个强大而复杂的小说体系中,构成了一个复杂多变的复调叙事世界。[12]故事中发生的一切都是前世注定,故事中的人物是身在宿缘而转世投胎,人物之间关系前世注定,结局也早就注定。这样的叙述,可以加强故事的完整感,适合明清时期民众的审美心理。

3. 小说中的道教表现

道教是中国本土宗教,以"道"为最高信仰。道教与小说有天然的亲缘关系。志怪体、传奇体、话本体、章回体,都与道教有密切联系。道教强调自然无为、以柔克刚,强调"有生于无",强调对虚的重视,这对文人的品格塑造产生重大影响。

汉学家对道教在小说中的表现有很多论述。牟复礼(Frederic W. Mote)在《中国思想之渊源》(*Intellectual Foundations of China*)中认为,《易经》是中国思想的最早原型之一。浦安迪也在其著作中大量引用《易经》和道家美学论证其观点。如在《红楼梦的原型与寓意》中,浦安迪论证《红楼梦》中的"大观"意义是"封闭空间中的广阔视野"[13],这符合《易经》《庄子》中出现的"大观"的含义。《红楼梦》中包含了中国博大精深的哲学和宗教思想,如老子、庄子、孔子、孟子、大乘佛教等思想。

阴阳五行学说源自《周易》,对后来古代哲学有着深远的影响。汉学界里对社会性别研究的焦点之一正是女性与男性的阴阳互补的性别关系结构。南加州历史学教授费侠莉(Charlotte Furth)认为,中国传统中黄帝的身体从根本上就是雌雄同体的,"阴阳调和"正是雌雄同体的一种表述。夏志清认为,古典小说中女性书写与中国传统中的阴阳有关。柏蒂娜·耐普认为,中国传统哲学无论儒家、佛家,对女性的轻视都显而易见。只有道家的阴阳平衡论对女性有所尊重。因此,她力图探讨中国的绝对父权体系对女性书写的影响。艾梅兰指出,中国人的道德秩序是以阴阳为基础的。在一个等级分明的社会矩阵中,阳属于统治者,家长、长者、男性;阴属于被统治对象,包括孩子、幼者、女性。阳凌驾于次等的阴之上,只有将阳高于阴的秩序固定下来,社会才能稳定,否则过剩的阴会有力地颠覆阳的秩序,引发天灾人祸。

《镜花缘》是一部与道教颇有渊源的明清小说。林语堂的二女儿林太乙是《镜花缘》的英译者,她在译本中专门添加"世俗道教注"(A Note on Popular Taoism),详细给西方读者介绍《镜花缘》中的道家思想,因为"李汝珍借用世俗道教的特征表明他自己对人生的看法"[14],林译本受到广泛欢迎,这与译者对道教的详尽注释,以帮助欧美读者理解中国宗教有关。高张信生(Hsin-Sheng C. Kao)在其作家专论《李汝珍》(Li Ju-Chen)中,讨论了小说中呈现出来的道家谪仙回归模式。虽然《镜花缘》的故事情节纷繁复杂,但纵观全书,至少可以理清一主一次两大故事线索,从小说主要线索看,百花仙子及群花被贬谪入世开端,而副线则是唐敖等勤王党与武则天的斗争,这条副线依然运用了同样的模式,所有人物都非肉体凡胎,而是天上星宿下凡,来体验人世的。所以,故事结构无论是主副线都遵循了思凡—人间—天上的故事过程,完成降凡—历劫红尘—悟道回归的叙事任务。

道教中有一类人物叫方士,黄宗智(Timothy Wong)认为:如果从中国方士传统出发,可以帮助读者更好地理解刘鹗的生活与小说。刘鹗像传统方士一样多才多艺,他治理黄河、经商、懂占卜、中医,老残也治理黄河、行医、占卜、懂音乐地理以及国外科技。作为一名旅行者,老残不属于他走过的地方,亦不属于他参与活动的任何集体。老残与官方有一种相互依赖的关系,这正好符合杜志豪对方士的定义,方士"取悦于宫廷,亦闻名于普通人。他们从官方得到保护,官方也需要他们,因为有权势的人从有很好声名的方士那里得到有益建议,这也是他们了解民意的一个好办法"[15]。《老残游记》里老残因为他的非官方身份了解了人间疾苦,然后把这些反映到他信任的官员处解决问题。老残的角色正是刘鹗的角色,一个20世纪的道士。

"混沌"是道教中一个常见意象。它与西方神话源头的卡俄斯(Chaos)在界定上有相似之处,汉学家对此概念很感兴趣。中国的"混沌"一词来自《庄子》,代表着一种天然的"没有秩序",这是一种阴阳交融的和谐状态,"混沌"与大观园里少女天真烂漫的气质相契合,是大观园的一个特点。[16]周祖彦认为,《红楼梦》中反复出现的"混沌",反映了作者的道教思想,曹雪芹在经历了生活上的诸多失意之后,转向道教寻求安慰。很自然地,他会将"混沌"的概念和形象反映在他的作品之中。[17]

四、宗教混杂及其文本呈现

作为通俗性很强的文学样式,古典小说中总是会出现各种宗教人物,无论是佛、菩萨、道士,还是和尚、女仙,都充满了市井气息。汉学家和国内学者一样,注意到中国文学中宗教与儒家倡导的道德理念相结合,表现出佛道合一或三教合一的色彩。"合一",指儒、释、道的宗教活动存在于同一个故事空间,教理、教义同时出现,互相影响。这是一个宗教世俗化的进程,这种模式在明清的白话长篇里尤其普遍。

1. 古典小说中的宗教混杂

中国历史中的佛、释、道教本属于不同的宗教派别,古典小说中却常常出现僧侣、书生与道士同时出现的场景。其中出现得最多的是:佛道混杂或三教合一。汉学家基于国内相关研究的基础,对各种宗教混杂现象亦做出相应诠释。

古典小说宗教混杂书写中,最常出现的是佛道相杂。小说中常出现一僧一道结伴而行的现象。《红楼梦》中的空空道人出现在小说第一回:"有个空空道人访道求仙,忽从大荒山无稽崖青埂峰下经过",而在后面又写道:"空空道人因空见色,由色转情,传情入色,自色悟空,遂易名为情僧,改《石头记》为《情僧录》。"[18]对"空空道人"究竟从何而来,在小说中有何意图,寄寓作者何种愿望,汉学家对此做出多种解读。"空空道人",意指"空",首先关于"空空道人"是道士还是和尚,汉学家有不同的看法。从"访道求仙",可见"空空道人"是道家人物,而后"悟空为情僧",则"空空道人"是佛家的人物。对"空空道人"的身份,汉学家也各持己见。李前程(Li Qiancheng)认为"空空道人"是僧人,而浦安迪在《离开花园:关于中国文学名著的思考》(*Leaving the Garden: Reflections on China's Literary Masterwork*)中则认为,空空道人是一个道士。马克·费拉拉(Mark Ferrara)也认为空空道人是和尚,是"从佛教禅宗角度解读曹雪芹人'隐意'的最佳方法"[19]。对"空空道人"到底属于佛,还是道,汉学家和国内学者一样,各执一词,尚无定论。对"空空道人"的不同看法,正是小说书写中将佛道混杂的例子。

虽然同为佛道混杂,但小说作者对佛道的态度仍然有所区别。何谷理认为:《西游记》《西游补》明显是扬佛抑道的,而《封神演义》《绿野仙踪》则扬道抑佛。《隋唐演义》中的"王敖老祖""梨山老母"都是道教的神仙。在《西游记》中,镇压孙悟空时,如来与玉皇大帝同时出马,镇压造反的猴子。西天取经途中,在镇压妖魔鬼怪时,菩萨和道士也常常出现在同一画面之中,体现出佛道的融合,这与中国历史上佛道二教在根本教义上有部分相似性有关。佛教与道教都要求修行者摒弃个人欲望,远离与尘世的关联,清心寡欲,达到超脱之境。[11]210 马倩(Qian Ma)在分析《镜花缘》时认为,《镜花缘》中是抑佛扬道。小说展开的逻辑是:在道教的谪凡框架中夹杂着因果报应模式,这一模式在中国古代小说中屡屡出现。

三教合一的论述中,首推浦安迪在《明代四大奇书》中对《西游记》的论述。浦安迪认为,《西游记》书中出现了很多宗教术语和宗教意象,不属于佛、释、道中任何单独派别,"与其说是一种人为的折中主义运动,不如说更像是整体的结合"[9]210,这首先体现在"心"的存在。"心猿"是全书一个重要意象,无论是佛教、道教、抑或儒教,都从不同角度关注"心",《西游记》正是一部关于"心"的旅行。从外部看,它是一部朝圣之旅,同时,它亦是一出内心求道的寓言。朝圣之路上的妖魔鬼怪正是心中的挂碍。如"三打白骨精"故事中,白骨精三次化为人形,唐僧即为其所迷惑,这正是一种"昧心"。可以发现,朝圣之旅的终极目的并非遥远的佛门圣地,而是一场内心的修行,《西游记》就是一场以"心"统三教,三教共同对内心的自我关照。

而"心"与"道"的关系究竟如何呢? 作者吴承恩与译者余国藩皆认为"心"与"道"可互证。前者将《西游记》第一回回目标题取名为"灵根育孕源流出,心性修持大道生",即作者认为"道"之所生在于"心"之所养;后者认为《西游记》是一部将虚构的情节与宗教意义结合紧密的作品。"这种宗教意义,乃由小说中直指儒释道三教的经典所形成的各种典故与象征组成。三教并陈,又大量取其所需教义。这正是《西游记》能够屹立中国小说史的原因。"[4]367

2. 僧道度脱悟道框架

佛道二教因其对外物和功名的淡泊,形成超脱的处世态度,形成各自的悟道传统,因此有了很多度脱的小说文本。多尔·利维(Dore J. Levy)认为,佛家思想是小说的哲学框架,但小说的主旨是对智慧的思考。李惠仪(Li Wai-yee)质疑贾宝玉是否真的悟道,"以情悟道"是警幻仙姑的使命,"迷幻"是指被相入一个迷狂的充满幻念的世界，"警幻"意味着主体对虚幻的意识。[20]玛丽·司各特(Mary Scott)认为，《红楼梦》和《金瓶梅》两部作品以复杂的对称结构，展现了两个家庭在不当的行为之后走向毁灭，或悟道。小说中，无论是花园、主要人物形象，都带有佛教意义的"财""色"特点，对贾宝玉和西门庆而言，故事中的主线都是修炼的过程。可以说，大乘佛教行善济世的入世精神，正是作者选择度脱的根本原因。不同的是，贾宝玉悟道出家，而西门庆"色即是空"，最终归向虚无。小说从哲学角度而言，都是"道"的诠释，是对整个中国文化历史的概括，而贾宝玉和西门庆都不能从历史的宏观角度，理解生活的本质。

李前程的《启悟小说：〈西游记〉、〈西游补〉和〈红楼梦〉》是一部从宗教角度解读古典小说的论著，该书可以看作是汉学界第一部专门论述佛教思想对中国章回小说影响的专著，自出版伊始，在汉学界即有较大影响。李前程认为：中国章回小说将佛教启悟观念融入了小说的叙事框架，在《红楼梦》中，宝玉的性格是"痴"，"痴"为佛教所说的"三毒"之一，佛教式的解脱必然要求宝玉戒绝"痴"心，进入度脱框架。"佛教大乘派宣扬的寻求解脱的思想传统和赎罪方式对《红楼梦》的情节、结构、表达方式、内部矛盾与冲突的化解以及小说结局宝玉出家的情节安排都有重要影响。"[21]153《红楼梦》在第一回就明确指出：要神瑛侍者与绛珠仙子下凡度脱凡人，这显示了它对度脱文学的熟悉与继承。《红楼梦》从根本上说是一个宗教性质文本。

"宝玉唯一的解脱是摆脱情欲的吸引。他的痴情是牵绊，他一直希望与之相伴的女人是他的魔障。从某种意义上而言，这些女性于宝玉而言，正是《西游记》与《西游补》中的妖魔。"[21]130

贾宝玉的悟道与《西游记》中的悟道不同，《西游记》的度脱框架是：舍离—启悟—回归，小说人物要历经一番启悟历程，回归佛界。《红楼梦》则关注世俗中的种种欲望，否定世事人情。李前程多次引用脂砚斋的评语来指出《红楼梦》中的佛教思想，"以情悟道"体现了这部小说的特色。贾宝玉深情、用情，到了情之极致，但最终抛下凡情，转情为悟，去寻找"道"的天地。而"悟"的途径是通过度脱者。在《红楼梦》中，警幻仙姑和空空道人都是度脱者的形象，得道的僧道为了启悟被度脱者，往往要引导他们认清世界的本来面目，度脱的方式常常是入梦。《红楼梦》中的柳湘莲在尤三姐自刎后，梦见她来告别，而后出家。贾宝玉神游真如福地，领悟自己与林黛玉的前世关系，得到度脱。在《西游补》中，董说发挥其想象力，整部小说建构于孙行者的梦境，在"青青世界""古人世界""未来世界"中经历种种磨难,最终被虚空主人唤醒,走出梦境。"梦境"承载着董说多层次、多维度的创作目的。

《西游补》在佛教方面的度脱观也引起不少汉学家的关注。何谷理认为:《西游记》中的孙悟空非肉体凡胎,不识情欲为何物。而《西游补》的作者为孙悟空补上"出情"的一课,让他遇到鲭鱼精,以"先走入情内",再"破情而出",最终悟道。"鲭鱼"是"情欲"的谐音,被当做"妄心"的代表。《西游补》中,处处可以看到"情"的暗示。《西游补》正是通过佛家人生如梦的思想,以完成孙行者的度脱之旅。白保罗关注《西游补》里悟空"悟道"的过程。英雄要认清"来路"或"本来面目",启悟的方法是进入梦境。小说中,孙行者穿梭于古今,各种富贵如浮云。小说最终的指向是出世修道的传统,核心在于对人生真谛的终极意义追问。葛锐(Ronald Gray)指出,西方红学对小说中佛教思想的关注使大家忽视了道教的体现:"宝玉的思想发展和他回归石头本原的结局,可以视为是道家启悟历程的寓言。"[22]这对于绝大多数倾向于从佛教解脱角度解读贾宝玉的结局,显得与众不同。

五、结语

美国汉学界对中国古典小说的宗教叙事研究成果多样,从报刊上的只言片语,到期刊、博士论文,乃至专门著述,大大丰富了汉学界的古典小说研究。研究呈现出斑驳陆离的纷繁色彩,赋予了古典文本更广阔的意义空间。总的说来,汉学界的宗教叙事有如下特点:

其一,善于借用中国学者成果。汉学家一贯重视来自中国的研究资料。如浦安迪的研究体现出以中国传统小说评点为依据,再深入探讨古典小说的叙事方式,发现它与西方叙事文学的异同。

其二,中西比较宗教的角度。汉学家的古典小说宗教叙事研究或多或少使用了中西比较宗教的方法论,丰富了比较宗教学的内容,并进一步拓展了古典小说研究的范畴与影响,使之在世界上开始更为广泛的跨文化对话与交流。

其三,跨学科的研究方法。美国汉学界对古典小说宗教叙事的研究体现出明显的跨学科特征。研究者站在跨文化的视野中,通过对来自不同背景知识范式的清理,运用来自文学与宗教学之间的概念、范畴、话语、规则来互相阐释,建立起跨学科的话语诠释模式。这成为汉学界古典文学研究的一大特征。

古典小说不仅属于中国,也属于世界。我们赞赏汉学家们对中国古典文学的热爱与理解,他们的研究成果不但让世界认识中国,也从另一个认知角度帮助我们更好地理解自身。在全球化浪潮已经席卷全球每一个角落的今天,立足于中国文学和文化本位,美国汉学家的中国古典小说宗教叙事研究对于拓展中国文学的海外意义空间,对于中学西传和"输出东方",对于推动中西文学与文化的交流与发展都具有重要意义。

参考文献

[1] TIMOTHY B. Chinese Religion in English Guise: The History of an Illusion [J]. Modern Asian Studies, 2005, 39(3):509-533.

[2] DAVID H. Literature [M]//The Legacy of China. Raymond Dawson. Oxford: Clarencon Press, 1964:86-87.

[3] 劳格文. 中国宗教的合理性[M],范丽珠,译. 法国汉学第四辑. 北京:中华书局, 1999:338-339.

[4] 余国藩.《红楼梦》、《西游记》及其他[M]. 李奭学,译. 北京:三联书店, 2006.

[5] KENNETH J Deworskin. The Six Dynasties Chin-Kuai and The Birth of Fiction [M]//Chinese Narrative. Andrew Plaks. Princeton University Press, 1977:50.

[6] VICTOR H Mair. The Narrative Revolution in Chinese Literature: Ontological Presuppositions [J]. Chinese Literature: Essays, Articles, Reviews(CLEAR), 1983, 5(1):27.

[7] VICTOR M. The Contributions of T'ang and Five Dynasties Transformation Text(Pien-wen) to Later Chinese Popular Literature [J]. Sino-Platonic papers, 1989, 6(2):5-6.

[8] JAN Y. Buddhist Literature [M]//The Indiana Companion to Traditional Chinese Literature. William H. Nienhauser, Jr. . Bloomington: Indiana University Press, 1986:1-12.

[9] 浦安迪. 明代四大奇书[M],沈亨寿,译. 北京:生活·读书·新知三联书店, 2015.

[10] PATRICK H. Sources of the Chin P'ing Mei [J]. Asia Major, New Series, 1963, 10(1):106, 114.

[11] ROBERT E Hegel. The Novel in Seventeenth Century [M]. New York: Columbia UP, 1981, 171.

[12] YU A. The Quest of Brother Amor: Buddhist Intimations in the Story of the Stone [J]. Harvard Journal of Asiatic Studies, 1989, 49(1):55-92.

[13] ANDREW H Plaks. Archetype and Allegory in the Dream of the Red Chamber [M]. Princeton: Princeton UP, 1976:181.

[14] LI J. Flowers in the Mirrow [M]. Trans. Lin Tai-yi. Shanghai: Yilin Press, 2005:2.

[15] TIMOTHY C Wong. Liu E in the Fang-shih Tradition [J]. Journal of the American Oriental Society, 1992, 112(2):305.

[16] ZHOU Z. The Dram of the Red Chamber: A shattered Dream of Androgyny [M]//Androgyny in Late Ming and Early Qing Literature. Zhou Zuyan. Hawaii: University of Hawaii Press, 2003:4.

[17] ZHOU Z. Chaos and the Gournd in the Dream of the Red Chamber [J]. T'oung Pao, 2001, 88(5):287-288.

[18] 曹雪芹. 红楼梦[M]. 北京:人民文学出版社, 2008:4.

[19] FERRARA M. Emptying Emptiness: Kongkong Daoren in Honglou Meng [J]. Tamkang Review, 2005, 26

(1):111.

[20] LI W. Enchantment and Disenchantment:Love and Illusion in Chinese Literature [M]. Princeton University Press,1993:4.

[21] LI Q C Fictions of Enlishtenment:Journey to the West,Tower of the Myriad Mirrors,and Dream of the Red Chamber [M]. Hawaii:University of Hawaii Press,2004.

[22] GRAY R. Returning to the Unpolished:Jia Baoyu and ZHuang-zi in Honglou Meng [J]. Tamkang Review, 2005,36(1):188.

原作之死:《金瓶梅》英译的去经典化研究

齐林涛

(澳大利亚蒙纳士大学)

[摘　要] 《金瓶梅》的文学价值与贡献在中西学界均得到公认,但因涉性描写屡遭禁毁,在普通读者眼中沦为色情文学的代名词。这种去经典化的现象在其英译过程中也有体现。文章通过考察20世纪英美社会的历史文化背景,特别是其文学审查制度,对该书的英译历史进行重新审视,从英语世界的东方主义审美、翻译传统、出版生态和阅读政治等多方面深入分析了《金瓶梅》在英译过程中的商品化、庸俗化和政治化现象,并对其去经典化的过程、机制和影响进行了初步探讨。译文诞生于目标语境并首先为目标语境服务,因此其对原作的解读和改编并不单纯以原著的经典性为准绳。

[关键词] 《金瓶梅》;英译;文学审查;去经典化;商品化

一、引言

《金瓶梅》(以下简称《金》)在明代就跻身四大奇书,有清一代更是被张竹坡誉为第一奇书。虽因语涉淫秽,屡遭世人诟病,但以其文学成就之高、贡献之大,一直

[作者简介] 齐林涛(1980—),男,博士,澳大利亚蒙纳士大学翻译学讲师、博士生导师,研究方向为文学翻译理论与实践、英汉语言文化对比。

① 原文刊于《燕山大学学报(哲学社会科学版)》2020年第3期,被人大复印报刊资料《文学研究文摘》2020年第4期转载。

得到后世称许。鲁迅认为《金》是最为有名的明代世情小说,称其"著此一家,即骂尽诸色"[1]。《金》对中国小说发展的贡献,特别是对《红楼梦》的影响世所公认,红学专家俞平伯曾评价说:"《红楼梦》之脱胎于《金瓶梅》,自无讳言。"[2]在世界文学的舞台上,《金》的文学价值也同样得到了西方学者的肯定和推崇,盛赞其可以比肩任何世界名著[3]。但就是这样一部文学经典,在传入英语世界的过程中,却经历了诸多曲折与坎坷,甚至一度沦为廉价色情读物。

本文从翻译的社会语境入手,重新审视了《金》的英译历史,并对其在英语世界文学审查制度下的去经典化现象开展了深入研究。通过考察英美国家的历史文化背景、社会思潮、法律制度、出版业界情况和阅读政治等因素,尝试对《金》从文学经典沦为色情读物的过程、机制和影响进行解读和分析。英美文学审查制度于20世纪60年代末基本终结,在此之前国外出版的英译文共有7种,具体信息可详见表1。为了论证需要,文中对《金》英译本的叙述不以其出版先后顺序为依据,而是以其翻译、出版策略为主题进行归类、分析。

二、翻译语境与文学作品去经典化

罗兰·巴特(Roland Barthes)在《作者之死》一文中对传统文论提出疑问,认为将作者的意图和生平纳入对其作品解读,从而得出所谓权威阐释的做法,虽然操作起来甚为便捷,实际上却也不无漏洞、未必经得起推敲。[4]诚然,作者写作时带有主观意图,且受到个人经历和认知局限,从这些层面分析其作品可理解其写作背景、创作目的、故事倾向等;但对读者,尤其是文学作品的读者来说,他们首先关注的是自身的阅读体验,这种体验在读者所处语境中完成,而非原作者创作的社会语境。在阅读翻译文学时,不熟悉原文作者甚或作者信息缺失的情形也不会影响读者在不同时空背景下对作品的欣赏和推崇。同理,读者的解读即便与作者的写作手法或意图相左,获得的阅读愉悦也并不因此而打折扣。

就翻译研究而言,诸多翻译流派,如描述翻译学及目的论,都不再奉原作为圭臬,而是认可翻译的常态是原作会对应多种译文。在描述翻译学看来,翻译首先是一种译入语文化现象[5],其产生、进行、完成和传播主要在目标语境中开展,满足译入语需要,而不必然受制于原文形态、地位及影响。比如,林纾翻译的《巴黎茶花女遗事》一书中,原著中行为放荡不羁的女主角摇身一变成为贞节烈妇[6]66,其译笔变化的缘由与原文语境无关,只能通过考察译者和译文相关的社会文化因素方可做出合理解释。而描述翻译学并不单纯据此断定译文质量优劣。因为对描述翻译学派而言,只要一种译文宣称是从某一原作翻译而来,则自动认可两者之间存在对等关系。其考察的重点不再是规定性地研究两者是否在语言或文本形式上对等,而是关注两者间的对等关系是在何种层面、以何种形式实现的,以及这种对等关系展示出什么样的翻译规范。

表1 本文所涉《金瓶梅》英译文一览

Year	Title	Translator	Publisher
1927	The Adventures of Hsi Men Ching 西门庆传奇	Chu Tsui-yen	New York: privately printed
1939	The Adventurous History of Hsi Men and His Six Wives 西门与六妻妾奇情史	Bernard Miall (Introduction by Arthur Waley)	London: Bodley Head
1939	The Golden Lotus 金莲	Clement Egerton	London: Routledge and Kegan Paul
1953	The Harem of Hsi Men 西门府妻妾成群	Anonymous	New York: Universal Publishing and Distributing Co.
1958	Houses of Joy 逍遥窟	Wu Wu Meng	Paris: Olympia Press
1965	The Love Pagoda 爱欲塔	Anonymous (Introduction by Albert Ellis)	Chatsworth, California: Brandon House
1968	Houses of Joy 逍遥窟	Wu Wu Meng	California: Collectors Publication

理论上讲,这在翻译过程中赋予了译者更多的自由空间。但是,一旦译文进入传播渠道,读者即可各取所需,据各自知识背景和认知能力对译文进行解读,译者处理原文时自由度如何、依据了何种翻译动机、原作经典与否,在译文流通环节已不再必然相关。林译小说中不乏西方二三流作家的作品,却因林纾的译文而在中国风行一时[7]。同样,由于汉学家的译介,文学价值并不出众的中国古代小说《好逑传》,却在19世纪的欧洲好评如潮,占尽风头[8]。在源语文化中绝非经典的小说,也可在译入语中呈现出经典化的趋势。反之,根据目标语境的需要和操控,文学经典也可能在翻译过程中被边缘化,从而在目标语读者中丧失其经典地位。

文学经典是一个极为复杂的概念,其形成具有历史性和动态性的特点[9]7-8,并可能与社会意识形态结合,而呈现政治性的特色[10]2。以《金》为例,在面世之后,经过私下传抄、刻板印刷得到广泛阅读与认可之后,逐渐跻身"四大奇书"之列。进入清代之后命运开始发生变化,康熙王朝以降屡遭禁毁。至于民国,备受郑振铎、鲁迅等文学巨擘推崇而在文学史上赢回一席之地。"文革"前后,由于相关原因,又从文学课程中销声匿迹,曾有老师因在课堂提及该书而遭学生揭发、批斗[11]。时至今日,虽然《金》在各类文学史教材中均有提及,但普通读者似乎并不关注其文学成就与地位。更有甚者,在没有阅读过《金》的情况下,单凭道听途说或寻章摘句即固守成见,想当然认定该书不过是一部情色经典而已。这一方面证明了文学经典的历史性、动态性和政治性的特征,另一方面也反映出在当代汉语中,由于读者群体的多样性,《金》的经典化与去经典化这样看似矛盾的两种过程,其实是同步存在、共同发展的。

"去经典化"这一概念,在文化研究中有多种解读。不同的学者基于各自的学科背景和论证的方便,时常将其与"非经典化""伪经典化"和"反经典化"等不同的术语并列甚至对等起来,出现交叉使用的趋势。在物质条件高度发达的数字文化时代,"阅读"方式不再拘泥于纸质书籍,而是可能以文本、视频、音频等形式,以改编的面目,通过互联网渠道传播。大众文学的流行让读者目不暇接,带来读者身份和阅读习惯方面的多重变化。读者作为文学作品的消费者,阅读选择不再拘泥于文学经典,对经典作品的信仰和崇敬随之降低。阅读习惯呈现出碎片化、跳跃性、浅阅读的特点[12]136,并且可以通过评论、解读、改写,积极参与文本的生产。在"大话""水煮""戏说"的盛行中[13]136,众多文学经典被消费、消解,甚至颠覆。

事实上,在数字化时代到来之前,尽管传播媒介不同,文学作品的去经典化现象也一直存在,对于来自不同时间、空间维度的作品尤为如此。具体到文学翻译领域,由于目标语读者对源语文学经典因语言、文化屏障而产生的天然陌生感,翻译作品的译者、出版商也就有了更多的操纵空间,可以根据目标语中特定历史时期的社会文化环境对原作进行大刀阔斧的再造或者改头换面的包装,使源语作品的经典性受到阉割。需要指出的是,由于自身背景及阅读目的的差异,读者在阅读时对于此类去经典化现象的接受程度也迥然不同。比如,对于欧美国家研究中国文学的大多数学者来说,《金》始终都是一部具有里程碑意义的文学经典,其英译过程中的去经典化做法并不会影响或改变学者型读者对原作的评价。因此,本文中所论述的去经典化发生的场域主要集中在大众文学的受众群体。

三、《金瓶梅》英译的社会语境

为了全面考察并合理评价《金》在20世纪英译历程中的各种翻译手法和出版策略,必须首先对当时的译文读者所处的社会文化背景有所了解。英国在维多利亚女王统治下(1837—1901),社会风气极为保守,公开场合性话题成为禁忌,其荒唐程度几乎无以复加,人们甚至于将钢琴腿都用布包起来,以免产生性的联想[14]。

但另一方面，女王与情人交往的事情也成为人们私下里茶余饭后的谈资[15]。这类矛盾状态同样反映在文学创作中：虽然当局公开压制，大量色情小说仍在这一时期诞生，并在民间秘密流传，规模之大，亦是空前，因而维多利亚时代还极具讽刺意味地享有情色小说的"黄金时代"的"美名"[16]。

一战以后，英美国家在20世纪20年代经历了所谓的"第一次性革命"[17]，一些人对维多利亚时代的保守风气提出疑问和挑战，提倡更为自由和开放的爱意表达，举例来说，公开场合接吻作为表达爱意的一种手段，也只是在此之后才逐渐正常化。几乎与此同步，弗洛伊德的心理分析学说也在西方国家流行起来。1915年，弗洛伊德著述的英文译本开始出现，很快流传开来，影响到了各个阶层[18]。很多作家都开始在自己的作品中对性话题进行有意识地展示和探讨，如劳伦斯的《查特莱夫人的情人》和乔伊斯的《尤利西斯》等。但是，需要注意的是，维多利亚时代颁行的《1857年色情出版物法案》在1959年以前一直有效[19]，因此它在20世纪前半叶仍然是英美两国文学审查制度共同的法律依据，成为高悬在涉性文学作品头上的一把利剑，上述劳伦斯和乔伊斯的作品都曾在英美遭禁，并使出版商和书商官司缠身。[20]在这种背景下，《金瓶梅》英译的道路充满坎坷，时常伴随着与文学审查制度的恩怨纠葛。

第二次世界大战以后，英美世界社会环境、思潮出现重大变化。二战前起步的"平装书革命"继续蓬勃发展，极大地改变了人们的阅读习惯，也促使出版界作出相应调整。数量众多的廉价读物纷纷涌向市场，包括一些地下出版并通过邮寄手段流通的色情书刊。1959年，维多利亚时代的《1857年色情出版物法案》被新的法案代替。新法案仍然认可文学审查的法律效力，但是包含了一些有利于涉性文学作品的条款。比如：

> 若有专家意见可证明出版物具有文学、艺术、科学或其他方面价值，则此类专家意见可在依据本法案提起诉讼的案件中得到采信。[21]477

于是，在文学、艺术领域众多名人的支持下，一些长期遭禁的作品《查特莱夫人的情人》和《芬妮·希尔》等相继解禁。在此背景下，以《金》性描写为焦点的英文改编本在英美国家开始广泛传播。

进入20世纪60年代，西方世界发生了以性解放为宗旨的"第二次性革命"[17]，很多文学界、科学界人士提倡在文学作品中涉性描写的自由化、正常化。此次性革命在60、70年代达到高潮,在英美国家产生了深远影响,不仅改变了人们的生活方式,而且在阅读、出版领域也得到反映。读者更加公开地要求在阅读涉性文学方面享有自由、民主权利,出版商顺水推舟,推出了大量色情读物。在美国出版界,由于版权法案将色情出版物排除在保护范围之外,盗版色情文学一度泛滥成灾。《金》的英译出版者自然也加入了这一出版狂欢。60年代末,在多种因素的综合作用之下,文学审查制度在英美名存实亡。有趣的是,自由出版时代的到来,并没有继续催生《金》在英语世界出现新的色情改编本,在一定程度上展示、印证了色情文学与文学审查制度相克相生的矛盾共生关系。

四、东方主义神秘色彩:译文与序言作者的共谋

20世纪初期的英美国家对于中国或者概括来说对于东方世界,有一种向往的情结,但是了解却十分有限。而从报纸上或者道听途说得到的描述往往具有猎奇的性质,因此这一时期的英美读者倾向于把中国打上一种神秘主义的印记,这在《金》的早期译文中表现得尤为明显。

《西门庆传奇》(*The Adventures of Hsi Men Ching*)是迄今所知的第一个《金》英译本,1927年在纽约出版,译者署名为Chu Tsui-yen,从名字上判断应为华裔人士,这一点无疑增加了其译本在西方读者心目中的权威性和可信度。该译本采取了私下刊印、限量印刷、不公开发行的方式,共印制750册,且在每册末内页标有手写编号[22]234。这种出版形式造就的稀缺性自然衍生出一种神秘色彩。

与此类似,译本内容上也从一开始就展示出一些东方主义的神秘和新奇色彩。在序言中,译者并没有介绍《金》的故事情节或文学价值,也没有说明自己的翻译缘起和策略,而是绘声绘色地讲述了有关《金》作者的传说。译者开门见山指出,原著作者为何人尚无定论,但接着就话锋一转,断言目前最可信的版本是明代著名历史学家王凤洲,他着意为父报仇,得知仇人严氏好秽书,兼之其读书时有以涎润指翻页的习惯,遂作此书,书页涂毒,献之仇人。不出所料,严氏如获至宝,手不释卷,阅毕全书不久即一命呜呼。[23]可以说,这一序言的目的完全是为了吸引读者的好奇心,以一种稗官野史的神秘主义手段引出《金》的译文。

译本内封注明该译本配有"黑白插图",共12幅,包括衬页上的一幅。有趣的是,现有的某些藏本插图却是彩色的;经比对发现,彩色插图并非当时印刷原貌,而是藏书者后期手工上色的结果。插图的风格揭示了20世纪初西方流行的殖民主义或东方主义心态:人们不仅认为东方与"我们"不同,而且刻板地把东方视为一

个没有什么内部差异的整体。在《西门庆传奇》的插图中,不管是男性角色,还是裸体或半裸体的女性人物,其绘画风格明显带有日本特色。比如男性的衣着、打扮基本上是在日本绘画中常见的典型武士形象。插图作者是当时小有名气的前卫女画家克拉拉·泰斯(Clara Tice),其作品以大尺度的女性形象闻名[24],也因而引起了文学审查官的注意。

《西门庆传奇》用纸考究、印刷精美、装帧上乘,在当时算得上是精装豪华版。从内容上来说,全书共19章,凡215页。由于当时印刷技术所限,插图页均为单面印刷,但是却双面计算页码,因此,实际文字内容只有193页,与原作煌煌百万言巨著的规模相去甚远。从译本标题可以看出,故事不以原著标题中的三位女性人物为叙事重点,而是将重心和视角集中在西门庆身上。《金》涉及的各类社交场景几乎删减殆尽,就连保留下来的西门庆的各种性冒险情节也大大简化,原作中细致入微的性交描写被译者以隐晦的笔触笼统地一笔带过[25]。译文显然受制于目标语境中极为严厉的文学审查制度,原作的文学性、完整性和经典性并不在译者或出版商的考虑之中。

私下限量印制、秘密渠道流通、加之弱化涉性描写,都是译者和出版方迎合审查制度要求所采取的应对手段。此类手段并非《西门庆传奇》首创,在历史上前人已经反复采用,成为规避审查的有效途径。不过,其现实效果往往不取决于译者和出版商,而是取决于文学审查官,因而具有很大的随机性和不确定性。《西门庆传奇》出版不久就遭到查禁,但审查官的关注也意外起到了宣传的作用:一些此前并未听闻此书的读者开始在书市寻访。该译本对原作的操控迎合了西方读者对东方神秘色彩的期待,在《金》的去经典化道路上迈出了坚实一步,为日后《金》在英语世界的庸俗化奠定了基础。

作为《金》在英语世界的首秀,《西门庆传奇》的序言所展示的东方主义色彩在英美世界影响深远。1939年伦敦出版、转译自弗朗茨·库恩(Franz Kuhn)德文译本的《金》节译本《西门与六妻妾奇情史》(*The Adventurous History of Hsi Men and His Six Wives*)中,序言作者亚瑟·韦利(Arthur Waley)再次以王世贞著书复仇的故事开篇,延续并强化了这种神秘色彩。韦利是当时首屈一指的汉学家,翻译的古诗、《论语》等书风行一时。整体而言,其所作《金》译文序言态度甚是严肃,十页正文配有近三页尾注。但是令人不解的是,序言开篇却用近三分之一的篇幅详细讲述了王世贞与严嵩两家之间的恩怨,细致入微地刻画了王世贞著书映射并毒死严世蕃,而且在严氏死后还乔装打扮、冒充故交进入严府开棺戕尸的过程[26]。与上述

《西门庆传奇》秘密流通、限量发行的形式不同,由韦利作序的译本为公开出版,而且成为日后重印次数最多、改编本最为丰富的英译本。

韦利汉学权威的身份及与之相关的文化资本,以及其序言注释所显示的形式上的学术性,都使得围绕《金》作者的这一民间传说,摇身一变成为读者心目中代表东方神奇世界的一种史实。因此,时至今日,很多英美国家图书馆在为《金》有关的图书标注作者时,都会注明"王世贞",即便所涉图书中并未出现相关信息。译文序言中这类操作以目标语境为尺度,完全不具备为原作服务的任何功能。猎奇性的序言虽然有助于译本取得商业上的成功,俘获读者的阅读兴趣,但是序言作者们在迎合了英语世界对东方世界神秘色彩的期待之余,也不自觉地成了《金》去经典化历程的始作俑者,至少也是扮演了"共谋"的角色。

五、欲盖弥彰的拉丁文色情描写

除了韦利所做序言带有的神秘主义倾向,《西门与六妻妾奇情史》译本的内容却中规中矩,没有出现原著中备受争议的露骨色情描写。由于本身就是节译本,性描写的删减对于译者来说并不存在技术上或者翻译伦理方面的障碍。同样在1939年,伦敦还发布了《金》的第一个英文全译本《金莲》(*The Golden Lotus*)。因为号称全译,故而也就无法回避性描写翻译的问题,在前言中,译者克莱门特·埃杰顿(Clement Egerton)专门对涉性情节的译法进行了说明。埃杰顿认为,如果《金》的作者生活在英国,一定会避免触及某些话题,小心翼翼地将某些章节以隐晦的笔触带过;但实际上,他却毫无避讳地使用最为直白的语言将一切展示给读者,这让译者在翻译过程中尴尬不已。但是,埃杰顿话锋一转,指出:

> 我觉得,如果要翻译此书,就必须全文翻译,不过不能全部译为英语,所以读者会大为恼火地发现,偶尔会有一些段落以拉丁文出现。我对此深表歉意,但是除此之外,别无他法。[27]vii-viii

拉丁文在《金莲》一书中的使用,主要的决定因素是当时的历史文化背景。如前所述,20世纪上半叶,英美国家仍然依据颁布于维多利亚时代的《1857年色情出版物法案》,实行严格的文学审查制度。因此,20世纪初文学作品遭受查禁的新闻时见报端,其中不乏《北回归线》和《尤利西斯》等世界名著。出版商为免惹官司而遭受经济损失甚至牢狱之灾,往往自觉充当文学审查官的角色,在出版之前就对图书语言进行过滤和净化。《金莲》译本中拉丁语的使用就是在这种背景下出现的。

翻译性描写的传统做法是删减、淡化,但使用外文,尤其是拉丁文在英语世界也有着十分悠久的历史[28],并非《金莲》首创。但事实上,拉丁文能否起到过滤语言的作用,本身就是一个值得质疑的命题。第一,拉丁文在20世纪初期仍然是学校教育的必修课,因此凡是受过正规教育的读者基本都可以阅读拉丁文;这样一来,译文中使用拉丁文其实有些自欺欺人的意味。但由于是长期沿袭下来的做法,一些文学审查官对此也就顺水推舟、不做细究,所以仍有免受审查之效果。第二,性描写若以英文译出,由于其在《金》中所占比例有限,如果不仔细阅读,其实并不容易挑出;但使用了拉丁文之后,这部分文字变得更加显眼,反而为色情读物爱好者猎奇打开了方便之门。在《金莲》出版后不久,坊间就流传出一本小册子,题为《金莲的秘密》,里面专门收录了《金莲》译本中全部拉丁文片段的英译文。[29]

如此看来,以拉丁文净化文本,防止读者阅读色情描写的做法适得其反。但对于《金》来说,原著中占比无足轻重的性描写通过翻译得到突出、放大,极大地损害了其文学经典的声誉。在以外文对译性描写成为通行做法的时代,《金》英文译本中的拉丁文实际上转变为色情文学的宣言或广告,提醒读者该书部分内容具有黄色读物属性。这种欲盖弥彰的出版行为,更容易引起读者的津津乐道,从而带来三人成虎、以讹传讹的传播效果,将读者的注意力导向《金》的文学价值之外的地方,客观上起到了助推《金》在英语世界去经典化的作用。

原作翻译成英文之后,在英语世界的传播和接受,完全取决于译者与出版社在目标语境下所采取的翻译出版策略。在普通读者对《金》原著缺乏了解的情况下,译文就成了原作的代名词。本雅明认为译文乃原作的重生(afterlife)[30]。然而,"重生"本身就建立在原作之死的基础之上。原作在译入语中重生的形式和状态有赖于其重生时空的社会文化语境。就大众文学而言,原作得到翻译,更多的是因为随着目标语社会发展某一特定时间,原作某种价值或特性得到重新发现,迎合了目标语境的需要,从而产生了语境相关性,具备了重生的条件。换言之,译文产生的背景是,翻译行为各方认为目标语境可以合法地重塑原作。译作对原著的改写、增删,以及其他特殊处理手段都应在此基础上加以解读,而非笼统地援引文本对等的标准进行评价。

六、审查制度下色情读物的商品化

针对色情作品的文学审查制度,在一定程度上造成了出版市场的一处空白地带,人为地助推了黄色小说的稀缺性。这种需求与供给之间的巨大差距所带来的必然结果,就是色情读物的商品化。事实上,此前的历史已经雄辩地证明,政治压制和民间对抗相克相生,既相互矛盾,却又长期共存。极端保守的维多利亚时代恰恰也正是淫秽小说的"黄金时代",诞生了英语世界最为丰富多彩且数量惊人的色情作品。通过私人印刷、秘密流通等方式,涉性文学屡禁不止、愈挫愈勇,充分展现了文学作品商品化之后的巨大生存力和吸引力。

对《金》而言,商品化就意味着去文学化、去经典化、色情化和庸俗化,而这一过程在《金》的英译史上是多角度、多层面同时推进的,而且呈现不均衡发展的特点。在汉语原著中,《金》对中国16世纪社会生活的描写呈现出多样化、立体化的特征,展示了各个社会阶层、各种生活场景,涵盖了包括性在内的多种主题。但是,在20世纪的英美社会语境中,原作中的性描写成为与目标语境相关性最高的内容。很多廉价小说的出版商往往通过夸张手法突出小说的性描写,不遗余力地将读者的注意力引向其禁书的身份。在20世纪60年代出版的《爱欲塔:西门与六妻妾艳史》(*The Love Pagoda: The Amorous Adventures of Hsi Men and His Six Wives*)中,《金》被描述为"中国最著名的色情经典","过去数百年来经历了与文学审查制度的不断斗争,通过地下流通得以存世至今"。出版商对这样抽象的措辞似乎意犹未尽,在译本封底继续评价说:"英国有《芬妮·希尔》(*Fanny Hill*),美国有《北回归线》(*Tropic of Cancer*),中国有《爱欲塔》(*The Love Pagoda*)——大概算是有史以来最为有名的禁书经典。"[31]通过列举英语世界人们耳熟能详的色情文学,并将《金》与其相提并论,出版商得以向其目标读者清晰地传达出《金》属于黄色小说的信息。《金》的文学性在此过程中逐渐荡然无存。

上述译本对《金》商品化的另一特点,是其通过虚假宣传将节译本包装成为全译本推广,极大地掩盖了《金》的文学价值,损害了其文学声誉。《爱欲塔》共22章,238页,实为前述《西门与六妻妾奇情史》的改写本,删减了其源本的故事情节,保留了其中的性描写,并加以铺陈渲染,将其转变为一本名副其实的廉价黄色小说。[22]不过,在其封底,却公开宣称"如今,有史以来第一次,《爱欲塔》以毫无删节的面貌出现在英语读者面前"[30]。虽然其措辞中使用了《爱欲塔》的题名,但在出版前言中则明确说明其脱胎于《金》,因此,有意误导读者为节译本造势的目的一目了然。由于该书较为畅销,短时间内多次重印,其商业化成功的背后凸显的也正是《金》在英语世界庸俗化的定格。

一些较为严肃的出版方会同时强调《金》的文学价值和情色内容。如前文提到的全译本《金莲》，其出版方为世界知名出版社罗特莱基（Routledge），该译本1972的重印本指出，《金莲》被赛珍珠誉为中国最伟大的情爱小说，任何对中国文化史感兴趣的读者无疑都必须研究这部作品。小说描绘了一夫多妻社会的家庭生活，其用语直白不讳，刻画细致入微，此两方面，世界文学鲜有可与之比肩者[27]。这大概算是20世纪90年代以前对《金》英译本用语最为保守、公道的评价，但是，在认可《金》文化、文学价值的同时，仍然从《金》众多主题中选用了"情爱小说""一夫多妻社会的家庭生活"等引导性的措辞，有意无意迎合了色情文学读者的猎奇心理，加深了《金》在英文中的商品化程度。

出版活动作为商业行为，自然有其逐利的特性，《金》的汉语原著出版过程也不例外。然而，其英译中的商品化却是目标语境的独特产物。在20世纪中期性革命的大背景下，涉性文学成为学者、读者和出版商眼中反抗审查制度的武器。因此，《爱欲塔》之类的英译本，完全无视《金》的文学性和经典性，专门把性描写内容从原著中"劫持"出来，"押解"到英语中，并对其进行包装、打扮，以色情读物的形式推向市场。目标语境在这种商品化过程中的决定性作用，可以通过对《金》多个英译本的历时性研究得到更为全面、深刻的考察。

七、出版业的无政府状态

英美文学审查制度对20世纪《金》英译出版的影响体现在多个方面：第一，与色情出版相关的法律惩治措施推动了出版社主动对出版物进行预审查，避免色情读物发行流通，催生了删节本的大量涌现，以及使用拉丁文等今天看来令人费解的翻译手段；第二，将预审查不力的出版商或者协助私下流通的书商告上法庭，从流通中截获、罚没出版物，引起色情读物阅读领域的供需失衡，一定程度上助推了色情文学的商品化；第三，也是影响最突出的一点，就是造成了五六十年代色情小说出版的无政府化。

首先，英美本土严厉的审查制度导致一些出版商另谋出路，别出心裁地在其他国家开展色情作品出版活动。20世纪50年代，为逃避英语世界的维多利亚式文学审查制度，莫里斯·吉罗迪亚斯（Maurice Girodias）在法国巴黎成立了奥林匹亚（Olympia）出版社，专门发行英文色情小说及各类先锋文学作品[32]。当然，其目标读者主要仍然是英美本土读者，所以，这些书籍出版后，往往通过邮寄、随身携带等途径进入英美市场，期间虽然不乏遭到海关截获、罚没的情况，但却受到读者追捧。据吉罗迪亚斯回忆，甚至出现黑市价格翻倍的情况[33]。1958年，奥林匹亚出版社推出署名 Wu Wu Meng 的《金》英译本《逍遥窟》(*Houses of Joy*)[34]。值得一提的是,前文所述《爱欲塔》在内容上全文照搬《逍遥窟》,是一本彻头彻尾的盗版书籍。《爱欲塔》1965年由布兰登书屋首次在加利福尼亚发行,版权页还赫然印着"不得以任何形式翻印",实在讽刺意味十足。然而在当时的美国,这种色情出版业的无政府状态却是一种必然且并不违法的现象。

为了打击淫秽小说的出版和流通,美国当时的版权法规定,色情出版物不受版权保护,为盗版现象提供了一定的生存空间。此外,对于在海外以英语出版,但却未向美国版权机构申请登记的出版物,美国也不为其提供版权保护[35]。这两条规定都意外为美国出版商盗印奥林匹亚的《逍遥窟》铺平了道路,因为《逍遥窟》在美国境外出版,而且是不折不扣的淫秽小说,自然成为盗印商的理想猎物。布兰登书屋在对《逍遥窟》稍加包装,更换了封面、增加了前言之后,以《爱欲塔》为题全新推出,并明目张胆自诩为《金》的首个英文全译本。吉罗迪亚斯对此颇有微词却也无可奈何:

> 奥林匹克出版社的全部书目如今都不可思议地成了盗印者的宝库。一些无名小卒争先恐后地相继加入盗印行列,其中一个是布兰登书屋的创立者弥尔顿·路乐斯(Milton Luros),另一个是收藏者出版公司的创建人马文·米勒(Marvin Miller)(此人并不满足于盗印书本内容,甚至无耻地复制了我们的标志性封面);另外一些更不知名的小人则纷纷效仿路乐斯和米勒。热衷盗版在美国商业理念之中根深蒂固以至于此也![36]

除了布兰登书屋之外,吉罗迪亚斯还提到了收藏者出版公司,该公司在1968年发行了《逍遥窟》,从封面文字来看,所有文献信息都与奥林匹亚出版社1958年推出的《逍遥窟》完全一致,但是翻看其内容,则和《金》没有任何文本上的联系,只是一本质量低劣的廉价淫秽小说而已,故事发生的背景为当时的纽约,而小说中的人物都是生活在60年代的美国都市男女[37]。不过,其借《逍遥窟》之名挂羊头卖狗肉的噱头却从反面说明,《逍遥窟》在英语世界读者心目中已经有了广泛的影响,在某种程度上成了淫秽小说的代名词。对于大众文学的普通读者来说,《金》已经从文学经典沦陷为街边报摊的黄色快餐小说,去经典化程度在出版业的无政府状态下达到高潮。原作在这种伪译文中完全死去,假借《金》英译本文献信息出版色情读物的行为,成为目标语境中脱离原著文本束缚之后的自由狂欢。

八、西方阅读政治的牺牲品

如上所述，《金》在英语世界的去文学化、去经典化过程始于20世纪20年代，到60年代基本完成，与英美文学审查制度的没落与破产大体同步，期间推波助澜的因素主要包括阅读民主呼声的壮大、出版领域平装本的盛行，以及性革命时期文学界涉性描写正常化运动的蓬勃开展。

文学审查的本质是政治专制在阅读领域的延伸，其表现形式为一部分人——以文学审查官为代表，认为某些文本材料不适合普通读者阅读，而其名义往往是，在道德方面，普通读者会受到此类文本材料的不良影响。在文学审查制度下，阅读的民主成为空谈。不仅文学审查官可以借法律的名义决定允许其他人阅读什么作品，或剥夺其阅读某些作品的权利，而且在法律的执行上也表现出层次性和赤裸裸的偏见。当时有法官公开将阅读权利与人们的社会经济地位关联起来，认为"都市读者比乡村读者具有更高的阅读品位，因而会较少受到色情作品的毒害"[38]。上文提到的《金》英译本中使用拉丁文翻译性描写的做法正是这种看法的产物——拉丁文在历史上长期是政治、宗教、科学领域的专有语言，能够阅读拉丁文也就成为精英阶层的特权，在此语境下，以拉丁文呈现的性描写讽刺性的同时成了阳春白雪和下里巴人，代表着阅读政治中的特权和专制。《金》则成为这种阅读政治的受害者，色情小说的烙印一旦打上便根深蒂固，从此挥之难去。

二战前后，西方掀起了"平装书革命"（Paperback Revolution）[39]，大量书籍得以批量印刷并低价销售，文学作品脱去了精装本的豪华外衣，走进了街头报摊，普通民众也可以轻松负担购书的经济代价，极大地推动了阅读的民主化。但与此同时，在涉性作品中看到商机的一些出版商，尝试挑战文学审查制度，甚至不惜铤而走险，借阅读民主化之名，将文学作品庸俗化、色情化，形成了一股难以阻挡的势力。为了减少与文学审查官的正面冲突，此类书籍的另一主要流通方式是邮寄。1953年，一本题为《西门府妻妾成群》（*Harem of Hsi Men*）的《金》平装英译本面世。该书用纸粗糙、印刷质量低劣、字小行密，制作风格代表了当时典型的平装廉价快餐书籍。译本标价50美分，书末内封列举了同系列其他书籍后，醒目地标着广告语："1本50分，2本1元，6本1.85元，10本3元，恕不接受货到付款，卖家包邮。"[40]于是邮局沦为淫秽书籍逃避文学审查、到达读者手中的常规渠道。这类交易规模巨大，后来政府不得不出面干涉，邮局开始与文学审查制度合作，充当起审查主体的角色。[41]《西门府妻妾成群》内容并无诲淫之处，但是其封面花哨，调情、虐待场景、裸女图片配合标题,极力将性主题包装成为卖点。这种图文不符的做法无疑与汉语原著并无任何关联,明确显示了出版方在目标语境中借平装书革命渔利的核心目的,但是《金》这一文学经典在英语世界的淫书名声却得到强化。

1959年,随着社会发展,《1857年色情出版物法案》得到修订,其中规定,如果有专业人士可以证明一部作品具有文学、艺术或科学价值,则这类意见应当得到法庭采信[21]。自此以后,审查势力和反审查人士之间的斗争更加公开、尖锐。商业嗅觉敏锐的出版商,尤其是前文提到的一些以盗印书籍为主业的商人借此机会加入双方的政治对抗,通过邀请文学界、科学界人士作序的方式,为《金》的淫秽改编本造势,如前述《爱欲塔》即是一例:虽然全文盗印自《逍遥窟》,出版方却延请著名心理学家阿尔伯特·艾利斯(Albert Ellis)为其作序,突出其文学价值,以期达到逃避审查之目的。

对文学、科学界人士而言,为此类作品作序,成为他们推行自己反审查制度、推动阅读民主化的政治武器,而对于出版商来说,这些作品则是市场广泛、利润丰厚的商品。反审查活动人士与出版商虽然各自目的迥异,但在共同的对手文学审查官面前,权宜地结成了畸形的同盟,不自觉地对文学经典共同进行了合谋阉割。最终,在性革命时代,《金》最终完成了其去文学性、去经典化的过程,达到了商品化、色情化、庸俗化的顶峰。

文学审查制度与《金》去经典化过程的关联十分密切,两者实际上是相互依存的共生关系。这一评价看似矛盾,却极为准确地总结了这种独特的历史现象。文学审查制度的初衷是遏制色情文学的出版和传播,但却造成了阅读政治的层次性和涉性文学作品的稀缺性。追求阅读民主的活动人士和追求新奇刺激阅读体验的一部分读者虽然目的不同,但却共同推动了涉性文学经典的商品化和色情化。《金》正是在这种背景下逐渐沦为了文学审查制度的受害者。

20世纪60年代末,英美色情文学审查基本破产,涉性作品自由出版的时代来临。然而,之前风行一时的一些《金》英译本却逐渐销声匿迹且淡出了读者视野,雄辩地证实了文学审查与《金》色情化的共荣共损的奇特共生现象。也正是文学审查制度的终结,才终于使得《金》的文学性、经典性在英语世界普通读者中得以回归。80年代起,美国汉学家芮效卫开始动笔全文重译《金》[42],以学者态度在英语中尝试重建该小说的经典地位,重现其文学价值。

九、结语

无论是通过强化《金》的涉性描写将其商品化、色情化、庸俗化,还是将《金》的译本引入西方阅读政治语境从而使其武器化、政治化,《金》在英语世界去经典化的过程,本质上是各种行为人,包括译者、序言作者、学者和出版商,对《金》这一文学经典进行有利于目标语境的主动解读、解构和消费。而且这些解读本身与《金》原作的写作目的、创作手法和文学价值等并不必然相关。翻译、出版过程中,各行为人如何对原著进行删减、扩展、改编,以及如何对译文进行包装、宣传,始终不以《金》在汉语语境中的接受、地位或受众群体为指导。对于目标语的行为人而言,原作乃是满足自己特定时间、地点、语境下特定目的的一种工具。原作已死,译文尝试使其重生。这种新生可以与原作相似,保持其文学经典的某些特征;也可以与原作相悖,对其进行去经典化处理,决定这一状态的尺度只能从目标语境中寻找。在文学阅读中,一味寻求译文与原作在文本层面实现表层语言对等既不合理,也不现实。

译文的产生和消费离不开自身的语境(如行为人因素和社会语境),而且其产生的过程也是不断作出选择的过程:选择翻译什么、传递何种解读、如何翻译、突出何种特色、如何包装、向谁推广、如何推广。这些因素很难和原作语境完全一致,原作在自身语境中成为文学经典的很多因素在目标语境中可能并不存在。比如,《金》在中国文学史上的一大重要文学贡献是将写作视角从历史传说转向现实生活,从精英人物转向普通百姓,但这在20世纪的英语世界普通读者眼中,无法轻松引起共鸣。对于20世纪上半叶的读者和译者来说,面对当时的文学审查,《金》原著中的色情描写反而更加具有现实的语境意义。阅读体验具有语境化的特点:文本自身的语境、读者个人的背景、社会文化背景等都在读者的阅读和接受中具有一席之地。相反,原著的语境在此过程中退居幕后,对译文去经典化的现象无计可施。《金》既然可以在其原作语境中实现经典化与去经典化两极之间的动态变化,那么其经典性特征在译文中被接受、挑战、消解、颠覆、重构,都应该是翻译的常态。梳理其翻译史的任务,不是规定如何保留原作的经典性,而是发现、描述、解释其经典性在译文中是如何处理的。

参考文献

[1] 鲁迅. 中国小说史略[M]. 北京:二十一世纪出版社,2010:171.

[2] 孙逊,陈诏.《红楼梦》与《金瓶梅》[M]. 银川:宁夏人民出版社,1982:2.

[3] HIGHTOWER J R. Chinese Literature in the Context of World Literature [J]. Comparative Literature,1953 (5):117-124.

[4] BARTHES R. Death of the Author [C]//R Barthes,S Heath. Image,Music,Text. London:Fontana Press,

1977:142-148.

[5] TOURY G. Descriptive Translation Studies-and Beyond [M]. Amsterdam:John Benjamins Pub,2012:23.

[6] 陈瑜.曲译"忠贞":《巴黎茶花女遗事》对晚清贞节观念的新演绎[J].妇女研究论丛,2012(3):66-72.

[7] 顾艳.译界奇人:林纾传[M].北京:作家出版社,2016.

[8] STANDRE J. Modern Translation Theory and Past Translation Practice:European Translations of the Hao qiu zhuan [M]//L. T. -h. Chan. One into Many:Translation and the Dissemination of Classical Chinese literature. Amsterdam:Rodopi,2003:39-66.

[9] 王松林.立足本土,放眼世界:陆建德研究员谈外国文学与文化研究[J].外国文学研究,2007(2):1-9.

[10] 童庆炳.文学经典建构诸因素及其关系[J].北京大学学报,2005(5):71-78.

[11] 宁宗一.走进困惑[C]//周钧韬,鲁歌.我与金瓶梅.成都:成都出版社,1991:171-185.

[12] 王健.丰裕化社会的去经典化阅读[J].南通大学学报,2019(5):133-140.

[13] 张曙光.经典阅读遭遇大众文化[J].名作欣赏,2007(10):136-144.

[14] PERKINS M. The Secret Record:Modern Erotic Literature [M]. New York:Morrow,1976.

[15] BAIRD J. Victoria:The Queen-An Intimate Biography of the Woman Who Ruled An Empire [M]. London:Random House Publishing Group,2016.

[16] ROLPH C H. Books in the Dock [M]. London:Deutsch,1969.

[17] MORETTI D S. Obscenity and Pornography [M]. London:Oceana Publications,1984.

[18] GEKOSKI R A. Freud and English Literature [C]//M Bell. The Context of English Literature. London:Methuen,1980:186-217.

[19] HALL L. A. Sexual Culture in Britain [C]//F. Eder,L A Hall,G Hekma. Sexual Cultures in Europe:National Histories. Manchester:Manchester University Press,1999:29-52.

[20] CRAIG A. The Banned Books of England and Other Countries [M]. London:Allen & Unwin,1962.

[21] ROBERTS P. Expert Evidence and Scientific Proof in Criminal Trials [M]. London and New York:Routledge,2017.

[22] 齐林涛.《金瓶梅》西游记:第一奇书英语世界传播史[J].明清小说研究,2015(2):233-246.

[23] CHU T. The Adventures of Hsi Men Ching [M]. New York:Priv. Printed for the Library of Facetious Lore,1927.

[24] GERTZMAN J A. Bookleggers and Smuthounds:The Trade in Erotica [M]. Philadelphia:University of Pennsylvania Press,1999.

[25] QI L. Jin Ping Mei English Translations:Texts, Paratexts and Contexts [M]. London and New York:Routledge,2018.

[26] MIALL B,WALEY A. The Adventurous History of Hsi Men and His Six Wives [M]. London:Bodley Head,1939.

[27] XIAOXIAOSHENG,EGERTON,C. The Golden Lotus [M]. London:Routledge & Kegan Paul,1939:vii-viii.

[28] HERMANS T. The Conference of the Tongues [M]. Manchester:St. Jerome Pub,2007.

[29] QI L. Agents of Latin-An Archival Research on Clement Egerton's English Translation The Golden Lotus [J]. Target,2016,28(1):39-57.

[30] BENJAMIN W. The Task of the Translator [C]//M Bullock, M W Jennings. Walter Benjamin, Selected Writings. Cambridge,Massachusetts:The Belknap Press,2002:253-263.

[31] ANONYMOUS,ELLIS A. The Love Pagoda:The Amorous Adventures of Hsi Men and His Six Wives [M]. Chatsworth,California:Brandon House,1965.

[32] ST JORRE J D. Venus Bound:The Erotic Voyage of the Olympia Press and its Writers [M]. New York: Random House,1994:12.

[33] GIRODIAS M. The Olympia Reader [M]. New York:Grove Press,1965:19.

[34] MENG W W. Houses of Joy [M]. Paris:Olympia Press,1958.

[35] GLASS L. Counterculture Colophon:Grove Press,the Evergreen Review,and the Incorporation of the Avant-garde [M]. Stanford,California:Stanford University Press,2013.

[36] GIRODIAS M. Commentary [C]//M Girodias. The New Olympia Reader. New York:Quality Paperback Book Club,1993:887.

[37] MENG W W. Houses of Joy [M]. California:Collectors Publication,1968.

[38] COCKS H G. Saucy Stories:Pornography,Sexology and the Marketing of Sexual Knowledge in Britain [J]. Social History,2004(29):465-484.

[39] FEATHER J. A History of British Publishing [M]. London; New York:Routledge,2006.

[40] ANONYMOUS. The Harem of Hsi Men [M]. New York:Universal Publishing and Distributing Corporation, 1953.

[41] PAUL J,SCHWARTZ M. Obscenity in the Mails:A Comment on Some Problems of Federal Censorship [J]. University of Pennsylvania Law Review,1957(106):214-253.

[42] XIAOXIAOSHENG,ROY D T. The Plum in the Golden Vase,or,Chin P'ing Mei [M]. Princeton:Princeton University Press,1993.

20世纪域外杜甫英译专著之文化语境、诠释立场及影响[①]

江 岚

(美国圣·彼得大学,新泽西州 泽西市 07306)

[**摘 要**] 1929年,杜甫专门英译文本的出现,打破了域外唐诗英译领域长期重李轻杜的状态。两位文学译家,艾斯科夫人和昂德伍夫人,为此作出了开创性贡献;到五十年代,美国华裔学者洪业立足于中国传统诗学,以系统性的学术译介匡正了此前非母语译家们的种种偏误,为英语世界确立了杜甫"中国最伟大诗人"的形象。随后,杜甫与杜诗的文学译介与化用、学术翻译与研究相互取长补短,稳步发展。不同译家的不同诠释立场和角度,进一步丰富了杜甫诗歌的世界文学意义,成功达成了双向的跨文化、跨语际文学交流效果。

[**关键词**] 杜甫研究;域外唐诗英译;中国古典诗歌海外传播

一、引言

在域外唐诗英译的历史进程中,当西方世界开始尝试着从中国古典文学中去了解中华文化精神,他们意识到中国古典诗歌是中国文学之经典,唐诗又是中国古

[**作者简介**] 江岚,女,博士,华裔女作家,美国圣·彼得大学教授,主要研究方向为中国古典文学域外英译与传播、海外华人文学研究。著有《唐诗西传史论:以唐诗在英美的传播为中心》(北京:学苑出版社,2009,2013)和 *A History of Western Appreciation of English-Translated Tang Poetry* (New York/London/Berlin:Springer Publications,2017)。

① 原文刊于《燕山大学学报(哲学社会科学版)》2021年第6期。

典诗歌之冠冕。"李白和杜甫是唐代最伟大的两位诗人"一类的介绍性文字,在介绍中国文化或中国文学的著述中并不鲜见。但真正涉及唐诗作品译介,重李轻杜的现象长期存在。如知名英国汉学家翟理斯(Herbert Allen Giles,1845—1935)完成了对中国文学史全景描绘,虽然他肯定杜甫的诗名"直追伟大的李白",但他译出的杜甫作品总数也只是李白的二分之一。能够将李杜二人并列于同等重要位置上的,以首开唐诗专门译介先河的威廉姆·弗莱彻(W. J. B. Fletcher,1879—1933)为第一人。

弗莱彻曾经是英国政府驻华领事馆的职官,任满后留在广州,任中山大学英语教授,后来逝世于广州。他的《英译唐诗选》(*Gems of Chinese Verse*,1919)和《英译唐诗选续集》(*More Gems from Chinese Poetry*,1925)这两本译著,是迄今所知最早的断代唐诗英译专书。两书都以弗莱彻"致敬李白和杜甫"的小诗开篇,编排体例统一:李白一卷,杜甫一卷,其他诗人合一卷。从译出作品的数量上来看,杜诗总数还比李诗多二十余首,这"应该是出于填补差距,想要西方读者多了解杜甫一点的理由,从他个人的角度,他对李杜的喜爱和推崇并没有高低上下的差别"①。

1929年,杜甫英译专著出现,英语世界的杜甫与杜诗专门译介研究从此开启,也带来一个在域外唐诗英译的领域里十分罕见又十分有趣的现象:严格意义上的"第一部"杜甫英译专著难以确认。因为杜甫专门译介的"开创性文本"一出现就是两部,同年同月出版发行。更有意思的是,两位如此推崇杜甫的译者,都不是经院派汉学家,又都是女性。

二、杜诗英译的先驱译者

1. 艾斯珂夫人的杜甫译介

芙洛伦丝·艾斯珂(Florence Wheelock Ayscough,1878—1942),出生于上海,她的父亲是在上海经商的加拿大人,母亲是美国人。芙洛伦丝在上海渡过了大部分童年岁月,十一岁回美国波士顿接受学校教育。在美国求学期间,她经常回上海探望父母,继续学习汉语和中国历史文化。大学毕业后,芙洛伦丝返回上海,一边进入英国皇家亚洲学会北中国分会工作,一边继续潜心学习汉语和中国古典诗歌。1897年,这个当时在上海洋行圈里有名的美才女嫁给了英国商人弗朗西斯·艾斯珂(Francis Ayscough,1859—1933),成为艾斯珂夫人。1917年,艾斯珂夫人携带大

---

① 江岚:《唐诗西传史论:以唐诗在英美的传播为中心》,北京:学苑出版社,2013年,第137页。

量中国书画艺术私人藏品返回美国布展。为了能让观众既能欣赏到视觉效果的美感,又能理解书法内容的诗情,她将展品中的文字内容大致翻译成英文之后,请好友艾米·洛维尔(Amy Lowell,1874—1925)帮忙润色。而后者,此时已是美国现代诗坛上声名鹊起的诗人兼诗歌评论家。中国书画作品在美国的此次大规模公开展出,轰动了当时一片东方热的文化界,出版商当场建议二人继续联手翻译更多中国古典诗歌,这就催生了《松花笺:中国诗歌选译》(*Fir-Flower Tablets*,1921)[①]一书。

《松花笺:中国诗歌选译》(以下简称《松花笺》)由艾斯珂夫人负责选诗、逐字翻译并给出必要的注解,洛维尔负责修改、润色。自出版之日起造成的巨大影响,一直延续至今,堪为汉学家与名诗人合作向英语世界推介中国古典诗歌之经典成功案例。此书的长篇前言由艾斯珂夫人撰写,文中说明了她的三大选诗标准:其一,尽量避免典故;其二,尽量避免与此前他人选译的重复;其三,"从中国人的角度"选择。头两条很好理解,第三条的"中国人角度"是什么呢?

在艾斯珂夫人看来,此前西方译家选译中国古典诗歌,或出于译者个人喜好,或出于容易被目标读者接受的考量,都存在相当程度的偏颇。那些以英语文学"Poetry"的概念简单套用于汉语"诗歌"范畴,把戏曲唱词或民间歌谣也选上的,又失于太宽泛。她所选的,是那些被历代中国人公认的"古典诗歌精华"。因此《松花笺》的内容以唐诗为主,在唐代众多诗人中,李白、杜甫、白居易是中国人公认的三大家。三人之中,关于白居易,已有英国知名东方学家、翻译家兼诗人亚瑟·韦利(Arthur David Waley,1889—1966)的专门译介珠玉在前,因而遵循她的选诗标准二,她只选入一首白诗。在李、杜二人之间,尽管西方人一提到中国诗歌就会想到李太白,中国人却认为杜甫是一位"学者诗人"(poet of scholars),李白则只是一位"大众诗人"(people's poet)。在中国的社会阶层划分中,"学者",包括官吏,才处于最受尊敬的上层。她坦承自己受中国老师楚能先生[音译,Mr. Nung Chu]影响,最为欣赏杜诗写景状物之绵丽,摹写现实生活之精确。接着翻译、引用了不少元稹、韩愈、陈正敏、胡应麟等人对李、杜的评价,让这些"渗透力(penetration)"足够惊人的诗论去帮助读者进一步认识李、杜二人在中国诗坛的地位。

仅从《松花笺》的内容来看,选译李诗数量多达83首,高居全书之冠,杜诗只有13首,表面上看与中国古典诗歌的同期译本似乎并无不同。但艾斯珂夫人的这篇前言,是域外唐诗英译的历史进程中,首次提及重李轻杜这个问题并予以公开驳斥

---

① Ayscough Florence, Lowell Amy. *Fir-Flower Tablets*, *Poems translated from the Chinese*, Boston and New York:Houghton Mifflin Company,1921.

的文字。而且,还有一个需要注意的问题是,《松花笺》之成书,先有出版社以市场营销为导向的策划,后有大诗人洛维尔的强势参与,选诗数量不见得能充分体现艾斯珂夫人的个人意愿。

事实上,艾斯珂夫人后来在《中国诗人杜甫传》(*Tu Fu*, *The Autobiography of A Chinese Poet*)①的前言里提到过,最终确定《松花笺》的译文终稿之时,她和洛维尔的意见有不少出入。所以,在楚能先生帮助下,她参考清代杨伦的注本《杜诗镜铨》,独立完成了《中国诗人杜甫传》。此书以诗歌编年译本的体例,按照杜甫年谱顺序,译介了他童年到中年时期的一百多首作品,讲述他在公元712—759年的相关经历。艾斯珂夫人认为,此书是英语世界第一部介绍杜甫及其作品的专著。她不知道的是,还有一位杰出的美国作家兼翻译家,昂德伍夫人(Edna Worthley Underwood, 1873—1961),译介杜甫的进度恰与她同步。

2. 昂德伍夫人的杜甫译介

昂德伍夫人原名 Julia Edna Worthley,出生于美国缅因州一个英裔的世代书香家庭。她受过很好的教育,语言天赋极高,精通西班牙语、俄语、波希米亚语、克罗地亚语、波兰语、巴西语等至少五、六门语言。她的阅读广泛,数量巨大,令人刮目相看。她从十几岁起开始一边创作,一边尝试翻译其他语言的诗歌。因不大喜欢 Julia 这个名字,发表作品的时候直接把自己的中间名(middle name)Edna 放在前面,早年的小说创作曾轰动一时。24 岁那年,她嫁给了堪萨斯城里一个珠宝商人 Earl Underwood。婚后不久,她随丈夫的工作变动移居纽约,此后一边跟着丈夫到世界各地出差,给他当翻译,同时进入了她自己创作和翻译的旺盛期,成为美国文学界和诗歌翻译界鼎鼎有名的"Edna Worthley Underwood",昂德伍夫人。1930 年代以后,她越来越专注于翻译,先后因为译介拉丁语诗人、墨西哥诗人和海地诗人获得过很高的荣誉。②

昂德伍夫人并不懂中文,她也不是学者,她的"中国印象"和此前此后的绝大多数西方人都不同且十分奇特,其中只有一个如梦如幻又非梦非幻的"概念大唐诗国":

……(公元七世纪、八世纪)这一时期的中国、日本和韩国,在人类历史上

---

① Florence Ayscough. *Tu Fu, The Autobiography of a Chinese Poet*, London: Jonathan Cape; Boston & New York: Houghton Mifflin Company, 1929

② Craine Carol Ward. *Mrs. Underwood: Linguist, Littérateuse*, Fort Hays Studies Series, 1965

独一无二,因为满满一国的人们都是艺术家。波斯、阿拉伯、中国、印度,成为美之制造业的魔术师。在这片盛产亚洲天才的土地的中心区,杜甫诞生了。他的时代至关重要,那是一个思想强大,情感丰富的精神动荡时代。八世纪初,也就是杜甫的时代,一名使者从土耳其、波斯来到了中国。来自土耳其的这一位提出了要为王子建造一座宫殿的建议,中方表示愿意合作并提供帮助。拥有魔力的中国工匠们被派去从事这项工作,他们的唐代艺术理想随后向其他国家散播,抵达了波斯,又触及了南亚。这种罕见的,奇妙的,以艺术美感统治东方的现象,就像曾经的希腊以同等的视野、美、辩才和足够的技术力量统治西方一样……①

从现有的资料来看,昂德伍夫人之所以起意去译介唐诗,并专门译介杜甫,极可能是因为1919年前后,她译介日本诗歌时接触到的一批日本诗人。当她结识了朱其璜(Chi-Hwang Chu),便有了解决语言障碍的助力。1928年,昂德伍夫人和朱其璜合译出"The Book of Seven Songs by Tu Fu",即杜甫的组诗《乾元中寓居同谷县作歌七首》。次年,两人合译的《杜甫:神州月下的行吟诗人》(*Tu Fu: Wanderer and Minstrel under Moons of Cathay*)②被隆重推出,不仅有普通版,还附带有两个小册子,即杜甫的《同谷七歌》和《三大中国名篇》(*Three Chinese Masterpieces*)③,还有50册精装签名的限量收藏版。这个收藏版全部用日本精制仿皮纸印制,封面用中国丝绸和浮金花织锦缎,堪称豪华。可惜这个号称译介杜诗300余首的文本,内容杂乱,错漏到处都是。有些是同一首诗被重复翻译,以不同题目置于书中的不同位置且无说明;有的是截取不同篇章中的诗句拼凑而成;有的夹杂了大量昂德伍夫人自己的诗句;还有的根本不是杜诗原文的翻译,而是俞第德《白玉诗书》的转译。看来除了字词解释之外,朱其璜对这个译本的贡献很有限。

中国文学素养深厚的行家们对这样的译本自然不屑一顾,华裔史学大家洪业(William Hung,1893—1980)先生曾评价过,《神州月下》"完全没有任何编排原则",乏善可陈。就连同样不大懂中文,以转译称雄汉诗英译界的前辈克莱默-班(Launcelot Alfred Cranmer-Byng,1872—1945)也在充分肯定昂德伍夫人"扫除西方

---

① Edna Worthley Underwood, Chi-Hwang Chu. *Tu Fu: Wanderer and Minstrel under Moons of Cathay*, Portland, Maine: Mosher Press, 1929. xxii.
② Edna Worthley Underwood, Chi-Hwang Chu. *Tu Fu: Wanderer and Minstrel under Moons of Cathay*, Portland, Maine: Mosher Press, 1929.
③ 这种随书附赠的小册子没有专门记录,此书内容尚待查考。

偏见灰尘"的努力之后，认为这个译本展示的只是"昂德伍夫人亲切和蔼的个性，杜甫则远远站在画面的背景中"①。除了译诗之外，克莱默-班也大力肯定昂德伍夫人为此书撰写的序言。这篇序言长达30多页，用散文诗的语言介绍杜甫生平和宋、元以来中国诗学界对杜甫的认识和评价，站在中西文化比较和世界文学的高度上描述杜甫及其作品，的确值得一读。序言之前，昂德伍夫人特地将《神州月下》标注为自己译出的第一本杜甫诗集，且称此书是"世界上第一本在中国之外出版的杜甫作品，大概也是第一本中国诗人的个人诗集"。这个自我定位显然过高了，《神州月下》肯定不是中国本土以外"第一本中国诗人的个人诗集"。至于"第一本域外英译杜甫诗集"的地位，也要和艾斯珂夫人的《中国诗人杜甫传》并列了。当然，即便如此，昂德伍夫人也依然是域外英译杜甫的先驱人物，这一点毋庸置疑。

三、英语世界的杜甫系统译介

第二次世界大战期间及战后的十数年间，杜诗专门译介的成果堪为域外唐诗译介领域最醒目的重大进展之一。这个过程中，艾斯珂夫人的贡献还是要比昂德伍夫人大得多。到1934年，她又出版了《一位中国诗人的游踪：江湖客杜甫》(*Travels of a Chinese Poet：Tu Fu，Guest of Rivers and Lakes*)②，译出了三百多首杜甫诗歌，主要涵盖公元759—770年间，杜甫老年和生病时期的经历。最后以杜甫生前的绝笔诗《风疾舟中伏枕抒怀三十六韵 奉呈湖南亲友》收尾。两卷本加起来，艾斯珂夫人不仅译出了大量的杜甫作品，选译和编排方式也突出了杜诗的"诗史"特质。至此，艾斯珂夫人成为英语世界系统译介杜甫第一人。克莱默-班高度称扬她的译笔，认为这比此前几乎所有的杜诗译介都更能体现真正的杜甫：

> 其他人，包括这篇评论的作者，试图把杜甫描绘成我们想象中的他，让他重新骑上他的马，或者呈现他扬帆漂流到他梦想之都（的样子）。但艾斯珂夫人比其他人更聪明，比她的天才同事艾米·洛厄尔更聪明，比安德伍德夫人更聪明，比脱不了牛津学究气的阿瑟·韦利先生更聪明。"当我们想象我们在描绘别人时，"正如 Emile Hovelaque③ 所指出的，"我们画的是我们自己的肖像"。

---

① Cranmer-Byng. *A Garden of Bright Ghosts*, The Poetry Review, Nov.-Dec., 1929. pp.409-418.
② Florence Ayscough. *Travels of a Chinese Poet：Tu Fu，Guest of Rivers and Lakes*, London：Jonathan Cape；Boston & New York：Houghton Mifflin Company, 1934.
③ Émile Lucien Hovelaque(1865—1936)，法国作家、东方学家。

而翻译,尤其是中文的翻译,在很大程度上是一种想象和替代的努力……通过自我牺牲的行为,通过压制她的文学自我,艾斯珂夫人在翻译艺术上完成了一场革命。①

而且,和昂德伍夫人相比,艾斯珂夫人对中华文化的认同感深入得多。她终身致力于向英语世界揭示中华风物真实的且在西方想象之外的广阔丰饶,还有《中国镜子:表象背后》(*Chinese Mirror: Being Reflections of the Reality Behind Appearance*, 1925)、《关于远东的好书:中国历史概要》(*Friendly Books on Far Cathay: a Synopsis of Chinese History*, 1929)和《鞭炮的国度:年轻读者的中国世界图说》(*Firecracker Land: Pictures of the Chinese World for Young Readers*, 1932)等书籍早已出版,因图文并茂、故事性强,语言通俗易懂,而深为年轻一代读者所喜爱,且早就进入了美国中小学的学生阅读推介书单。这个发行渠道优势让很多译家望尘莫及。所以,尽管汉学界的专家们对她翻译杜甫诗歌的质量褒贬不一,她的《杜甫传》两卷本依然和她的其他书籍一起,是美国中小学生了解中华历史文化与社会风俗民情的常用读本。

历史上从事唐诗英译的域外译家们很多,若将他们以专业背景大略分组,则经院派学者们是一组,文学界译家们是另一组。通常情况下,当文学译家们对某位中国诗人的译介引起了共同关注,学者译家们便会继之以更"接近原文"的翻译,试图匡正、补充前者文本的缺失。李白、白居易、寒山、王维等诗人专门译介的发展,都清晰存在类似轨迹,到了杜甫也一样。

1952年,华裔学者洪业的《中国最伟大的诗人杜甫》(*Tu Fu: China's Greatest Poet*)由哈佛大学出版社出版②。这本书按杜甫年谱次序编排,译介了杜诗374首,体例和艾斯珂夫人的两卷本类似。为了更准确地传达杜甫的思想和精神,译文中带有大量注释。虑及大众读者和学术界读者不同的阅读需要,这些注释被作为姐妹篇单独成书,《中国最伟大的诗人杜甫参校副本》(*A Supplementary Volume of Notes for Tu Fu: China's Greatest Poet*),也于同一年由哈佛大学出版社刊行。洪业一生的学术成果大多散逸,这两本书是他仅存的专著。两书相继,洪业不仅系统译介了大量杜甫作品,还对选译过同一首杜诗的其他译者和译本情况做了专门的评点、说明,在英美的杜甫和杜诗研究领域享有很高的声誉,洪业因此成为英语世界

---

① Cranmer-Byng. *A Garden of Bright Ghosts*, The Poetry Review, Nov.-Dec., 1929. pp. 409-418.
② William Hung. *Tu Fu: China's Greatest Poet* (with Notes), Cambridge, Massachusetts: Harvard.

一流的杜甫评传作家和评论家。

洪业,字鹿芩,号煨莲,福建侯官人,以编纂引得(Index)知名,治学严谨细密,享誉历史学界。其生平可参考陈毓贤所作洪业访谈回忆录《洪业传》①。洪业于1923年起任教于司徒雷登创办的燕京大学,1930年领衔筹办哈佛燕京学社(Harvard Yenching Institute)"引得编纂处",期间主持编纂了64种、81册的中国古典文献引得,并曾亲自为《白虎通》《仪礼》《春秋经传》及《杜诗》等《引得》作序,其中的《〈杜诗引得〉序》篇幅最长、内容与考据最为翔实。文中梳理了大量杜诗学的传统文献资料,将有关杜集的许多伪作、辗转因袭的版本讹误及权威评述一一列举说明,使杜甫生平行迹与杜诗集的面貌更为清晰,赋予了杜工部诗集文献学的价值。

洪业曾在1962年发表《我怎样写杜甫》一文②,文中追叙他从事杜诗研究的动机,提及他幼得家学陶养,及至年长,"对于杜诗的了解欣赏,我自觉有猛进的成绩。"且生逢国家多难之时,"杜甫的诗句就有好些都是代替我说出我要说的话"。日本侵华期间,洪业及多位名教授因反日被捕下狱,洪业曾在狱中立誓,一旦重获自由必加倍努力研究杜甫。战后赴美讲学,适逢意象派诗人们掀起的"东方文化热"余响犹在,而杜诗却长期遭英美译家冷遇甚至曲解。这种现象终于促使洪业决心在讲学之余,更为系统地译介杜甫。

《杜甫传》叙事、翻译兼备,洪业以其独到的史学眼光考据杜诗系年,精益求精,很多驳正旧说的观点也为本土的传统杜甫诗学研究提供了新参考。他的杜诗评析,将杜甫的创作置于其生平行迹的脉络中,勾勒语言背后的深层隐喻。以《咏怀古迹》(群山万壑赴荆门)一诗为例:

> 明妃的故事是绘画、戏剧和音乐中(被广泛引用)的题材。杜甫为什么要写这样一首诗?他是否想到了明妃不肯屈服于卑劣行为的举动?是否想到明妃最终离乡背井,和许多因忠诚正直而被朝廷贬谪放逐的朝臣很相似——其中包括他自己?③

---

① 陈毓贤:《洪业传》,商务印书馆,2013年出版。原著为英文,1987年由哈佛大学出版社出版,1993年台湾联经出版社再版。中文简体字译本先后有1995年北京大学出版社、2011年上海古籍出版社版本,俱有删省。商务印书馆2013年版为完整译本。

② 此文首发于《南洋商报》,1962年元旦特刊;转载于香港《人生》第二十四卷八、九期,1962年9月1日、16日;台北《中华杂志》六卷十一期,1968年。

③ William Hung. *Tu Fu*: *China's Greatest Poet* (*with Notes*), Cambridge, Massachusetts: Harvard University Press,1952. p. 218.

这一番说明,不仅提供了"王昭君(明妃)"这个典故本身蕴含的深意,也提供了通过典故对杜甫内心世界的推测。也就是说,他为英语读者展示了一个母语读者进入中国古典诗歌途径的观念与方法,纠正了长期以来域外译家们有意回避典故的弊端。同时,洪业重点突出杜诗因时因事而作,批判褒贬的现实主义诗史精神,刻画杜甫悲天悯人、民胞物与的情怀,也为西方此时已经成形的,一味"空灵超脱""清新淡雅"的片面中国诗印象,提供了一个用意深刻的对照文本。

洪业立足于中国诗学传统,去辨析、重构杜甫作为"中国最伟大诗人"的人品与文化性格,和艾斯珂夫人的译介方向有相当程度的类似。但他作为学贯中西的母语译家,对原文词汇的理解、对典故的把握、对文化渊源的体认,远非西方的非母语译家们所能比。他与杜诗的形神合一,和艾斯科夫人单纯的崇敬又不一样,对杜诗意蕴的揣摩更能体贴入微。比如"国破山河在,城春草木深",译为"The state is destroyed, but the country remains. / In the city in spring, grass and weeds grow everywhere";或者,"朱门酒肉臭,路有冻死骨",译为:"Behind the red lacquered gates, wine is left to sour, meat to rot. / Outside the gates lie the bones of the frozen and the starved." 其中加点的词汇各有增删与补出,都不是原文的严格对应,却自然醇厚,更接近杜甫的创作场景及其志节与寄托,和非母语译家们习惯于撷取词汇"意象"自行铺衍完全不同。诚如书写洪业传记的作家陈毓贤所言:

> 洪业英译时把杜甫省略的代词和连接词都补上了,又解释了诗里的典故或没有言明的内涵。这样一来,固然牺牲了原诗的韵味,却把意思说明白了。……许多中国古名称,译成现代英文反而更清楚,譬如黄粱是小米,蕃部落是藏人,交河是今天地图上的吐鲁番,司功参军是管一州教育的。各种植物和官职,我看了英译才恍然大悟。[①]

陈毓贤(Susan Chan Egan)是菲律宾华侨,自小接受中英文双语教育。自台湾师范大学国文系获学士学位,后来在美国的华盛顿大学获比较文学硕士学位,是一位经过世界文学专业训练,却没有很深中国古典文学知识积淀的特殊读者。她在感觉洪业译诗"牺牲了原诗的韵味"之余,又有诸多的"恍然大悟",很能代表大众读者们的普遍感受。洪业译介的读者预设最初肯定是所有西方民众,但他毕竟首先是一位历史学家,《杜甫传》内容之厚重,决定了主要受众在知识精英阶层。关

---

① 陈毓贤:《洪业怎样写杜甫》,《东方早报》"读书版",2013年8月12日。

于译诗,洪业也明白自己的散文化处理缺乏诗意,未能尽善①,不过他的大多数读者并不那么介意书中的杜诗到底有几分像"英文诗",他们只在其中印证杜诗存在的整体价值,尤其是杜陵精神与现代的对话意义:

> "据说诗人的生活通常由三个"W"组成:酒(Wine)、女人(Women)和文字(Words)。其他诗人可能如此,但杜甫不是。杜甫的三个"W"是忧患(Worry)、酒(Wine)和文字(Words)。尽管他深深欣赏世间之美,其中也包括女性美,但从无证据表明他和女性的关系超乎社会规范的一般界限。……他为人一贯实诚可敬,无论在个人生活还是在公共生活中都如此。"②

当洪业的《杜甫传》于2014年再版,半个世纪已过去,期间杜诗域外英译发展迅速,洪业的著述是当之无愧的最重要参考书。他为世界文坛所确立的杜甫形象,作为"中国最伟大的诗人",堪与莎士比亚、但丁比肩,几乎无人能质疑。"洪业的杜诗学体现了他朴实学术的风貌,既有考证、编年等维系传统的一面,也有文献化及英译等向外开展的一面,他是将'真杜'介绍给西方的第一人,让杜甫成为世界的杜甫,洪业与时代对话的精神和实质发生于海外的影响,正是杜诗学史上一页崭新的篇章。"③《杜甫传》再版之际,洪业虽已作古,此书却得到更多重视,先后被不少美国资深传记作家、书评人大力推荐过。Richard Clair认为这本"不算容易读也不便宜"的书最可贵之处在于,清晰展现了杜甫的创作意图和"自然性世界观(naturalness of worldview)";Derando Glen称扬洪业对杜甫生平的勾勒、描画让此前此后如"孤立珠宝(isolated jewels)"一般,其他版本的英译杜诗有了厚实的依托,更容易被年轻一代读者所理解。两位书评家也都建议读者不妨参看其他文学译家,比如大卫·辛顿(David Hinton,1954—)的译本,以便更完整地了解杜诗风格,因为辛顿等人的译法"更接近于诗歌"。实际上《杜甫传》在英语世界的不少高校里被用作世界文学、比较文学、东方学、历史学、世界民俗学、历史社会学等人文学科的阅读材料,杜诗的内容加上洪业散文诗式的译语周到细致,叙议沉着,也很受青年学生欢迎。英国牛津大学出版社最新的《世界名人名言必读》(*Oxford Essential*

---

① 洪业:《杜甫:中国最伟大的诗人》,上海古籍出版社,2011年,附录三,《再说杜甫》,第384—386页。
② William Hung, *Tu Fu. China's Greatest Poet (with Notes)*, Cambridge, Massachusetts: Harvard University Press, 1952. P. 271.
③ 徐国能:《洪业杜诗学特色与时代意义》,《中国学术年刊》,第41期(春季号),2019年3月,第51—84页。

Quotations,2017)一书中收入杜甫诗句"束带发狂欲大叫,簿书何急来相仍"采用的就是洪业译本。

当然,洪业自身与杜甫同气相求的个人情感因素,使得《杜甫传》中难免存在武断或过度引申之处,"失去了一份作传人应与传主间保持的距离,汉学家一向认为这是《杜甫:中国最伟大的诗人》的瑕疵。"①但从厘清英美汉学界和文学界对杜诗乃至于唐诗的理解偏误,弥补他们的想象缺失和认识断裂这个角度来讲,洪业的杜甫译介具有为唐代诗坛在异邦重树典范、恢宏气韵的重要意义。

四、20世纪后期的域外杜甫英译专著

1967年,英国汉学家霍克思(David Hawkes,1923—2009),完成了一个和过去几乎所有的英译汉诗文本都大不一样的杜诗译介专著《杜诗初阶》②,由牛津大学出版社推出。霍克思更关注诗歌作品,而不是诗人的生平,他虽然只译出了35首杜诗,但在每一首原文下标注了汉语拼音,给出单一字词对应的英文单词,然后每一句诗逐行译,从创作背景、题目和主题展开赏析,还有格律形式的专门介绍,最后给出一个散文化的译文,作为读者完整理解这首诗的参照。从分层解读到分类呈现,霍克思为了最大限度减少语言转换对原文的损害,让读者更准确地理解诗歌原意,可谓用心良苦。《杜诗初阶》因此获得有名的经典大部头文学选集《诺顿世界文学名著选》(*The Norton Anthology of World Masterpieces*,1997)的特别推荐,成为高等院校研学杜甫的经典文本。在后来的很长一段时间里,学术界的杜甫译介文本的影响力,很难超越《杜诗初阶》和洪业的《杜甫传》,包括1971年"TWAYNE世界作家"系列丛书推出的澳大利亚汉学家Albert Richard Davis(1924—1983)的《杜甫》③。该书全面介绍杜甫的生平、经历和作品,算得是汉学界杜甫研究的又一力作,但发行量很有限。

汉诗的域外英译发轫以来,文坛译家们一直是一支主力军,也是将英译汉诗推向世界文坛经典化的生力军。到80年代,这支队伍的汉语言文化素养大大提高了。美国知名的反战主义者,翻译家、出版家兼诗人山姆·哈米尔(Sam Hamill,1943—2018)也非常崇拜杜甫"独立、完善的人格",推举杜诗的"深刻寓意"。他在1988年出版的杜诗专门译本,用杜甫的五律《对雪》作为书名,题为《对雪:杜甫的

---

① 陈毓贤:《洪业怎样写杜甫》,《东方早报》"读书版",2013年8月12日。
② David Hawkes. *A Little Primer of Tu Fu*,Oxford:Oxford University Press,1967.
③ Davis. *Tu Fu*,New York:Twayne Publishers,1971.

视野》①,译出了101首杜甫诗歌,还附有原文的书法插图。他后来编译的《午夜之笛:中国爱情诗选》(*Midnight Flute:Chinese Poems of Love and Longing*)、《禅诗选》(*The Poetry of Zen*)两本译诗集里也都包括杜甫的作品。

  哈米尔师从美国20世纪文坛上以特立独行知名的诗人、翻译家王红公(Kenneth Rexroth,1905—1982),自50年代后期开始接触到英译汉诗,对英美译家们的成果很熟悉。和这些前辈们一样,他的汉诗翻译也主张保证原诗"精义"的存续,不能受外在形式的机械捆绑。不过他对中国诗歌"精义"的认识包括了语意、风格和音乐性三方面的有机结合,而非单一地强调字词、韵脚或节奏对应,比他的前辈们更全面。哈米尔精通古汉语,十分重视读懂原文,并强调充分了解汉语文化语境对翻译的决定性作用。他认为完全不懂中文或中文水平未达到一定程度的译家,实际上无法真正把握原诗"精义",即便连他的老师王红公也不能例外。其实除了在技术层面的处理方法不同之外,哈米尔的译介动机与王红公也不一样。他是禅宗的忠实追随者,积极投入禅修,研究中国禅宗公案,向往山水间中国士人的隐逸生活方式。译介中国古典诗歌,是他深入体味中国文士文化的一种途径,也是他描绘"禅悦"境界的载体。因此,他特别偏重山水田园题材。在翻译实践中,尽管他重视读懂原文,也并非读不懂,他的英文译本却大多存在对原文明显的删减和修改:强化诗句中的自然物象,突出寂静安然的自然氛围,弱化甚至于湮灭其中"人"的自我存在,渲染坐禅之际"天人合一"的效果,称扬禅修之余"清淡如水"的君子之交。也就是说,他那些简约优美,大受读者欢迎的译文所再现的原诗"精义",并不完全是细读文本"把握"住的,而有相当成分由他在"预设"的禅意境界中营造出来。

  1988年,新一代汉诗英译的文坛名家大卫·辛顿的《杜甫诗选》②,选译了180多首杜诗。出版社称"本版《杜甫诗选》是目前唯一的英文版该诗人作品选集",显然与事实不符,不过,译介杜甫是辛顿进入唐诗世界的开端。他的翻译理念和哈米尔有很多共同之处。在实践中,他认为翻译是以"谦虚的态度"完全沉浸在原作者构筑的文字世界里,"学习用英文再现他们的声音",必须了解原作产生的文化精神土壤。他的翻译一方面继承陶友白(Burton Watson,1925—2017)以降当代英语诗歌浅白、平易的语言风格,努力凸显原作蕴含的文化神韵,一方面着重营造杜甫达观知命的形象。他将《梅雨》(*Plum Rains*)中"竟日蛟龙喜,盘涡与岸回"译作

---

① Sam Hamill. *Facing the Snow:Visions of Tu Fu*,New York:White Pine Press,1988.
② David Hinton. *The Selected Poems of Tu Fu*,New Directions Publishing,1988.

"All day long,dragons delight:swells coil/and surge into banks,then startle back out";或者《进艇》(Out in the Boat)中的"昼引老妻乘小艇,晴看稚子浴清江"译作"To-day,my wife and I climb into a little river-boat. Drifting,/skies clear,we watch our kids play in such crystalline water."的确非常形象生动,行文简洁而富于感染力。评家因此普遍认为他的译文"用当代英语而不是洋泾浜英语努力再现古汉语的凝练,如古典诗词一样,言近旨远,耐人寻味。……揭开了中国古典诗词翻译的新篇章。"①

但正如辛顿在此书前言中的表述:"我尽可能忠实于杜甫诗的内容,但我无意去模拟原诗的形式或语言特点,因为模拟会导致彻底的误译。古诗词语言的本体性架构与当代英语诗歌差别甚大,甚至每一个单一特点在这两种诗歌体系中都往往有着不同的涵义。我的翻译目的就是在英语中再造与原文的互惠架构。因此,对于杜甫诗的种种不确定性,我努力让它们以一系列新样式去再现,而不是去消解不确定性。就好像杜甫是当今的英语诗人,在用当今的英语写诗。"②

所谓"不确定性",指的是汉语动词无词根变化,加上诗歌字词极其精炼所带来的言不尽意、意在言外的非写实性特征,给读者带来了多重诠释的可能。辛顿很重视自己作为译者的主体性,他所采用的"一系列"当代英文诗歌"新样式","与杜甫生活的盛唐时期的诗歌语言手段几乎没有共同之处",只是用当代英文的句法与词法,英文诗歌的诗行发展逻辑,描摹杜甫的诗意诗境。换言之,这个译本呈现的杜诗,充满关注现时现事的"深刻当代性"品格,符合辛顿的个人阅读感悟,同时满足了这一时期美国民众对"中国最伟大诗人"杜甫的审美期待:向往和平宁静的生活,热爱自然以及自然界的一切,用质感鲜活的"及物"创作,直面世间坎坷,体贴平民苦难,抚摸草根命运。

与此同时,汉学界的杜甫研究也稳步行进。1992年,夏威夷大学出版社推出该校汉学家David R. McCraw的译本《杜甫的南方悲歌》③,译出杜诗115首。McCraw的翻译处理,过份依赖早期汉学界的中国古典诗歌评论,带着浓重的学究气。虽然他预设的读者群是英语世界的普通大众,但此书中关于汉语言和汉语诗歌的一些介绍性文字并没有多少新意,文本中的引文、注释也繁杂,译诗语言又把原诗中的汉语典故和欧洲文学传统中的典故搅在了一起。学界或文坛或普通读者,对这个译本的兴趣都不大。

---

① Weinberger E(ed.). *The New Directions:Anthology of Classical Chinese Poetry*. New York:New Directions Publishing Corporation,2003. p. xxV.

② Hinton D. *The Selected Poems of Tu Fu*,New Directions Publishing,1988. p. Xv.

③ McCraw D. *Du Fu's Laments from the South*,University of Hawaii Press,1992.

1995年,美国汉学界又出了一本杜甫研究专著,即华裔学者周杉(Eva Shan Chou)的《重议杜甫:文学泰斗与文化语境》[1]。周杉在序言中言明,她的译介目的是回归中国传统的杜诗学视角,面向"认真学习中国古典诗歌的西方学生,提高他们对杜甫作品的理解,避免'新西方诠释的幼稚'"。周氏首先回顾了唐、宋时期对杜甫评价的演变,认为杜甫之成名很大程度上出于人们钦敬他的儒家传统道德风范,"实际上超出了文学批评的正常范围。因此,现代批评以客观语气去评价他的倾向,往往失于过度客观"[2]。周氏主张关注"更纯粹"的文学问题来纠正这种失衡,将杜诗研究的重点从杜甫生平经历转移到诗歌文本,和洪业论杜诗的立场完全不同。她随即引入一些新的文学批评概念,从杜甫的政治观点、社会良知和杜甫"真诚"的本性,展开各种文学问题的讨论,构成此书的核心部分。她所提出的一些观点,诸如杜诗内容的"社会话题性";"现实主义"与"程式化现实主义"如何先相互冲突,后归于融合并影响杜甫的后期创作;杜甫如何通过混用不同层级的语言模糊民歌与古体诗之间的界限,都比较引人注目。针对宇文所安(Stephen Owen)在《盛唐诗》杜甫专章中所论及的,杜诗中独特的"风格转换"——即主题、情绪和措辞的突然转变,使杜甫诗句能够在很小的篇幅之内链接不同的情绪和观点——周氏选择称之为"并列",且置于诗体结构框架下去讨论。周杉的批评性再思考,注重文本而非理论教条,颇具原创性与洞察力,为英语世界深入探讨杜诗的美学特征、杜甫的文化形象和文学成就,助益良多。

五、余论

综观20世纪的域外杜甫英译与研究,不仅驳正了此前西方世界对杜甫其人其诗的误读与谬解,确立了杜甫是"中国最伟大诗人"的世界文学地位,也丰富了中国本土杜诗学研究的谱系和维度。此后英语世界里关注杜甫的译家渐多,文学翻译与学术翻译并行,当然首先是被杜诗经久不衰的魅力所吸引,更是被"万里悲秋常作客,百年多病独登台"的老杜甫所感动。在域外唐诗英译发展的历程中,对李白其人其诗的推崇从发轫之时一直绵延到美国新诗运动的黄金期,和当时的译家群体主要集中在上层社会是有直接关系的。"二战"以后,英美世界的文化思潮和

---

[1] Eva Shan Chou. *Reconsidering Tu Fu: Literary Greatness and Cultural Context*. Cambridge: Cambridge University Press, 1995.

[2] Eva Shan Chou. *Reconsidering Tu Fu: Literary Greatness and Cultural Context*. Cambridge: Cambridge University Press, 1995. p. 11.

价值观念发生很大转变,杜陵精神从灵魂层面触动了人们心底悲天悯人的情怀和担当社会责任的意识,新崛起的一代学者、译家所携带的欧洲贵族文化传统基因日渐淡薄。杜甫置身于俗世红尘中,以切入时代现实的真实叙事加大诗歌文本情感容量的创作方法,促使诗人们竞相仿效,也是对新诗运动以来,一味讲究词、句"意象"并置,追求"空灵超逸"诗风的一种纠偏现象。

前文提及的美国当代诗人王红公,自19岁经陶友白介绍得识杜诗,很崇拜杜甫用生命与创作实践所彰显的儒家正统的人本主义基本精神和"富贵不能淫,贫贱不能移,威武不能屈"的道德风范。王红公生平虽然只译出过36首杜诗①,却对杜诗在英语文坛的流传产生了不小的影响。因为他认为诗歌创作就应该表现个人生命体验,歌颂大自然和新生事物,关注底层民生疾苦,抨击腐朽传统和社会罪恶。他曾数次在公开场合承认最欣赏的诗人是杜甫,极大推动了世界文坛上的杜甫文化形象建构。不过也正因为追宗杜甫进行自己的诗歌创作,王红公的翻译实践延续了新诗运动的"仿汉风"方式,有比较明显的"征用性"特征。他首先在诗歌选目中刻意回避杜诗里忠君忧国的主题,其次在诗句处理中略去典故或隐喻,只突出词语本身构成的"意象"。哈米尔曾提到过的,他的老师王红公汉语水平之有限,无法做到精准把握原诗内涵。王红公的杜诗译介因此在"质"与"量"两方面都不如辛顿,也不如陶友白。

从域外汉诗文学译家们代际更迭的关系上看,陶友白上承庞德、韦利,下启辛顿、哈米尔,是美国当代文学译坛上一代领军人物。他遵循庞德、韦利的翻译理念,摒弃维多利亚英语诗风,应用当代英语诗歌的诗学理念和审美标准,追求译诗文本通俗、浅白,易于被大众读者接受:"我所有翻译活动的目的在于,尽可能使用易于理解的方式让英语读者阅读亚洲文明的思想与文学著作,因此我对那些故意使读者与译文产生距离的翻译方法丝毫不感兴趣。"②同时,他强调翻译对原诗的内容忠实度,尤其强调优先考虑"自然意象"的精准、清晰传递,因为"自《诗经》开始,自然意象就一直在中国文学中举足轻重"③,也是最具有异质文学特性,最能打动西方读者之所在。在诗歌语言转换的技术层面,他比辛顿更在意适度保留中国故事

---

① 王红公也是汉诗文学翻译的名家。他所译出的杜诗,其中35首见于1956年出版的《汉诗百首》(*One Hundred Poems from the Chinese*)一书中,还有1首收在1970年出版的《爱与流年:汉诗又百首》(*Love and the Turning Year: One Hundred More Poems from the Chinese*)一书中。

② Burton W. *The Pleasures of Translating*, Lecture given May 1, 2001 as the Donald Keene Center's Soshitsu Sen XV Distinguished Lecture on Japanese Culture.

③ Burton W. *Chinese Lyricism: Shih Poetry from the Second to the Twelfth Century*. New York: Columbia University Press, 1971. p. 122.

的韵律、诗节,不轻易更动词序,也不拘泥于生硬对应。2002年,他出版《杜甫诗选》(*The Selected Poems of Du Fu*),译出杜甫诗歌127首,附有诗中所涉典故、历史背景、神话传说的大量注释,是一个带有大学入门教材或读本性质的译本。

  2008年,美国诗人、翻译家大卫·杨出版《杜甫:诗里人生》(*Du Fu: A life in Poetry*),这是当代美国文坛译介杜甫的又一力作。该译本根据杜甫年谱分十一章,每章都简要介绍了当时杜甫的生活状态和所在地的社会、地理情况,试图纵向呈现杜甫诗艺的成长历程。大卫·杨译出杜诗168首,突出其内容贴近平民生活的亲和力,强化杜甫攫取日常生活素材进行诗意转换对于当代诗歌创作的借鉴作用,营造出一个"经历过政治理想幻灭、社会动荡与个人情感纷扰"而不断自我调适,始终坚持创作并在诗歌的世界里求得自足圆满的杜甫形象。与辛顿、陶友白相比,大卫·杨所呈现的杜甫更富于"烟火气",被认为是引领当代普通读者进入杜诗世界最成功的一个译本。

  世界文坛和汉学界对杜甫的推重持续到今天,终于抵达宇文所安集大成的六卷本《杜甫诗全集》(*The Poetry of Du Fu*),在杜诗的文本基础上,深入探讨杜诗的美学特征、杜甫的文化形象和文学成就。这说明无论文化和价值观有多么大的差异,又如何不断随着时代变迁而变化,真正伟大的作家从来都不只代表他们自己或者他们所属的那个时代、那个民族,而是总能够用他们真诚的诗性的声音,让世界发现他们个体情感与思想中的普世意义。2020年4月,长达一小时的电视纪录片《杜甫:中国最伟大的诗人》(*Du Fu, China's Greatest Poet*)由英国BBC电视台制作完成并播出,令世界文化界瞩目,也是唐诗向西方传播百年历程中的里程碑式事件。当代知名历史纪录片编剧Michael Wood依据洪业《杜甫传》的内容,编写出了同名剧本,把杜甫放在历史视野和比较文化的语境中展开讲述,标志着域外唐诗的译介已经由书本、音乐等传统的传播媒介,走向了英语世界的主流大众媒体,迈上了一个进一步扩张受众规模,深化世界文学"汉风"传统的新台阶。当域外的杜甫译介如"不尽长江滚滚来",实际上也就是唐诗,更是中华民族的文化精神,在全球多元文化生态圈里和其他族群、其他文化互通有无,共生共荣,走向更广阔、更深层次的对话。

北美汉学界宋诗研究百年综述①

万 燚

(四川轻化工大学 人文学院,四川 自贡 643000)

[**摘 要**] 北美汉学界的宋诗研究有逾百年的历史,在不同历史阶段,其时代语境、研究视野、观照维度与方法路径均不尽相同。北美汉学界的宋诗研究可大致分为三个时期:一是20世纪30年代以前的萌芽期,这一时期主要是传教士汉学,流于简单引介;二是20世纪30年代至冷战结束的发展期,这一时期进入专业汉学阶段,成果颇丰,但受国际政治影响较大;三是冷战结束至今的深化期,学者们多出于自身学术兴趣研究,视角独特,剖析深入。

[**关键词**] 北美汉学界;宋诗研究;历史分期

北美汉学界的宋诗研究有逾百年的历史,且至今方兴未艾,在不同历史阶段,其历史语境、研究视野、观照维度与方法路径均不尽相同。笔者经过大量的数据统计与文献阅读,并参照学界较为认可的分期标准,拟将北美汉学界的宋诗研究分为三个时期:一是萌芽期,即20世纪30年代以前,主要是传教士汉学;二是发展期,即20世纪30年代至冷战结束,进入专业汉学阶段,但受国际政治影响较大;三是深化期,即冷战结束至今,讨论深入、方法多样。

[**基金项目**] 国家社会科学基金"欧美汉学界中国文学史书写话语建构研究"(19BWW017)
[**作者简介**] 万燚(1979—),女,文学博士,四川轻化工大学教授,硕士生导师,主要从事比较文学与世界文学、海外汉学研究。
① 原文刊于《燕山大学学报(哲学社会科学版)》2020年第3期,这里又做了文字编修。

一、北美汉学界宋诗研究萌芽期

20世纪30年代以前,西方世界对中国的了解主要通过传教士介绍,译介中国文化典籍是重要方式,其中,也涉及中国诗歌(包括宋诗)的介绍,但总体来看,比较零散,也不够准确。比如,在美国传教士卫三畏(Samuel Wells Williams)的《中国总论》(*The Middle Kingdom*)一书里,曾简略提及宋诗:

> 唐代,即9—10世纪,是诗和文学的全盛时期,中国文明最辉煌之日,却是欧洲文明最黑暗之时。任一欧洲语言都还没有翻译全唐诗,大约不会有完整的翻译。李太白的诗有30册,苏东坡的有115册。叙事诗所占的比例较抒情诗为小。①

> 《总目》的第四部分"集部",意即杂集,提及的著作主要是诗集,占总数近三分之一。分为五类:楚辞,别集,总集,诗文评,词曲。最早的诗人是屈原,具有天赋的楚国大臣,生活年代早于孟子,他的作品《离骚》,意即"驱散忧愁",已译成德文和法文。由于他的不幸,至今人们仍在五月初五的龙舟节加以纪念。中国更著名的诗人是唐代的李太白、杜甫和宋代的苏东坡,三人构成了诗人的基本特征,他们爱花,爱酒,爱歌唱,同时出色地为政府效劳。②

由此观之,卫三畏仅简略提及苏轼及其诗歌数量、基本特征,并未进行较为详细的介绍与分析。而卫三畏之后另一位美国长老会派至中国的传教士丁韪良(William Martin,1827—1916)则对宋诗缺乏兴趣,这位"中国通"在其名著《汉学菁华:中国人的精神世界及其影响力》(1901)之"中国文学"章却没有论及宋诗,在他所编《中国传说与抒情诗》(1912)中也未翻译宋诗。

1917年,美国汉学家保罗·卡鲁斯(Paul Carus)发表《一位中国诗人的人生沉思》③,面对当时西方世界对中国文学的轻视,卡鲁斯为中国文学辩护,他对苏轼推崇备至,尤其赞同理雅各视苏轼为"无与伦比的大师"(unrivalled master)。当然,他对苏轼的赞誉在某种程度上有"误读"成分,即当时译者将《赤壁赋》以诗体英译,作者将《赤壁赋》视为一首诗歌,因此,以今日之学术眼光看,这虽然不能视为北美

---

① [美]卫三畏著,陈俱译,陈绛校:《中国总论》,上海:上海古籍出版社,2005年,第489页。
② [美]卫三畏著,陈俱译,陈绛校:《中国总论》,上海:上海古籍出版社,2005年,第484页。
③ Paul Carus. A Chinese Poet's Contemplation of Life. *The Monist*, Vol. 27, No. 1 (1917). pp. 128-136.

学界真正意义上对宋诗的接受,但或许可以视为欧美学界开始正视包括宋诗在内的中国文学的重要里程碑。

由此可见,萌芽期的北美汉学界的宋诗研究较零星、散漫,尚处于起步阶段,甚至存在某种误读。

二、北美汉学界宋诗研究发展期

20世纪30年代以后,西方汉学逐步进入"体制化阶段","以系统收集有关资料、建立学科体系、教授中国语言文化、出版研究成果、开展学术交流为基本特征"①。尤其是"二战"后,美国成为国际政治、军事、经济的超级强国,为了更全面了解中国,美国从1958年至1970年投入巨资研究中国,在研究机构的创建、人员的培养、著作的出版等方面都取得了跃进式发展。北美汉学界对宋诗的考察也步入快车道,研究视角多样,论析细致深入,成果颇丰。当然,最为突出的特点是一些著名宋代诗人的诗作受到普遍关注,我们拟对此进行简略梳理。

(一) 北宋诗歌研究

1971年,齐皎瀚(Jonathan Chaves)完成博士学位论文《梅尧臣与早期宋诗的发展》,此后于1976年公开出版,②齐皎瀚介绍了梅尧臣时代的宋代诗坛,挖掘了梅氏诗歌的师法对象及其诗学理论,分类介绍了梅尧臣的诗歌。总之,该书是对"日渐升温的西方学界之中国诗歌研究的重要贡献"③,但其梅尧臣诗歌翻译则毁誉参半,如倪豪士(William H. Nienhauser)认为译者对梅尧臣诗歌的特质有较为准确把握,且可读性较强,④但林理彰(Richard John Lynn)则认为散文化译法破坏了原诗的句法结构与思想深度。⑤

1963年,著名宋史研究专家刘子健《欧阳修的治学与从政》一书论及欧阳修的诗歌成就,他注意到"至于古诗,欧阳修更确有承先启后之功",并"将诗体从排偶

---

① 王晓路:《西方汉学界的中国文论研究》,成都:巴蜀书社,2003年,第140页。
② Jonathan Chaves. *Mei Yao Chen and the Development of Early Sung Poetry*. New York and London: Columbia University Press, 1976.
③ Robert E Hegel. Book Review of Mei Yao Chen and the Development of Early Sung Poetry. *World Literature Today*. Vol. 51, No. 2, 1977. p. 331.
④ William H Nienhauser. Mei Yao Chen and the Development of Early Sung Poetry. *American Oriental Society*. Vol. 98, No. 4, 1978. p. 529.
⑤ Richard John Lynn. Book Review of Mei Yao Chen and the Development of Early Sung Poetry. *The Journal of Asian Studies*. Vol. 36, No. 3, 1977. pp. 551-554.

雕琢中解放出来"①,换言之,在诗歌方面,欧阳修也堪称革新者。1984年,艾朗诺(Ronald C. Egan)出版《欧阳修的文学作品(1007—1072)》②,该书"向我们生动地展示了一个文学天才"③或曰"一个大师级的文学巨匠"④。在诗歌方面,艾朗诺认为"欧阳修是一个很重要的诗人,无论从其诗歌数量还是其对宋代诗歌的影响均是如此"⑤,孙康宜(Kang-i Sun Chang)、白安妮(Anne M. Birrell)、萨进德(Stuart Sargent)等对该书的全面细致有较高评价,但也指出译文不够准确。

  北美学者对苏轼诗歌进行了重点考察,有相当数量博士学位论文、学术专著与学术论文在这一时期面世。其中,博士论文达六部之多,分别是安德鲁·李·马奇(Andrew Lee March)的《山水与苏轼思想》(1964)⑥、斯坦利·金斯伯格(Stanley Ginsberg)的《中国诗人之"疏离"与"和解":苏轼的黄州贬放》(1974)⑦、傅君劢(Michael Anthony Fuller)的《东坡诗》(1983)⑧、管佩达(Beata Grant)的《佛道思想对苏轼诗的影响》(1987)⑨、唐凯琳(Kathleen M. Tomlonovic)的《"贬"与"归":苏轼贬谪诗研究》(1989)⑩、郑文君(Alice Wen-Chuen Cheang)的《苏轼诗歌中的"道"与"自我"》(1991)⑪,这些博士论文关注点各异、考察范围亦不尽相同,涉及苏诗诗歌的诸多面向,苏诗与宗教、政治、哲学及人生遭际之关系均在考察范围内,可以说在相当程度上代表其时北美苏诗的研究水平,而诸如傅君劢、管佩达、唐凯琳等也

---

① [美]刘子健:《欧阳修的治学与从政》,台北:新文丰出版公司,1963年,第79页。
② Ronald C Egan. *The Literary Works of Ou-yang Hsiu* (1007—1072). Cambridge University Press,1984. Paperback edition,2009.
③ James M Hargett. Book Review of The Literary Works of Ou-yang Hsiu (1007—1072). *World Literature Today*,Vol. 60,No. 1 (1986). p. 176.
④ Anne M Birrell. Book Review of The Literary Works of Ou-yang Hsiu (1007—1072). *Journal of the Royal Asiatic Society of Great Britain and Ireland*,No. 2 (1985). p. 238.
⑤ Ronald C Egan. *The Literary Works of Ou-yang Hsiu* (1007—1072). Cambridge University Press,1984. Paperback edition,1984. p. 78.
⑥ Andrew Lee March. Landscape in the Thought of Su Shi[1036—1101],diss.,The University of Washington,1964.
⑦ Stanley Ginsberg. *Alienation and Reconciliation of a Chinese Poet:the Huang-Chou Exile of Su Shih*,Ph. D. diss.,University of Wisconsin,1974.
⑧ Michael Anthony Fuller. The Poetry of Su Shi(1037—1101),Ph. D. diss.,Yale University,1983.
⑨ Beata Grant. *Buddhism and Taoism in the Poetry of Su Shi*(1036—1101),Ph. D. diss.,Stanford Universtiy,1987. 该博士论文此后修订出版为《重游庐山:苏轼人生与创作中的"佛教"》一书。
⑩ Kathleen M. Tomlonovic. *Poetry of Exile and Return:A Study of Su Shi*(1037—1101),Ph. D. diss.,University of Washington,1989.
⑪ Alice Wen-Chuen Cheang. *The Way and the Self in the Poetry of Su Shih*(1037—1101),diss.,Harvard University,1991.

成为北美宋代文学与文化研究名家。与此同时,学术专著也有如傅君劢的《通向东坡之路——苏轼诗歌中"诗人之声"的发展》(1990)①与杨立宇(Vincent Yang)的《自然与自我:苏东坡与华兹华斯诗歌比较研究》。② 其中,《通向东坡之路》一书为学界推崇,如唐凯琳认为,它是"继中国、日本近十几年持续高度关注苏轼且出版高水平论著后,在英语世界诞生的第一部颇具学术研究性质的专著"③,但亦有论者对傅君劢所言"诗人之声"有疑问,如何瞻(James M. Hargett)指出,运用西方批评理论如"诗人之声"来分析中国古诗时应该更加慎重。④ 此外,学术论文则有安德鲁·李·马奇的《苏轼的自我与山水》(1966)⑤、蔡涵墨(Charles Hartman)的《1079年的诗歌与政治:乌台诗案》(1990)⑥等等。

此时研究王安石诗歌则有乔纳森·奥蒂斯·皮斯(Jonathan Otis Pease)的博士学位论文《从功成名就到一叶扁舟:王安石的人生与诗歌创作》(1986)⑦,作者着力分析了王安石退居金陵时期的诗歌创作,即1076年至1086年王安石的诗歌创作与其人生经历、思想动态等之关系,作者还认为王安石诗歌"包罗广泛,代表了北宋诗歌的最高水平及此时诗风特性的诗作"⑧。

在诗歌方面,黄庭坚与苏轼并称"苏黄",也堪称有宋一代具有代表性的诗人,北美学人对其诗作也有较多关注,博士学位论文有:Seng-yong Tiang 的《黄庭坚及其对传统的运用》(1976)⑨、迈克尔·爱德华兹·沃克曼(Michael Edwards Work-

---

① Michael A Fuller. *The Road to East Slope—The Development of Su Shi's Poetic Voice*, Stanford: Stanford University Press, 1990.

② Vincent Yang. *Nature and Self: A Study of the Poetry of Su Dongpo with Comparison to the Poetry of William Wordsworth*. New York: Peter Lang, 1989.

③ Kathleen M Tomlonovic. The Road to East Slope—The Development of Su Shi's Poetic Voice, *Chinese Literature: Essays, Articles, Reviews*, Vol. 13, Dec. 1991. p. 146.

④ James M Hargett. The Road to East Slope—The Development of Su Shi's Poetic Voice, *The Journal of Asian Studies*, Vol. 51, No. 2, May 1, 1991. pp. 380-381.

⑤ Andrew Lee March. Self and Landscape in Su Shih. *Journal of the American Oriental Society*, Vol. 86, No. 4 (1966). pp. 377-396.

⑥ Charles Hartman. Poetry and Politics in 1079: The Crow Terrace Poetry Case of Su Shih, *Chinese Literature: Essays, Articles, Reviews*, Vol. 12, Dec., 1990. pp. 15-44.

⑦ Jonathan Otis Pease. *From the Wellsweep to the Shallow Skiff: Life and Poetry of Wang Anshi*(1021—1086), diss., University of Washington, 1986.

⑧ Jonathan Otis Pease. *From the Wellsweep to the Shallow Skiff: Life and Poetry of Wang Anshi*(1021—1086) diss., University of Washington, 1986. Abstract.

⑨ Seng-yong Tiang. *Huang T'ing-chien (1045—1105) and the Use of Tradition*, diss., The University of Washington, 1976.

man)的《黄庭坚的创作及其它宋代作品中关于黄氏家族与山谷家庭背景的记载》(1982)①及刘大卫(David Jason Palumbo-Liu)的《签署羊皮书:黄庭坚(1045—1105)与"化用诗学"》(1988)②在博士论文基础上,于1993年出版学术专著《"化用诗学":黄庭坚的文学理论与诗歌创作》③。此外,艾朗诺《苏轼和黄庭坚的题画诗》(1983)④一文试图比较苏轼与黄庭坚的题画诗。

(二) 南宋诗歌研究

麦大伟(David R. McCraw)的博士学位论文《陈与义的诗歌[1090—1139]》(1986)⑤,探讨了陈与义诗歌与杜甫、苏轼、黄庭坚、陈师道等人诗作的共同点,并从"人与自然""变与常""时间与空间""美与体验"等角度全面考察了陈与义诗歌的特征,细致分析了陈与义诗歌的措辞、句法、对仗、典故、韵律、意象、结句,尤其重点阐明了陈与义诗歌如何深受杜甫影响及具体体现。

杜迈可(Michael S. Duke,又译杜迈克)的《陆游》(1977)一书试图"均衡而公正地再现陆游的各类诗歌主题及重要性"⑥,作者意在超越简单以爱国诗人标签来定位陆游,故较为全面、细致介绍了陆游的生平、思想、诗歌的起源与发展,还分类讨论了陆游的爱国诗、饮酒诗、自然诗与记梦诗。

何瞻的论文《论范成大的石湖诗》(1988)⑦试图从新视角理解范成大诗歌的语言与意象特点,极力发掘范成大对"田园诗"传统的背离与革新,细致分析了范成大的"四季诗"所具备的动态特征与现实主义意味。

加拿大汉学家施吉瑞(J. D. Schmidt)的论文《杨万里诗歌中的禅、幻象与顿悟》(1974)⑧讨论了杨万里的诗歌如何受到禅核心哲学理念思想的影响,揭橥了杨万

---

① Michael Edwards Workman. *Huang Ting-chien:His Ancestry and Family Background as Documented in His Writing and Other Sung Works*,diss.,Indiana University,1982.

② David Jason Palumbo-Liu. *Signing the Palimpsest:Huang Tingjian(1045—1105)and the Poetics of Appropriation*,diss.,The University of California,Berkeley,1988.

③ David Palumbo-Liu. *The Poetics of Appropriation:The Literary Theory and Practice of Huang Tingjian*. Stanford Calif.:Stanford University Press,1993.

④ Ronald C Egan. Poems on Paintings:Su Shih and Huang T'ing-chien. *Harvard Journal of Asiatic Studies*,Vol. 43,No. 2 (1983). pp. 413-451.

⑤ David R McCraw. *The Poetry of Chen Yuyi(1090—1139)*,diss.,Stanford University,1986.

⑥ Michael S Duke. *Lu You*. Boston:G. K. Hall&Co. 1977,Preface.

⑦ James M Hargett. Boulder Lake Poems:Fan Chengda's(1126—1193)Rural Year in Suzhou Revisited,*Chinese Literature:Essay,Articles,Reviews(CLEAR)*,Vol. 10,No. 1/2(Jul.,1988). pp. 109-131.

⑧ J D Schmidt,Ch'an,Illusion,and Sudden Enlightenment in the Poetry of Yang Wan-li,*T'oung Pao*,Second Series,Vol. 60,Livr. 4/5(1974). pp. 230-281.

里诗歌中的"禅"因子如何激发后世批评家与诗人对抗传统的批评家。

(三) 综合研究

1974年,刘子健(James T. C. Liu)在名著《中国转向内在——两宋之际的文化内向》中指出了宋诗从通俗化、个人化到晦涩难懂历程的转变:

> 宋诗的一个特点是在常用语汇、表达方式、遣词造句和诗歌方面趋向通俗化。诗人们开始打破经典语汇的束缚,将口语的表达方式和日常生活中的意象引入笔端。写作的重点从抒发个人情感转向与他人,主要是其他同样有文化的人进行交流。……然而,11与12世纪之交,诗坛却出现了竞相玩弄复杂修辞的风气……一些诗表现出一种以牺牲真实情感为代价的造作的凝练,还有一些晦涩难懂。宋诗已从成熟转向过度成熟。①

在刘子健看来,宋诗从通俗、个人化最终走向雕琢、繁复、晦涩,推动宋调完全定型,这无疑抓住了宋诗的演进历程及特征。

齐皎瀚(Jonathan Chaves)《非作诗之道:宋代的体验诗学》(1982)②一文认为,宋人清醒意识到前代诗人及诗作带来的"影响的焦虑",但"宋代诗人在遣词造句上更为精当,较之唐人来说,更注重语言表达的准确,以避免产生歧义"③。持相同观点的还有萨进德《后来者能居上吗? 宋代诗人与唐诗》④一文,萨进德认为,宋代具有创造力的诗人如苏轼、王安石、黄庭坚等,并非复制唐诗,而是意在超越,宋人在继承唐人经验的同时,又试图冲破唐诗所构筑的传统,如在修辞、意象、语词方面的创新,且试图退回自身去寻找诗料。

此外,倪豪士主编的《印第安纳中国古典文学指南》(1986)⑤广泛提及了欧阳修、梅尧臣、苏洵、苏轼、苏辙、范仲淹、黄庭坚、秦观、宋祁、九僧、贺铸、刘克庄、陈师

---

① [美]刘子健著,赵冬梅译:《中国转向内在:两宋之际的文化内向》,南京:江苏人民出版社,2002年,第20页。
② Jonathan Chaves. Not the Way of Poetry:The Poetic of Experience in the Sung Dynasty, *Chinese Literature: Essays, Articles, Reviews*(*CLEAR*), Vol. 4, No. 2(Jul.,1982). pp. 199-212.
③ Jonathan Chaves. Not the Way of Poetry:The Poetic of Experience in the Sung Dynasty, *Chinese Literature: Essays, Articles, Reviews*(*CLEAR*), Vol. 4, No. 2(Jul.,1982). pp. 199-212.
④ Stuart H Sargent. Can Latecomers Get There First? Sung Poets and T'ang Poetry. *Chinese Literature: Essays, Articles, Reviews* (*CLEAR*), Vol. 4, No. 2 (1982). pp. 165-198.
⑤ Nienhauser William H edit. *The Indiana Companion to Traditional Chinese Literature*. Bloomington:Indiana University Press,1986.

道、陈与义、姜夔、周邦彦、陆游、李清照、朱淑真等人的诗歌,并讨论了《西昆酬唱集》和江西诗派。

三、北美汉学界宋诗研究深化期

中美对峙结束后,国际政治对北美汉学的影响有所减弱,但受欧美学术潮流(如新历史主义)的影响相当明显,其时,开展宋诗研究的多为高校东亚系的研究人员,他们视角独特、方法新颖、探究深入,尤其是艾朗诺、傅君劢、萨进德等人为宋诗在英语世界的传播居功至伟,且不少成果得到国内外学界相当程度的认可。与前一时期相较而言,其同则是依然侧重宋代诗歌名家研究,但更新颖、全面、精细。

(一) 北宋诗歌研究

王宇根《西昆体的实验:北宋早期新诗歌风格的模仿与制作》①一文试图为西昆体辩护,作者认为,在西昆体诗人模仿李商隐的诗歌实践中,出现了向内转的诗歌世界和沉浸式的创作趋势,这"已见宋诗新风格的端倪"②,作者通过比较西昆体与李商隐诗歌的技巧、修辞,认为西昆体诗人的诗学选择是可以理解的,且实质上推进了宋代诗歌的发展。

谭伟伦(Wai Lun Tam)的博士学位论文《诗僧智圆的人生与思想》(1996)③部分内容试图从智圆特有的人生经历与诗歌创作中探求其思想特征。

加拿大学者柯霖(Colin Hawes)对欧阳修诗歌关注较多,他先后发表《家禽与野兽:欧阳修诗歌中的白色动物意象》(1998)④与《超越日常:欧阳修诗歌中的日常生活意象》(1999)⑤,柯霖试图修正吉川幸次郎等人的观点,认为他们忽视了欧诗的幽默感与创造性特质。

苏诗依然是此时北美学者讨论的热点,且探索相当广泛、深入。学术专著有艾

---

① Yugen Wang. The Xikun Experiment: Imitation and the Making of the New Poetic Style in the Early Northern Song. *Journal of Chinese Literature and Culture*, Vol. 5, No. 1 (2018), pp. 95-118.
② Yugen Wang. The Xikun Experiment: Imitation and the Making of the New Poetic Style in the Early Northern Song. *Journal of Chinese Literature and Culture*, Vol. 5, No. 1 (2018). p. 95.
③ Wai Lun Tam. *The Life and Thought of a Chinese Buddhist Monk ZhiYuan* (976—1022), diss., McMaster University, 1996.
④ Colin Hawes. Fowl and Bestial? A Defense of Ouyang Xiu's Poems on White Creatures, *Journal of Sung-Yuan Studies* 28 (1998. p. 23-53).
⑤ Colin Hawes. Mundane Transcendence: Dealing with the Everyday in the Poetry of Ouyang Xiu (1007—1072), *Chinese Literature: Essays, Articles, Reviews* (CLEAR), 21 (1999). p. 99-129.

朗诺《苏轼人生中的言、象、行》(1994)[①]与管佩达(Beata Grant)《重游庐山：苏轼人生与创作中的"佛教"》(1995)[②]，二书都是西方汉学界的苏诗研究名著，尤其是前者的全面性与综合性备受好评，如管佩达誉其是"继林语堂《乐观天才：苏轼的人生与时代》之后最全面且最具批评性的精湛、严谨的研究(masterful and meticulous study)"[③]。学术论文则有郑文君《诗歌、政治、哲学：作为东坡之"人"的苏轼》(1993)[④]与《诗与变：苏轼的〈登州海市〉》[⑤]、史国兴(Curtis Dean Smith)《苏轼〈破琴诗并序〉新解》(1998)[⑥]、蔡涵墨《习而安之：苏轼的海南贬谪》(1998)[⑦]、萨进德(Stuart H. Sargent)《苏轼诗歌中的音乐：一种术语的视角》(2002)[⑧]、傅君劢《经验的美学价值与意义：关于朱熹对宋代诗评重置的理论考察》(2005)[⑨]、王宇根《诗歌作为社会批评方式的局限性：重审"乌台诗案"》(2011)[⑩]。学位论文则有何大江(He Dajiang)的博士学位论文《苏轼：多元价值观与"以文为诗"》(1998)[⑪]、杨治宜(Zhiyi Yang)的博士学位论文《"自然"的辩证法：苏轼人生与创作中的艺术、自然

---

① Ronald C Egan. *Word, Image, and Deed in the Life of Su Shi*, Cambridge, Mass.：Harvard University Press, 1994.

② Beata Grant. *Mount Lu Revisited: Buddhism in the Life and Writings of Su Shih* (1037—1107), Honolulu: University of Hawai'i Press, 1994.

③ Beata Grant. Book Review of Word, Image, and Deed in the Life of Su Shi. *Chinese Literature: Essays, Articles, Reviews (CLEAR)*, Vol. 17 (1995). p. 147.

④ Alice W Cheang. Poetry, Politics, Philosophy: Su Shih as The Man of The Eastern Slope. *Harvard Journal of Asiatic Studies*, Vol. 53, No. 2 (1993). pp. 325-387.

⑤ Alice W Cheang. Poetry and Transformation: Su Shih's Mirage. *Harvard Journal of Asiatic Studies*, Vol. 58, No. 1 (1998). pp. 147-182.

⑥ Curtis Dean Smith. A New Reading of Su Shi's "Poem of the Broken Lute", *Journal of Song-Yuan, and Conquest Dynasty Studies*, No. 28(1998). pp. 37-60.

⑦ Charles Hartman. Clearing the Apertures and Getting in Tune: The Hainan Exile of Su Shi(1037—1101). *Society for Song, Yuan, and Conquest Dynasty Studies*, No. 30 (2000). pp. 141-167.

⑧ Stuart H Sargent, "Music in the World of Su Shi(1037—1101), *Journal of Song-Yuan Studies*, No. 32 (2002). pp. 39-81.

⑨ Michael A. Fuller. Aesthetics and Meaning in Experience: A Theoretical Perspective on Zhu Xi's Revision of Song Dynasty Views of Poetry. *Harvard Journal of Asiatic Studies*, Vol. 65, No. 2 (2005). pp. 311-355.

⑩ Yugen Wang. The Limits of Poetry as Means of Social Criticism: The 1079 Literary Inquisition Against Su Shi Revisited. *Journal of Song-Yuan Studies*, No. 41 (2011). pp. 29-65.

⑪ He Dajiang. *Su Shi: Pluralistic View of Values and "Making Poetry out of Prose"*, Ph. D. diss., The Ohio State University, 1997.

与艺术面具》（2012）①、白睿伟（Benjamin Barclay Ridgway）的硕士学位论文《苏轼"和陶诗"研究》（1999）②。

杨晓山（Yang Xiaoshan）的《王安石的〈明妃曲〉与否定诗学》（2007）③一文试图对《明妃曲》进行重新审视，作者认为，王安石有意使用非常规修辞和以独特视野处理历史题材，反映了他对既有观念的背离，荆公通过轰动性的叙述与翻案手法来实现其"否定"目的。

山谷诗研究则有王宇根的博士学位论文《印刷时代的诗歌：文本、阅读策略与黄庭坚"写作诗学"》（2005），④后更名为《万卷：黄庭坚和北宋晚期诗学中的阅读与写作》（2011）⑤出版，该书作为欧美汉学界对宋诗进行跨学科考察的代表性著述，"凸显了黄庭坚诗学在中国文学史上的地位"⑥。学术论文有萨进德《黄庭坚的"香意识"：以唱和诗与禅理诗为主》（2001）⑦与《题跋的逆向运动：苏轼与黄庭坚的题画诗》⑧。

2007年，萨进德出版专著《贺铸诗歌：文类、语境与创造性》⑨，作者翻译了228首贺铸诗歌（包括古体诗、歌行体、五言律诗、近体诗、五言绝句、七言绝句），并对每首诗歌创作的背景（尤其是政治环境）及代表性研究成果进行了评价，傅君劢赞

---

① Zhiyi Yang. *Dialectics of Spontaneity: Art, Nature, and Persona in the Life and Works of Su Shi*（1037—1101），diss.，Princeton University，2012. 在博士论文基础上，杨治宜在2015年修订出版专著，名为Original English version of "Dialectics of Spontaneity: The Aesthetics and Ethics of Su Shi(1037—1101) in Poetry"，并由该书作者自译为《"自然"之辩：苏轼的有限与不朽》（较之英文专著，新增博士论文第三章入中译本）在2018年由生活·读书·新知三联书店出版。虽然作者自2012年起执教于法兰克福大学，但这些成果主要完成于在美期间，故将其纳入北美汉学界的探索成果。

② Benjamin Barclay Ridgway. A Study of Su Shih's "He-T'ao-shih"和陶诗（Matching-T'ao-poems），Thesis.，The University of Minnesota，1999.

③ Yang Xiaoshan. Wang Anshi's "Mingfei qu" and the Poetics of Disagreement. *Chinese Literature: Essays, Articles, Reviews（CLEAR）*，Vol. 29（2007）. pp. 55-84.

④ Yugen Wang. *Poetry in Print Culture: Texts, Reading Strategy, and Compositional Poetics in Huang Tingjian*（1045—1105）and the Late Northern Song，diss.，Harvard University，2005.

⑤ Yugen Wang. *Ten Thousand Scrolls: Reading and Writing in the Poetics of Huang Tingjian and the Late Northern Song*. Cambridge, MA: Harvard University Asia Center, 2011.

⑥ Jennifer W Jay. Book Review of Ten Thousand Scrolls: Reading and Writing in the Poetics of Huang Tingjian and the Late Northern Song. *China Review International*, Vol. 20, No. 3/4（2013）. p. 389

⑦ Stuart Saugent Huang T'ing-chien's "Incense of Awereness": Poems of Exchange, Poems of Enlightenment, *Journal of the American Oriental Society*, Vol. 121, No. 1(Jan. -Mar. , 2001). pp. 60-71.

⑧ Stuart H Sargent, Colophons in Countermotion: Poems by Su Shih and Huang T'ing-chien on Paintings, *Harvard Journal of Asiatic Studies*, Vol. 52, No. 1（1992）. pp. 263-302.

⑨ Stuart Saugent. *The Poetry of He Zhu*（1052—1125）*: Genres, Contexts, and Creativity*. Leiden&Boston: Brill Press, 2007.

赏该书广博、翔实,并将其与南宋时期的诗话相较而论,称赞萨进德"提供了一种鲜明的赏析型模式"①,其翻译亦"忠诚于美国汉学的鲜明传统"②。

整体考察北宋诗歌的则有杨晓山《私人领域的变形:唐宋诗歌中的园林与玩好》(2003)③与柯霖《北宋中期诗歌的社会流通——气与文人的自我修养》(2005)④,两书在西方学界都有较大影响,如杨晓山沿袭其师宇文所安"私人领域"一说,讨论北宋诗歌关于太湖石的颂扬与批判、审丑意识("丑""怪""无用")、"石痴"现象、唱和与物品交换,且有独到发现,尤其是他对宋代文人(如邵雍、司马光)对"乐""闲"的追求及采取的实际行动(如歌颂耆老群体、返回园林)的揭示别具慧眼,故方葆珍(Paula Varsano)认为,该书为"学者继续思考园林及其他文化载体在中国文人生活中的地位提供了一个有用的工具"⑤。学术论文则有柯霖《言外之意:北宋诗歌中的语言游戏》(2000)⑥与艾朗诺《皇帝与墨梅:文人思想对宋徽宗朝廷的影响》(2004)。另外,莲达(Linda D'Argenio)的博士学位论文《士大夫、绅士、诗人:10-11世纪中国诗歌在士人文化中的角色》(2003)⑦讨论了960年至1022年北宋诗坛对唐代诗歌的承继与变革,尤其探索转型时期的一致性与差异性。

(二) 南宋诗歌研究

范成大诗歌在此时受到较多关注,施吉瑞《石湖:范成大诗歌研究》(1992)⑧作为"西方第一部范成大的诗歌译本与诗歌研究"专著⑨,何瞻(James M Hargett)认

---

① Michael A Fuller. Book Review of The Poetry of He Zhu(1052—1125):Genres, Contexts, and Creativity. *China Review International*, Vol. 18, No. 1 (2011). p. 5.

② Michael A Fuller. Book Review of The Poetry of He Zhu(1052—1125):Genres, Contexts, and Creativity. *China Review International*, Vol. 18, No. 1 (2011). p. 3.

③ Xiaoshan Yang. *Metamorphosis of the Private Sphere: Gardens and Objects in Tang-Song Poetry*. Cambridge (Massachusetts): Harvard University Asia Center, 2003.

④ Hawes Colin S C. *The Social Circulation of Poetry in the Mid-Northern Song: Emotional Energy and Literati Self-Cultivation*. Albany, N. Y.: State University of New York Press, 2005.

⑤ Paula Varsano. Book Review of Metamorphosis of the Private Sphere: Gardens and Objects in Tang-Song Poetry. *Chinese Literature: Essays, Articles, Reviews*(CLEAR). Vol. 27. 2005. p196.

⑥ Colin Hawes. Meaning beyond Words: Games and Poems in the Northern Song, *Harvard Journal of Asiatic Studies*, Vol. 60, No. 2(2000). pp. 355-383.

⑦ Linda D Argenio. *Bureaucrats, Gentlemen, Poets: The Role of Poetry in the Literati Culture of Tenth-Eleventh Century China*(960—1022), diss., Collumbia University, 2003.

⑧ J D Schmid. *Stone Lake: The Poetry of Fan Chengda*(1126—1193), Cambridge/New York: Cambridge University Press, 1992.

⑨ Christian de Pee. Book Review of Stone Lake: The Poetry of Fan Chengda(1126—1193). *Journal of the Economic and Social History of the Orient*. Vol. 55, No. 1 (1995). p. 247.

为,施吉瑞对范成大诗歌演进历程的梳理卓有成效,译诗也忠实于原诗且具可读性①;乔纳森·奥蒂斯·皮斯则指出该书最大的缺点在于分析精确性欠缺。② 黛博拉·玛丽·鲁道夫(Deborah Marie Rudolph)的博士学位论文《南宋宦游文学中的革新与审美传统:范成大〈吴船录〉研究》(1996)③,虽以范成大笔记《吴船录》为研究对象,但也详细分析了范成大写于1151年前往吴郡途中的20首律诗和1159年赴衮州、杭州途中创作的15首宴饮诗、离别诗、怀古诗、山水诗等。

综合考察南宋诗歌则有傅君劢的学术专著《漂泊江湖:南宋诗歌与文学史问题》(2013)④与尼尔·尤金·博利克(Neil Eugene Bolick)的博士学位论文《南宋哲理诗与宗教诗中的"学问化表达"》(1994)⑤,尤其是前书影响较大,作者侧重分析社会与文化转型时期(即北宋晚期到南宋晚期)诗歌的演变及其驱动力,尤其是分析了道学与诗歌、诗学之间的关联,魏希德(Hilde De Weerdt)认为该书堪称里程碑式研究,并在文化转向与新历史主义语境下"引领一种新的文学史书写的范式"⑥。

(三) 整体考察宋诗

在此阶段,北美学界不少研究者尝试鸟瞰宋诗全景。学术论文则有蔡涵墨(Charles Hartman)《唐代诗人杜甫与宋代文人》(2008)⑦、Bo Liu《冷雀:宋代诗歌与绘画中的政治隐喻》(2011)⑧。姜斐德(Alfreda Murck)《宋代诗画中的政治隐情》(2000)⑨一书则对宋代诗人(如苏轼、黄庭坚、宋迪、王诜等)诗歌中的政治隐喻(政

---

① James M Hargett. Book Review of Stone Lake:The Poetry of Fan Chengda(1126—1193). *Chinese Literature:Essays,Articles,Reviews*(*CLEAR*),Vol. 16(1994). pp. 152-157.

② Jonathan O Pease. Book Review of Stone Lake:The Poetry of Fan Chengda(1126—1193). *Harvard Journal of Asiatic Studies*,Vol. 55,No. 1(1995). pp. 247-256

③ Deborah Marie Rudolph. *Literary Innovation and Aesthetic Tradition in Travel Writing of the Southern Sung:A Study of Fan Ch'eng-ta's Wu ch'uan lu*,diss.,The University of California,Berkeley,1996.

④ Michael A Fuller. *Drifting among rivers and lakes:Southern Song dynasty poetry and the problem of literary history*. Cambridge(Massachusetts) and London:Harvard University Press,2013.

⑤ Neil Eugene Bolick. *The Genre of Philosophical and Religious Poetry and Intellectual Expression in the Southern Sung*,diss.,Indiana University,1994.

⑥ Hilde De Weerdt. Book Review of Drifting among Rivers and Lakes :Southern Song Dynasty Poetry and the Problem of Literary History. *Harvard Journal of Asiatic Studies*,Vol. 75,No. 2(2015). p. 471.

⑦ Charles Hartman. The Tang Poet Du Fu and the Song Dynasty Literati. *Chinese Literature:Essays,Articles,Reviews*(*CLEAR*),Vol. 30(Dec.,2008). pp. 43-74.

⑧ Bo Liu,Deciphering the Cold Sparrow. Political Criticism in Song Poetry and Paiting. *Ars Orientalis*,Vol. 40(2011). pp. 108-140.

⑨ Alfreda Murck. *Poetry and Painting in Song China The Subtle Art of Dissent*. Harvard University Asia Center,2000.

治讥刺)进行了揭示,尤其是讨论题画诗(主要是与"潇湘八景"有关的诗歌)的政治意蕴。

特别应该值得注意的是,伴随欧美学界中国文学史书写潮流的兴起,诸多文学史也试图呈现宋诗的特质及在中国文学史上的地位。如梅维恒(Victor H. Mair)主编的《哥伦比亚中国文学史》(2001)①设专节讨论宋诗,重点讨论了宋诗的演进轨迹及不同阶段的突出特点;J. P. Seaton 编译的《中国诗选》(2006)②对宋诗名家也多有赞誉;孙康宜和宇文所安主编的《剑桥中国文学史》(2013)③更是对诸多宋代诗人与诗作进行了介绍与分析,如该书北宋部分编者艾朗诺称苏轼为"卡里斯马"型人物,并指出苏诗的反思性、哲学性、比喻性特质,尤其注意到苏诗作为苏轼人生痛苦的"解毒剂"效用。此外,伊维德(Wilt L. Idema)与管佩达合著《彤管:中华帝国时代的女性书写》(2004)④专门分析了宋代女诗人李清照和朱淑真的诗歌特点及其在中国女性书写史上的位置。

四、结语

综上所述,北美汉学界的宋诗研究所取得的成果堪称丰硕,且对国内研究不乏借鉴价值。至少呈现以下鲜明特点:一是研究人员与研究成果数量多,且分布在北美各大著名汉学研究学府或研究机构,还造就了一批著名汉学家,如艾朗诺、傅君劢、萨进德、何瞻、施吉瑞、管佩达等;二是成果质量较高,涌现出一大批在域外汉学界甚至国内学界有学术影响力的研究成果,它们在不同层面推进了宋诗研究;三是研究视角各有特色,研究方法多样,大凡文学、社会学、历史学、政治学、美学、哲学等视角均有涉及,中外文学研究方法皆有运用;四是虽偶有文化误读或文学误释,但总体来说,它们为推动中外文学交流与中国文学对外传播做出了积极贡献。

---

① Victor H Mair, ed. *The Columbia History of Chinese Literature*. New York: Columbia University Press, 2001.
② J P Seaton. *The Shambhala anthology of Chinese Poetry*. Boston: Shambhala Publication Inc, 2006.
③ Kang-I Sun, Stephen Owen, ed. *The Cambridge History of Chinese Literature*. Cambridge, MA: Cambridge University Press, 2011.
④ Wilt L Idema, Beata Grant. *The Red Brush: Writing Women of Imperial China*. Cambridge, MA: Harvard University Asia Center, 2004.

汉学家白之英译《牡丹亭》戏剧翻译规范探究

赵征军

(三峡大学 外国语学院，湖北 宜昌 443002)

[摘　要]　以汉学家白之英译的《牡丹亭》选译本和全译本为对象，从期待规范和选择规范的角度出发，探讨了白之《牡丹亭》英译过程中所体现的戏剧翻译规范。研究表明：白之英译《牡丹亭》是服务于英美文化系统专业读者需求的；其翻译的内容是因时而为；在英译唱词、诗文的过程中，他追求的是节律对应；在对待中国文化因素的过程中，他采取的是充分性和可接受性相结合的原则。这些规范对于当下的戏剧典籍英译具有重要的参考价值。

[关键词]　《牡丹亭》；白之；戏剧翻译规范

西里尔·白之(Cyril Birch)是当代英语世界最著名的汉学家、翻译家之一。他为中国文学、文化在英语世界的传播，筚路蓝缕，功勋卓越，其译作《牡丹亭》更是他长期研究中国戏剧和古典文学的巅峰之作，赫然进入西方世界经典之列，被称为"世界戏剧永恒经典"和"中国戏剧在西方世界的象征性符号"[1]，白之所译《牡丹亭》"与霍克思所译《红楼梦》分别筑起中国戏剧和小说翻译的里程碑"[2]276。英语世界诸多中国文学读本和中国文学研究工具书也都将白之译本视为《牡丹亭》研

[基金项目]　湖北省社会科学基金"中国戏剧典籍译介研究：以《牡丹亭》的英译与传播为中心"(2014201)

[作者简介]　赵征军(1973—)，男，湖北荆门人，翻译学博士，三峡大学外国语学院副教授，湖北省翻译协会理事。

① 原文刊于《燕山大学学报(哲学社会科学版)》2018年第2期。

究的唯一权威英文参考资料。但白之译本的经典化不仅意味着目标语系统对其译文的认可,也代表着对其生产译本方式的首肯,因为"只有当一个文学模式得以进入系统形式库,确定其能产原则时,它才具有经典性"[3]20。只要白之译本在西方世界的中国翻译文学子系统仍处于核心地位,它所倡导的翻译理念、翻译方式就代表着该系统所认可的中国戏剧翻译规范。符合这一规范,其生产和传播将更为顺畅,否则就会受到阻碍。但当下的白之英译《牡丹亭》研究较为薄弱,主要成果仍集中在译文品评,如汪榕培[4]、蒋骁华[5];意识形态操控研究,如陈橙[6];译者风格研究,如陈建生[7]以及英译策略研究,如赵征军[8]等,并未全面总结白之英译《牡丹亭》所体现的戏剧翻译规范,也未充分挖掘它在中国文化走出去之下的学术价值和现实意义。因此,本文拟以白之《牡丹亭》选译本和全译本为对象,探讨他在英译过程中所体现的规范问题,以期对后续的中国戏剧典籍英译提供借鉴。

一、规范与翻译规范

从社会学和心理学的角度而言,"规范"(norms)是介乎于"规则与特质"[9]54"法规与传统"之间[10]55,判断有关理念或行为是否正确合理的社会现实,具有道德强制性、社会期待性、排他性和普遍性的特征[11]95。翻译规范则是"规范"理论在翻译研究领域的衍生。它是位于翻译能力和翻译表现之间的社会现实,决定译者在特定社会历史语境下所做的选择,影响特定社会对该翻译产品及活动的评价。当前,有两位学者的研究对学界影响最为深刻。其一是图里(Gideon Toury),他认为翻译规范由预备规范、初始规范和操作规范三部分组成[8]58-61。其二是切斯特曼(Andrew Chesterman),他将翻译规范分为期待规范和职业规范两大类。前者包括产品规范和过程规范;后者分为责任规范、交际规范和关系规范[9]64-69。两位学者尽管表述不尽相同,但焦点都在强调协调个体与社会之间关系的相互期待及处理过程中的选择问题,即期待规范和选择规范。期待规范由目标语读者对译文(或特定类型译文)的期待构成,主要涉及读者对该译文(或某一类型)译文面貌的基本判断,包括文本类型、话语传统、风格、语域等[9]64;而选择规范强调的是译者为实现翻译目的,在协调原文作者意图、委托人指令和目标语言者需求之后,对译文的完整程度、文本的分布形式、拟采用的翻译策略和方法所做的选择。这也是本文讨论白之英译《牡丹亭》规范的重点所在。

二、白之英译《牡丹亭》中的期待规范

按照切斯特曼的解释,期待规范指译文读者或特定类型文本读者对译文或特

定类型文本翻译的期待,它由目标语文化盛行的翻译传统和平行文本的形式、经济、意识形态和权力关系来决定[9]64。因此,白之英译《牡丹亭》中的期待规范描述最重要的是中西权力关系之下的目标语读者定位问题,即"为谁而译"。这也是任何翻译活动发起之前必须考虑的首要因素。从译本出版的时代背景、出版信息和市场反馈来看,白之译本的意向读者一开始就与国内译本有较大差异:其服务对象并不是泛泛而论的"英语世界"、空洞的"英语读者",或"大众读者",而是汉学研究者和汉语语言文学教育体系内的大中院校学生。

  首先,白之译本的出版最初是服务于美国汉学研究和汉语语言文学教育体系的。20世纪五六十年代是美国《国防教育法》推行逐步深化,中美关系日趋缓和的时代。在《国防教育法》以及随后雄厚资金的推动之下,美国的中国学研究机构和汉语教育体系获得了突飞猛进的发展[12]。至70年代,研究中国的历史与现状成为美国政府、各大高校、基金会和企业关注的焦点,美国汉学"研究条件、研究队伍、研究内容、学科地位和组织形式发生了巨大的变化"[13]。这为《牡丹亭》在美国的传播培育了最基本的市场需求。为适应并推动美国汉学研究和汉语语言文学教育的发展,阿普尔顿世纪(Appleton-century)、丛林出版社(Grove Press)和印第安纳大学出版社开始系统介绍中国古典文学。其中影响力最大的是丛林出版社推出的《中国文学选集》。该书第二册就收录了白之选译的《闺塾》《惊梦》《写真》《闹殇》四出。而《中国文学选集》是具有"较高准确性和文学性",能"激起了读者对完整文学作品兴趣"的书籍[14],且在"英语世界长期广泛地被当作大学教材使用"[15],其读者对象必然是汉学研究者和汉语语言文学教育体系中的专业读者。而白之《牡丹亭》全译本则是在安德鲁·梅陇基金(Andrew W. Mellon Foundation)赞助之下,由世界汉学研究重镇所在地印第安纳大学出版发行的力作。梅隆基金的宗旨在于"加强、推进、维护人文学科和艺术学科的发展,支持高等教育和文化研究知名机构从事宏大、开拓性的研究工作,更新并增加人们对世界珍贵遗产的认知"①;印第安纳大学出版社则是一家专门从事人文科学和社会科学出版、享有世界盛誉的学术出版机构,其宗旨是"以专业的精神、非营利的态度服务世界学术与文化"②。选译本和全译本所依托机构和出版物的专业性决定了其服务对象绝不可能是宽泛的"英语世界""英语读者""大众读者"。

  其次,从市场反馈来看,译文意向使用者也是以专业读者和研究者为主。读者

---

① https://mellon.org/about/mission/.
② http://www.jstor.org/publisher/iupress.

曾如此评价白之作品:"选集的出版对研究中国文学的学生及对中国文学感兴趣的其他读者是一件令人惬意的事情"[14]510;"选集树立了准确性与可读性完美的典范,对中国学研究做出了不可磨灭的贡献"[16]101;"白之所译《牡丹亭》虽千呼万唤,姗姗来迟,却是中国文学研究领域中的重大事件"[2]276。可见,市场所认可的译本预期使用领域并不是大众群体,而是中国学研究或中国文学研究领域的从业人员。这正如著名学者夏志清所指出的那样,"西方世界根本不存在中国古典文学的大众群体";"一般的大众读者如果缺少中国历史文化的基础训练,不可能理解明清时期的中国文学,期盼大量的美国读者来阅读中国的古典文学作品实在是不切实际的想法"[17]。

三、白之英译《牡丹亭》的选择规范

期待规范的确定,将直接影响着选择规范的取向,即"译什么"和"如何译"的问题。选择规范一方面承载着原语系统的意愿以及目标语系统的期待,同时通过选择性行为改变着目标语读者对特定事物的认知。作为汉学家和中国文学教师的白之深知中西戏剧的差异和西方世界对中国戏剧的看法。西方世界长期认为,"中国戏剧受制于善恶有报的道德传统,缺乏应有的悲剧观,根本无法与欧洲戏剧相提并论"[18]120。中西戏剧诗学的差异和西方的偏见是白之在英译《牡丹亭》时暂时无法逾越的障碍。因此在《中国文学选集(2)》选译前言中,他写道:"即便按照现在的标准,《牡丹亭》也十分冗长。"[19]译介初期,绝无可能一下将整个剧本推送至读者面前。因此白之挑选了最能体现其伟大主题"世间何物以情浓"的《闺塾》《惊梦》《写真》《闹殇》四出,在英语世界里构建了发生、发展、高潮和结局的完整结构。当《中国文学选集(2)》作为教材在大中院校使用八年之后,白之才选择全译的形式,向西方世界展现《牡丹亭》的全貌。这是白之英译《牡丹亭》选择规范的首要表现。

除了剧本内容之外,白之在不同时期对《牡丹亭》所包含的戏剧文化形式内容的选择也是有所区分的。如前所述,20世纪70年代之前,美国读者对中国戏剧形式知之甚少,加之明传奇或南戏这种形式在英语世界鲜有出现,在选译《牡丹亭》中的戏剧文化形式时,白之按照西方戏剧的形式,省略了唱词和对白中的曲牌词牌名,以人物姓名直接替换了原句中的生、旦、净等角色名,同时也删去了每出结尾的集唐诗。但至80年代,他选择的中国戏剧文化元素更加多元。除词牌名未介绍外——"因为词通常以吟诵的方式呈现,并不属于音乐结构的一部分"[20],剧本的

三大部分,散体对白、押韵诗词、唱腔均在译文中得到了体现。白之以排版中的五个字符半缩(half-indenting)方式表示诗词,十个字符全缩(fully indenting)表示唱腔;对于唱腔名,白之先以罗马数字加以标识,然后在附录部分用汉语拼音罗列。倘若唱腔出现重复,则以罗马数字加字母的方式加以区分,如IIa,IIb等。这样即不妨碍阅读,也便于有研究兴趣的读者进一步查询。每出结尾的集唐诗,白之也是忠实地译出,并以醒目的"Envoi"标题,表明其功能。

在"如何译"的层面,白之的选择规范在唱词、诗文的处理方面表现得更加淋漓尽致。孔尚任曾言,"传奇虽小道,凡诗、赋、词、曲、六文、小说家,无体不备。至于摹写须眉,点染景物,乃兼花苑矣"[21]。南戏精品《牡丹亭》也不例外。对意境和神韵的追求,使得该剧最大限度地包容了"从古典诗词、骈文,到方言俚语,甚至是低下恶毒的谩骂"所有能想象的语言形式[22]。但无论是高雅的唱词,还是低俗的打诨,都是以富有节奏的韵文方式呈现,从本质上讲就是诗;《牡丹亭》中情节的推进,人物感情的抒发,都是以诗的形式呈现的。如何传译"诗、赋、词、曲",成为任何《牡丹亭》译者所面临着的巨大挑战。译者可以如格律派的翟理斯(Herbert Allen Giles)那样以诗体译诗,或者如自由派的韦利(Arthur Waley)以散体译诗,抑或如创造派的庞德(Ezra Pound)那样根据原诗进行改写[23]。白之在1970年美国"中国口头文学与表演文学学会"讨论会上坦言,对于一般的翻译,自己全心全意拥护约翰·西阿迪(John Ciardi)提出的"从心所欲"的主张。他认为在唱词、诗文、曲牌等戏剧内容的处理上,"素体诗有其好处,但其不利之处,相当严重,只能偶尔一用";"英语中七音步诗行极难处理,六音步是我们通常忍受的极限,而亚历山大诗行像条受伤的蛇拖着长长的身子慢慢爬行"[24]72-77。因此,他认为处理这些特殊的语言要尽量避免押韵,也不需要严格遵循原文的节奏,只要在翻译时对原文诗行有体验,使译文重音数和原文诗行音节数大致相等,能够做到"节律对应"即可;这样"既可以得到原音乐,同时也不牺牲英译诗的节奏美,又能让人听得懂"[24]86。可见,白之所遵循的是自由派的散体译法。在实际的操作过程中,译者的做法是长行配长行,短行配短行。但若英译诗文太长,白之习惯将之切成几行具体译例(可参见表1)。

这是《玩真》中柳梦梅偶然拾得杜丽娘画像,反复把玩时的一种写照。除去衬字和介语之外,原文基本上是按照3-3-3-3-3-3-2-4节奏,押着[o]的韵脚,勾勒了柳梦梅无限仰慕,却又半信半疑的心态。在翻译的过程中,白之抛弃了韵脚,以十一行对应原文八行,并采用大停分行的方式将第一行、第二行、第六行分译成两句,形成3-3-5-6-3-3-3-6-3-3-3-8的重音模式。节奏虽然不能和原文的顿步精确匹配,但仍然是长行配长行,短行配短行,具有相当的音乐性,较好的服务于柳梦梅感情的抒发。

表1 白译《牡丹亭》中《玩真》部分中英文对照

秋影挂银河,	The blessed bodhisattva
展天身,自在波。	shows her celestial form sharp-etched as shadows in clear autumn light
	beneath Heaven's silver river, the Milky Way.
诸般好相能停妥。	Each holy attribute complete
他真身在补陀,	as in the manifestation at Potlaka①
咱海南人遇他。	but vouchsafed now to one from Southern Sea.
[想介]	(he ponders)
甚威光不上莲花座?	Yet why for such majesty
	is there no lotus pedestal?
再延俄,	And why, on closer look
怎湘裙直下一对小凌波?[25]155	does silken skirt reveal a pair of tiny wave-tripping feet?①
	Notes: ① Where the bodhisattva Guanyin, who saves souls, manifested herself (see scene 23, note 20).
	② "tripping the waves" is a common kenning for the feet of a beautiful woman, originating in Cao Zhi's "Goddess of the River Luo" (see scene 23, note 20). [2]143-144

此例还涉及了白之处理文化因素的规范。《牡丹亭》深深根植于中国传统文化,其语言表达必然受到中国传统文化的影响。在创作的过程中,汤显祖也擅长通过文化意象和典故来表达剧中人物复杂的思想感情和微妙的情绪,如上例中的"银河"在中国古代文化中占有重要地位,常与"鹊桥相会"的神话传说相呼应;"自在波""诸般好相""补陀""莲花座"则与佛教文化中的观自在菩萨密切相关;"小凌波"则以优雅的方式暗指曹植《洛神赋》中的"凌波微步,罗袜生尘"[25]。白之在处理这些文化因素时,既没完全倒向中国文化系统,刻意营造捉摸不透的中国情调,也没屈从英美文化系统,采取文化清洗的方式,而是采取了一种充分性与可读性相结合的方法。"银河"处理成了"Heaven's silver river, the Milky Way","小凌波"处理成"tiny wave-tripping feet",并以注释加以解释。而"自在波""诸般好相""莲花座"则用解释的方式处理成西方读者能接受的 bodhisattva、each holy attribute、lo-

---

① http://www.jstor.org/publisher/iupress.

tus pedestal。对于地名"补陀"则音译成 Potlaka,并配以注释进行解释。这样既保留了中国文化意象,又不影响读者从中获得阅读的乐趣。在其他场合,白之也是如此,如"祝萱花椿树"(第三出)译成"O mother gentle as lily/ father as cedar strong";"吊下春愁鹤发仙"(第四出)译成"to take pity on the sorrowful crane-white locks of a sage"等。它体现着他在译介中国文化信息时所采取的一贯态度:竭尽所能地以西方读者能接受的方式传递文本信息和文化内涵。英语读者在亚马逊网站上如此评价白之译文:"与莎士比亚大多数剧作相比而言,白之的翻译和注释更能让人理解戏剧内涵,同时也能帮助读者深入了解中国中世纪的文学、传说、诗歌及社会习俗。"①有汉学家则认为"白之成功传译了原剧中所有的维度,他向睿智的英语读者呈现的不是一个充满异域东方情调的书籍,而是一本厚重、抒情却深邃的艺术作品"[26]945。倘若如国内译者那样,因押韵的需要直接将"银河""小凌波"直接译成"Milky Way""a pair of tiny feet",原文的文化意象之美及文化内涵则荡然无存。英国汉学家杜威廉(William Dolby)对此类做法曾严厉批判,"文化清洗及随之而来令人厌恶的爽快无味,是阻止英语世界了解中国文学作品的主要症结所在"[27]589。

四、结语

白之译本在英语世界广受欢迎绝非偶然,它是机构、市场、读者、译者等多种因素交互影响的结果。他对《牡丹亭》的译介,实际上是在美国政府影响之下,得到民间和高校基金赞助,服务于美国汉语语言文学教育体系读者群体和汉学研究者的"译入"行为。在英译过程中,译者对中国戏剧和其他文化信息采取的是包容而非清洗的态度,力图在充分性和可接受性之间达到一种平衡;在唱词诗文的翻译中,力行"节律对应",避免因韵损义。只要白之译本仍处在经典化的地位,其它译本和生产方式就被排斥到边缘化的位置。这就提示我们在中国文化走出去背景之下进行戏剧典籍译介时,必须考虑翻译行为的发起动机是否合理,服务对象定位是否准确,是服务于大众读者、专业读者、中国化的西方人、西化的中国人,还是英语国家的中国籍读者,进而理清目标读者群体对该作品和该类作品的认知状况,选择合理的翻译内容和翻译手段,有效传播中国戏剧文化。

---

① http://www.amazon.com/The-Peony-Pavilion-Second-Edition/product-reviews/0253215277/ref=sr_1_1_cm_cr_acr_txt?ie=UTF8&showViewpoints=1.

参考文献

[1] BURT DANIEL S. The Drama 100: A Ranking of the Greatest Plays of All Time [M]. New York: Facts On File, Inc, 2008:184.

[2] RICHARD S. Review of *The Peony Pavilion by Tang Xianzu*; *Cyril Birch*; *The Romance of the Jade Bracelet and other Chinese Opera* by Lisa Lu [J]. Chinese Literature: Essays, Articles, Reviews (CLEAR), 1982,4(2):276-279.

[3] ITAMAR E. Polysystem Theory. [J] Poetic Today, Polysystem Studies, 1990,11(1):9-26.

[4] 汪榕培.《牡丹亭》的英译及其传播[J].外国语,1999(6):48-52.

[5] 蒋骁华.译者的选择性适应与适应性选择:评《牡丹亭》的三个英译本[J].上海翻译,2009(4):11-15.

[6] 陈橙.论中国古典文学的英译选集与经典重构:从白之到刘绍铭[J].外语与外语教学,2010(4):82-85.

[7] 陈建生,刘刚.基于语料库的译者风格研究:以《牡丹亭》的两个译本为例[J].天津外国语大学学报,2013(6):45-51.

[8] 赵征军.中国戏剧典籍译介研究:以《牡丹亭》的英译与传播为中心[M].北京:中国社科科学出版社,2015.

[9] GIDEON T. Descriptive Translation Studies and Beyond [M]. Shanghai: Shanghai Foreign Language Education Press, 2001.

[10] ANDREW C. Memes of Translation: the Spread of Ideas in Translation Theory [M]. Shanghai: Shanghai Foreign Language Education, 2012:64-69.

[11] 廖七一.翻译规范及其研究途径[J].外语教学,2009(11):95-98.

[12] 吴元国.隔绝对峙时期的美国中国学(1949-1972)[M].上海:上海辞书出版社,2008:88.

[13] 何培忠.当代国外中国学研究[M].北京:商务印书馆,2006:59.

[14] HANS H. Frankel. Review of *Anthology of Chinese Literature. Volume 2. From the 14th Century to the Present Day*, by Cyril Birch [J]. The Journal of Asian Studies,1973,32(3):510-511.

[15] 余光中.庐山面目纵横看:评丛林版《中国文学选集》[M]// 余光中选集.合肥:安徽教育出版社,1999:158.

[16] HAROLD S. Review of *Anthology of Chinese Literature: From Early Times to the 14th Century*, by Cyril Birch [J]. The Journal of Asian Studies, 1966,26(1):101-103.

[17] HSIA C T. Classical Chinese Literature: Its Reception Today as a Product of Traditional Culture [M]// C. T. Hsia on Chinese Literature. C. T. Hsia. New York: Columbia University Press, 2004:7-8.

[18] JAMES ROBERT H. Chinese Literature in the Context of World Literature. [J] Comparative Literature, 1953,5(2):117-124.

[19] CYRIL B. Anthology of Chinese Literature Volume 2: From the 14th Century to the Present Day [M]. New York: Grove Press, INC, 1972:87.

[20] CYRIL B. The Peony Pavilion [M]. Bloomington and Indianapolis: Indiana University Press, 2002:xii.

[21] 张庚,郭汉城,何为. 中国戏曲通史[M]. 上海:上海文艺出版社,1989:238.

[22] CYRIL Birch. Reflection of A Working Translator. [M]// Translating Chinese Literature. Eugene Eoyang and Lin Yao-fu, 5-9. Bloomington and Indianapolis: Indiana University Press, 1995:7.

[23] 马红军. 从文学翻译到翻译文学:许渊冲的译学理论与实践[M]. 上海:上海译文出版社,2006:123.

[24] 西里尔·白之. 白之比较文学论文集[C]. 徽周,译. 长沙:湖南文艺出版社,1987.

[25] 汤显祖. 牡丹亭[M]. 徐朔方,杨笑梅,校. 北京:人民文学出版社,1963:155.

[26] STEPHEN H. West. Review of *The Peony Pavilion*, by Cyril Birch [J]. The Journal of Asian Studies, 1983,42(4): 944-945.

[27] WILLIAM D. Review of *An Anthology of Chinese Literature: Beginning to* 1911, by Stephen Owen [J]. Bulletin of the School of Oriental and African Studies, University of London,1997,60(3):588-589.

【中国文学典籍翻译研究】专题研究:《诗经》翻译与海外传播

西方《关雎》阐释三百年

李伟荣,郭紫云

(湖南大学 外国语学院,湖南 长沙 410082)

[摘 要] 综合考察西方《关雎》翻译和阐释近三百年的实践,可以发现西方译者或阐释者一直尊重中国古典诗歌本身的诗性,既有散体翻译,也有韵体翻译,但是都在追求呈现《关雎》的诗性,一代代译者的努力,最终让西方读者越来越接近包括《关雎》在内的中国古典诗歌的原意。

[关键词] 《关雎》;诗性;翻译;阐释

一、引言

《诗经》是中国文学史上第一部诗歌总集,是中国两大诗歌流派的源头之一。章培恒和骆玉明指出,《诗经》所收诗歌均系四言为主的抒情作品,其基本特点是:

[基金项目] 中国外文局重点项目"中国传统经典文化对外翻译与国际传播调研报告"(2016B02)和湖南省湖湘典籍翻译与传播社科研究基地成果

[作者简介] 李伟荣(1973—),男,湖南攸县人,博士,现为湖南大学岳麓书院教授,博士生导师,四川大学比较文学博士,研究方向为中国文化对外传播和国际汉学研究;郭紫云(1993—),女,湖南常德人,湖南大学外国语学院2017级研究生。

① 专题原文刊于《燕山大学学报(哲学社会科学版)》2018年第6期,这里只选取其中三篇代表性文章。

注重直观性和注重主观感受。① 游国恩等指出,《诗经》是我国文学的光辉起点,它的出现以及它的思想性和艺术成就,是我国文学发达很早的标志,在我国乃至世界文化史上都占有极高的地位。②

也许是认识到《诗经》在中国传统文化中的重要地位,西方读者和学者也对《诗经》表现出非常强烈的兴趣。《诗经》传入西方有两说:一说始于1626年比利时人金尼阁(Nicolas Trigault,1577—1629)用拉丁文翻译出版中国五经,不过没有流传③;一说始于1733年法国传教士孙璋(Alexander de Lacharme,1695—1767)将《诗经》译为拉丁文④。此后,关于《诗经》的翻译在西方便层出不穷,不仅出版了《诗经》节译本、全译本,而且被选录到很多文学选集中(如《哥伦比亚中国古典文学选集》)⑤。不仅不断有关于《诗经》的论文发表或收录到一些专题论集,如柯马丁(Martin Kern)的《从出土文献谈〈诗经·国风〉的阐释问题:以〈关雎〉为例》⑥,而且有专著集中论述《诗经》,如葛兰言(Marcel Granet,1884—1940)《古代中国的祭日和歌谣》⑦着重探讨了《诗经·国风》中的诗篇与中国古代节庆、劳动、歌舞、爱情相生相成的关系;多布森(W. A. C. H. Doboson,1931—1982)《〈诗经〉的语言》以《诗经》为例研究古汉语⑧;王靖献(Ching-hsien Wang)《钟与鼓:口传传统中作为程式化诗歌的〈诗经〉》⑨从口传文学的传统讨论《诗经》的程式化,尤其是套语的运用;以及范佐然(Steven Van Zoren)《诗歌与人格:中国传统读解、注疏和解释学》评析孔子在《论语》中引《诗》说《诗》的若干语段,揭示出《诗经》在《论语》中的三种存在形态:伴礼之乐、修辞致用与学习的对象,集中讨论孔子的诗教、汉学和宋学之

---

① 章培恒,骆玉明主编:《中国文学史新著》(上卷),上海:复旦大学出版社,上海文艺出版社,2014年,第12页。
② 游国恩等主编:《中国文学史(一)》(修订本),北京:中国出版集团,人民文学出版社,2004年,第48页。
③ 周发祥:《〈诗经〉在西方的传播与研究》,《文学评论》,1993年第6期,第70页。
④ James L. "Preface", in James Legge trans. , *The First Part of The She King, or the Lesson from the States; and the Prolegomena*, Part I of Volume IV of *The Chinese Classics* (in seven volumes), Hong Kong: At the London Missionary Society's Printing Office, 1817. p. v.
⑤ Victor H Mair ed. *Columbia Anthology of Traditional Chinese Literature*, New York: Columbia University Press, 2000.
⑥ Martin K. The *Odes* in Excavated Manuscripts, in Martin Kern ed. , *Text and Ritual in Early China*, Seattle and London: University of Washington Press, 2005. pp. 149-193.
⑦ Marcel G. *Fetes e Chansons Anciennes de la Chine*, Paris: Éditions Ernest Leroux, 1919.
⑧ DOBOSON W. *The Language of the Book of Songs*, Toronto: University of Toronto Press, 1968.
⑨ WANG C. *The Bell and the Drum: Shih Ching as Formulaic Poetry in an Oral Tradition*, Berkeley and Los Angeles: University of California Press, 1974.

间的关系①。

面对西方近300年如此强大的《诗经》翻译和阐释传统,要想在一篇论文里讨论《诗经》中所有诗歌在西方的翻译和阐释,很难深入而全面,尽管有前辈学者如夏传才②、王丽娜③等从总体上对《诗经》在国外的情况进行了总结,牵涉面广而很难面面俱到,另外他们征引的文献大都为中文译本(文),致使读者很难一窥西方学者关于《诗经》研究的究竟。另外,周发祥、张思齐和张万民④等学者的综述性研究能够直接参考西方文献,信息更为准确,对研究西方《诗经》的学者帮助更大。

仅就《关雎》的翻译而言,香港学者洪涛的思考⑤予人启发良多。有意思的是,刘绍铭(Joseph S. M. Lau)和闵福德(John Minford)编纂《含英咀华集》时,收录了自孙璋到华兹生的20首译诗。⑥

基于此,本文拟从"诗性"这一"小处⑦入手",基于对拉丁语译者孙璋、德语译者史陶思(Victor von Straus, 1808—1899)、法语译者顾赛芬(Séraphin Couvreur, 1835—1919)、葛兰言(Marcel Granet, 1884—1940)和英语译者理雅各(James Legge, 1815—1897)、韦利(Arthur Waley, 1889—1996)、庞德(Ezra Pound, 1885—1972)、库柏(Arthur Cooper, 1916—1988)和亨顿(David Hinton, 1954—)等《关雎》翻译的分析,讨论《诗经》首篇诗歌《关雎》在西方的翻译和阐释。

二、《关雎》翻译和阐释的三个重要问题

《关雎》翻译和阐释的问题集中表现在三方面:一是《关雎》传统阐释对西方翻

---

① Steven Van Zoren. *Poetry and Personality: Reading, Exegesis and Hermeneutics in Traditional China*, Stanford: Stanford University Press, 1991. p. 68.
② 夏传才:《略述国外〈诗经〉研究的发展》,《河北师范学院》,1997年第2期,第70—77页;夏传才,"国外《诗经》研究新方法论的得失",《文学遗产》,2000年第6期,第4—18页。
③ 王丽娜:《〈诗经〉在国外》,《诗经国际学术研讨会论文集》,1993年,第68—80页。
④ 周发祥:《〈诗经〉在西方的传播与研究》,《文学评论》,1993年第6期,第70—81页;张思齐,"欧美各国的诗经研究概说",《诗经研究丛刊》(第十八辑),2010年,第1—19页;张万民,"欧美诗经论著提要",《诗经研究丛刊》(第十八辑),2010年,第20—56页。
⑤ 洪涛:《论〈诗经〉英译本中的新颖之处:以韦利的〈关雎〉译文为例》,《诗经研究丛刊》,2002年第1期,第363—371页。
⑥ Joseph S M Lau, John Minford eds. *Classical Chinese Literature: An Anthology of Translations, Volume I: From Antiquity to the Tang Dynasty*, New York: Columbia University Press and Hong Kong: The Chinese University Press, 2000. pp. 72-92.
⑦ 此处"小处"受宇文所安教授启发,详情可见【2018第三届唐奖】大师论坛——与汉学大师对谈/阐释:从小开始 Reading: Beginning with Small Things,链接为 https://www.youtube.com/watch?v=8w73_l0MsXg。

译和阐释的影响问题;二是《关雎》的诗性问题;三是《关雎》是一篇什么性质作品的问题。

第一,《关雎》传统阐释对西方翻译和阐释的影响问题。对《诗经》的传统阐释的源头是《诗大序》,在《诗大序》中,至少可以得出五种解读:(一)诗歌的起源及其与歌、舞之间的关系;(二)诗歌的政治功能;(三)诗歌的家庭(后宫)伦理功能;(四)诗歌的诗(风)教功能;(五)艺术(诗歌)的机制与创作方法等。对后世的文学创作和文学批评而言,第一种和第五种最为重要,也最具文学性。钱志熙曾指出,《诗大序》深入揭示了诗歌的本质,并第一次对诗歌的创作原理与艺术方法做了系统的阐述,为后世的文人诗创作也奠定了最基本的艺术观念与诗歌的界域。① 并且,他也指出"风"可能是诗歌的一种全称:诗歌出于风谣,风诗当然是全部诗歌的基础。雅、颂实为后起的种类与名目。风之义广,而雅、颂之义狭。风可兼雅、颂之义,雅、颂不能兼风之义。因此,他认为风、雅、颂为诗之体制,而赋、比、兴则是诗之方法②。《诗大序》对西方的读者和学者翻译和阐释《关雎》有很大的影响,这从一些译者的译序可以直接看出来,例如理雅各翻译了《诗大序》。③

第二,《关雎》的诗性问题。《关雎》历来被视为民歌,是中国诗的源头,从中可以看出中国诗的雏形,而且也奠定了中国诗的基础,既是诗,也可能是歌,所以《关雎》中有意象如雎鸠、水之洲、窈窕淑女、君子、荇菜、琴瑟和钟鼓等,这些意象予人以辽远、高洁、可望不可触之感;而且其中有着令人遐想的淑女、君子以及他们之间的故事,整个故事一唱三叹、回环往复,让人不觉想咏叹,自然就有了《诗大序》中所言"诗者,志之所也。在心为志,发言为诗。情动于中,而行于言。言之不足,故嗟叹之。嗟叹之不足,故永歌之。永歌之不足,不知手之舞之,足之蹈之也。"④

历史上《关雎》曾谱为曲谱,笔者第一次见到是在美籍华裔学者、哈佛大学汉语言文学系教授方志彤(Achilles Fang,1910—1995)为庞德翻译的《诗经》所撰写的导读文字中,他提到两个乐谱,一个是唐开元谱之《关雎》,另一个是《开元风雅十二诗谱》

---

① 钱志熙:《论〈毛诗·大序〉在诗歌理论方面的经典价值及其成因》,《北京大学学报(哲学社会科学版)》,2012年第4期,第59页。
② 同上,第64页。
③ James Legge trans. The First Part of *The She King*, or the Lesson from the States; and the Prolegomena, Part I of Volume IV of *The Chinese Classics* (in seven volumes), Hong Kong: Lane Crawford & Co. & London: Trüner & Co., 1817. pp. 34-36.
④ 阮元校刻:《十三经注疏》,北京:中华书局,1980年,第269—270页。

之一《关雎》(见图1①):

图1 《开元风雅十二诗谱》之一《关雎》

唐开元年间的乐谱是现今能够见到的最早的诗经谱,与《开元风雅十二诗谱》一脉相承。南宋乾道年间,《开元风雅十二诗谱》由进士赵彦肃传出,说是唐开元年间所用古乐,后来朱熹将其收入《仪礼经传通解》;清末袁嘉谷根据文献整理出《诗经古谱》,其中也包括《关雎》②。从这个角度看,《关雎》历来被视为民歌。

为了让外国读者读到庞德的《诗经》翻译时能够感受到《关雎》的读音,方志彤根据古音为《关雎》标上了读音,见图2《关雎》音读③所示:

古音韵学家王力先生指出,《关雎》(《诗经》)是有韵的。他说:

"《诗经》是有韵的。除《周颂》有几篇无韵诗以外,都是有韵诗。但是我们现在读起来,很多地方都不像是有韵,这是由于语音经过了长期的历史演变,今音不同于古音,我们拿现在的语音去读二千多年前的古诗,自然会有许多地方不能合辙了。当然我们并不要大家用古音来读《诗经》,那是不可能的,也是不必要的。其所以不可能,因为如果要按古音来读,那就应该全书的字都按古音,不能只把韵脚读成古音,其他多数的字仍读今音。如果全书的字都读古音,那就太难了。其所以不必要,是因为我们读《诗经》主要是了解它的诗意,

---

① Achillies Fang. "Introduction", in Ezra Pound trans., *The Classic Anthology Defined by Confucius*, Cambridge: Harvard University Press, 1954. p. xi.
② 袁嘉谷:《诗经古谱》,学部印书局,1908年。
③ Achillies Fang. "Introduction", in Ezra Pound trans., *The Classic Anthology Defined by Confucius*, Cambridge: Harvard University Press, 1954. p. xii.

不是学习它的用韵,所以仍旧可以用今音去读,不过要心知其意,不要误认为无韵就好了。"①

Kuan	kuan	tsü	kiu	tsai	ho	chy	chou
Yao	tiao	shu	nü	kün	tsy	hao	k'iu
Ts'en	ts'y	hing	ts'ai	tso	yu	liu	chy
Yao	tiao	shu	nü	wu	mei	k'iu	chy
K'iu	chy	pu	te	wu	mei	sy	fu
Yu	tsai	yu	tsai	chan	chuan	fan	ts'e
Ts'en	ts'y	hing	ts'ai	tso	yu	mao	chy
Yao	tiao	shu	nü	chung	ku	lo	chy

图 2 《关雎》音读

王力先生这段话有几处重点值得思考,一是《诗经》大部分是用韵的;二是《诗经》是有诗意的;三是尽管《诗经》大部分有韵,但是我们现在不必用古音去读,只要知道它原来用韵就好。

根据王力先生综合古今对《关雎》用韵问题研究,他认为《关雎》的韵如下:

从表1王力先生对《关雎》韵脚的复原,我们可以看到《关雎》的韵并不像后来格律诗那么严格,而是分别运用了幽部韵、之部韵、职部韵和宵药通韵等,这也从侧面说明了《诗经》在我国诗歌发展史上,依然处于较为初级而自发的阶段。

表 1 王力《关雎》韵读

关关雎鸠(kiu),
在河之洲(tjiu)。
窈窕淑女,君子好逑(qiu)。(幽部)

参差荇菜,左右流(liu)之。
窈窕淑女,寤寐求(qiu)之。(幽部)
求之不得(tək),
寤寐思服(biuək)。
悠哉悠哉,辗转反侧(tzhiək)。(职部)

参差荇菜,左右采(tsə)之。
窈窕淑女,琴瑟友(hiuə)之。(之部)
参差荇菜,左右芼(mò)之。
窈窕淑女,钟鼓乐(lòk)之。(宵药通韵)②

第三,《关雎》是一篇什么性质诗篇的问题。关于这个问题,一部分学者倾向

---

① 王力:《诗经韵读·楚辞韵读》(《王力文集》第6卷),济南:山东教育出版社,1986年,第3页。
② 王力:《诗经韵读·楚辞韵读》(《王力文集》第6卷),济南:山东教育出版社,1986年,第159—160页。

于认为这是一首结婚诗,以郑振铎①、高亨②、林庚和冯沅君等为代表,林庚和冯沅君具体指出该诗第一章是祝颂之词,第二章写男子的追求思慕,末章写迎娶时的热闹场面③;一部分学者认为这是一部才子佳人风怀作品,如陈子展在《诗经直解》指出,此诗或出自风谣,而未必为歌咏一般男女恋爱之诗。当视为才子佳人风怀作品之权舆④;一部分学者则认为这是一首爱情诗,以程俊英⑤、袁梅、莫砺锋和徐志啸等为代表。袁梅直接指出,这是古代的一首恋歌,讲述了一位青年爱上了那位温柔美丽的姑娘,他时刻思慕她,渴望和她结为情侣。⑥ 莫砺锋更是指出,一部《诗经》,以《关雎》为首篇,不知是否象征着爱情主题在古人眼中的重要性。尽管历代的经学家费尽心机地掩盖《关雎》的爱情主题,但是当人们读到"窈窕淑女,君子好逑"的句子时,仍会透过烦琐枯燥的注疏联想到男女之间最自然的关系——爱情。⑦ 徐志啸指出,《关雎》是上古时代一首描写男女爱情的佳作。全诗以水鸟的鸣和之声起兴,引出青年男子对美丽女子的热切追求与殷殷思念,由于现实中无法求得,只能借助想象得以实现。比兴手法的运用在本诗中显得十分典型,尤其第一章,以"关关雎鸠"带出"君子好逑",以"关关"之鸣和之声,正隐喻了君子的热切好求。反复出现的重章叠句,既暗寓了君子对淑女的思恋与"追求",也使诗章在咏唱中增添了韵味,体现了民歌的典型风味。⑧

本文倾向于认同第三种观点,即认为《关雎》是一首爱情诗。因为古代婚礼是不用乐的,《礼记·曾子问》中孔子就直接说:"嫁女之家,三夜不息烛,思相离也。取妇之家,三日不举乐,思嗣亲也。"⑨《礼记·郊特性》也指出,"昏礼不用乐,幽阴之义也。乐,阳气也。昏礼不贺,人之序也。"⑩可见,结婚诗一说有失妥当。

除此之外,还要注意《关雎》一诗的朦胧感,全诗"关关雎鸠,在河之洲"起兴,然后引出"窈窕淑女,君子好逑",予人的感觉是在远远的河中岛上有一位窈窕淑女(这也引发人们的遐想),而在岸上的君子(青年男子/品德高洁之士/有地位之士)为此

---

① 郑振铎:《文学大纲》(一)(收于《郑振铎全集》第十卷),石家庄:花山文艺出版社,1998年,第170页。
② 高亨:《诗经今注》,上海:上海古籍出版社,1980年,第1页。
③ 林庚,冯沅君:《中国历代诗歌选(上篇)》(一),北京:人民文学出版社,1981年,第4页。
④ 陈子展:《诗经直解》(上),上海:复旦大学出版社,1983年,第5页。
⑤ 程俊英,蒋见元:《诗经注析》(上),北京:中华书局,1999年,第2页。
⑥ 袁梅:《诗经译注》,济南:齐鲁书社,1979年,第77页。
⑦ 莫砺锋:《莫砺锋诗话》,北京:北京大学出版社,2012年,第163页。
⑧ 徐志啸:《诗经楚辞选译》,上海:上海古籍出版社,2002年,第5页。
⑨ 王梦鸥注译:《礼记今注今译》(王云五主编),台北:台湾商务印书馆,1970年,第252页。
⑩ 同⑨,第350页。

而吸引,从而使得这位君子"寤寐求之""寤寐思服"乃至"辗转反侧"而不能成眠,于是想"琴瑟友之""钟鼓乐之"而去追求,这是多么朦胧的情歌,多么健康的心声!

三、文明互鉴:《关雎》拉丁语、德语、法语翻译和阐释

《关雎》或者《诗经》在西方的传播最初是通过拉丁文完成的。孙璋神父是用拉丁语采用散体的方式来翻译《关雎》的。孙璋的翻译是1733年完成的,但是当时并未出版,直到1830年才由德国著名东方学者、出版家莫尔(Julius Mohl,1800—1876)予以编辑并最终得以出版。

孙璋的译文如下:

Aves Tsu-kiou in aquaticis terries mas et foemina ambae vices agunt suas cantando. **Plenam majestatis, oris splendore et eximia virtute puellam** vir sapiens matrimonio jungere gaudet.

Inaequali altitudine plantam King-tsai dictam, modo ad dextram, modo ad sinistram usque ferri videmus, quo aqua in qua adcrevit, ipsam impellit. Puellam nostrum vigilando, dormiendo exoptant, cumque hanc sibi velint in uxorem, necdum obtinuerint, ipsam vel inter quiescendum, sive vigilant, sive dormiant usque cogitant; et in lecto versant corpus in omnes partes, modo supine modo in faciem jacentes.

Plantae nostrae hinc, inde fit delectus. **Plena majestatis est, oris splendore, et eximia virtute puella.** Kin et Che fit concentus musicus.

Plantae nostra hinc inde decerpta suscipitur. **Plena majestatis est, oris splendore et eximia virtute puella.** Campanae et tympani sonis musicis aures recreantur.①

《关雎》全文共20行,每行4个字,共计80个字,而这里的拉丁文字数则是127个字,字数比原文多了一半多,例如原文的"窈窕淑女",翻译成拉丁文则是"Plena majestatis est, oris splendore et eximia virtute puella",回译成汉语大意为:"一位雍容华贵的姑娘,面貌姣好、品行高洁"。第一段回译成汉语大意为:"雌雄雎鸠鸟在地上应和鸣叫。君子因娶了一位雍容华贵的姑娘而高兴,这位姑娘面貌姣好、品行高洁。"由此我们可以看出,孙璋也认为这是一首婚恋诗。就像《关雎》原诗一样,由"窈窕淑

---

① Lacharme P. interpretatione. *Confucii Chi-king sive Liber Carminum ex Latina*, edidit Julius Mohl, Stuttgartiar et Tubingae: Sumptibus J. G. Cottæ, 1830. pp. 1-2.

女"翻译而来的"Plena majestatis est, oris splendore et eximia virtute puella."在译文中也反复了三次,回环往复,一唱三叹。尽管孙璋主要是运用意译的方式来翻译《关雎》,但是我们可以看出译者追求呈现原诗诗性的艺术追求。

由于这是《诗经》西方语言的第一个全译本,在理解上也有一些曲解之处,例如翻译"窈窕淑女,寤寐求之;求之不得,寤寐思服;悠哉悠哉,辗转反侧"时,译者将其翻译为"Puellam nostrum vigilando, dormiendo exoptant, cumque hanc sibi velint in uxorem, necdum obtinuerint, ipsam vel inter quiescendum, sive vigilant, sive dormiant usque cogitant; et in lecto versant corpus in omnes partes, modo supine modo in faciem jacentes",直译大意是说:"因为他们想娶这位姑娘为妻,所以他们不管是睡着还是醒着都想着她;他们得不到她,甚至他们优哉游哉时,他们不管是睡着还是醒着,都想着她(而睡不着),他们躺在床上,可是翻来覆去睡不着。"这里最大的问题是,原文中没有的主语,在译文中成了复数,这与第一段译文相矛盾,因为第一段译文表明"君子"已经娶她为妻了,逻辑上讲不通。另外,作为起兴的"参差荇菜"在原诗中出现三次,而译文中只出现一次,影响了诗歌一唱三叹、回环往复的效果。

表2　史陶思德译《关雎》原文和白话文回译(大意)

Zur Vermählung des Königs Wên	文王婚颂
Ein Entepaar ruft Wechsell**aut**,	一对鸭子高声对唱,
Auf Stromes Insel hat's geb**aut**.	在水中陆地。
Still, sittsam ist die reine Maid,	纯洁少女文静而端庄,
Des hohen Fürsten würd'ge Br**aut**.	将成为这位高贵王子的新娘。
Seerosen schwimmen mannigfalt,	睡莲四处漂浮,
Und links und rechts durchf?hrt man **sie**.	人们左右穿行其间。
Still, züchtig ist die reine Maid,	纯洁少女文静而端庄,
Wach und im Schlaf begehrt' er **sie**.	他醒着、睡着都渴望她。
Und fand er nicht, die sein **Begehr**,	他没有实现他的愿望,
Wach und im Schlaf gedacht' er **der**.	他醒着、睡着都渴望她。
Ach wie so sehr, ach wie so **sehr**!	多么渴望,多么渴望!
Und wälzt' und wand sich hin und **her**.	翻来覆去(睡不着)。
Seerosen schwimmen mannigfalt,	睡莲四处漂浮,
Und links und rechts wir langen **sie**.	我们左右两边去采摘。
Still, sittsam ist die reine Maid,	纯洁少女文静而端庄,
Und Laut' und Hars' empfangen **sie**.	用琴瑟奏乐迎接她。
Seerosen schwimmen mannigfalt,	睡莲四处漂浮,
Und links und rechts wir pflücken **sie**.	我们左右两边采摘它们。
Still, sittsam ist die reine Maid,	纯洁少女文静而端庄,
Und Glock' und Pauk' entzücken **sie**.①	用钟鼓奏乐让她心醉神迷

---

① Victor von Strauss übersetzt, erklärt. *Schi-king das kanonische Liederbuch der Chinesen aus dem Chinesischen*, Heidelberg: Carl Winter' Universitätsbuchhandlung, 1880. pp. 5-6.

当然，我们不能对译者求全责备。最有意义的是，自此之后，西方《诗经》翻译很多都把它作为参考的典范，例如德文译者吕克特（Friedrich Rückert，1788—1866）就直接将其作为转译的底本①，因为吕克特自己不懂中文。

吕克特《诗经》翻译只是过渡性的，影响并不大，影响大的是史陶思（Victor von Strauss）的德译《诗经》。而且，史陶思翻译的《诗经》有一大特点，那就是他采用韵译来翻译《诗经》。他的这一做法保留了《诗经》原来有韵的特点，他与理雅各一道开启了《诗经》和中国古典诗歌在西方韵译的传统。

从史陶思的译文看，他保留了"窈窕淑女"，译文主要为"Still, sittsam ist die reine Maid"，也用"züchtig"替换过一次"sittsam"，但是这两个词的意义与中文的"淑"非常接近，前者表示"[渐旧]（指女子）品行端正（庄）的"，后者表示"品行端庄的、谦虚文静的、有德行的"，可视为同义词，译者之所以这样用，可能是想诗句有所变化，而不至于完全相同而显得呆板；同时，他也保留了"参差荇菜"，译文为"Seerosen schwimmen mannigfalt"。"mannigfalt"意为"多种多样"，这里译者用来翻译"参差"，也很接近；不过，"荇菜"在中文语境中表示"一种水草，可食"②，并未具体指什么水草，而译者这里坐实为"Seerose"，即"睡莲"，也未尝不可。而原诗中的"雎"，中国注疏家通常将其解释为"一种水鸟，即鱼鹰，雌雄有固定的配偶，古人称为贞鸟"③，而史陶思将其翻译为"Ente"即"鸭子"，原诗的意境和深远意义则荡然无存。

不过，史陶思特别注意到了《关雎》的韵脚，从表 2 可以看出，他分别用了"aut"（如"Wechsellaut""gebaut""Braut"）、"er"（如"Begehr""der""sehr""her"）以及"sie"等做韵脚，使得译文读起来朗朗上口，肖似原文。另外，译文每句的音节基本相似，尽管不是原诗的每诗行四个音节，也算是难能可贵。

在《诗经》德译的译本中，史陶思撰写了一篇长达 58 页的导读（Einleitung），包括"概述"（Allgemeins）、"宗教与文化"（Religion und Cultus）、"礼仪和生活方式"（Sitten und Lebenweise）、"帝国秩序和统治"（Reichsordnung und Regiment）、"历史"（Geschichtliches）和"中国古典诗歌和《诗经》"（Die altchinesische Poesie und das Schi-king）。在"中国古典诗歌和《诗经》"一节中，史陶思开宗明义就指出，跟世界上所有民族一样，我们发现中国人的诗意创造力在史前时代就已肇始，公元前

---

① Friedrich Rückert übersetz, *Schi-King. Chinesisches Liederbuch*, gesammelt von Confucius, Altona: Hammerich, 1833.
② 高亨：《诗经今注》，上海：上海古籍出版社，1980 年，第 2 页。
③ 高亨：《诗经今注》，上海：上海古籍出版社，1980 年，第 2 页。

22世纪的《尚书》中就收录了少许诗章;周朝初期,中国古代文化便结出了成熟的果实,这便是《诗经》。① 接着,史陶思指出,令人惊讶的是,从模仿的祭祀舞蹈中没有发展出戏剧,更值得注意的是,甚至都没有发现最轻微的史诗痕迹,一旦它有意识地进行,伟大的文明人民的诗歌就开始了。② 这一段话颇值得玩味,一是指明中国诗歌源远流长,二是指出中国文学中缺乏戏剧和史诗传统,这也许是外国人一直认为中国没有史诗和戏剧的滥觞。

英国传教士、《诗经》翻译家詹宁斯认为,欧洲最佳的《诗经》译本乃是德国史陶思的韵译。③

顾赛芬《诗经》法译本是采用散体翻译的,译文见表3左栏。

顾赛芬的《关雎》法译尽管是散体翻译,但是他注意到了《关雎》的民歌性质,完整保留了原诗中让人一唱三叹、回环往复的"参差荇菜"和"窈窕淑女"。他将"参差荇菜"翻译为"La plante *hing*, tantôt grande tantôt petite",其中"荇菜"没法与法文对应,所以他采取了音译加解释的方法,也就是说,"荇"直接拼音为"*hing*",而且用斜体标识出来,他采用"La plante"来翻译"菜",意为"植物",而第一次出现时为了让法语读者能够理解这到底是什么,他加了"aquatique"一词,意为"水生的",让法语读者直接明白"荇菜"是一种水生植物。而"窈窕淑女"四字在原诗中出现了四次,翻译则千变万化,也是四次,但是各不相同,例如第一次出现时,翻译为"Une fille vertueuse (T'ai Seu), qui vivait retiree et cachée",因为是第一次出现,所以用了"一位"(une),而且也用括号表示这位贤德女子便是"太姒",而后面出现时,则用"cette",意为"此""这位",而"窈窕"二字顾赛芬选取"幽闲"之意,所以分别翻译为"vivait retiree et cachée""modeste et amie""vivait solitaire et cachée""amie de la retraite et du silence",意思相近,而变化万千,译文生动活泼而不改原意。

---

① Victor von Strauss übersetzt und erklärt. *Schi-king das kanonische Liederbuch der Chinesen aus dem Chinesischen*, Heidelberg: Carl Winter' Universitätsbuchhandlung, 1880. pp. 51-52.
② 同③,p.52.
③ William Jennings. "Introduction", in William Jennings trans., *The Shi King, the Old "Poetry Classic" of the Chinese, A Close Metrical Translation, with Annotations*, London and New York: George Routledge and Sons Limited, 1891. p. 22.

表3　顾赛芬法译《关雎》和中文回译

Les femmes du palais chantent les vurtus de 太姒 T'ái Séu, épouse de 文王 Wénn wáng.	官家女子们吟诗诵唱着文王夫人太姒。
1. Les *ts'iu kiou* (se répondant l'un à l'autre, crient) *kouan kouan* sur un ilot dans la rivière. **Une fille vertueuse** (T'ai Seu), **qui vivait retiree et cachée** (dans la maison maternelle), deviant la digne compagne d'un prince sage (Wenn wang).	1. 雎鸠在水中陆地上关关地（鸣叫应和着）。一位**贤德女子**（太姒）隐居（在娘家），她即将成为贤君（文王）尊贵的夫人。
2. **La plante aquatique** *hing*, **tantôt grande tantôt petite**, a besoin d'être cherchée partout à droite et à gauche dans le sens du courant. Ainsi **cette fille vertueuse, modeste et amie** de la retraite a été l'objet de nos recherches et le jour et la nuit. Cherchant et ne trouvant pas, nose sprits n'avaient de repose ni le jour ni la nuit. Oh! Depuis combine de temps, nous tournant et nour retournant la nuit tantôt sur un côté tantôt sur l'autre, (avons-nous été privies de sommeil)!	2. 水生**荇菜长长短短**，需要人们顺着水流时左时右地采摘。如同这位谦逊隐居着的**贤德女子**，是人们追求的对象。寻求而不得，日夜难眠。哎！深夜在床上翻来覆去，（睡呀睡不着啊）！
3. **La plante** *hing*, **tantôt grande tantôt petite**, (lorsqu'elle est trouvée) doit étre ceuillie à gauche. Au son des luths et des guitars, accucillons amicalement **cette fille vertueuse, qui vivait solitaire et cachée. La plante** *hing*, **tantôt grande tantôt petite**, (lorsqu'elle a été cueillie) doit étre cuite et servie avec soin. Au son des cloches et des tambours, accueillons avec joie **cette fille verlueuse, amie de la retraite et du silence.**①	3. **荇菜长长短短**,（就算找到了它们,）还需要时左时右地择取。在琴瑟声中，迎来了这位独自隐居的**贤德女子**。**荇菜长长短短**,（摘回家后）需精心料理。在钟鼓声中，迎来了这位安静隐居的**贤德女子**。

我们再来看看另一位著名汉学家葛兰言的翻译，如果比较顾赛芬的法译《关雎》与葛兰言的法译《关雎》以及爱德华（E. D. Edwards）将其翻译为英语的译文，可以发现②③，葛兰言等的翻译中重复出现的文字更多，不但"窈窕淑女"不断重复，而

---

① Séraphin Couvreur S J. *Cheu King：Texte Chinois avec Une Double Traduction en Francais et en Latin*, Ho Kien Fou：Imprimerie de la Mission Catholique, 1896. pp. 5-6.

② Marcel Granet. "Les Mouettes", in Joseph S M Lau and John Minford eds., *Classical Chinese Literature：An Anthology of Translations (Volume 1：From Antiquity to the Tang Dynasty)*, New York：Columbia University Press and Hong Kong：The Chinese University Press, 2000. pp. 80-81.

③ Edwards E D trans "The Ospreys", in Joseph S M Lau and John Minford eds., *Classical Chinese Literature：An Anthology of Translations (Volume 1：From Antiquity to the Tang Dynasty)*, New York：Columbia University Press and Hong Kong：The Chinese University Press, 2000. pp. 81-82.

且将其与"参差荇菜,左右(……)之"联合起来形成一个更大的重复句式,从而取得了跟原诗完全一样的效果,而句式更简单,读起来更加铿锵有力。值得注意的是,法语译者葛兰言将"流""采"和"芼"都翻译为"cherchons",而英译者爱德华则将其分别译为"seek""take"和"gather",从而将其进行了严格地区分,并且在语义逻辑上更为合理,从"寻找"到"采摘"然后再到"采集",日常生活非常合理地得以诗性呈现。

另外,特别需要注意的是,葛兰言的法译《关雎》不仅在意象、句式和结构上与原诗越来越契合,而且译诗的字数也越来越接近原诗的字数,由此可见葛兰言中国古典诗歌翻译的非凡能力。

四、众声喧哗:《关雎》英语翻译和阐释

《关雎》(或者说《诗经》)的英译数量则更多,为了讨论方便,本节选择最具代表性的几种翻译。首先我们来讨论理雅各的《关雎》英译,因为理雅各是英语世界第一位全译《诗经》的学者,也对其翻译进行过三次修改。关于理雅各《诗经》三个译本,张万民的梳理非常清晰,兹缕述如下:

> 理雅各英译《诗经》,作为《中国经典》第四卷,出版于1871年。这是一个无韵的散译本。另外,理雅各还于1876年以韵体重译《诗经》(The She King, or, the Book of Ancient Poetry),由伦敦 Trübner 出版社同年出版。1879年又应缪勒(Max Müller)之邀,选译了《诗经》中宗教色彩浓厚的诗篇114首,与《尚书》、《孝经》等书的选译一起编入《东方圣典》第三卷。[1]

张万民的这段话信息很完整,理雅各确实有三个《诗经》译本,这也是理雅各在做中国典籍翻译时候非常独特的地方,而且他翻译的中国典籍大部分最少翻译过两次[2]。但是,张万民后面的结论说,理雅各《诗经》翻译的第二版、第三版都没有超过第一版的水平[3]。这一点笔者持保留意见,至少对于《关雎》的翻译不适用,试比较第一版和第二版译文,情况如下:

---

[1] 张万民:《欧美诗经论著提要》,《诗经研究丛刊》(第十八辑),2010年,第21页。
[2] 费乐仁:《攀登汉学中喜玛拉雅山的巨擘——从比较理雅各布(1815—1897)和尉礼贤(1873—1930)翻译及阐释儒教古典经文中所得之启迪》,《中国文哲通讯》,2005年第15卷第2期,第22页。Also see Lauren Pfister, "James Legge's Metrical Book of Poetry", Bulletin of the School of Oriental and African Studies, Vol. 60, No. 1, 1997. p. 65.
[3] 同[1]。

比较而言,理雅各 1871 年和 1876 年《关雎》的两个英译版本①②呈现以下特点:首先,1871 年是无韵体翻译,而 1876 年的是韵体翻译,其押韵模式是两行一韵,全诗都押韵;其次,从格律上看,第二版译文更整饬;第三,第二版译文在用字上更古雅,与《诗经》本身的古典若合符节。另外,第一版中,理雅各将"窈窕淑女"全部翻译为"The modest, retiring, virtuous young lady:——",因为他认为"窈"指代这位女士的头脑,"窕"则指其举止和仪态(deportment),"淑"在《说文解字》中解释为"善",即"good""virtuous"③;而在第二版中,"窈窕淑女"则有变化,分别译成了"the maiden … modest and virtuous, loth""the maid""the maiden modest, virtuous, coy""the maiden, modest, virtuous, bright",第二个"窈窕淑女"只是简单的"the maid"。同时,我们也可以发现,理雅各在第二版加入了自己的一些理解,例如他将"窈窕淑女,寤寐求之;求之不得,寤寐思服。"翻译为:"So hard it was for him the maid to find! By day, by night, our prince with constant mind. Sought for her long, but all his search was vain. Awake, asleep, he ever felt the pain."其中的"pain"便是他自己的理解,而原文并没有"痛苦"一词。而且,理雅各在注释中也说"服"的意思是"怀",即"to cherish in the breast"④,而理雅各在此将其引申为"pain",严格来说,并不是"服"这个字的真正意思,但是译者的这种理解,却有其合理的现实基础,能够让读者更好地理解诗中主人公的情感。

理雅各首次是采用散体的方式来翻译《诗经》,而后来为什么要用韵体再译一次呢?这主要是因为《诗经》本来就是有韵的,他说读者一读到《诗经》马上就会感受到其诗行的简洁和其中的诗歌几乎都有韵这一事实。⑤ 在 1876 年《诗经》译本的"自序"中,理雅各坦言,1871 年翻译《诗经》时,他并不认为整部诗集值得都翻译成诗化语言,只是其中一部分值得这样做,如果他有时间,他会考虑这样做,随后由于他专注于翻译其他中国典籍,对《诗经》进行诗化翻译的事情就被理雅各置之脑

---

① James Legge trans. "I The Body of the Volume", in *The First Part of the She-king, or the Lessons from the States; and the Prolegomena*, Part I of Volume IV in *The Chinese Classics* with an Translation, Critical and Exegetical Notes, Prolegomena, and Copious Indexes, Hong kong: Lane, Crawford & Co., and London: Trübner & Co., 1871. pp. 1-4.

② James Legge trans. "The Body of the Volume", in The *She King, or the Book of Poetry*, Volume III in *The Chinese Classics* Translated into English with Preliminary Essays and Explanatory Notes, London: Trübner & Co., 1876. pp. 59-60.

③ 同①。p. 5.

④ 同①。p. 4.

⑤ 同②。p. 4.

后了。直到 1874 年,他侄儿理约翰(Rev. John Legge, M. A.)建议他韵译整部《诗经》,由此理雅各决定韵译《诗经》并定下了翻译原则。①

在《关雎》翻译史上,有两个翻译值得注意,一是著名诗人庞德的翻译,二是库柏的翻译。②③

庞德《关雎》(或《诗经》)翻译的主要特色是不忠实,而富含诗意。庞德自己不懂中文,依靠费诺罗萨(Emest Francisco Fenollosa,1853—1908)的中文笔记来进行翻译,这便隔了一层;同时,庞德翻译中国古代诗词,并非为了翻译而翻译,而是为了他自己的诗歌主张,尤其是"意象派"诗歌主张而寻求支撑,中国古典诗歌恰好就成了庞德诗歌创作的一个宝库。我们先看第一个诗节:

"Hid! Hid!" the fish-hawk saith,
by isle in Ho the fish-hawk saith:
   "Dark and clear,
   Dark and clear,
So shall be the prince's fere."

这一诗节里,很明显的是,"窈窕淑女"不见了,代之以"dark and clear, dark and clear",再加上前面的拟声词"hid! hid"所具有的实际意义,一位文静、娴淑而害羞的姑娘跃然纸上;同时,庞德用词古雅,"saith"和"fere"都饱含古风遗韵,使整首诗平添了一份古雅的韵致。接着,"参差荇菜"压根就不见了,直到最后一个诗节才出现,而且也不是"荇菜"而只是一种"菜"(ts' ai grass)。庞德不在乎原诗具体有什么,而是在乎如何呈现他心中的诗意,因此他才会随意打乱原诗的结构和措辞,而代之以自己的意象和用词(diction)。例如,他添加了男主人的心理活动:

To seek and not find
as a dream in his mind,

---

① James Legge "Preface", in James Legge trans. *She King*, or, *the Book of Poetry*, London: Trübner & Co., 1876. p. iii.

② Ezra Pound trans. *The Classic Anthology Defined by Confucius*, Cambridge: Harvard University Press, 1954. p. 2.

③ Arthur Cooper trans.. "Expithalamium", in Joseph S M Lau and John Minford eds., *Classical Chinese Literature: An Anthology of Translations* (*Volume 1: From Antiquity to the Tang Dynasty*), New York: Columbia University Press and Hong Kong: The Chinese University Press, 2000. p. 88.

> think how her robe should be,
> distantly, to toss and turn,
> to toss and turn.

男主人公"求之不得",因而"辗转反侧"。为什么辗转反侧呢?因为男主人公梦里依稀梦到女主人公的装束,朦朦胧胧、如梦如幻!更加增添了女主人公的魅力。因此,可以说,与其说庞德在翻译中国的古典诗词,毋宁说庞德借中国古典诗词的外衣而抒发了自己的诗歌主张。他的这种翻译在西方有很大的影响,掀起了"意象派"运动,让更多西方人了解并喜爱上了中国古典诗歌。

而库柏《关雎》翻译的特点是严格按照中国"四言诗"进行翻译,仔细分析,我们可以发现,他的译诗每行都是"四言"。中英文两种语言内在不同,中文注重意合,而英文则注重形合,因此,他的翻译在形式上确实看起来颇像中文的"四言诗",但是却缺乏了中文四言诗的深度和丰富性。可以说,这既是他翻译的特点,也是他翻译的缺陷。

最后,我们来比较一下韦利和亨顿的翻译。①② 韦利的翻译完成于1937年,而亨顿的翻译则是2008年才出版,两者相差了近80年。关于韦利《关雎》翻译的优点,洪涛有了较为中肯的意见,他认为韦利善于运用英语的特点,匠心独运地将过去、现在和未来三种时式交错运用,让《关雎》不仅保留了原诗的神韵,而且使得这首译诗摇曳生姿。③ 不过,韦利该首译诗,也有自身的不足,例如他译诗中用到的"must",态度过于强硬;而"Sought her and could not get her"中的"get"一词也把原诗中优美的情爱变成了精于算计的爱情游戏。

一般而言,后出转精。从《关雎》一诗的翻译而言,确实如此。最新出版的亨顿译文,颇有压倒韦利之势。诗歌一开始的"Cheereek! cheereek!"便先声夺人,读来让人精神一振。这一拟声词的运用,开篇便予人以一股欢快之意,但是随后君子因"求之不得""寤寐思服"进而"辗转反侧"时,则予人一种"突降"的修辞效果。而且,亨顿将"窈窕淑女"译为"my fine lady, exquisite mystery",既神秘,又精致,让

---

① Arthur Waley trans., *The Book of Songs Translated from the Chinese*, New York: Grove Press, Inc., 1937. pp. 81-82.
② David Hinton trans. and ed., *Classical Chinese Poetry: An Anthology*, New York: Farrar, Straus and Giroux, 2008. p. 30.
③ 洪涛:《论〈诗经〉英译本中的新颖之处:以韦利的〈关雎〉译文为例》,《诗经研究丛刊》,2002年第1期,第363—368页。

人徒生好感;"君子"也不再是王子,而是"a worthy man",这与中国古代对于"君子"的认识是颇为接近的。

更有意思的是,译者将"荇菜"翻译为"floating-heart",这既是"荇菜"本身的名称,而且在诗中一颗"漂浮的心"(a floating heart)则将"君子"渴望追求"窈窕淑女"的情意揭示得一览无余,那种乍喜还惊,恋爱中的那种忐忑不安,还不是"floating-heart"吗?

五、结语

西方《关雎》(或《诗经》)翻译数不胜数,本文所举例子难免挂一漏万。本文想说明的是,自《关雎》在西方开始翻译以来,一直处于一种"诗性的纠缠"之中。在此期间,既有散体翻译,又有韵体翻译。但是,不管是何种翻译,呈现出来的都是西方译者对中国古典诗歌的理解以及他们对原文的尊重,都在尽量传达出诗歌本身内在的诗意,这无疑是中国古典诗歌魅力的体现。俗话说,"一千个人有一千个莎士比亚",《关雎》在读者心中也如此,无论是中国读者还是西方读者,正是这种翻译和阐释的丰富性、复杂性和多样性,才使得像《关雎》这样的优秀诗歌(文学)作品深入人心,"故远人不服,则修文德以来之。既来之,则安之"。(《论语·季氏》)

翻译很重要,但更重要的是,需要先有优秀作品。作品优秀了,那么别人便会主动"拿去"。《关雎》的外译如此,我们现代的优秀作品,也概莫能外!这也许是本文的题外之旨吧。

论《诗经》翻译中的变异

李玉良,张 月

(青岛科技大学 外国语学院,山东 青岛 266061)

[摘 要] 《诗经》作为重要的儒家典籍,其英文译本众多,各具特色。同时,所有《诗经》英译本也有一个共同特点,即与原文相比,都存在某种程度的变异。文章主要论述现有《诗经》英译本中发生变异的原因、变异的表现模式、变异所带来的影响,甚至变异对于儒家文化传播的作用,并从学理上论证典籍翻译变异的必然性、合理性与必要性。

[关键词] 《诗经》翻译;变异;传播;合理性;作用

要准确地翻译经典,翻译过程中的训诂努力是必然要付出的,我们可以称之为翻译训诂。我们对各种经典的译本进行考查证明,中外译者在各自翻译过程中的训诂努力确实存在,如麦都思(Walter Henry Medhurst,1796—1857)、理雅各(James Legge,1815—1897)等;但是,偏离性的解读和翻译却是所有经典翻译的主旋律,这包括理雅各的各种译本。翻译过程中对经典内容的偏离,表现为一种倾向性。这种倾向性渗透力很强,从儒家经典的主题、功能到文本结构、内容、字句,都会受到

[基金项目] 国家社科基金一般项目"儒家经典翻译传播与国家文化软实力建设研究"(13BYY036)的阶段性研究成果之一;山东省高校社会科学研究项目"典籍翻译传播语境下当代美国孔孟伦理学研究"(J16YC16,2016.3)(主持人)

[作者简介] 李玉良(1964—),男,山东青岛人,博士,青岛科技大学外国语学院教授,研究方向为文学翻译、典籍翻译、中西译论研究;张月(1993—),女,山东济宁人,青岛科技大学研究生,研究方向为翻译学。

① 原文刊于《燕山大学学报(哲学社会科学版)》2018年第6期。

它的动力作用而遭到显性或隐性改写。翻译倾向性的原动力在哪里？勒菲弗尔（André Lefevere）指出，它就在译者的生活背景里，其中有意识形态、诗学和赞助人三个因素。而根据我们对儒家经典各译本的研究，我们认为，以上三种因素是比较具体和直接的，除此以外，还有更深层的动力，那就是文化传统的巨大惯性，还有社会发展的内在需求和动力。

事实上，一种文化传统中的东西旅行来到另一种文化，是很难保持其完整性的，它要受到目的地文化锉刀的磋磨，失去些自己的形象，并建立其与目的文化的某种联系或相似性。目的地文化对它进行磋磨为的是要它能对自己有些用处，能够成为目的地文化长廊中的一尊有用之器，并为社会发展提供能量。儒家经典的翻译同样要经过这样的磋磨，其中一种表现就是把思想经典磋磨成具有别的性质或功能的另一种思想经典。比如，虽然《诗经》之体为诗歌，但在周代的政治家以及自汉代以来的经学家手里，其用则是政治和教化。它是经世致用之思想经典。《诗经》的这种功能一直持续到清末和民国时期。然而，《诗经》在英美国家的译者和读者手里，其功能就发生了变化，它几乎变成了英语诗歌文学；其与当代英美诗歌所不同的只是，它有异国风情，且散发着古典的芳香。有趣的是，《诗经》在国外所经历的变化，折射到我国文学研究领域之后，竟引发了恢复《诗经》文学面貌的一场文学运动。其结果是，今天，在我国读者和研究者的眼里，《诗经》已是普通的诗歌文学了。那么，《诗经》在翻译过程中，其体、用两方面是如何被异化的呢？这里首先说明，本文所用的术语"异化"，意思专门指译文与原文出现不一致。我们主要从四个方面分别对这个问题进行论述。

一、原诗主题去历史化与政教化

在今天诗经学的视野里，《诗经》是诗，是文学，也曾经是经。《诗经》是文学，这毋庸置疑。我们这样说，是指《诗经》的性质，而非其数千年间的功用。《诗经》并非纯文学，文以载道，"经夫妇，成孝敬，厚人伦，美教化，移风俗"是其精髓所在，是其曾经有过的功能。所以，《诗经》从体、用两方面来看，其体为诗，其用为经。即使今天，其经的意义早已淡薄，但仍旧存在。《诗经》为诗，其性使然。诗篇的形式、语言、修辞、韵律、意象，这些都证明《诗经》是诗。而《诗经》是经，则是经学注疏使然。经学家或以史附诗，或以诗述史，其中尽显政教意义。尽管《诗经》作为后代诗、词、曲、赋之宗，其在我国文学发展史上的开先作用，毋庸赘言，但在文学一直被视为末流的数千年来的中国封建社会，《诗经》作为经的政治价值远远超过了其作为诗的文学价值。它帮助塑造了中国特有的儒家文化。

要全面翻译《诗经》，就不能不同时讲求其体、用两个方面。如果我们要在翻译《诗经》时体、用兼顾，每篇译诗的题旨就需要与经学传统一致起来，不得妄改。译诗题旨的确定要有一个根据，这个根据就是《毛诗传》留给我们的《诗序》。虽然《诗序》在历史上聚颂颇多，但迄今为止被以充足的考古依据否定者寥寥无几。所以翻译时总想别出心裁并非正道。适当的做法应该是，译者不仅要翻译每篇诗的正文本，同时要把历代注疏的精要通过副文本解说清楚。比如，《诗大序》和《诗小序》就应该是副文本的重要内容，否则，就无法做到充分翻译每一篇诗。

然而，理虽如此，实践中的《诗经》翻译却并不容易做到充分翻译，尤其是西方译家。他们对中国历史不十分了解，对儒家文化缺乏整体性认识，对《诗经》也就缺乏体、用两方面的深刻认识。更何况，西方译家翻译《诗经》，他们有自己的目的，即使认识到《诗经》的体、用，也不见得愿意亦步亦趋，而是更倾向于把《诗经》当作"诗"来翻译。从现有《诗经》译本观察，理雅各无韵体译本之后的所有《诗经》译本，都有重"诗"而轻"经"的倾向。其中一个表现，就是改写或者淡化经学注疏所赋予的诗篇主题。

理雅各是第一个用英语完全翻译《诗经》的译家，他一生完成了三个译本。一个是1872年出版的无韵体译本，一个是1876年出版的韵体译本，还有一个是1879年出版的所谓宗教性《诗经》选译本。第一个无韵体译本受孔颖达、朱熹、毛奇龄等经学家的影响很大，表现出了较明显的"经学特征"①，但译者翻译的宗旨仍然是"以意逆志"，在解释诗篇题旨时虽然完整翻译了每篇小序，但在诗篇译文之后的解释，并没有完全按照历代经学家的注释。

例如《芣苢》，《诗小序》言"后妃之美"，"和平，则夫人乐有子矣"。理雅各在其译文后说《芣苢》是"采芣苢者之歌"，认为从诗的内容看，此歌表明文王时周朝天下安定，所以富人在采芣苢时心情舒畅而歌。紧接着他还表明自己的看法并说："在中国，人们仍然相信芣苢有助于妇人顺利产子，而在我们看来，芣苢种子可以榨出某种黏液，用来浆布匹。"②这就把原诗变为了反映平民生活的民歌，经学所谓"后妃之美"的政教意义顿时失之过半。

在有可能把诗解为情诗的情况下，理雅各常常不遵守经学传统，而将诗的主题

---

① 李玉良：《理雅各〈诗经〉翻译的经学特征》，《外语教学》，2005年第5期，第63—66页。
② James Legge *Chinese Classics with a Translation, Critical and Exegetical Notes, Prolegomena, and Copious Indexes*. London: Henry Frowde, Oxford University Press Warehouse, Amen Corner, E. C.（1939年伦敦会香港影印所影印本），Vol. IV—Part I, II. p. 15.

确定为情爱。例如《郑风·子衿》,《诗小序》言《子衿》"刺学校废也。乱世,则学校不修焉"。而理雅各在译文之后将题解写作:"A Lady Mourns the Indifference and Absence of Her Lover"(女子哀情人之冷漠不前)①。

"美刺"之意,理雅各在译本中很少提及。例如《齐风·卢令》。《毛诗序》称:"卢令,刺荒也。襄公好田猎毕弋,而不修民事,百姓苦之,故陈古以风焉。"②而理雅各为译文正文所加的题解是:"The Admiration in Ts'e of Hounds and Hunters"(齐人对猎犬和狩猎者的羡慕之情。)③这使主题和基调从历史上的"刺诗"变成了毫无政治意义的快乐而浪漫的狩猎诗。且看该诗译文:

Lin-lin go the hounds;
Their master is admirable and kind.
There go the hounds with their double rings;
Their master is admirable and good.
There go the hounds with their triple rings;
Their master is admirable and able. ④

从译诗本身看,三章诗是赞美主人的美、善与才能,整首诗充满诗人的赞叹之情,没有丝毫讽刺之意。

詹宁斯的《诗经》译本比理雅各译本晚出20年,其对理雅各多有借鉴,但也有不少独到之处。在对诗篇题旨的理解上,詹宁斯颇像理雅各,一方面遵从经学传统,一方面从不隐瞒自己的见解。在诗篇的政教美刺意义问题上,詹宁斯经常撇开经学,另出新解。比如《月出》,詹宁斯为译诗确定的标题是"Love's Chain"(爱的锁链)⑤,而在译文后没加任何注释。原诗和译诗如下:

月出皎兮,佼人僚兮。舒窈纠兮,劳心悄兮。

月出皓兮,佼人懰兮。舒忧受兮,劳心慅兮。

月出照兮,佼人燎兮。舒夭绍兮,劳心惨兮。

---

① James Legge. *Chinese Classics with a Translation, Critical and Exegetical Notes, Prolegomena, and Copious Indexes*. London: Henry Frowde, Oxford University Press Warehouse, Amen Corner, E. C. Vol. IV-Part I, II, 1939. p. 144.

② 见《诗经·齐风·卢令》小序。

③ James Legge. *Chinese Classics with a Translation, Critical and Exegetical Notes, Prolegomena, and Copious Indexes*. London: Henry Frowde, Oxford University Press Warehouse, Amen Corner, E. C. Vol. IV-Part I, II, 1939. p. 158.

④ 同③。

⑤ William Jennings. *The Shi King: the Old "Poetry Classic" of the Chinese: a Close Metrical Translation, with Annotations*. London: George Routledge and Sons, Ltd., 1891. p. 151.

O moon that climb'st effulgent!

O ladylove most sweet!

Would that my ardour found thee more indulgent!

Poor heart, how dost thou vainly beat!

O moon that climb'st in splendour!

O ladylove most fair!

Couldst thou relief to my fond yearning render!

Poor heart, what chafing must thou bear!

O moon that climb'st serenely!

O ladylove most bright!

Couldst thou relief to my fond yearning keenly!

Poor heart, how sorry is thy plight![①]

译诗是一首优美情诗,诗人情真意切,感人至深;而诗人的单相思,也令人深感同情。其意境之美令人心醉。译诗所表现的是诗人的赞美之情,而《毛诗序》说:"月出,刺好色也。在位不好德,而说美色也。"所谓"好色",其中所透出的是对诗人的否定。两者有天壤之别。如此翻译,译诗里除了文学艺术之外,究竟还有多少《诗经》的政教文化传统呢?

与《月出》相类,詹宁斯《诗经》译本中,每篇诗都另加了标题,其主题已与《毛诗序》不同。不妨对部分诗篇的主题与《毛诗序》进行对照,可见其究竟(限于篇幅,仅对照六篇)。

这种现象反映出,译者的翻译目的并非总是忠实于原作,或者是忠实于原作所在的文化传统。在原文所在的文化传统与译文所在的文化传统相矛盾时,尤其是与译者个人的翻译目的相矛盾时,译者往往依据自己的翻译目的来选取一种文化立场。而西方译者在翻译儒家经典的时候,比较普遍的做法是选择本位文化立场。

韦利(Arthur Waley,1889—1966)翻译《诗经》,并不严格遵照历代经学观点进行,而是受19世纪末以来西方人类学方法论指导下的诗经学研究[②]的影响,仅参考历代注疏中的历史叙述,在原诗中挖掘民俗元素,以还原中国古代先民的社会与文化生活的"原始"原貌。韦利在译本中采取了两种措施:一是重新划分诗篇题旨类

[①] William Jennings. *The Shi King: the Old "Poetry Classic" of the Chinese: a Close Metrical Translation, with Annotations*. London: George Routledge and Sons, Ltd., 1891. p. 151.

[②] 李玉良:《〈诗经〉英译研究》,济南:齐鲁书社,2007年,第144—145页。

别；二是从文学和文化学的角度解读和翻译《诗经》。

表1　译诗与原诗主题对比

序号	篇名	译诗篇名	小序
1	芣苢	Song of the Plantain-gatherers	后妃之美也。和平则妇人乐有子矣。
2	小星	The Lonely Wife	惠乃下也。夫人无妒忌之行，惠及贱妾，进御于君，知其命有贵贱，能尽其心矣。
3	野有死麕	The Cunning Hunter	恶无礼也。天下大乱，强暴相陵，遂成淫风。被文王之化，虽当乱世，犹恶无礼也。
4	静女	Irregular Love-making	刺时也。卫君无道，夫人无德。
5	溱洧	A Spring-tide Carnival	刺乱也。兵革不息，男女相弃，淫风大行，莫之能救焉。
6	还	The Conceited Sportsman	刺荒也。哀公好田猎，从禽兽而无厌，国人化之，遂成风俗。习于田猎谓之贤，闲于驰逐谓之好也。

韦利在译本中不遵诗序，而是用文化人类学视角去理解《诗经》。按经学传统，《诗经》中有美刺诗152篇，其中120篇被韦利完全用文化学的观点重新进行分类。韦利则在译本中几乎割舍了经学注释，基本上是译者自己对具体诗篇所作的文化学解释，与传统经学观点基本上没有什么因袭关系。在脱离了经学义理系统的基础上，韦利解读出求爱、婚姻、农事、建筑、祝祷、歌舞等17个主题，分别为求爱诗47篇，婚姻诗25篇，勇士与战争诗17篇，建筑诗1篇，欢迎诗5篇，祝祷诗6篇，农事诗2篇，宴饮诗4篇，歌舞诗2篇，田猎诗3篇，族人宴饮诗2篇，友情诗2篇，祭祀诗2篇，宫廷颂诗1篇，宫廷传说1篇，约占美刺诗总数的79%，都被看作是与政治教化无关的诗；仍被认为有美刺意义的诗只有12篇，这些诗被看作了哀怨诗（lamentations）。被正式认定为道德诗（moral pieces）的只有美刺诗中的6篇，占美刺诗总数的不足12%。而"美"诗中则没有1篇被认为与道德教化有关。

经学的一个重要传统是"以史附诗"和"以诗证史"，两者并行。所谓"美刺"，就是通过附会史事，使诗篇看上去有所指，明言"美"某公、某伯，"刺"人、"刺"时，借此达到"上以风化下，下以风刺上"的诗教目的。《诗经》的152篇美刺诗中，篇篇有所指。另有不少诗篇，虽不言美刺，却仍附会以具体人物或历史事件，以便于阐发儒家道德思想。韦利删《序》，就同时也去掉了经学的"史事"附会。在翻译过程中，他虽然有很强的历史文化意识，却很少遵从经学的"史事"。例如，《关雎》《葛覃》《卷耳》《鹊巢》等篇，按传笺所说，都是言"后妃之德"的诗，但脱开这层"史事"的遮蔽，则诗篇就呈现出了另一种主题，变成了"求爱诗"和"婚姻诗"。去"史事"，不但影响到了对诗歌主题的翻译，也直接影响到了对诗篇内部文句的翻译。

例如,《风雨》译文正文在韦利1937年版本中,读来完全是对妻子见到丈夫时喜悦的心情的描述,字里行间充满了古代家庭生活的气息。译文如下:

  Wind and rain, chill, chill!
  But the cock crowed kikeriki.
  Now that I have seen my lord,
  How can I fail to be at peace?
  Wind and rain, oh, the storm!
  But the cock crowed kukeriku.
  Now that I have seen my lord,
  Now can I fail to rejoice?
  Wind and rain, dark as night,
  The cock crowed and would not stop.
  Now that I have seen my lord,
  How can I any more be sad?①

在译文之后,译者又加注:"天气、鸡打鸣的调子,新郎坐的马车的马身上的斑纹,结婚日所发生的一切都是不祥之兆。鸡鸣的声音是叫声的摹写,只是近似音。"②译者的注释明确了诗篇的婚姻主题,其古代民俗意义被突显出来。《毛诗序》说:"《鸡鸣》,思君子也。乱世则思君子不改其度焉。"对小序所言,王先谦《诗三家义集疏》说:"三家无异议。"③又王先谦引吕光语:"陵霜不凋者松柏也,临难不移者君子也。"④经学之谓君子,非言丈夫,而言道德意义上的君子。诗中何以有"临难不移"之君子?郑《笺》曰:"鸡不为如晦而止不鸣。"这就是以鸡不怕晦暗而照常名叫,喻君子之德。韦利又如何以该诗作婚俗诗?这大概是因为除其人类学视野之外,还受到朱熹"淫诗"说的影响。朱熹《诗集传》:"淫奔之女,言当此时,见其所期之人而心悦也。"⑤译者不泥"史事",不从"美刺",译诗就必然会呈现出别样的气象。

  现代诗经学对《诗经》中的不少诗篇有新解,这大大影响了译者对译诗题旨的选择。这个问题在汪榕培先生的译本中表现的比较突出。例如《采蘩》:

---

① Arthur Waley. *The Book of Songs*. ed. By Joseph R. Allen. NewYork: Grove Press, 1996. p. 73.
② Arthur Waley. *The Book of Songs*. London: George Allen & Unwin Ltd., Museum Street, 1937. p. 85.
③ 王先谦:《诗三家义集疏》,北京:中华书局,1987、2017年,第363页。
④ 王先谦:《诗三家义集疏》,北京:中华书局,1987、2017年,第364页。
⑤ 见朱熹:《诗集传·郑风·风雨》。

于以采蘩？于沼于沚。于以用之？公侯之事。

于以采蘩？于涧之中。于以用之？公侯之宫。

被之僮僮，凤夜在公。被之祁祁，薄言还归。

《毛诗序》说："《采蘩》，夫人不失职也。夫人可以奉祭祀，则不失职矣。"①按《诗小序》的解释《采蘩》一诗是颇能讲得通的，因为这种解释符合当时的社会思想状况，以及商周王室按时节祭祀天地或宗庙的礼俗。但现代诗经学研究以还原诗篇中的历史为名，其对诗篇题旨的探讨常以标新立异、获得突破为旨归。例如程俊英说，《采蘩》"是一首描写蚕妇为公侯养蚕的诗"②。这种探讨颇具代表性。作为诗经学研究，这是无可厚非的，但并不足以成为翻译的依据。

很明显，译诗题旨就是根据程氏"养蚕"说。但是，程说与历史究竟相符与否，并无实质性的考据；而《毛传》则可能与历史事实相符。商、周人曾经养蚕只是一种可能，但周人当时有祭祀天地与宗庙的风俗却是经过科学研究证明的事实，两者相比，我们是否应该宁信后人揣测，而妄疑古人之言？那显然不够科学。

二、翻译与现实的对接

如果从阐释学的角度去观察典籍翻译，我们就会发现，典籍翻译虽然是译者对古代文本的操作，其实与现实世界是紧密联系在一起的，换言之，典籍翻译中有译者自己借古说今的表达。以庞德（Ezra Pound，1885—1972）的《诗经》翻译为例。庞德1908年侨居伦敦时就在克拉默宾（L. Cranmer-Byng，1872—1945）等人《论语》英文译本中发现了中国古代圣哲的智慧，并开始怀疑和厌恶基督教说教，称孔子"比圣·保罗富更有智慧"③。20世纪30年代，庞德进一步发现，《诗经》是中国统治阶级的政治指南，因为他发现，清朝皇帝把《诗经》当作有价值的政治工具，准备通过翻译《诗经》在西方宣传儒家道德。柴德尔（Cheadle）说："最终给庞德以翻译儒家经典动力的是二次世界大战。庞德最初的中国经典翻译是意大利文，不是英文，这是因为有一种与西方命运有关的紧迫感激励着庞德赶快通过翻译把儒教传播开来，这样做要比用其他的方法见效快。"④庞德期望《诗经》翻译能"对当代读者

---

① 孔颖达：《毛诗正义》，李学勤：《十三经注疏（标点本）》，北京：北京大学出版社，1999年，第65页。

② 程俊英：《诗经译注》，上海：上海古籍出版社，2004年，第19页。

③ John J. Nolde：*Ezra Pound and China*. Orono Maine：The National Poetry Foundation University of Maine，1996. p. 33.

④ John J. Nolde：*Ezra Pound and China*. Orono Maine：The National Poetry Foundation University of Maine，1996. p. 38.

产生影响"①。他主张,翻译应该是进行"实验","实验的目标是将译作与现实生活联系起来,就像原作与当时的现实生活相联系一样"②。也就是要化用儒学,以他言己,以古说今。

(一) 以《诗》抒情

庞德译诗并不总是从"他者"的角度进行翻译,而是经常把自身直接置于诗境之中,他对诗的理解实际上变成了对自身生活体验和情感经历的反思。这使他在翻译过程中常常超越译者的身份而成为诗人。

例如,青年时期的庞德在国内求学不得志,谋得职位后又最终被解雇。这些不愉快的经历使他毅然"自我放逐",出奔欧洲,但最终发现在英国和法国仍然没有长久栖身之地,甚至在法国时连自己的同胞也与自己格格不入。不幸的经历和心灵的放逐感,使他与《考槃》③中的主人公有惺惺相惜的感觉:

Made his hut in the vale, a tall man stretched out
Sleeps, wakes and says: no room for doubt.

Lean-to on torrent's brink, laughter in idleness,
Sleeps, wakes and sings; I will move less.

In a hut on a butte, himself his pivot, sleeps,
Wakes, sleeps again,
Swearing he will not communicate
With other men.

根据《毛诗传》,《考槃》诗旨当为"刺庄公也。不能继先公之业,使贤者退而穷处。"程俊英则把此诗理解为"描写独善其身生活的诗"。庞德的译诗则与此两者都不同,明显是自抒情怀,借题发挥。诗中的主人公"tall man"是一个隐逸者,他有独处的悠闲(stretched out),也有无聊(idleness),但他终究是一个自强者(himself his pivot),坚持己见,不失自我。译诗中主人公的情形和心理与庞德来德国前的情

---

① John J. *Nolde*: *Ezra Pound and China*. Orono Maine: The National Poetry Foundation University of Maine, 1996. p. 151.

② John J. *Nolde*: *Ezra Pound and China*. Orono Maine: The National Poetry Foundation University of Maine, 1996. p. 151.

③ 考盘在涧,硕人之宽。独寐寤言,永矢弗谖。考盘在阿,硕人之薖。独寐寤歌,永矢弗过。考盘在陆,硕人之轴。独寐寤宿,永矢弗告。

况颇有些相似。

（二）以《诗》宣"儒"

庞德借翻译抒情言志,也借翻译宣传儒家思想。庞德对儒家思想的接受是全面的。有一次,艾略特(Thomas Stearns Eliot,1888—1965)追问庞德的真正信仰,庞德回答说:"我信仰《大学》。"在1917年《新时代》杂志的一篇文章里,庞德第一次清楚地表达了亲儒教的思想。庞德在文章中说,基督教很少有关于"社会秩序的教义……而这些问题在儒教哲学中有很深刻的思考。儒教重的是行为。'悌'是其中的一个概念。如果一个人能悌,则不会为朋友所憎,也不会对社会造成危害。这是政治家的思维方式。这个思想是为社会服务的。孔子不断强调的是人的个性,人的个性的要素,以及人保持个性的权利和不干涉他人个性发挥的义务"[1]。庞德翻译《诗经》也没有忘记对儒家思想的宣示。例如,《常棣》[2]中兄弟间须和睦相亲的儒家思想在庞德翻译中同样得到了自由的阐发。因为受篇幅所限,此仅以前三章译文为例:

第一章开宗明义,言人世间兄弟之情亲如手足,无与伦比。

Splendour recurrent

in cherry-wood,

in all the world there is

nothing like brotherhood.[3]

第二章写兄弟生死与共,提出兄弟之情无与伦比的第一证据。

Brothers meet

in death and sorrow;

broken line, battle heat,

brothers stand by;

第三章将兄弟之情与朋友之谊作比较,提出兄弟之情亲如手足的第二证据。

In a pinch they collaborate

as the ling bird's vertebrae

---

[1] John J. Nolde: *Ezra Pound and China*. Orono Maine: The National Poetry Foundation University of Maine, 1996. p. 33.

[2] 常棣之华,鄂不。凡今之人,莫如兄弟。死丧之威,兄弟孔怀。原隰裒矣,兄弟求矣。脊令在原,兄弟急难。每有良朋,况也永叹。

[3] 此章及后两章译文见 Ezra Pound. *Poems and Translations*. New York: The Library of America, 2003. p. 843.

when friends of either

protractedly just sigh.

庞德这首译诗并不是忠实于原文的翻译,其一部分目的就是通过对儒家"悌"的思想所进行的阐发,来改造西方社会的伦理观念。

(三) 以《诗》刺时

庞德翻译《诗经》,其意图不仅在于重新建立社会道德秩序,如仿效儒家的家庭伦理观念,宣扬儒家礼义思想,而且在于借题发挥,讽刺时政,是典型的借"诗"刺时。这样的翻译目的改变了许多诗篇功能。《诗经》中的许多弃妇诗、美刺诗,庞德在翻译的时候,有时尚能守住自己的角色,有时则情不自禁,自己变成诗人,将翻译变成了创作,译诗的内容也不再仅限于中国周代社会,而是或多或少地带上了西方化和现代化的色彩。

例如,《十月之交》①是译者利用诗人之口,对现实政治的讽刺和批判。诗中的皇父,手中做着拆屋倒墙的事,口中说着推卸责任的话,是残酷奸诈的酷吏形象。"我们"是下层苦难民众的形象:

Will Huang-fu say:

   Not the moment?

Does he stir us without representation;

To shift our roofs and our house-walls?

Plow-land to bent and waste moor,

mid which vexations he says:

  "I am not tyrannous,

These are the regulations."②

译诗中的酷吏说:"我并非残酷,这里有规定。"这是对当代压迫者十分生动的比喻和讽刺。

三、英语诗歌文学视域下的改写

如果撇开我国的经学传统,用诗的标准衡量,那么《诗经》就是地道的文学的

---

① 《十月之交》原文:抑此皇父,岂曰不时! 胡为我作,不即我谋! 彻我墙屋,田卒污莱。曰"予不戕,礼则然矣"。

② Ezra Pound. *Poems and Translations*. New York: The Library of America, 2003. p. 870.

诗歌。阿连壁(Clement F. R. Allen,1844—1920)、克莱默宾、庞德、许渊冲、汪榕培就主张这样来看待《诗经》。但在五位译家的眼里,《诗经》的色彩仍有差别。阿连壁用传统的英国诗歌标准去衡量《诗经》,于是有了改写的冲动。克莱默宾主张,翻译《诗经》应以英语诗歌的标准来翻译。庞德作为20世纪上半叶美国的伟大诗人,其革新英语诗歌的强烈愿望也为他眼中的《诗经》注入了特别价值,他以意象主义诗学理念突出《诗经》文学性,译文突破传统,纵横捭阖,不同凡响。受现代《诗经》学的影响,许渊冲和汪榕培两位先生对《诗经》的文学性十分重视。按许渊冲的翻译理论,《诗经》翻译当是音、形、义三美兼备。汪榕培提出,《诗经》翻译应该"传神达意"。综观五位译者的译文,对文学性的追求和对政教文化传统的有意忽视,直接影响了许多译诗的题旨的准确性。

在五位译者的译本当中,受西方诗歌传统影响导致翻译变异性最为突出的,当属阿连壁与克拉默宾译本。阿连壁与克莱默宾的英语文学化翻译有几个特点。一是删除"重复";二是改写兴辞;三是杂合意象。在其笔下,译文向英语诗学靠拢了许多。

(一) 删除"重复"的内容

阿连壁认为,《诗经》中的重章叠唱是无谓的"重复",故在翻译时当予删除。例如,《郑风·扬之水》①,阿连壁翻译时就裁斥一章,将两章合并为一章:

Of our friends are left but few;

Scarcely more than I and you.

Do not trust what others say,

They'll deceive you if they may.

I alone continue true. ②

译诗只剩下共五行。阿连壁这样来翻译《扬之水》,原因就是他认为原文两章彼此内容是重复的。原诗两章,每章六句。在阿连壁看来,重要的内容只有一点,即为朋友者只有你我二人,其他的人我们不能相信。所以,用英文诗来表达这个意思,五句诗足矣。至于"水""楚""薪"是什么意思,有什么审美作用,那是中国人自己的事,对我们英国读者来讲,有什么重要性可言! 故,删之而已矣。

克莱默宾翻译的《皇皇者华》与阿连壁的翻译如出一辙:

---

① 我们试比较一下原文:扬之水,不流束楚。终鲜兄弟,维予与女。无信人之言,人实诳女。扬之水,不流束薪。终鲜兄弟,维予二人。无信人之言,人实不信。

② Clement F R Allen: *The Shih Ching*. London: Kegan Paul, Trench, Trubner & Co., Ltd., 1891. p. 116.

Galloping, galloping, gallant steed;
Six reins slackened and dull with sweat,
Galloping, galloping still we speed,
Seeking, counseling, onward set.

Galloping, galloping, piebald steed;
Six reins silken reins start and strain,
Galloping, galloping still we speed,
News—what news—from the King's domain.

Galloping, galloping, white and black;
Six reins glossy and flaked with foam,
Galloping, galloping, look not back!
On for the King—for the King we roam.

Galloping, galloping, dappled grey;
Six reins true to the hand alone,
Galloping, galloping, night and day,
Seeking, questioning, galloping, gone！①

克莱默宾在译本前言中说,"我已经把这些诗,或者说尽力把这些诗翻译成诗。"②他认为,包括《诗经》在内的汉语古诗,长期以来学者们只翻译了字面,而丧失了诗的精神。他本人的翻译是负有文学责任的诗人对外国诗歌之美的公平翻译。然而,克莱默宾却没有做到真正传达原诗的内涵,也没能再现原诗整体的审美价值。他这种直陈意义的方式和原诗用意象象征意义的方式相比,一显一隐,在艺术风格和文学效果上都有天壤之别。

(二) 将兴辞改作景物描写

赋比兴是《诗经》的重要艺术手法。尤其是兴,它是《诗经》特有的艺术手法,在诗篇中有着举足轻重的重要意义。但有的译者似乎并不了解兴的意义,有的直

---

① L Cranmer-byng. *The Wisdom of the East Series—The Classics of Confucius—Book of Odes*. London. 1908. p. 18.

② 同上,1908. p. 13.

接忽略,有的将兴辞翻译成情景。这样,兴实际上就遭到了改写,从而整篇诗的艺术特点,甚至意义,也随之改变。例如,《国风·陈风》中的《东门之池》《东门之杨》《墓门》《防有鹊巢》《月出》等诗的兴辞,阿连壁在译文中统统将之变为景物描写。限于篇幅,在此仅以《东门之池》的兴辞翻译为例。《东门之池》的兴辞,被变成了一个地点:

Near the east moat wide and deep,

Where hemp and rush are set to steep,

Lives a modest beauteous maiden,

With such store of learning laden,①

《东门之杨》的兴辞杨树变成了柳树,被当作了一对不被理解的恋人的爱情故事发生的场所:

By the east gate the willows are growing;

  Their leaves are so thick and green

That a man may stand neath their branches,

  And scarcely fear to be seen.②

因为柳树树叶茂密,所以人站在下面幽会,别人看不见。在这样的场景下,译文又说:

So I said, "I will go in the gloaming

  To meet there a lovely maid,

With never an eye to spy us

  Connected in the dusky shade."③

……

这完全是译者自己的想象,哪里还有什么"兴"的意味可言。

这种把兴辞随便进行改写的做法反映出,译者很有可能是缺乏对《诗经》兴辞的审美知识,所以在作翻译处理时,都一味从逻辑上入手,把兴辞变成了场景描写。也有可能是译者本人并不认同和接受《诗经》兴辞的修辞艺术及其价值。这在阿连壁译本前言中可以寻得部分证据。这一现象也在一定程度上说明,西方读者可能不认同兴辞的审美价值,所以他们通过改写,使其在译文中成为西方读者能够接

---

① 同上,1908. p. 175.
② L Cranmer-byng. *The Wisdom of the East Series—The Classics of Confucius—Book of Odes*. London. 1908.
③ L Cranmer-byng. *The Wisdom of the East Series—The Classics of Confucius—Book of Odes*. London. 1908.

受的东西。这种处理方式可以理解,然而,这样改写出来的译文,遮蔽了原来的诗歌艺术,剥夺了读者学习和欣赏原作艺术的权利,虽然可以暂时满足急功近利的心态,但从长远来看,这实际上限制了本民族文化的发展,实乃得不偿失之举,并非文学翻译之正道。

（三）改写与浅化意象

汉语诗歌,意象贵"隐"。即象显而意隐。如果翻译时只在语义层面翻译物象而忽视"译文作品"中意象的"意"可能发生的变化,那么对于译文读者来说,象和意之间的关联就会断裂,这是意象翻译问题的主要表现形式之一。除此之外,还有一种情况值得我们注意,那就是原文意象常被翻译成一组明喻,"意"被明示出来,由隐变为显。例如,阿连壁《邶风·匏有苦叶》头两章：

匏有苦叶,济有深涉。

深则厉,浅则揭。

有弥济盈,有鷕雉鸣。

济盈不濡轨,雉鸣求其牡。

"In the spring a young man's fancy lightly turns to thoughts of love."

He speaks—

Now the winter's gone and over, and the waters which divide us true lovers, are now running with a high and swollen tide.

The gourds are still too heavy to support a swimmer's weight,

Yet I'll dare the angry river, and defy both death and fate.

If I find the crossing shallow I will doff my clothes and wade;

And to swim, if it be deeper, shall a lover be afraid?

I will say, to soothe my darling, if my danger makes her fret,

That the axle of my carriage at the ford was scarcely wet.

Did you hear the pheasant calling? It was for her mate she cried;①

《毛诗序》曰："刺宣公也。公与夫人并为淫乱。"《毛诗传》曰："以言室家之道,非得所适,贞女不行;非得礼义,婚姻不成。"郑《笺》承毛说,称此诗为诗人坚持待礼仪而为婚。朱熹《诗集传》虽不赞同毛诗"刺宣公"的观点,但也认为其当是"刺淫乱之人"。今人余冠英先生则说,此诗是写"一个秋天的早晨,红通通的太阳才

---

① Clement F R Allen. *The Shih Ching*. London: Kegan Paul, Trench, Trubner & Co., Ltd., 1891. pp. 48-49.

升上地平线,照在济水上。一个女子正在岸边徘徊,她惦着住在河那边的未婚夫"①,写出了一个女子对情人来迎娶自己的强烈期盼。高亨先生《诗经今注》说"这首诗写一个男子去看望已经订婚的女友"②。陈子展先生说它是"女求男之作,诗义自明,后儒大都不晓。诗写此女一大清早至济待涉,不厉不揭;已至旭旦有舟,亦不肯涉,留待其友人。并纪其顷间所见所闻,极为细致曲折"③。另有研究者则认为,这是一首写古代婚俗的诗。第一章以古代婚礼中最重要的饮酒仪式所用的工具"匏"和"济有深涉"为喻,表明自己对男女婚姻和家庭责任的深刻认识;以"济盈"和"雉鸣"为喻,传达强烈的求偶意愿;诗人以"雍雍鸣雁,旭日始旦"比兴,"旭日"比自己,"雁鸣"兴婚嫁。尽管本诗诗旨有讽刺、爱情、婚俗等多种解释,但其与爱情有关是可以肯定的。译者试图把这首诗翻译成爱情诗,但因更换了原诗的"匏""济""雉鸣""雁鸣"等意象,把译诗变成写男子驱车渡水来迎接其心爱的女子,而女子耐心等待心上人到来的近乎平铺直叙的叙事诗,原诗的浪漫情调已荡然无存。

四、典籍翻译中变异的合理性与作用

《诗经》历代各译本显示,虽然每位译者都崇敬儒家经典,各家都声称要忠实地进行翻译,但各家的翻译却各有特点。事实上,并没有一家能够完全忠实于《诗经》的每一篇原作。原因是多方面的,其中一个重要的共同原因是,多数译者并不了解,在不翻译《毛诗序》的情况下,只翻译每篇诗的正文,是无法做到在历史意义上忠实的。更重要的原因在于,不同的译者有各自不同的观点和不同的翻译目的。由于观点的不同,译者在自出新解的时候,必然导致其译文与历代经学传统的不一致。

阿连壁对《诗经》的文学形式不认同,认为重章叠唱是无意义的重复,所以在译文中尽行合并,删除其所谓无用的章节;韦利认为《诗经》是中国古代先民的社会生活的写照,所以其译诗致力于表现诗篇中所包含的民俗元素,其中不乏译者的自我发明。翻译的目的不同,使译文的功能与时代需求相统一,也就自然偏离了历代经学传统。庞德在《诗经》翻译中的意象主义诉求,其借《诗经》诗篇针砭时弊的意图,都令其译本从形式到内容都与《诗经》原貌相去甚远。许渊冲、汪榕培对《诗

---

① 余冠英:《诗经选译》,北京:人民文学出版社,1982年,第33页。
② 高亨:《诗经今注》,上海:上海古籍出版社,1980年,第46页。
③ 陈子展:《诗经直解》,上海:复旦大学出版社,1983年,第102页。

经》文学性的强调和在韵律处理上的策略,使许多译诗的内容与原诗出入颇大。

在此,我们必须弄清楚的是,翻译的性质已经决定,结果绝对的忠实是不可能的。那么,儒家经典翻译在不同目的驱动下的变异,我们究竟应该如何看待?理性地看,翻译的基本功能不在于无条件地忠实于原作。作为一种理性行为,翻译应当无条件地为不同的文化交流与发展服务。其第一义是为译者所在的民族文化和社会发展服务。为本民族文化发展服务,也就是为整个人类社会发展服务,这是翻译功能的第二义。译者要用儒家经典为本文化社会服务,有两种情况可以选择,一种是尽量忠实,一种是尽量实现翻译目的而不必受忠实观念的禁锢。所以,忠实与不忠实的翻译,只要它是目的语文化与社会所需求的,它就是合理的,而根本不存在无视社会与时代发展需求的绝对标准。儒家经典是中国人上下五千年的经典,这并非意味着其同样是国际社会共同的经典,它需要为不同的社会群体去进行具体认知。比如,西方殖民主义者在中国进行殖民活动以前,儒家在其眼中是经典;鸦片战争以来一个多世纪,儒家经典就不再是西方文化精英眼里的经典;而近三十年中华民族的崛起令西方译者重新认识到了儒家经典的历史、文化、道德、政治价值。所以,儒家经典要成为国际化思想文化经典,就需要用我们的国家实力去维护其经典的地位,并使其充分发挥其国际化典籍的功能。其中就包含着国际化传播的环节。在考虑儒家经典走向国际社会的问题时,我们也要以开放的心态,以宽广的胸襟去对待经典翻译的各种翻译形态,开辟多种渠道,促进中西文化交流。我们的目标只有一个,那就是,用多姿多彩的儒家精神去建设和谐世界、大同天下。

概而言之,就典籍翻译而言,其在国外被翻译和被传播的常态或基本模式是变异而不是与原文完全一致。与原文一致性的翻译和传播是我们不顾实际的理想。这种观点与我们传统的翻译理论观念有关。而典籍翻译实践中的变异,其主要的原因并不完全是出于译者的原文语言文化水平不足,也不是因为语言之间的天然差异巨大,而是由作者及其所代表的社会所做出的选择。这种选择并非由纯粹的客观社会发展动力所致,而是某种社会文化发展动力内化为译者的理性选择。所以,变异首先是主观与客观相统一的选择,其次也是由传播的基本规律所决定的。如《诗经》的精神要进入英语世界的文学体系或思想体系,它首先需要在目的文化中找到一个或多个契合点,并通过与目的文化的契合获得目的文化主体的认同,然后才可能逐渐被接受和吸收。契合就意味着一定程度的变异。其他中国经典要翻译和传播出去,非此道不可?试想,历史上有哪一种思想文化在被另一种文化吸收时及以后,还保持着自己充分的个性?更何况,我们的文化传播的宗旨是构建人类命运共同体,而非谋求文化政治霸权,那么,我们根本不必要求典籍在翻译与世界化过程中保持绝对的纯粹。

让文学还归文学：
耶稣会士顾赛芬《诗经》法译研究①

蒋向艳

(华东师范大学 国际汉语文化学院,上海 200062)

[摘　要]　文章从译文的准确忠实度、宗教性及文学性的表达三方面考察顾赛芬翻译的《诗经》法语全译本,尤其根据译文对《诗经》主要创作手法"比兴"的翻译来探讨顾赛芬《诗经》法译本对《诗经》文学性的呈现,由此体现这个译本与之前同样由法国耶稣会士翻译的《诗经》法译选译本的差异,从而体现《诗经》法译的进展。

[关键词]　顾赛芬;《诗经》;法译;文学性

一、引言

《诗经》作为中国文学的源流和经典,在中国文学史上的地位,正如荷马史诗之于西方文学;明末清初,欧洲天主教传教士来到中国,为了了解中国,也是出于传教需要,开始翻译中国的儒家经籍,《诗经》作为六经中唯一的文学经典,陆续被欧洲传教士们翻译成欧洲语言(拉丁语、法语)并传入欧洲,由此逐渐形成欧洲汉学家的诗经学。

18 世纪,《诗经》诗篇开始被翻译成法语。最早法译《诗经》的是两位法国耶稣

[作者简介]　蒋向艳(1977—),女,浙江东阳人,复旦大学比较文学博士,华东师范大学国际汉语文化学院副教授,硕士生导师,研究方向为比较文学与中法文学关系、文学翻译。研究成果:专著《程抱一的唐诗翻译和唐诗研究》(上海:华东师范大学出版社,2008)、《唐诗在法国的介绍和研究》(北京:学苑出版社,2016)。

① 原文刊于《燕山大学学报(哲学社会科学版)》2018 年第 6 期。

会士,一位是马若瑟(Joseph de Prémare,1666—1736),他选译了八首诗,被收入杜赫德编《中华帝国全志》(1735);另一位是法国耶稣会士韩国英(Pierre-Martial Cibot,1727—1780),他法译《诗经》七首,收在钱德明编《北京耶稣会士杂记》第四卷(1779);在18世纪,马若瑟翻译《诗经》的目的是找到耶稣基督存在于中国典籍的证据[1],韩国英的翻译目的则是向欧洲读者介绍"孝",同时他的天主教背景也投射在译文中[2]70。这两个选译本对《诗经》文学性的关注都是极少的。两位译者不约而同从宗教意味浓郁的"雅""颂"选译《诗经》也解释了这个现象。这样的翻译在一定意义上来说是"还原"了《诗经》里的宗教内容——古代中国的原始宗教。

马若瑟、韩国英之后,《诗经》的法译经历了长久的沉寂。直到19世纪末,才有了第一个法语全译本。第一个《诗经》法文全译本是法国汉学家保蒂耶(M. G. Pauthier)依据朱熹等人的注释完成的《诗经》法译本(*Chi-king*,1872)。不过保蒂耶的汉学学术水平有限,这个译本在法国汉学界的认可度和声誉不高。另一个《诗经》法文全译本的译者是法国耶稣会士顾赛芬(Séraphin Couvreur,1835—1919)。顾赛芬1870年到达河间府(现河北)献县传教,勤于著述,编有《古汉语词典》,并于1895年在献县刊刻了《四书》的法文、拉丁双语译本,1896年又在献县刻印了《诗经》法语、拉丁语双语全译本。

《诗经》的第一个英文全译本则由英国传教士理雅各于1871年完成,在香港出版。这一译本有一百八十多页的"序论",分五章分别介绍了三百篇的采集、编订、流传、传序、笺注、版本以及基本内容、格律、音韵等诗经学基础知识,翻译了《诗大序》和《诗小序》全文,并将中文原文附在译文之后。与此相似,顾赛芬的法语全译本也在序言里对《诗经》的各方面作了详尽的介绍,包括时代背景即周朝的政治、历史,古文经、今文经之分,历代的各个注本,风雅颂赋比兴诗之六义等。解释详尽、准确,是顾赛芬全译本的难能可贵之处。

顾赛芬的《诗经》法译呈现何种面貌?与马若瑟、韩国英的篇章法译相较,有何种异同?是否体现,以及在哪方面体现了《诗经》法译的进展?本文尝试探讨以上问题。

二、译文概览

总体而言,顾赛芬的译文准确而忠实。在译本前言,顾赛芬说明他翻译时使用的《诗经》注本底本是邹圣脉撰《诗经备旨》(1763),主要的参考注本包括奉康熙之命编纂的《钦定诗经传说汇纂》(1727)和奉乾隆之命编纂的《十三经注疏》(1747)里的《毛诗注疏》。《诗经备旨》是当时民间最为流行的注本,包含朱熹的注释和邹圣脉的解释,通俗易懂,当时的学子几乎人手一册。《钦定诗经传说汇纂》首重朱熹《诗集传》。《毛诗注疏》则用古文经[3]。这三个注本包括官方钦定本以及在民间流行的注本,基本能反映出当时人们对《诗经》的理解。尽管存在古文经和今文经之分,顾赛芬认为朱熹仍然在各学派中占据第一的位置,因此在翻译中尽可能忠实地遵照朱熹的注解。顾赛芬的汉语水平和对朱熹注本的充分运用在很大程度上保证了其《诗经》译本的翻译质量——意义准确,对原文的忠实度极高。为了尽可能准确地译出原文涵义,顾赛芬对诗题采用纯音译加意译的方法,比如《蓼莪》译为"Lou Ngo",《柏舟》译为"Pe Tcheou",《祁父》译为"K'i Fou"。在音译诗题之外,顾赛芬在诗文中对诗题的文字又作了意译。比如"蓼莪",原诗第一句"蓼蓼者莪"的译文为:

L'armoise appelée *ngô* croît grande et large.(叫"莪"的植物长得又高又大。)

又如"祁父",在音译诗题(K'i Fou)之外,诗句译文是"ministre de la guerre"(国防大臣),也是以意译的方式补出音译诗题所不能译出的内容。顾赛芬就是这样以音译加意译的方式翻译诗题,既保留了诗题双音词的简洁,又能让读者在诗的正文理解其意义,以在形式和内容两方面都忠实于原诗。

顾赛芬《诗经》法译注重在形式和内容两方面都忠实于原文,还表现在其他方面。比如《诗经》的大多数诗篇是叠咏体,诗节是反复、排比的,仅有几个字之别;顾赛芬就使译文呈现同样的反复和排比形式。比如《蓼莪》:

蓼蓼者莪,匪莪伊蒿。哀哀父母,生我劬劳。
蓼蓼者莪,匪莪伊蔚。哀哀父母,生我劳瘁。

L'armoise appelée *ngô* croît grande et large. Je ne suis plus cette belle armoise (qui donnait de grandes espérances); mais une armoise des plus viles, (parce que je n'ai pas rempli les devoirs de la piété filiale). Hélas! Hélas! ô mon père! ô ma mère! vous m'avez élevé avec tant de peine et de fatigue!

L'armoise appelée *ngô* croît grande et large; je ne suis plus cette belle armoise, mais une armoise des plus viles. Hélas! Hélas! ô mon père! ô ma mère! vous m'avez élevé avec tant de travail et de peine!

原诗两节之间仅有四个字不同,两段译文几乎是一模一样,仅有两字之差(fatigue 和 travail);只是第一段在括号里补充说明了 belle armoise(美丽的莪)的性状:

"给予大希望"(donnait de grandes espérances),以及"我"之所以就像最卑微低贱的蒌的原因:"因为我没有尽孝"(parce que je n'ai pas rempli les devoirs de la piété filiale)。其余的文字几乎都相同。形式和原诗一样整饬、对等。

顾赛芬不仅在诗义上严格遵照朱熹等人的注解,在对《诗经》作为五经之一社会功能的阐释上也严格遵照儒家的道统思路。在解释《诗经》诗篇基本主题时,顾赛芬基本严格遵照朱熹的解释,不轻易另辟新解。比如首篇《周南·关雎》诗题的解题文字为:"宫女们歌颂文王夫人太姒的美德。"正是遵照朱熹所谓"后妃性情之正"[4]2。又如《周南·桃夭》,这是一首贺新婚的诗,顾赛芬在解题文字中提及文王,认为在其治下婚礼合乎礼仪,年轻夫妇拥有美德。其中的诗句"宜其室家",他译为"她们在自己的房子和整个家庭里建立起最完美的秩序",强调"完美秩序"对于一个家庭(扩大言之则是一个国家)的重要性。这样的翻译路线使顾赛芬的《诗经》法译本不仅语义准确,形式完备,而且在思想上比较注重"文以载道"的文学传统。这是因为顾赛芬希望他的翻译能符合那个时代的社会道德风尚和精神面貌,故他的译本恰如中国传统思想的一面镜子[5]。

三、译天译帝:淡化宗教性

上文已经提到,马若瑟、韩国英的《诗经》篇章法译文的宗教性鲜明,这突出地表现在对于诗中出现频繁的"天""上帝"等词,采用了可以跟基督宗教里的神相对应的译词。马若瑟用"Ciel"(天)、"l'auguste Ciel"(威严的天)翻译"天",用"le Seigneur"(主)、"le Très-Haut"(至高)翻译"上帝";韩国英用"le Tien""le Ciel"翻译"天",用"le Chang-ti"音译"上帝"。

与两位前辈相比,顾赛芬的译文有了比较大的变化。"天""上帝"在17、18世纪被公认为"天主"在中国的代名,而到了顾赛芬所在的19世纪下半叶,面对的是新教传教士在华传教的新事实,17、18世纪的译名之争已经逐渐淡出这一代传教士的视线,他们在翻译中国典籍时,不再固守前人的传统,那种古朴典雅的宗教性在翻译中逐渐淡去。相反,这个时代的耶稣会士译者越来越注重对原文的准确理解和把握,务求确切地译出原文本来的涵义,而努力使自己的宗教背景在译文后隐身。顾赛芬翻译"天",用了最平淡、也最忠实的"天"(le ciel),或者"威严的天"(l'auguste ciel),首字母不大写,而是小写,"天"不再是有宗教意义的天,而只是那个有形的物质之天。

另一方面,尽管"天""上帝"等词的法译使顾赛芬的《诗经》法译本的基督宗教气息较18世纪的两种选译文大为减弱,然而这种宗教气息在译本中并未消失殆尽。这同样反映在一些译词的选用上。《诗经·小雅·蓼莪》里"无父何怙？无母何恃？"的译文为:Celui qui n'a plus de père, en qui mettra-t-il son espoir? Celui qui n'a plus de mère, en qui mettra-t-il sa confiance?① 原文里的"怙"和"恃",原义是指对父母的依赖和依靠,译文里相对应的法语词"espoir"和"confiance"分别是"希望"和"信任"之义,两者都是基督教义的关键词。

整体而言,顾赛芬《诗经》译文的宗教色彩确实是大大减弱了,因为译者重在忠实地翻译原文。他在前言里指出,翻译《诗经》和他翻译《四书》一样,是为了"认识中国学校所施行的教育"(a pour but de faire connaître l'enseignement donné dans les écoles)。他之所以使用《诗经备旨》为翻译所参考的注释底本,正是因为包括《诗经备旨》在内的《五经备旨》是邹圣脉专门为私塾教育编纂的,为当时的私塾和书院所广为采用。因此顾赛芬翻译《诗经》,对原文尽可能忠实、准确是应有之义。尤其是《国风》部分,其浓浓的世俗味在译文中同样体现得十分明显。对于上两个世纪耶稣会士们关心的中国古籍的宗教性问题,顾赛芬只是在《诗经》译本的前言里给予了说明,尤其是"天"(le ciel)"上帝"(Chang Ti),他以《诗经》里的大量诗句以及《诗经备旨》中的解释详尽而真实地描述了两者近似基督宗教之神的特征和功能,尽管译者并没有就这个问题直接表达他个人的观点和立场。

四、翻译比兴和情感:回归文学性

上文说到《诗经》文学性的一个重要表现是作为作诗手法的六义之赋比兴,尤其是后两者,故比兴句的翻译到位与否直接关系到《诗经》文学性在法译文中的体现。"比""兴"这两个概念既相区别又相联系。"《毛传》'兴也'的'兴'有两个意义,一是发端,一是譬喻;这两个意义合在一块儿才是'兴'。"[6]53-54 "兴以外的譬喻是比。"[6]60 孔安国谓"兴"为"引譬连类","兴"本身有"譬喻"的涵义,这一点与"比"极相似;两者的区别在于"比"显而"兴"隐,"兴"多半是隐喻。马若瑟和韩国英翻译《诗经》选篇时,都没有特别注意到"比兴"手法的运用,也没有在翻译中体现出来。顾赛芬的译文则有不同的面貌。

(一)"比兴"释义

顾赛芬首先在译本前言里用法语定义了作为"文学创作"手法、诗歌创作三部

---

① 失去父亲的人能寄希望于谁呢？失去母亲的人又能信任谁呢？(本文作者译)

分的"赋比兴":

> "赋"是描绘或简单的叙述,"兴"是相似或比喻,"比"就是譬喻。

以"描绘"(la description)或"叙述"(la narration)翻译"赋",以"譬喻"(l'allégorie)翻译"比","相似"(la similitude)或"比喻"(la comparaison)翻译"兴",可见顾赛芬把"赋比兴"视为《诗经》诗歌创作的基本组成部分,是诗歌创作的内容。同时"譬喻"和"比喻"也是文学修辞手段。从这三个定义可见顾赛芬一开始就把《诗经》里的"赋比兴"置于重要地位。

接下来顾赛芬详细阐释了"兴"和"比":

> "兴"(相似或比喻)的第一部分叫"兴意",指借用之物;也叫"借映",指借用的光或形象;又叫"宾意"或"客意",指与主题无关的思想。"兴"的第二部分是对主题第一部分的运用,叫"正意"或"转正",与主题("主意",指主题思想)相关,或直接返诸主题。
>
> 譬喻就是未表达出具体涵义的相似,就像一个寓言,其寓意当由读者自己猜测。其涵义由智慧的评论者加以解释,并非全无难度。在多处,经过多番猜测,"比"的意义仍然模糊不确定。①

朱熹说,"比者,以彼者比此物也。"这里的"比"一般可以理解为"明喻"。而顾赛芬对"比"的解释显然受到了西方解经传统的影响。"譬喻",即"打比方"的方法在《圣经》里使用得十分频繁。在《新约》里,耶稣经常用打比方的方法来向门徒传道,比如"播种""种子""土壤"的譬喻;顾赛芬解释《诗经》的"比"为"譬喻",即有着一定寓意的譬喻,这十分接近于《圣经》的譬喻传统。《圣经》的"譬喻"往往隐晦不明,可以引起多种阐释,由此产生了《圣经》的阐释学,即释经学(Hermeneutics)。与"比"不同,顾赛芬对"兴"的阐释十分贴合朱熹的解释:"兴者,先言他物,以引起

---

① 法语原文:La première partie d'une similitude ou comparaison s'appelle 兴意 hing i idée empruntée,借映 tsié ing lumière ou image empruntée, 宾意 pīn i ou 客意 k'ŏ i idée étrangère au sujet. La seconde partie, qui est l'application de la première au sujet traité, se nomme 正意 tchéng i ou 转正 tchouén tchéng idée qui se rapporte ou revient directement au sujet, 主意 tchou i idée propre au sujet. L'allégorie est une similitude dont l'application n'est pas exprimée, et comme une fable dont la moralité doit être devinée par le lecteur. L'application ainsi laissée à la sagacité des commentateurs n'est pas toujours exempte de difficulté. En plus d'un endroit, après maintes conjectures, elle reste incertaine ou obscure.

所咏之词也。"但顾赛芬又用"相似"(la similitude)和"比喻"(la comparaison)翻译"他物"和"所咏之词"之间的关系。按照中文传统的理解,"比"多是明喻,"兴"多是隐喻/暗喻;而由顾赛芬的翻译来看,两者恰好相反:"兴"就像明喻,"比"则近于隐喻/暗喻。显然,在顾赛芬的释义里,"兴"承载了原先"比"的含义,"比"则被用来比附西方释经传统里的"譬喻";而"兴"最富中国诗学原创特色的部分——由自然及于人事的感应、过渡,则隐而不显了。

(二)"比兴"题注和翻译

除了在前言对"比兴"概念做出具体的阐释,顾赛芬还在相关诗的题注中进一步解释这两种作诗手法,尤其当"比兴"手法是该首诗的主题。由于顾赛芬对"比兴"的释义跟中国传统解释恰恰相反,有时候诗中的"比"被解释为"兴"。比如《魏风·硕鼠》通篇运用"比",顾赛芬题注为"将贪婪的剥削者比为老鼠。"顾赛芬所说的"比喻",根据他在前言里的解释,指的是"兴"(hing)。再如《曹风·蜉蝣》一诗以朝生暮死的蜉蝣为"比"来讽刺那些"玩细娱而忘远虑"[4]87的时人,顾赛芬在题注中解释道:"诗人将无聊赖的人们比作一种羽翼闪亮、仅有一日生命的昆虫。""比"这个词说明顾赛芬在这里指的也是"兴"(hing)。其实这两首诗的修辞手段本身并没有弄错,都是"比喻",但根据顾赛芬在前言的定义,欧洲读者会认为这里的比喻就是"兴"(hing)。

除了用题注文字来解释作为"相似、比喻"的"兴",顾赛芬也通过翻译来呈现"兴"由"先言他物"和"所咏之词"宾、主两部分组成的特征。比如《大雅·蓼莪》首两句以植物莪蒿起兴:

蓼蓼者莪,匪莪伊蒿。

L'armoise appelée *ngô* croît grande et large. Je ne suis plus cette belle armoise (qui donnait de grandes espérances); mais une armoise des plus viles, (parce que je n'ai pas rempli les devoirs de la piété filiale).①

译文首句描绘"莪"这种植物,第二句则转到人"我"身上,并以艾蒿这一植物作为人的譬喻,以这一譬喻作为第一句和第二句之间的联系。再如《小雅·常棣》首四句:

---

① 那叫"莪"的艾蒿长得又高又大。我不再是壮美的艾蒿(它给人带来很大希望),而是最低贱的艾蒿(因为我没有尽孝)。(本文作者译)

常棣之华,鄂不韡韡。凡今之人,莫如兄弟。

La fleur du prunier n'est-elle pas plus brillante que toutes les autres?

De même, les frères sont préférables à tous les autres hommes qui sont au monde.

这里"De même"(同样地)显示译者对"兴"的清醒意识。这个词将起兴事物("常棣之华")与人事("今之人")联系起来,表明两者之间的相似性,也是由物事及人事的自然过渡。跟题解文字对"兴"的解释不同,诗歌译文里"兴"句的翻译表明"兴"并非简单的"比喻",而表明自然和人事之间存在着某种感应,可以说前者"感应"并"唤起"了后者。顾赛芬虽然未能在定义和解释"兴"的前言以及诗作题解文字里阐明这一点,却通过具体的诗文翻译表现出来了。

(三) 翻译情感

"诗言志,歌咏言。"中国古典诗本质上是抒情诗,是为了抒发和表达情感。《诗经》"国风"原本是当时人们在劳作或休闲时所唱的流行小调,主观抒情性更强,顾赛芬这部分诗的译文一如译本整体面貌,意义忠实于原诗,情感表达平实,"乐而不淫,哀而不伤",符合朱熹对《关雎》"适中"情感表达的正面评价。即使是一些情感表达比较直接强烈的诗歌,顾赛芬同样尽量使译文在情感的表达上冷静、客观、平实。比如《诗经·小雅·蓼莪》的主题是一名孝子哀恸自己不能对父母尽孝,诗中有着"欲报之德,昊天罔极"这样呼天抢地、直抒胸臆的情感表达文字。后文以"南山"起兴,继续倾诉孝子的不幸:"南山烈烈,飘风发发。民莫不谷,我独何害!南山律律,飘风弗弗。民莫不谷,我独不卒!"兴句之后,"我"的情感表达依然十分强烈。

对这段文字,18 世纪译者韩国英的译文如下:

La grande montagne de Nan-chan éleve jusqu'aux cieux son sommet superbe, un zéphyr continuel y porte la fraîcheur & l'abondance ; tout le monde y regorge de biens. Pourquoi suis-je le seul être accablé d'un déluge de maux? Pourquoi suis-je le seul à me noyer dans mes larmes? Leur source ne tarira-t-elle jamais?

O montagne de Nan-chan que ta vue irrite ma douleur & aigrit mon désespoir! Ton élévation étonne les regards ; chaque saison te prodigue de nouveaux agrémens & te comble de richesses tous ceux qui t'habitent jouissent à leur gré des douceurs de la vie. Pourquoi faut-il que nul espoir ne suspende mes soupirs? Hélas ! je suis le seul fils dans l'univers qui ne puisse rendre aucun soin à la vieillesse de ses parens.①

顾赛芬的译文如下：

La montagne qui est au midi, est haute et large; le vent y souffle avec violence. (Mon sort est très agité). Tous les autres sont heureux; pourquoi suis-je seul malheureux?

La montagne qui est au midi, est haute et large; le vent y souffle avec violence. Tous les autres sont heureux; moi seul je n'ai pu remplir jusqu'à la fin les devoirs de la piété filiale.②

对照上面两种译文，韩国英的译文在文字上对原文有较多增添，他对南山的描绘比原文详尽细致，也更加生动，仿佛是将南山作为一个赞美对象，极尽赞美词汇；身患"重疾"、终日叹息的"我"在如此壮美、充盈的南山前面显得倍加虚弱、可怜，两相对比，更衬得南山高大壮美，"人子"虚弱贫瘠。韩国英译文对南山的倾情赞颂就像一首宗教赞美诗[2]74，而在以第一人称表达"人子""我"的痛苦时，第一段连续使用了两个问句，第二段也使用了一个问句，将"我"无奈问天的绝望和痛苦表现得淋漓尽致，这种情感表达的强度超过了原文。顾赛芬未对原诗做主观的阐释性发挥，他的译文在内容上忠实于原文，在形式上也和原诗基本保持一致：译文和原文一样都只有八句，句式简短、整齐，力求达意。显然，从翻译视角来看，顾赛芬已经跳离了韩国英以基督教文化翻译《诗经》的思路，让《诗经》回归其作为文学作品的本来角色。他的译文在诗歌情感的表达上显得客观、节制和平实，较少激烈、动荡和夸张，正符合朱熹的诗教思想。

五、结语

法国传教士在明末清初入华欧洲传教士中为数最多，对中国古籍经典的翻译用力最巨，成就也最大，后来法国汉学家的诗经学实肇始和奠基于这一时期的《诗

---

① 中文回译：
高大的南山高耸入云，山上凉风习习，令人神清气爽；每个人都那么富足，为何独我患此重疾？为何独我终日以泪洗面，泪水从不枯竭？
南山啊，望着你激起了我的痛苦，令我绝望！你高大得令人瞠目：在每个季节，丰富的生命将你充满，山上每个生命都尽情享受甜美的生活。为何独我终日叹息，看不到希望？唉！天下只有我这个人子完全无法尽赡养之道。（本文作者译）

② 中文回译：
南山又高又大；山风猛烈。（我的命运如此多舛。）他人都很幸福，为何独我不幸？
南山又高又大；山风猛烈。他人都很幸福，独我未能尽孝。（本文作者译）

经》法译。18世纪法国传教士汉学家对《诗经》的研究贡献主要是部分译介《诗经》,对《诗经》的认识重在挖掘其思想价值,译者马若瑟、韩国英最重视的是《诗经》的思想性,由《诗经》里的诗探讨上古中国的宗教世界、认识"孝"的重要性,而《诗经》的文学性几乎被"忽略不计",表明这一时期法国传教士汉学家的诗经学尚处于初级阶段,但已经为法国汉学家进一步研究《诗经》打下了基础。

在《诗经》的早期译本中,顾赛芬是第一位注意到《诗经》的"比兴"、并有意识地在翻译中体现出这种修辞手法,从而也就是真正译出《诗经》文学性的法译者。因为《诗经》首先是一个文学文本,"文学性"是其最重要的东西。许多中国古代文学学者都公认"比兴"之于《诗经》乃至中国诗歌艺术的重要性:"比兴,乃是中国诗歌的根本大法"[7]3,是"中国诗学之基因"[7]34;"比兴"是《诗经》最为重要的诗歌艺术,是中国诗歌艺术重要的原创性范畴[8]。两者中又以"兴"更为重要。陈世襄先生认为"兴"之于《诗经》的重要性相当于"诗"本身,因为是"兴"演化出"中国诗学理论的基础"[9];"兴"体现了中国诗歌艺术的特殊本质,标志着中国诗歌艺术的飞跃[10]。顾赛芬对"兴"的释义和翻译表明了他对《诗经》中这独具中国特色的诗学范畴的自觉和清醒的意识,真正译出了《诗经》的文学性。

就像理雅各的《诗经》英译本是《诗经》外译史上具有里程碑意义的一部译作一样,顾赛芬的《诗经》法译本也具有同样重要的意义。它为后世的法国汉学家提供了一个完整、准确和可靠的译本,在19世纪的《诗经》法译和20世纪法国汉学家的《诗经》研究之间架起了一座坚固的桥梁,标志着西方汉学界对《诗经》的译介和研究跳离了原先比较支离破碎的零散研究,开始进入一个比较完整和全面的新阶段。它全面地呈现了一座潜藏多重魅力的诗歌宝库,让后来的研究者认识到《诗经》不仅是古代中国的一个重要思想文本,更是一部重要的文学经典,具有十分丰富的多方面研究价值。在20世纪,法国社会学家、汉学家葛兰言(Marcel Granet,1884—1940)以社会学方法研究《诗经》研究,在国际汉学界开创了诗经学的不同面向。他研究并翻译《诗经》时主要参考的就是理雅各的英译本和顾赛芬的法译本。葛兰言说:"顾赛芬的译文准确地反映了我们这个时代对《诗经》的解释,就此而言,它也是有价值的。"[11]

参考文献

[1] JIANG X Y. A Preliminary Study on the First Selected Translation of The Book of Poetry into French [J]. Asian Studies,2015,3(2):73-84.

[2] 蒋向艳.迁移的文学和文化:耶稣会士韩国英法译《诗经·蓼莪》解析[J].澳门理工学报(人文社会科学版),2017(3):70-76.

[3] 刘国敏,罗莹.顾赛芬《诗经》导论[J].国际汉学,2017(2):46-58.

[4] 朱熹.诗集传[M].北京:中华书局,1958.

[5] Couvreur S J. Cheu King [M]. Taiwan: Kuangchi Press, 1966: II a.

[6] 朱自清.诗言志辨[M].上海:开明书店,1947.

[7] 胡晓明.中国诗歌之精神[M].南昌:江西人民出版社,2001.

[8] 郑毓瑜.引譬连类:文学研究的关键词[M].北京:生活·读书·新知三联书店,2017.

[9] 陈世襄.原兴:兼论中国文学特质[M]//陈世襄文存.沈阳:辽宁教育出版社,1998:241.

[10] 赵沛霖.兴的源起:历史积淀与诗歌艺术[M].北京:中国社会科学出版社,1987:102.

[11] 葛兰言,赵炳祥.古代中国的节庆与歌谣[M].桂林:广西师范大学出版社,2005:5.

【中国文学典籍翻译研究】现当代文学翻译与海外传播研究方向

走出秦地,走向世界[①]
——试论陕西当代小说的对外翻译

王宏印[1,2]

(1. 西安外国语大学 英文学院,陕西 西安 710128;
2. 南开大学 外国语学院,天津 300071)

[摘 要] 文章以陕西文化的深厚底蕴为起点,追溯民国历史小说《永昌演义》等远因,以及《保卫延安》和《刘志丹》等革命文学的近代影响,以陕西当代文学先驱柳青的《创业史》为奠基者,重点讨论了陕西当代文学的三位代表人物——路遥、陈忠实、贾平凹的代表作品的人文精神和翻译要点。基于三秦文学的现代渊源和总体特点,进一步展望和分析了今后的发展趋势和走向世界等问题,继往开来,爬梳钩沉,构成一个简明的陕西当代文学史及其翻译史的研究线索。

[关键词] 三秦文化;陕西作家;当代文学;译介探讨

一、深远的三秦文化底蕴,夺人的革命文学先声

陕西这片热土,包括陕南、陕北、关中,古称"三秦",自古是人文圣地。黄陵远古就有黄帝陵,称为"人文始祖",宝鸡则有炎帝。自秦汉以来,咸阳长安两地,先

[作者简介] 王宏印(1953—),男,陕西华阴人,美国新墨西哥大学硕士,西安外国语大学特聘教授,南开大学外国语学院英语系教授,翻译研究中心主任,英语语言文学学位点博士生导师,博士后流动站站长,中国文化典籍翻译研究会(中国英汉语比较研究会典籍英译专业委员会)原会长。

① 原文刊于《燕山大学学报(哲学社会科学版)》2019 年第 1 期。

后建立过十三个王朝的都城,见证过它们的兴亡,有"秦中自古帝王都"的美誉。汉代的历史学家司马迁,故居在今陕西韩城,秉笔直书的修史精神,一脉相承。老子讲经的楼观台,法门地宫的舍利子,见证了陕西的道家文化和佛家文化的兴盛。此外还有关中书院,记载了明清以来张载关学的兴起,举起了"为天地立心,为生民立命,为往世继绝学,为万世开太平"的大旗。此外,还有古老的关中皮影和华阴老腔,传唱不衰的陕北民歌和陕南小戏,西北五省乃至全国都很出名的秦腔新声,鲁迅先生曾经题词"古调独弹",还有一直延续到近代的长安画派,以及革命战争年代的延安精神和延安文艺。真是人杰地灵,人文荟萃。

陕西的文学传统,源远流长,关中盆地,渭河之滨,自古就是《诗经》的发源地,汉乐府的流传地,以及唐诗的核心地带。此后文学作品不断,诗词弦歌永续。近世以来,仅在陕北一带,就有民国时期李健侯(李宝忠)先生创作的具有正统帝王色彩的历史小说《永昌演义》,歌颂了陕北出身的李自成起义并进入京城建立大顺王朝的历史功绩,延安时受到毛泽东的高度评价,他爱不释手,曾经手抄一部,并嘱咐按照历史唯物主义观点进行改写。或许由于本书的旧小说性质,直到1984年,才由新华出版社出版。

1975年,毛泽东同意姚雪垠由武汉迁居北京,专门创作描写农民革命战争的长篇历史小说《李自成》(共五卷,中国青年出版社于1963、1976、1981年分别出版了前三卷,后两卷为身后遗作),可以和《永昌演义》参照研究,必有收获。其实,李自成对陕北文化和当代文学的影响不可低估。陕北作家高建群在其长篇小说《六六镇》(陕西人民出版社,1994年版)中,就沿用李自成大顺年号(六六大顺)的说法,将一个据说原本叫做"太平镇"的地方,易名为"六六镇",算是对乡党的一点纪念。而他的中篇小说《大顺店》,干脆沿用大顺年号作为店名和书名了。

二、奠基者的脚步,《创业史》的丰碑

陕西的当代文学,以革命作家柳青(1916—1978)为奠基者,走出了艰难而坚实的一步。柳青是延安时期解放区的革命作家,在1951年创作了《种谷记》之后,又以沙家店粮站的支前斗争为素材,创作了《铜墙铁壁》(人民文学出版社,1951年版)等革命历史题材的小说,产生过重大影响。《铜墙铁壁》不久后就出了沙博里的英译本 *Wall of Bronze* by Sidney Sapiro(外文社,1954年版),大概属于最早的当代作品对外翻译的一批成果。

新中国成立以后,柳青立足秦岭脚下,在长安县的皇甫村落户,兼职体验生活,

进行文学创作，取得了惊人的成就，他为文学事业鞠躬尽瘁，死而后已，皇甫村民给他写了这样的挽联：

> 扎根黄甫，千钧莫弯。
> 方寸未息，永在长安。

柳青的代表作是反应关中地区农业合作化运动的长篇小说《创业史》。作者在十四年的基层生活中，经历了从互助组到高级社的农村巨变的全过程，他原计划要写四部，反映这一全过程，但"文革"打乱了他的写作计划，经历了几次自杀未遂的柳青，在"文革"后期抱病修改第一部，续写和修订第二部，但未能彻底完成，于1978年6月不幸逝世。《创业史》由人民文学出版社于2005年出齐第二部下卷，列入"中国当代长篇小说藏本"系列。这部小说具有写实主义新纪元、心理小说新模版、面向都市的乡村和悲苦情结有乐观等四大特点。

简而言之，就是采用宏大叙事的方式，进行革命的现实主义的描写，描写新的时代、新的面貌、新的人物、新的社会。其心理小说的性质，使其具有情节简化的现代小说特点，而注重心理描写又避免了人为的戏剧冲突，所以很难改编成影视作品。在描写终南山下蛤蟆滩农村革命的同时，安排了工业革命作为副线和出路，写到了西安东郊的纺织厂的诱人前景。而整部作品，既写了关中农民贫穷而痛苦的生活状态，也写了革命的乐观主义和对于一代创业者的赞颂。

《创业史》的英译，只有第一部，*Builders of a New Life by Sidney Shapiro*（沙博里）*Illustrated by Ah Lao*（外文社，1959，1977），其中的插图是人物素描，很是精彩传神。后来，经过作者的要求，英译书名由 *the Builders* 改为 *Builders of a New Life*（新生活的创造者），这在意义上更为完整。这部小说的语言，采用关中方言作为文学语言的底色，有浓烈的地方色彩，属于乡土文学的典范。

其中一段描写梁三老汉对儿子梁生宝的话，可以看出小说中人物对话的语言特点：

> 宝娃子！有心人！好样的！你娃有这话，爹穿不穿一样！你好好干世事去！你爷说：世事拿铁铲子也铲不平。我信你爷说的话，听命运一辈子。我把这话传给你，你不信我的话，你干吧！爹给你看家、扫院、喂猪。再说，你那对象还是要紧哩。你拖到三十以后，时兴人就不爱你哩！寻个寡妇，心难一！"

沙博里是新中国成立后长期居住在中国的美籍翻译家,紧密配合新中国文化事业的发展,属于体制内译者。为了保证准确地传达原作的意思,他的译文基本上是直译:

"You're a good boy, son. You have a heart," Liang the Third had said. "It means more to me to hear you talk than whether I get those clothes or not. You go out and level the bumps in the world. Your grandpa told me it couldn't be done even if you used a shovel. I believed him and always accepted my fate. I passed his words on to you, but you didn't believe me. Go out and fight, then. I'll look after the household, sweep the courtyard and feed the pigs. It's more important for you to spend that money on getting a wife. Once you're past thirty the young girl won't want you, and you'd never be satisfied with a widow."(沙博理译)

柳青在中国当代文学史上有着突出的地位,延续了延安时期西北文学的命脉,受到周恩来的表彰。他自诩是现实主义的创作道路,而他的小说结构尤为讲究。在陕西当代文学家的心目中,柳青被尊为奠基者,尤其是路遥,对柳青推崇备至,视若精神导师。每遇心中烦恼,则驱车去柳青墓前,大哭一场,倾诉心声,归来就有了主心骨似的。所以我们的当代文学主场,就从陕北作家路遥开始。

柳青之外,陕西当代文学还有两部重要的作品值得一提。一个是陕西韩城作家杜鹏程(1921—1991),以转战陕北战役为素材,创作了革命历史题材小说《保卫延安》(人民文学出版社,1954年版),是革命战争小说的典型代表。作者是随军记者,转战大西北战场,1949年底,杜鹏程在新疆南部随军追剿国民党残敌的同时,便开始着手《保卫延安》的创作,其后历时5年,九易其稿始告完成。1954年,杜鹏程从新疆回到中国作家协会西安分会,从事专业创作,出版了《在和平的日子里》等重要作品。其创作贯穿了从战争到和平的主题,对于和平年代的许多问题,进行了卓有启发的思考。

1956年,陕北红军创始人刘志丹烈士的弟弟刘景范的妻子李建彤,接受出版社约稿,创作了革命军事题材的传记作品《刘志丹》,于1979年由工人出版社出版。这部小说经当时在中央工作的习仲勋同志看过,但后来康生等人对这部小说罗织罪名,企图否定陕北红军的历史作用,小说《刘志丹》一度遭禁,并牵连了许多人。今日,这两部小说都已经恢复了名誉,给予文学史的正统地位,以《保卫延安》为例,文学史上是这样写的:

小说出版后轰动一时,几年间印行了近百万册。但因在一九五九年发生了所谓"彭德怀反党集团"的冤案,《保卫延安》即成禁书。"文革"期间杜鹏程被诬为"利用小说进行反党"的反党分子,受到残酷迫害。直到"四人帮"垮台,他和他的作品才和彭德怀元帅一起得到平反昭雪,人民文学出版社于一九七九年重新出版了《保卫延安》。①

尽管陕西现当代文学的作家和作品,或多或少都经历过一番不寻常的遭遇,历史的教训毕竟是难以遮掩的,文学的光辉毕竟是难以磨灭的。它们作为陕西当代文学的先声,将昭示后人继续沿着先辈开创的文学道路,奋勇前进。

三、为陕北人呐喊,为黄土地立传

路遥(1949—1992)是陕北人。他的一生是奋斗不要命的一生,是为创作而献出生命的一生。路遥是"文革"中成长起来的一代知青,曾在陕北窑洞里和习近平相识并畅谈达旦,引为知己。关于路遥的生平传记有不少,其中的延安大学文学院教授厚夫(笔名)所写的《路遥传》(人民文学出版社,2015 年版),尤其值得一读。笔者有感于路遥一生的坎坷道路和传奇色彩,曾写诗一首如下:

路遥传

路遥,路遥,生在陕北绥德清涧县;
那是 1949 年年末,一生伴你有苦难。

家道苦,养活难,九岁随父走延川;
王卫国,要上学,半灶生是个顶门的汉②。

馍分白、黄、黑,欧、亚、非人种三点点;
"儿在门外把书念,肚子饿成个扁片片。"

---

① 张炯、邓绍基、樊骏主编,《中华文学通史》(第九卷. 当代文学编),北京:华艺出版社,1997 年,第 68 页。
② 路遥是笔名,本名王卫国,自小过继给延川县他大伯,当地人把过继儿叫"顶门"。

学校里出息了孙少平,平凡的世界不平凡;
掘出了黄土烧成个砖,百炼成钢是孙少安。

少平志高把工揽,百般苦难往肚里咽;
十八层地狱也要下,夺黑金奋战在大牙湾①。

亲兄弟怎能久居人下,一日飞腾进长安;
田晓霞临危赛儿男,滔滔洪水中把命断。

巧珍的痴,润叶的爱,女人的心思有人牵;
加林的情,少安的恋,走不出口外非好汉。

北京的婆姨,绥德的汉——
程远和路遥,生了个女儿叫路远。

谁知生命之灯将尽,离婚书上把字签②;
知我心者,谓我疼千金,不曾一悔释红颜。

柳青墓前哭一声,秉笔直书不负平生愿;
毛乌素大漠发誓言,书案就是砍头的案③。

熬干了,酸甜苦辣人生百味皆经验;
烧焦了,白被单上黑糊糊一堆成焦炭。

早晨从中午开始,复归于早晨八点;

---

① 小说中的孙少平最终去大牙湾煤矿当了工人,以路遥的弟弟王天乐为原型,但实际上,路遥的弟弟从煤矿进了西安,当了报社记者。
② 程远是北京知青(本名"林达"),与路遥结婚,在路遥病危时离婚,携女儿回到北京(将女儿改名"路茗茗")。
③ 路遥曾去毛乌素大漠发誓,开始了《平凡的世界》的创作;关于创作,他比喻为被杀,像猪一样被强按在案板上砍下头颅来。

惊心动魄的一幕,此生为黄土立传①。

朱墨,2015 年 6 月 2 日 7:10

天津南开大学,龙兴里床榻

路遥的成名作是中篇小说《人生》,写黄土地走出的民办教师高加林,在县城当了一位记者,又返回黄土地的悲剧经历,据说有俄法英译本,但笔者未见到。有吴天明导演的电影《人生》,西安电影制片厂出品,曾和《高山下的花环》一起竞争全国电影奖。近来也有电视剧《人生》,但添加太多,拉长为鸿篇巨制,失去原作精髓。其长篇小说《平凡的世界》抒写了改革开放最初十年(1975—1985)陕北农村的巨大变化,其作品开始问世时,路遥已经病入膏肓,曾经边创作边广播,收获了同步传播效果,产生过重大的影响。作为励志作品经典,《平凡的世界》纳入通识读本,流传颇广,可惜迄今尚无外文译本。近年来有电视连续剧《平凡的世界》热播,并引起轰动。

路遥的一生及其创作,可以这样概括:

1. 耕读传家望长安
2. 欲写陕北全国转
3. 挟着私心"闹革命"
4. 不信世外有书生

穷苦出身的路遥,立足于黄土地,向往西安古城,他只要走出黄土地,进入西安工作就满足了。这就是陕西省作家协会的大院。路遥的作品,都是以小见大,看起来是写陕北农村,其实是概括了一个时代的中国政治生活和农村改革,写的是翻天覆地的变化,惊心动魄的场面。而路遥的革命是有私心的,他要改变中国和世界,其中也包括改变自己的命运,甚至改变自己亲朋好友的命运。让他们走出人生的低谷,进入一个相对阳光灿烂的天地。这就是路遥的生命观和文学观,是实用的革命的文学观。

路遥在陕西师范大学做报告的那一年,已经临近生命的终点,笔者有幸拥挤在

---

① 《惊心动魄的一幕》《平凡的世界》《人生》,都是路遥作品的名字。"早晨从中午开始",透露了路遥长期中午起床开始写作的习惯,而路遥确实是 1992 年 11 月 17 日的早晨八点 20 分逝世的。

学生群中,在联合教室得以聆听始终。此后,路遥的《人生》,笔者每年必读一两遍,常感其中乡村教师的坎坷经历和笔者相同。去年,笔者利用国外度假的机会,摘译了《人生》片段若干,尚未整理成文,容后再讨论。这里仅结合专题诗歌创作,对路遥的人生及作品加以诠释,以利其传播与接受耳!

路遥命硬,不服输,一生执着追求,艰苦备尝,事业成功,夫妻失和,影响了他的生活和创作,毁了他的健康和生命。从《人生》高家林与巧珍的爱情悲剧,到《平凡的世界》里少安与润叶的爱情悲剧,写出了作家对平凡人生的思考。作家把家庭之外的爱情写得浪漫可爱,而家庭之内就只有平淡和争吵,这种二元对立的婚姻爱情观,道尽了人生的平庸与苦难以及不平凡的纠结的人间情感。

四、文学依然神圣,翻译依然神圣

陈忠实(1942—2016)是关中作家,出生在白鹿原,一生不外乎原上原下,上原下原,原上是传统宗法社会,原下则可望见京城,百年以来,城乡变迁,日新月异,受其文化感召,自幼胸怀大志。忠实父辈识字,他曾作过乡村教师,立志进行文学创作,但奋斗多年,写了些紧跟形势的作品,偶尔发表,终无大成,曾一度动摇,欲和妻子一起种菜谋生。那时候大家都想搞长篇,苦于无思路和门路。路遥的《人生》,一炮打响,惊醒了陈忠实。这关中的汉子,痛定思痛,陈忠实找到了自己的创作道路。他要为民族立传,写民族史诗。这就是《白鹿原》的创作动机。为此,作者翻阅了大量的乡志县志,搜集了大量的乡土资料,特别是 24 岁的女革命党人(张静雯)含冤被活埋的故事,震惊了作家的良心,她就是白灵的原型。后来,作者利用白鹿神话,构思了白嘉轩(族长)和鹿子麟(乡约)两个家族,结合政党革命斗争的史实,撰写了民国以来关中农村的巨大变革,以及传统宗法社会毁灭的历史。可谓立意高远,下笔细微,地道的关中方言和农民式的抒情叙事,结构了这部鸿篇巨制,秦味醇厚,堪为经典。

《白鹿原》(人民文学出版社,1993 年版),荣获第四届茅盾文学奖,受到追捧和批评,陈忠实接受了评委的意见,修改了部分色情过甚的描写,但后来又恢复了。《白鹿原》在北京有舞蹈作品,在陕西有王全安导演的《白鹿原》电影,更有精心打磨的电视剧《白鹿原》上映,张嘉译等名家主演,与《欢乐颂》竞争黄金时段,率先全国热播,逐渐赢得了观众和收视率,堪称当代文学经典走向影视的成功范例。下面一首诗,是笔者的电影观后感:

白鹿原

大片黄色的麦田,急速地
从眼前晃过,如历史在北国
翻卷,在燃烧与收获之间
大量地,是重复和消磨

一座古庙,弹唱着古人的调
今人在看:有人登场,就有人叫好
把一个日月通明的世界闹翻
更多的人,麻木如同惊呆的鸟

一面破窑,风吹日晒不到
只因一个女人,没有中断生产——
活动,是一个你来我往的仪式
终于有一天,连同名声一起塌倒

残阳下,牌坊在天边瑟瑟地哭泣
风尘飞卷,大雪掩埋去尘世的可怜
是谁?掘出一段揪心的往事
用汉代的老腔和关中方言朝天呐喊

(朱墨,2013年元旦晨6:20
于龙兴里寓所床头)

  关于《白鹿原》的创作过程,作者有《寻找属于自己的句子》一书,是《白鹿原》的写作自述(2011年版,北京大学出版社),被列入"大家自述史004"系列。我认为,这部书具有无可替代的价值,可以首先考虑翻译,让国外了解一部作品的问世。当然,其背景知识,即关于新中国成立以来各时期文艺动态和文学背景的交代,也很重要。关于作者,我只记得在完成了《白鹿原》的创作后,陈忠实走出他的老屋,走到户外,坐在田头一处涯畔上,点燃一支香烟,然后望着那些枯草,不知不觉扔下

了还在燃烧的火柴棒,于是,原上草燃烧的景象便出现了。这也许是一个隐喻,但很有味道。关于《白鹿原》和陈忠实,我能说的是:

1. 民国历史回顾展
2. 家族党派两相连
3. 命运归宿兼象征
4. 性爱沉浮人性见

关于民国历史的回顾展有很多,学术著作就有《走出帝制》,影视作品更有《走向共和》,而小说似乎只有这样一部。将宗室家族矛盾和党派斗争相联系,是小说的大结构大关节,二者既相得益彰,又相互阐释,所谓"翻鏊子"的比喻,奥秘就在这里。至于人性的沉浮,除了正面的男性伦理描写之外,主要反应在女性的命运中,例如田小娥的遭遇,还有白孝文,有传统秦腔剧中秀才落难,女性沉沦的深度,不是一般地写男女关系和两性猎奇之类。而人物命运的归属,例如白嘉轩和鹿子麟,既是性格的继续,也是社会的变迁,又有一定的象征意义。

关于陈忠实的《白鹿原》,已有日语、越南语和韩语译本,但迄今尚无出版的英译本,《中国翻译》有海外译者的论文和翻译片段,可以算作异乡的祈盼。笔者自己试译了一些,包括作家竭力塑造的朱先生的形象,下面一小节文字,权作充数:

> 朱先生没有说话,他向来不与人争辩。鹿兆鹏仍然觉得言犹未尽,说:"你没看见但肯定听说过,田福贤还乡回来在原上怎样整治穷人的事了。先生你可说那是……翻鏊子。"朱先生一愣,自嘲地说:"看来我倒成了是非不分的粘糨糊了。"兆鹏连忙解释:"谁敢这样说哩!日子长着哩,先生看着点就是了。"朱先生再不说话。

Mr. Zhu remained silent. He did not want to argue with anyone. But Lu Zhaopeng could not stop; he went on, saying: "You might as well heard even if you did not see that how Tian Fuxian has repaired the poor folks since his return. Don't you say it is like turning over the pan over the fire?" This astonished Mr. Zhu, who said, with a tone of self-criticism, that means I am a person so muddle-headed as not to tell the right from the wrong——like a pan full of paste." "No, no, who dare said that!" Lu explained in haste," It's a long way to come, just watch a little and see." Mr. Zhu remained silent again. (朱墨试译)

关于陈忠实的其他作品也有英译的,但是不多,也不十分重要。如《公社书记》(The Commune Secretary, in Chinese Literature, 3, Mar, 1976)和《无畏》(The Undaunted, in Chinese Literature, 9, Sept. 1976)。

而其散文作品,有一个英译本,特别值得一提。这是由"西安工业大学专著基金资助"出版的《陈忠实散文选译》(世界图书出版公司,中国出版集团,2011年),是本校英语教师马安平等翻译的。作为该校的翻译项目,曾邀笔者回西安主持结项仪式。陈忠实也出席了,还赠了笔者《白鹿原》精装本留念。这个本子选译了散文作品二十篇,分为风土人情、自然风景和文学感悟三个栏目。前面有陈忠实的序《期待交流》和笔者的序《忠实依然忠实——写在〈陈忠实散文选译〉出版之际》,兹摘录两段自己的文字,以飨读者:

> 而我更看重的,是把当代作家的作品翻译成英文这样一件事情。在文化软实力受到重视的时代,中国文化的对外推广是一件大事。特别是当代文学精品的对外翻译,应当是世界所关心的,在国外应当很有市场。小一点说,关系到一个作家及其作品的知名度和传播范围,大一点说,就有可能让中国文学成为世界文学的一部分,进入到它该去的国际市场,甚至有可能进到冲击诺贝尔文学奖的前沿。在这个意义上,我觉得马安平尽心尽力地做了一件好事,并祝贺他的翻译的成绩。
>
> 希望这个《陈忠实散文作品选译》,拥有众多的读者,包括中文读者和英文读者,中国读者和外国读者,以及比较和研究翻译的读者。我要重复再说一遍,在我的感觉的文学园地里,忠实依然忠实,忠实于生活,忠实于理想,在翻译中,更望能以双重的忠实,达到双重的神圣。①

五、我是农民,我是山本

贾平凹(1952—),中国当代著名作家,出生于陕南丹凤县,本名贾李平,父母顺口就叫"平娃"。1973年,与冯有源合作发表《一双袜子》,遂改名"贾平凹"。

---

① 《陈忠实散文选译》,北京:世界图书出版公司,中国出版集团,2011年,序二第2页。

"他认为,凹稳当,凹是吃亏,吃亏是福;凹是器皿,盛水不漏;凹是谦下,虚怀若谷。他自制了一方印章:凹则不平。"①

20 世纪 80 年代,"寻根意识"成为文学时尚。走出商州古朴、拙厚的生活氛围的贾平凹,从霍去病墓前的汉代石刻卧虎造型中,领悟到中国传统美学重整体、重气韵、狂澜深藏,平波水面的写意精神,二者的结合引导他不断寻找中国当代文学的艺术品质,遂奠定了一生的创作基调。

贾平凹曾入西北大学中文系就读,任《长安》杂志编辑,1982 年起从事专业创作。1983 年创作的中篇小说《鸡窝洼人家》,描写陕南习俗换亲在改革中的新貌,被改编成电影《野山》,荣获金鸡奖。从最早的"商州系列"开始,迄今为止已出版长短篇小说多部,其中 31 种有英译文。这在陕西当代作家中是佼佼者,甚至在全国也不多见。这里不能全面论述,只选最主要的又与翻译有关的说一说。

第一部是反映改革题材的《浮躁》(作家出版社,1987 年),有葛浩文翻译的 Turbulence, by Howard Goldblatt, Baton Rouge, Louisiana State Press,1987,出的是单行本。

第二部是写土匪题材的中篇小说《五魁》,有美国翻译家马若芬翻译的 *The Regrets of the Bride Carrier*(背负新娘者的悔恨),by Josephine A. Matthews(1947—),Panda Books 1991, 列入企鹅书系,该书还入选《贾平凹小说选》(英汉对照中国文学宝库当代文学系列丛书),外研社 1999 年版,流行广泛。

第三部就是描写古都西安的《废都》(北京出版社,1993 年版),有新近葛浩文翻译的 *Ruined City:A Novel*, trans. by Howard Goldblatt, published by the University of Oklahoma Press, 2016。笔者从《译者序》中摘译一小节文字,其中可以看出国外对于贾平凹文学作品的新近报道与反响:

Much has changed in the two decades since the first appearance of *Ruined City*. Its author is now celebrated as one of the country's best-known and best-loved cultural figures, heralded by readers and critics alike; there is even an exhibition hall and museum in Xi'an devoted to Jia's art and archival material. The ban of Ruined City was officially lifted in 2009, and sales of the book were brisk. Four years later, the prestigious People's Literature Publication House in Beijing produced a handsome box set of four of Jia's novels:*Fuzao*(Turbulence,1988;winner of the Mobil Oil Pegasus Prize), *Feidu*,

---

① 《作家贾平凹》,储子淮著,陕西师范大学出版社,2012 年,第 8 页。

Qinqiang(Northern Opera, 2005; winner of the prestigious Hongloumeng Prize), and *Gu-lu*(Ancient Kiln, 2009). Though Jia has hinted at an imminent abandonment of the writing life, he continues to publish big, popular novels. (viii, translator's Note)

《废都》初版二十年以来,变化很大。其作者如今已经是全国最富声望最受爱戴的文化名人了,读者和评论家争相传颂。在西安新建有贾平凹的艺术档案展览馆,《废都》的禁令自2009年已被官方解除,该书遂畅销无阻。四年以后,北京有声望的人民文学出版社推出了漂亮的贾平凹一涵四本小说,包括《浮躁》(1988年,荣获美孚飞马奖)、《废都》《秦腔》(2005年,荣获有声望的[世界华文长篇小说——译者补]《红楼梦》奖),以及《古炉》(2009年)。虽然贾平凹表示他即将封笔,但仍然大作不断,小说畅销。(译者序,第八页)

此外,中国大陆学者和海外译家合译的,则有《黑氏》(继《英语世界》连载之后,出了单行本)和《土门》,以及《平凹散文》,皆是由西北大学外国语学院英语教授胡宗峰和美籍译家罗宾合译的,新近陆续推出,堪称译界盛事。

关于贾平凹的创作,构成了一个独特的斑斓纷呈的文学世界。一言以蔽之:

1. 清风明月携手归
2. 匪也不匪民不民
3. 都市生出农民相
4. 隐士情怀女性魂

"清风明月携手归",说的是贾平凹的创作风格,飘逸而富于灵性,其中多有道家或佛家的气息,神话与现实交错,想象与写实呼应,虚实相间,难辨马牛。而他所描写的土匪,却异常地有善心,而看似老实巴交的民,却也有几分狡诈,不是那么容易对付的。久居都市的作家,如同沈从文,根子却在乡下,所以,贾平凹经常说自己是农民,但他笔下的文人隐士,比如庄之蝶,却也有一些女性气质,而女性形象的描写,则构成贾平凹系列的精魂,月光下,有点像聊斋志异中的鬼狐弄人。

不只是笔者个人如此看待,中国文学史上的描写和评论,也是如此,或有过之。

举凡商州的历史、传说、民间的占卜、禳祀、礼仪以及屋宇建筑、器皿陈设、歌谣俚语等典章文物与风俗民情及民性,无不被淋漓尽致地描写,其中既有对美好人性人情的歌颂,也有对保守、狭隘、愚昧与野蛮等落后的国民性的鞭挞。而小说的语言更兼扛楚骚的神奇诡异和汉魏的古拙质朴,更有笔记小品的空灵与逸趣,文言与方言杂糅,简练、生动而传神,使小说语言本身也富于文化的风韵与地方的特色。①

以下仅看几个片段,以见全豹:

《浮躁》片段:

旱是这里特点。天底下的事就是这般怪:天有阴有晴,月有盈有亏,偏不给你团团圆圆的万事圆满;两岔镇方圆的人守着州河万斛的水,多少年里田地总是旱。夏天里,眼瞧着巫岭云没其顶,太阳仍是个火刺猬,蛰得天红地赤,人看一眼眼也蛰疼;十多里外的别的地方都下得汪汪稀汤了,这里就是瞪白眼,"白雨隔犁沟",就把两岔镇隔得绝情!

Drought characterized the place. How strange are the ways of the would: there are cloudy skies and there are bright skies, there are full moons and there are crescent moons, but total satisfaction is an elusive dream. The people in the area around Crossroads Township conserved every drop of water in the Zhou River, yet for years there hadn't been enough for the fields. In the summer you could see the peaks of the Shaman Mountain Range disappear in the clouds while here the sun beat down mercilessly, turning the fields into hot embers and stinging the people's eyes. Ten *li* away the rain fell in buckets while the local residents could only glare in anger. "Raindrops fill the ditches of nearby furrows" was the despairing cry of Crossroads Township. (葛浩文英译)

葛浩文是中国当代文学首席翻译官,但遇到这样的难题还是难以解决,"火刺猬""瞪白眼""汪汪稀汤""天红地赤",要在英文字典里寻到这些表达法,还真不容

---

① 张炯、邓绍基、樊骏主编《中华文学通史》(第九卷.当代文学编),北京:华艺出版社,1997年,第232页。

易。好在葛浩文是有经验的翻译家,居然能找到相应的办法,一一加以解决。还能保证句子的完整和行进的速率(tempo)不相上下,实为难得。这也许是葛浩文的翻译所追求的目标。求仁得仁,便是好了。

《五魁》片段:

> 五魁将女人背到了很深很深的山林。
> 一夜的山高月小,他只是拐进一条沟慌不择路,直走到了两边的山梁越来越低,越来越窄,最后几乎合二为一在一座横亘的大岭峰下,已是第二日的中午了。

He bears her deep into the mountain forest.

The moon, distant in this night sky, is stingy with its light. The ascending mountain welters in the gloom, loathe to reveal its secret pathways. Wukui turns blindly into a ravine. As he traces his way along the bottom, the ridges on either side become lower and lower even as the ravine grows narrower and narrower. At last the two sides meet and form a block at the base of a mountain peak.

It's already noon of the next day. (马若芬英译)

朱墨回译:

> 他把她背到了山林的深处。
> 夜空遥远处的月,光线微弱。向上方的山峦,渗在月光中,不愿透露出山道的秘密。五魁慌慌地转入一道峡谷。沿着谷底摸索前行,两旁的山脊越来越低,山谷也越来越窄。最后终于在一个山脚下相交为一片平地。
> 那已是第二天中午时分了。

这里翻译的要点和秘诀,就是化整为零,分而治之。当原作把眼前晃动着的山势窄路和慌不择路的五魁的仓皇动作混着描写的时候,英文却运用了主客分离的翻译方法,分而叙述,使得两者各得其所,也就好理解了。这种大胆改写的翻译方法,和葛浩文的亦步亦趋的翻译方法,判若冰炭,有天壤之别,但都是可以的。若就回译的效果而论,后者似乎更有哲理性和启发性。

六、走向世界,走进历史

最后,简要地讨论一下和陕西作家有关的创作特点、翻译传播与历史归宿。

就其创作的总体特点而言,我以为有四点可以一提:一是断代史诗;二是宏大叙事;三是乡土本色;四是人文情怀。

想当年,即1985年,《小说评论》在陕西创刊,再加上省作协理论批评委员会的成立,促进了陕西作家群体兴起的时候,大家都希望出长篇小说,一鸣惊人,而且都想抓取重大题材,这样,就出现了断代史诗这样的倾向。陈忠实抓取的是百年民国史的后五十年,传统宗法社会伦理的毁灭。柳青写解放初期的互助组和合作化运动,具有正面歌颂的庙堂文学气象。路遥抓取的是包产到户的农村改革十年的巨大变迁,力图揭示个人的成长史和生活的悲剧本质,而贾平凹从早期的《浮躁》到最近的《山本》,紧扣时代的脉搏和社会发展的大势,写意而存史,抒情性大增。

宏大叙事是传统写法,也是现实主义的文学道路给人的正面印象,无论取法于欧洲和中国古老的写实传统,或者取法于苏联的社会主义现实主义,还是取法于中国的革命的现实主义与浪漫主义相结合的创作手法,宏大叙事都是力求全面而深刻地揭示社会生活的本质和本相,因而是和断代史相始终的一种创作手法,这几乎是无可怀疑的。

乡土本色,对于陕西作家来说,是不言而喻的。贾平凹是陕南,从"商州系列"开始,进入都市文明,但不失其农民本色和乡土基调,而路遥除了陕北和黄土地上的风土人情,还能写什么呢?即便写到大牙弯矿井,也是陕西农民出身的工人,而陈忠实,始终是关中人,关中方言,直接继承了柳青的长安县的方言,没有太大的改变。甚至可以说,陈忠实比柳青更为本色,因为柳青还有官方语言作为意识形态叙事的腔调,而陈忠实则是地道的农民思维和农民语言。力图超脱党派和宗族集团的观点,对生活进行全方位的俯瞰或内视。他完成了这个转变,这是一个了不起的转变。

人文情怀,对于陕西作家来说,从来不缺乏,但高度与角度不同。路遥是实际的,实际看到的社会现实,不加粉饰,略加提炼,就出炉了。其现实生活道路,与个人生命相始终。其评价系统,是传统的现实主义人生观和世界观,书本高于生活,所谓耕读传家。而陈忠实,则大量地删减和累积,先学会叙事,再学会描写,已经几十年过去了,代表作也出炉了,几乎是一本书主义,地道的作家笔法,剥离了评价系统,深入到生活本身去了。贾平凹呢,不断地阅读,不断地改变自身,进而不断地体验生活,升华为艺术形态,再加以表现,虽然基本上仍然是乡土文学,但文化底蕴深入到儒释道,而历史透视进入到民俗民风和民间生活的底层,还嫌不够,再底层,然后再跳出来看,就不同了。有世界文学的眼光,但不脱离本相本色。

那么,关于陕西当代作家作品的现代研究和翻译活动,究竟怎么样呢?笔者有以下四点思考:

1. 走向研究

陕西当代文学,甚至中国当代文学,虽然迄今为止研究不少,但近距离的研究多,而远距离的审视少。这固然是当代文学所遇到的普遍情况,但也能反映体制内文学批评的弊端。缺乏高水平高品位的研究,只在当代文学的语境里进行摸爬滚打,毕竟出不了有影响的评论,出不了大师级的文学批评。一个主要的问题,是角度和水平,缺乏多元化,缺乏世界性,缺乏比较文学的宏大视野和专业训练,就难以达到文学批评的目的和效果。

2. 走向比较

比较文学是当代研究的趋势,一种文学现象能不能走向世界,关键是看其能否通过比较,进入到世界文学的层面,个别文学的比较研究已经产生,例如关于《白鹿原》和西方名著的比较,有了一些文字,但还是十分粗糙,十分肤浅,达不到应有的深度和高度。但总体而言,中国当代文学走向世界文学的道路,必须通过比较,所谓比较,就是换一种外来的接受眼光,加以接受和批评。而其总体趋势和规模,则和当代文学的地位相联系。

3. 走向翻译

陕西当代三大作家,解放初期的柳青和杜鹏程不算,那时的翻译,基本上是体制内翻译,有官方推介色彩。而如今的三大作家,路遥、陈忠实、贾平凹,就其作品被翻译介绍的情况而言,很不平衡,路遥和陈忠实的太少,而贾平凹的对外译介比较多。在一个市场开放的时代,世界出版与图书市场的选择性是很正常的。但与作家自己的艺术风格和影响也不无关系。甚至还有一些人为的障碍,阻碍了对外翻译和传播的效果和速度。关于秦晋文学较为系统的翻译研究,南开大学博士生梁高燕有博士论文:《秦晋当代农村题材小说叙事学和文体学英译研究——以赵树理、柳青和贾平凹为例》,部分完成,已经通过答辩毕业,可以参考。

4. 走向世界

中国当代文学如何走向世界,走出国界是第一步。它受制于中国在世界的地位和影响,也受制于当代文学的总体水平。如何走入,如何走出?第一,靠翻译,第二,靠评论,但是归根结底,还是要靠作品本身的水平和影响。虽然我们在运作时,很强调翻译和评论,但是不得不承认,当代文学创作中,许多作品本身还不具备世界水平和走出去被人们接受的资格和条件。

对外我们说,走向世界,对内我们说走进历史。如何走进历史,走进什么样的历史,什么时候才能走进历史,都是值得探讨的。

第一,走进中国史,也就是走进中国当代文学史,或者更长远地看,能否走进中国文学史,是一部作品的宿命。过早的定型,是当代文学史的宿命,倘若如此,则一部作品还没有来得及发挥它的作用,就被文学界和文学史家定性和定型了。这是有问题的。何况许多文学史上的评论和评价、分类和分析也不完全经得起推敲,更不能经得起时间的考验。急于走进文学史,急于走向定型化的评论,甚至千篇一律的认同,是一个问题,不仅这个时代,一切时代的文学,都会面临这个问题。

第二,走进地方史,一部文学作品走进地方史,是很容易的,特别是乡土文学,反映地方习俗和民众生活的文学作品,很容易在一个地方认同和接受,换一个地方,就不一样了,就是另一番天地了。过多地追捧,会扼杀好的文学;过度地冷漠,也是不利于好文学生长和生存的。更何况过多的打击,以及其后的反弹,也是文学史上接受的常见现象,也是值得思考的。这只是文学的社会性,不是作品本身。笔者的意思是,不要太狭隘,不要限于地方效果,轰动效应,而要立足于形成一种接受文学的良好风气和氛围,让文学自由生长,受到正常的品评和批评,或者拒绝或者忘掉,而不可惜。

第三,走进世界史,或者走进世界文学史,关于中国当代文学,至少一部作品发表后,在一段时间内,走进华人和华语文学史,然后,再进一步走进英语和其他语言的文学接受过程,在这一方面,过晚的相逢,似乎是一个迟到的祝福,虽然不怎么理想,但也不怎么坏。世界文学的领域,有许多的圈子,按语言的,按民族的,按国家的,按地域的,按个人的,按集团的,等等,不一而足。谁来接受你?谁来阅读呢?这是无可奈何的事,干着急也没用。特别是作家,还有评论家,还有理论家,还有文学史家,都急不得。甚至诺贝尔文学奖,及其评委,也是有思想的,有文化的,有见解的,有争议的。

从单一走向多维的忠实理念①
——以葛浩文对萧红作品的改译为中心

朱振武¹,朱 砂²

(1.上海师范大学 人文学院 200234;2.三峡大学 外国语学院 443002)

[摘 要] 为厘清葛浩文的翻译忠实观的内涵及其发展流变,选取葛浩文翻译的萧红两部小说《呼兰河传》和《生死场》的前后两个译本做细致比对,以具体实例分析、阐释初译本和改译本,认为葛浩文的迻译理念是从起初以信息传递为核心的意义忠实,到后来的意义、语气、效果和审美等四个维度并重的多方位忠实。葛浩文的忠实观是动态渐进的,随着其对中国文学作品理解的加深和译量的增加,其忠实度在不断向纵深延展,表现出译者思想从西方本位观到文化交流观的转向。

[关键词] 迻译理念;萧红作品;改译;忠实观;中国文学"走出去"

葛浩文的中国文学英译在中国学界已讨论十几年,胡安江、文军、吕敏宏和邵璐等学者早在莫言获得诺贝尔文学奖之前就其作品的翻译特别是葛浩文的英译进行过深刻讨论。自莫言问鼎诺奖后,葛浩文英译的莫言小说研究也随之不断深化,并辐射到其他中国作家作品的英译研究中。葛浩文的翻译策略和翻译理念甚至成

[基金项目] 国家哲学社会科学重点项目"当代汉学家中国文学英译的策略与问题研究"(17AWW003)

[作者简介] 朱振武(1963—),男,博士,上海师范大学比较文学与世界文学国家重点学科带头人,外国文学研究中心主任,二级教授,博士生导师,国家重大项目"非洲英语文学史"和国家重点项目"当代汉学家中国文学英译的策略与问题研究"首席专家,主要从事文学翻译、英语文学文化、非洲英语文学和中外小说美学比较的研究和教学。

① 原文刊于《燕山大学学报(哲学社会科学版)》2021年第3期,这里又做了编修。

为中国文学走出去的一种译介范式而引起了广泛讨论,而关于葛浩文"翻译忠实性"的争议较大,特别是葛译是否忠实了原文?如果是,又是哪些层面的忠实?在几十年的翻译生涯中,葛浩文的忠实观是否有所发展甚至嬗变?1975年葛浩文开始初译萧红小说《呼兰河传》(*Tales of Hulan River*),当时他参照的是1954年上海新文艺出版社出版的《呼兰河传》1966年影印版,《生死场》(*The Field of Life and Death*)参照的是1935年原版和1957年香港再版本;1979年,《呼兰河传》与《生死场》英文版合并为一册出版,名为 *The Field of Life and Death and Tales of Hulan River*。时隔23年后又同时于2002年推出这两本书的改译本,不同之处是初译版《生死场》系与杨艾伦(Ellen Yeung)合作,而两本书的改译版均由葛浩文独立完成(其妻林丽君在翻译过程中给予了许多宝贵建议)。这两本书是葛浩文业已出版的仅有的两本改译书。总体来看,两本书的改译沿用了大部分的初译;改译部分的占比虽少,却改得恰到好处,充分体现了变化发展中的葛浩文翻译忠实观。具体来说,改译部分大多遵循原文分段结构,去掉了初译中译者自拟的小标题;多处"大词"变"小词",选词更审慎;句式结构和叙述角度更贴近原文;更正了一些语法错误。新旧译本之间横亘了二十余年的时间,其增删去留在很大程度上见证了葛浩文翻译忠实观的演变轨迹。对比其初译和改译后,我们发现,"忠实"自始至终都是葛浩文翻译策略环绕的轴承。有学者总结认为,"在葛浩文那里,'忠实'不在于语言层面,而在于意义层面……"[1]13 随着时间的推移,葛浩文的翻译忠实观越来越丰满,除了一如既往的忠实意义之外,《呼兰河传》和《生死场》中的改译让人明显感觉到他逐渐开始注重语气、阅读效果和审美层面的忠实,这种转变使其译文日臻完善。现在的葛译,注重在意义、语气、效果和审美四个维度全面提升,实现了译文对源语文本的多方位忠实。

一、不改初衷,意义忠实

中西方语言符码的不完全对等和中西文化的差异,导致不同读者对同一作品接受效果不同。有时对源语读者来说意味深长的意象在译语读者看来却毫无意义,但这并不意味着这些意象在译语中就应该完全失语。"在不同文化的人民间,有大量相似的思想与感情,大致上只是表达的方式相异……而不是思想。"[2]45 也就是说,意象只是载体,但承载的意义是相通的。如果译者逢意象就做注解,势必影响译语读者的审美体验。因此,具有相当翻译自觉的葛浩文在意象翻译中以读者为先,动用想象力,剥离原语语言形式,将陌生的意象"本土化",使之从形式忠实上升为意义忠实,同时又符合读者的思维模式和先在理解,达到文化交流的目的。对比两个译文可以发现,葛浩文对于初译所涉的意象一字未改,全盘保留,不改初衷。从1979年至今,时空巨变,但葛浩文对意象翻译采取的忠实意义而非语言的策略却一直传承。无论是最初英译的萧红作品,还是现在英译的莫言、姜戎作品,都一以贯之。例如:麒麟被译作 unicorn(独角兽),积德被译作 saint(圣徒)等,这种对中国文化的创造性转化和发展业已成为葛浩文式翻译的一大鲜明特色。试看下例:

例1:跟去混混,到最末就是杀死一个日本鬼子也上算,也出出气。[3]91

初译:Go and take a look around with them. Even if you end up by killing only one Jap devil, it's still a better choice. It's a chance for revenge. [4]104

改译:Go take a look around with them. Even if you end up by killing only one Jap devil, that's still something. It's a chance for revenge. [5]87

上例中葛浩文保留了对"鬼"这一意象的原译。在此葛浩文读懂了主人公对无恶不作的日本侵略者的仇恨,用西方文化和宗教中害人的恶灵"devil"来翻译"鬼子",后期翻译莫言作品《透明的红萝卜》时同样将"日本鬼子"翻译成"Jap devil",既传达了原文的情感色彩和含义,也利于西方读者移情。而在翻译"死是中国鬼"时,葛浩文又处理成"Chinese ghost",与 devil 相比,ghost 比较中性,更贴近魂灵之意。"同字不同译"的处理方式传达出与原文相似的情感体验,彰显了葛浩文对文化意象翻译的审慎思量。

例2:"妨"字在迷信上说就是因为她命硬,因为她某家某家穷了。[6]52

初译:The superstition surrounding these words "brought injury" is that a certain family has been reduced to poverty owing to the harshness of the girl's horoscope. [4]163

改译:The superstition surrounding the words "brought injury" is that a certain family has been reduced to poverty owing to the harshness of the girl's horoscope. [5]141

"命硬"的说法源于中国古代汉族民俗信仰中的生辰八字。"命硬"指一个人生辰八字特殊,本命强劲之意。在原文中,萧红叙写指腹为亲的坏处,一旦婚姻失败,夫家所有的不幸都会归罪为所娶姑娘"命硬"之故。一旦"命硬"的大帽子被扣上,姑娘即使想改嫁也无人敢娶,落得余生凄凉。葛浩文深谙"命硬"所指,却没有将"命硬"说法的来龙去脉添加注释解说,而是直接以"horoscope(星座运势)"替换。我们知道,出现在公元前世纪的巴比伦占星术影响到了整个世界。① 人们根据占卜星座运势来预知个人命运、预测凶吉,通过占星得出的"预言"在舆论中也占有一定地位。无论是"算命"还是"星座运势",均在各自文化土壤中植根已久,影响深远。葛浩文正是敏锐地捕捉到二者之间的相通之处,遂采用意象转生之法,以此消除相异文化符号间的陌生感,帮助读者更好地理解原文。两版译本遣词造句一模一样,葛浩文在文化意象的翻译中持守己见,初心不改。

二、"声"临其境,语气忠实

《呼兰河传》描述了一幅20世纪20年代东北的风俗人情画卷,字里行间既有粗糙的乡音乡调,也有稚气的童声童语,为源语读者带来多元的审美体验。因此译者应尽量临摹对应的语调语气,尽管这种迁移由于两种语言文化背景的不同可能无法完全对等。之前有学者在评述《呼兰河传》1979版译本时提到:"他似乎更多地满足于传达原文的信息内容……在儿童语言特色及人物内心声音的传递方面,译者的译法都差强人意。"[7]94

然而,初译本对于原文声音的模拟并非全然忽略。葛浩文在《呼兰河传——译者序》中这样写到:"她(指萧红)高超的写作技巧,如同相机一样捕捉每一个细微之处,给读者视觉和听觉的享受,让人沉醉,这一点在《生死场》中也很明显。"[5]xvi. 可见,葛浩文在改译时已经有意识地认识到传递"声音"的重要性,从最初的忠实语义到后来的语义语气二者兼顾,他在翻译过程中愈来愈重视传声达意,译本忠实度逐渐扩大。改译本《呼兰河传》对语气的着力更为明显,力求语音语气都做到忠实原文,再现原文的审美特质。请看以下两例:

例1:她说:"哟哟!你这问的可怪,传话传话,一辈子谁能看见多少,不都是传话传的吗!"[6]123-124

初译:"Gracious! That's a strange question to be asking," she answered. "With

---

① 原文是:"但此文中的占星术是指出现在公元前18世纪的巴比伦占星术,它在西方国家延传下来,并且今天影响到了整个世界"。详见朱彤:《20世纪对西方占星术的科学检验》,载《自然辩证法研究》,2005年第8期,第21—24页。

all the tales of things that have happened in this world, how many can a person witness in one lifetime? How else can we know about the things unless we are told?" [4]236

改译:"Gracious! What a strange question," she replied. "It was passed from mouth to mouth. With all the tales of things that have happened in this world, how many can a person witness in one life time? How else can we know about the things unless we are told?" [5]201

原文中,小团圆媳妇已经被各种"野药、大神"折磨得不成人形,此时周三奶奶提出"活吃全鸡"的偏方,并举其曾祖母为例夸耀功效。然而被人戳穿后周三奶奶的抵赖都如此底气十足,为自己开脱时振振有词,反斥他人大惊小怪。初译本将其翻译成陈述句"That's a strange question to be asking",语气较为平淡,不能传达周三奶奶强词夺理后倒打一耙的无赖口气。改译本将其处理为"What a strange question",感叹句更简练夸张,读者几乎能从语气中想象出周三奶奶扭捏做作的姿态。另外,两个译本对"说"的翻译也有改变。"answer"意为"回答",中规中矩,而"reply"除了有"回答"之意,更有"回击"之感,一词之变,更加忠实原文文字后的深意,葛浩文改译时更加着重临摹原文的语气语调,在此可见一斑。

例2:老,老了也没有什么关系。眼花了,就不看;耳聋了,就不听;牙掉了,就整吞;走不动了,就瘫着。[6]25

初译:Old age—getting old has no effect on them at all: when their eyesight fails they stop looking at things, when their hearing fades they stop listening, when their teeth fall out they swallow things whole, and when they can no longer move about they lie flat on their backs. [4]135

改译:Old age—getting old has no effect on them at all: when their eyesight fails, they stop looking at things; when their hearing fades, they stop listening; when their teeth fall out, they swallow things whole; and when they can no longer move about, they lie flat on their backs. [5]119

儿童视角和成人视角的交织融合与自如切换是《呼兰河传》的一大特色。该例是萧红以儿童口吻谈论生老病死的哲学问题。"……了……就"的复调句式贯穿始终,语气随意轻松,表现了儿童在面对不可违抗的自然力时的不谙世事与天真懵懂。选段句式皆为短句,中间部分"三字式"节奏轻快,读来干脆利落,具有童谣般的乐律感,与儿童说话的语调极为契合。如此稚嫩的童声童气背后,实则却躲藏着成人阶段萧红复杂的情感矛盾:"看似借孩子'我'之口轻松地忽略了生命的压力,完成了对于故乡人善于遗忘,不知反抗,无限苛求内心忍耐的反讽,其实其中又深藏着多少包含痛惜,甚至认同的复杂沉重的心情。"[8]189 因此,要让译文读者感受到萧红撰写此段的良苦用心,对儿童语气的捕捉和再现至为关键。此处两个译本均以"when…they…"来模拟"……了……就"句式,产生英语里的语音回环,接近原文中的复调效果;同时为模拟原文中儿童语言的乐律感,译者分别压了如下几对韵:fail 和 fade,thing 和 listening,out 和 about。在改译本中,葛浩文更加意识到了短句在表现儿童语气时的重要作用,因此将初译本中的长句以逗号和分号穿插以区分句节。这样一来,无论是从形式、节奏还是对童声童气的传递上都更为忠实于原文。

三、小处着眼,效果忠实

效果忠实指的是语用效果忠实,即用等效的语言将原文明示或暗示的含义完全挖掘出来,复制到译语中去,实现原作和译作语用效果的等效。"语用翻译除了根据原文译意之外,在翻译过程中还要考虑译事的三元关系,即原文、译文和译文对象(指读者、译文使用者等)三方面的相互配合。"[9]106 葛浩文强烈的译者主体性意识使得他不断筹谋周旋于这三者之间:首先对原文进行细致入微的分析,包括语言的小细节,力求不遗漏原文所产生的一切效果;然后用合适的方式,向目标语读者忠实地传递这些效果。

汉语具有含蓄、委婉和多重意义的特点,因此很多看似简单的汉语表达背后往往蕴含着丰富的表达效果和思想内涵。这就对译者的工作提出了巨大挑战:如何"忠实"地在英语中复制这种效果?毕竟,"当代文学精品的翻译不是简单直译,也不是传递信息,而是掌握语境、意境、典故后融会贯通的独特创作"[10]。从1979年到2002年,在译海浸润了23年的葛浩文对汉语文字表达效果的捕捉更加全面,对原文细微处也更加审慎,对效果忠实的技巧也日益完善,可见如下两个例文。

例1:王婆驱着她的老马,头上顶着飘落的黄叶;老马,老人,配着一张老的叶子,他们走在进城的大道。[3]25

初译:She drove her old mare ahead, wearing a yellow leaf on her head; the old horse, the old woman, the old leaf—they were walking down the road that led into the city.[4]30

改译：She drove her old mare ahead, wearing a yellow leaf on her head; the old horse, the old woman, the old leaf—<u>moved down the road into town.</u> [5]26

例句描写了王婆驱赶老马去屠宰场的画面。作者叙事节奏缓慢，笔触冷静，老马、老人、老叶子组成一幅毫不突兀且略显悲凉的画面，让人感叹这三者之间的相似性——垂暮之年，毫无生气。最后一句话"他们走在进城的大道"，从语境判断应该是一幅动态的画面，因此语法上应写成"他们走在进城的大道上"方才通顺。但是萧红并未加"上"字，使动着的画面戛然而止。有学者把类似的写法叫做"取消动词瞬间表现效果"，认为这种做法"客观上拓宽了动作的广延性，使之从一个简单的具象转化而成为具有一定共时性意义的持续性行为"[11]118。就本例来说，这种写法使得老马、老人和老叶子共存的画面变得凝滞、永恒，多一字和少一字的效果完全不同。从葛浩文的改译中我们可以看到，用一般过去时"moved down"取代过去进行时"were walking down"，正是考虑到忠实原作独特的表达效果：初译"they were walking down"的过去进行时强调walk这个动作本身的延续，改译为过去时"moved down"后，简单的动作延续转化为戛然而止的静态画面，更有历史的厚重感和复杂度。"moved"更强调"移动"。对于此刻内心十分纠结和不舍的王婆来说，通向屠宰场的路步步千斤重，只能拖着腿"move"，无法潇洒地"walk"。可以说葛浩文对于此处原文效果和忠实度的理解比初译时透彻不少。

> 例2："牵来了吗？啊！价钱好说，我好来看一下。"王婆说："<u>给几个钱我就走了！不要麻烦啦</u>。"[3]28

初译："So you brought it, did you? We'll talk about the price, but let me take a look at it first". Mother Wang said: "<u>Just give me some money and I'll go. We don't need to fuss over it</u>."[4]33

改译："So you brought it, did you? We'll talk about price after I've had a look at it". Mother Wang said: "<u>Give me what you think is fair, and I'll go. No need to fuss over it.</u>"[5]29

《生死场》中的对白都十分简短，然而寥寥数语背后却隐藏着人物复杂的内心世界。例句写的是王婆迫于生活窘迫要将使唤了多年的老马带去屠场宰卖，在屠宰场门口与屠夫的一段对话。初译版把"给几个钱就走了"译为"Just give me some money"，一个"just"译出了王婆想仓促逃离现场的心态。但是改译后的句子"Give me what you think is fair"内涵更为丰富,其字面意思是"给我你觉得合适的价位",言外之意是王婆已经不想关心价位的高低:王婆要亲手将与自己朝夕相处的老马送入屠宰场,内心已经饱受煎熬,哪里还有心思去和屠宰场老板讨价还价?哪怕多看一眼都倍觉痛苦,只想拿着钱赶紧逃离走开。这种译法显然更能体现王婆卖老马时内心的不忍、不舍,却又无可奈何的心酸感。同时,后面一句"no need to fuss about it"去掉了初译中的主语we,句子变短,节奏变快,同样体现了王婆想迅速逃离的心情,忠实效果更进一步。从小处着眼的改译,使原文的语用效果在译文中体现得更加明显和完整,彰显出译者的细致入微和精益求精。

四、深层呵护,审美忠实

《呼兰河传》的语言或是以平淡写凄美,或是以平淡写纯美,常含不尽之意于言外,有着深层的美学蕴涵。因此,在追求译文审美的过程中应该"翻出作者想说的,而不是一定要一个字一个字地翻译作者说的"[12]。这就要求译者揣摩出作者文字背后的用意,"把握原文特定语句赖以产生的语境,深刻领会词或语句在具体语境情况下的语义,在此基础上选择恰当而得体的目的语来表达原文作者的思想和意图"[13]105。为了更好地忠实审美效果,葛浩文不单能够选择得体的目的语,更擅于通过增添信息或微调语态和句法结构的方式,来传达原文美感。

> 菜田的边道,小小的地盘,绣着野菜。经过这条短道,前面就是二里半的房窝,他家门前种着一株杨树,杨树翻摆着自己的叶子。每日二里半走在杨树下,总是听一听杨树的叶子怎么样响;看一看杨树的叶子怎样摆动;杨树每天这样……他也每天停脚。[3]2

初译:The narrow path at the edge of the vegetable plot was fringed by wild vegetables. At the other end of this short path was Two-and-a-Half Li's house. In front of his house stood a poplar tree, the leaves of which rustled and shook. Every day, as Two-and-Half Li passed beneath the tree, he invariably stopped to listen to the rustling sound of its leaves and watch their movement. So it was with the poplar day after day, and day after day he stopped. [4]4

改译:Wild vegetables fringed a short path at the edge of the vegetable plot. At the far end of the path was Two-and-a-Half Li's house, in front of which stood a poplar tree;

the leaves were always rustling. Each day, as Two-and-Half Li passed beneath the tree, he stopped to listen to the rustling of its leaves and watch them move. So it was with the poplar day after day, and day after day he stopped. [5]5

《生死场》除了通过语言本身的音韵修辞给人带来细微的审美体验外,语言组织模态中的散点透视角度也给人耳目一新的体验。散点透视的意思是"打破人的主体视角,把人的视角与物的视角并列,人的视角不具有优先性"[14]99。即人与物之间不存在主次、强弱、先后之分,人与物甚至物与物都是彼此独立存在的。这种角度对于表现《生死场》"人与物一样,忙着生忙着死"的主题大有裨益。且看译文如何实现这种人为的"物人对等"效果。改译第一句去掉了原译所用的被动语态,使得边道、地盘和野菜三者似乎是无序地呈现在读者眼前,并无主次之别;将描写杨树叶子的句子由非限制性定语从句改为一个分号加一个独立的句子,弱化了树与叶子之间的联系,更能凸显物景之间的独立性。改译后的句子削弱了逻辑性,更贴近原文强调摹状而非叙事的镜头效果,增强了画面感,给读者留下宏观的、无焦距的感知,使译语读者产生与原文读者类似的审美体验。另外,译者注意到了原文中"……着"的翻译,将原译中 rustled 和 shook 改为了现在分词 rustling,再现了原文的动态美感。

丫鬟、使女,照着阳间的一样,/鸡犬猪马,也都和阳间一样,/阳间有什么,到了阴间也有……/阴间是完全和阳间一样,一模一样的。/只不过没有东二道街上那大泥坑子就是了。/是凡好的一律都有,/坏的不必有。[6]201

初译:The slave girls and maidservants are fashioned exactly like those in this world; the chickens, dogs, pigs, and horses, too, are just like those in this world. Everything in this world can be also found in the nether world; …the nether world is just like this world—the two are exactly alike. That is, of course, except for the big quagmire on Road Two East. Everything desirable is there; undesirable things are simply not necessary. [4]134

改译:The slave girls and maidservants are fashioned exactly like those in this world; the chickens, dogs, pigs, and horses are also just like those in this world. Everything in the world can be found in the nether world; …and in the nether world they also ride them; the nether world is just like this world—the two are exactly alike. That is, of course, except for the quagmire on Road Two East. Everything desirable is there; <u>undesirable things need not be there.</u> [5]117-118

《呼兰河传》中充斥着很多不规则对称句式,回环往复,不急不慢。如例句描写的是人死之后焚烧的扎彩铺的房子,整个句子几乎都能划分为字数相同或相差无几的对偶句式,并且对偶的小节内容亦回环呼应。这种句式被称为"不规则对称的白话美学特征"[14]102,在平淡直白的语言中来回转圈,在转圈中增强读者对内容的印象,给人以一咏三叹的美感。同时引导读者思考:既然阴间和阳间一模一样,那么人活着和人死了又有何区别?再来看译文:葛浩文在初译时已经注意到这种词语反复且句式对称的写法,译文的起句收句和原文完全一致,无论是句意、句式还是审美体验都十分忠实原文。锦上添花的是葛浩文将初译的"not necessary"改成了"not be there",与前文"everything desirable is there"产生了音节对称,音韵统一之美。改译后的葛浩文更加洞悉萧红写作技艺特质,还原了原作审美体验,为译语读者带来了最贴近原作风格的译作。

从1979年的初译到2002年的改译,直至今日,中国对外文化交流日益频繁,曾经锦衣夜行的中国文学正在一步步努力汇入世界文学的大流,葛浩文也随之不断调整着自身的翻译策略。他在2002年版的《呼兰河传》前言中说道:"重读在我职业生涯里面最重要的中国作家(指萧红)的最重要的两部中国文学瑰宝(指《呼兰河传》和《生死场》)时,我借鉴了之前二十多年'改写'的经验,受益匪浅"[5],"我现在会越来越不那么直译了"[15]58。从"直译"到"不那么直译"到"改写",从意义忠实,逐步到意义、语气、效果、审美忠实全面开花,葛浩文的翻译忠实观日趋完善成熟,其原因首先在于其译者身份的转变。二十多年前翻译《呼兰河传》和《生死场》时,葛浩文只是初尝翻译兴味,二十多年后他已经成长为著名翻译家,翻译实践积累和经验都不同于往日;更重要的是,中国文学在世界文学场域中的影响力逐步扩大,译语读者显然已不满足从语言这一个小窗口窥探中国文学,而是扩升至中国式语音语调、中国式表达效果、中国式审美情态等等。"无论西方读者还是中国读者,都会逐渐不满足于目前的翻译处理方法,会对翻译的忠实性和完整性提出更高的要求,毕竟原汁原味的译本才能最大限度地再现文学的魅力。"[1]16

五、结语

葛浩文翻译忠实观的流变发展过程,首先展现出一名译者的成长修炼过程。这一过程并非一帆风顺和完美无缺,但始终以"忠实"这一理念为核心,不断向纵深发展,直至各种形态互相交融、互相渗透,终以立体化的形式彰显在译文中。从初品翻译之味,到被封为"公认的中国现当代首席翻译家",葛浩文翻译忠实观的演变过程,还是以自我文化为中心到跨文化交流为中心渐变的外在表现形式,深刻体现了其译介姿态从西方本位观到文化交流观的转向。如果我们再以辩证发展的眼光看待这一流变的过程,还可以发现虽然距离改译《呼兰河传》和《生死场》的2002年又过去近二十载,但是他的翻译忠实观一直在向前推进着,意义、语气、效果和审美的四重忠实维度在不断更新并渐趋完美。由此可见,两个改译本只是其忠实观流变的重要节点,见证着译者这一路的修炼及其翻译姿态的转向,而绝非其终点。这也赋予我们极大的启示:在中国文学的外译之路中,既不能故步自封,亦不可唯我独尊,应秉持公允平等的文化交流观,在跨文化角力中权衡出最适合时代发展、社会语境和读者认知的译本,让曾经锦衣夜行的中国文学"走出去""站住脚",真正使其在世界文化中扬其声,壮其名,传其韵,真正植根到世界文学文化中。

参考文献

[1] 刘云虹,许钧. 文学翻译模式与中国文学对外译介:关于葛浩文的翻译[J]. 外国语,2014(3):6-17.

[2] 覃江华,刘军平. 一心翻译梦,万古芳风流:葛浩文的翻译人生与翻译思想[J]. 东方翻译,2012(6):42-49.

[3] 萧红. 生死场[M]. 天津:天津人民出版社,2016.

[4] GOLBLATT H. The Field of Life and Death and Tales of Hulan River [M]. Bloomington & London:Indiana University Press,1979.

[5] GOLBLATT H. The Field of Life and Death and Tales of Hulan River [M]. Boston:Cheng & Tsui Company,2002.

[6] 萧红. 呼兰河传[M]. 天津:天津人民出版社,2016.

[7] 孙会军. 谈小说英译中人物"声音"的再传递:以葛浩文翻译的《呼兰河传》和《檀香刑》为例[J]. 外语学刊,2014(5):90-94.

[8] 张宇凌. 论萧红《呼兰河传》中的儿童视角[J]. 中国现代文学研究丛刊,1997(1):181-195.

[9] 何自然,李捷. 翻译还是重命名:语用翻译中的主体性[J]. 中国翻译,2012(1):103-106.

[10] 朱振武. 中国文学"走出去"正当时[N]. 解放日报,2011-11-25(07).

[11] 王义杰,孙秀双. 未尽的跋涉:萧红小说的语言探索[J]. 山花,2010(12):118-119.

[12] 葛浩文,林丽君. 中国文学如何走出去?[N]. 文汇报,2014-07-03(018).

[13] 王奇. 适境、适体、适情:翻译制约理论下的审美调节[J]. 中国外语,2014(2):103-107.

[14] 文贵良. 《呼兰河传》的文学汉语及其意义生成[J]. 文艺争鸣,2007(7):99-104.

[15] 李文静. 中国文学英译的合作、协商与文化传播:汉英翻译家葛浩文与林丽君访谈[J]. 中国翻译,2012(1):57-60.

香港《译丛》的中国文学
对外翻译传播模式研究
——以孔慧怡主编时期(1987—2007)为中心

葛文峰

(淮北师范大学 外国语学院,安徽 淮北 235000)

[摘　要] 香港《译丛》以对外翻译传播中国文学的卓越成就而享誉国际社会,这主要归功于担任《译丛》主编的孔慧怡所构建的对外翻译传播模式:编译主体具有专业背景和国际视野;翻译选材以文学价值为根本准则,以集约化主题的方式推送给读者;传播路径多样化,综合运用多种举措提高传播效率;受众群体定位于海外专业读者与普通读者,翻译策略以读者接受为中心,力求准确性、可读性与文学性。孔慧怡的《译丛》对外翻译传播思想与实践,对于中国文学对外传播具有深刻的启示意义与现实价值。

[关键词] 香港《译丛》;中国文学;对外翻译传播;孔慧怡

1973 年至今,香港《译丛》(*Renditions*)通过出版同名半年刊,发行"《译丛》丛书"(*Renditions Books*)、"《译丛》文库"(*Renditions Paperbacks*)等系列译著,积极向

[基金项目]　安徽省高校人文社会科学研究重点项目"香港《译丛》的中国文学对外翻译传播机制研究(1973-2018)"(SK2019A0394);中国文化走出去协同创新中心招标研究项目"香港《译丛》中国文学外译的汉学家模式研究"(CCSIC2018-YB01);全国高校外语教学科研项目"香港《译丛》与中国现当代文学的翻译传播"(2018AH0002B)

[作者简介]　葛文峰(1981—),男,山东莒南人,文学博士,淮北师范大学外国语学院副教授,主要研究方向为文学翻译与翻译史。

① 原文刊于《燕山大学学报(哲学社会科学版)》2020 年第 4 期。

世界各地翻译传播中国文学,取得了举世瞩目的成就。"《译丛》在香港翻译史的(至高)地位,毋庸置疑"[1],1987年至2007年,孔慧怡主编《译丛》长达二十年之久,承前启后,功不可没,"数年内她就展露锋芒,凭着苦干与才华,令《译丛》的名声百尺竿头,更进一步"[2]。期间,《译丛》迅速发展壮大,探索、创建出了一条有效的对外翻译传播模式。笔者认为,这种模式主要体现在编辑主体、翻译选材、出版路径、受众群体等四个方面。

一、编译主体:专业背景与国际视野

编译主体指传播过程中肩负着信息收集、加工和传送责任的个人和组织。《译丛》的编译主体包括主编、编辑委员会、顾问等编辑部成员,也包括译稿的供稿人,即译者。孔慧怡认识到,《译丛》的运行不仅需要一群具有忘我精神的工作人员,也需要译者及其他人士的支持。[3]关注到编者("工作人员")与译者群体对于出版物的重要作用,这证明了主编对编译主体的重视。他们具有中外文化的教育背景,多为中西文学研究与翻译的专家学者。无论来自中国,还是域外各地,他们均为精通汉英语言文学的饱学之士,在汉英翻译方面,译技精湛娴熟。编译群体留学、工作于中国或海外,双重文化的浸淫使得他们成为中国文学"走向世界"的理想"引路人",《译丛》的国际视野与跨文化会通定位也得益于此。

期刊运营与丛书编撰的灵魂由主编所维系,主编的专业素养、编辑能力与出版思想在很大程度上决定了出版物的发展方向。"一流的刊物之所以一流,与其拥有一流的主编密不可分。"[4]孔慧怡早年负笈英伦,于伦敦大学获得博士学位,在汉英翻译实践与研究领域均有所长,是一位享誉国际翻译(学)界的翻译(理论)家,出版译著近百种、学术著作数十种。同时,她又擅长文学创作,有多种文学作品面世。作为《译丛》主编,孔慧怡在出版策划、选材汇编与传播筹划的过程中发挥着主导作用,她是翻译传播各个环节的负责人。她的专业文化基础与学术涵养对于出版物的运营具有根本性的指导意义。

同理,杰出的出版物也离不开出色的编辑团队,一流编辑人才过硬的学术基础与优秀的编辑能力是不可或缺的专业素质。孔慧怡坦言:"我主编《译丛》二十年,不免问到底做个好编辑要有什么条件。其中很明显的,像中文的文学知识和品位,英语的写作能力,还有对文坛新发展的触觉。"[5]52 基于此,孔氏在任期内组建了一流的编者队伍,从编辑委员会与顾问委员会的人员构成可以得到体现。孔慧怡主编的41期《译丛》杂志中,编辑委员会成员共有15人,顾问委员会成员共有14人

(编者队伍成员及任期次数如表1所示)。

表1 1987—2007年《译丛》编委会信息

编辑委员会成员				顾问委员会成员			
姓名	任期次数	姓名	任期次数	姓名	任期次数	姓名	任期次数
孔慧怡	41	黄兆杰	41	夏志清	41	马悦然	41
黄国彬	41	葛浩文	41	刘殿爵	41	宇文所安	41
郑树森	41	詹纳尔	41	柳存仁	41	刘绍铭	41
余丹	41	卜立德	41	华兹生	41	余光中	41
白杰明	41	詹德隆	17	袁伦仁	41	赖恬昌	41
杜博妮	41	黎翠珍	3	马蒙	41	李克曼	19
闵福德	41	魏贞恺	3	杜德桥	41	孙述宇	19
李达三	41						

注：海外汉学家以其汉语姓名录入

15位编辑委员会成员中，任期满41期的有12人，占总人数的80%。其中，中国成员9人，英国成员3人，澳大利亚成员2人，美国成员1人。14位顾问委员会成员中，任期满41期的有12人，占总人数的86%。其中，中国成员6人，美国成员4人，澳大利亚成员2人，英国与瑞典成员各1人。整体而言，编者群体中的中外人士各占一半，而且海外人士来自欧洲、北美洲、大洋洲的主要英语国家，地域来源具有代表性。20年间，编者队伍结构比较稳定，这在一定程度上规避了诸多同类出版物因编者人员更替频繁而导致风格变幻的弊端，从而保证了《译丛》格调能够做到始终如一。

一方面，编者群体的主要文化身份是中国文学研究的学者和汉学家。中国学者黄国彬、郑树森等人是港台颇具影响力的中外比较文学学者，刘殿爵、余光中等人则是国际闻名的学者型翻译家。外国编者均为当代国际汉学界的领军人物：夏志清(C.T. Hsia)是国际中国现代文学研究的泰斗，华兹生(Burton Watson)以英译《史记》和中国古典诗词而两次荣获美国笔会翻译奖，葛浩文(Howard Goldblatt)以翻译莫言小说助力其获得"诺贝尔文学奖"而闻名。柳存仁(Liu Ts'un-yan)以其中国古典文学研究而入选澳大利亚人文科学院院士。诸如马蒙、赖恬昌、李达三等编者的学术兴趣延展至中国历史、绘画、哲学等领域。他们多学科、跨专业的中国文学背景，奠定了《译丛》综合性文学翻译出版物的发展基础。另一方面，部分编者此前曾经活跃于出版界，办刊编著，具有丰富的编辑出版经验。如余光中曾主编《现代文学》《中外文学》等台湾名刊，袁伦仁长期供职于美国新闻报刊界。他们为

《译丛》翻译传播提供了专业性的指导。

孔慧怡认识到"没有良好的国际学界网络,就会缺稿"[5]52,她主动与国际汉学界建立良好的关系,获得汉学家的稿源支持。首先,编者队伍为《译丛》提供了大量译稿,特别是其中的汉学家经常成为编辑部的约稿对象。"得到欧洲和北美洲蓬勃发展的汉学界学者的丰厚稿源"[3]是孔慧怡筹划译稿时坚持的基本原则。在孔氏主编任期内,葛浩文、华兹生、马悦然等汉学家与《译丛》建立了良好的合作关系,并作为访问学者前往编辑部进行讲学、翻译,以此带动广大汉学家主动为《译丛》供稿。与此同时,孔慧怡开拓译稿来源,鼓励、欢迎世界各地的青年译者积极投稿,培养优秀翻译人才。与汉学家身份的翻译家相比,青年译者的文化背景具有多元化的特征。他们中有高校硕士生、博士生与青年教师,有诗人、小说家、剧作家,也有编辑、出版人、政府职员,还有律师、音乐人、传教士等。这些青年译者来自亚洲、欧洲、北美洲、南美洲、大洋洲和非洲的40多个国家和地区,都具备较高的中英双语水平与文学翻译能力。孔慧怡在《译丛》第43期《编者的话》中说道:"本期的译者多为年轻'新手',首次与本刊合作。对于他们译稿的质量以及结识他们,我极为欣喜。"[6]其次,孔慧怡倡导《译丛》译者开展合译模式。她认为,合译模式是一种久经历史考验的有效翻译传统,就中国文学"走出去"而言,中国译者与久居世界各地、熟稔异域文化语境的译者进行合作翻译,是一种便捷高效的选择。[7]合译模式可以使译者的母语优势得到发挥,不同译者又可以加强交流,弥补因为各自文化知识储备不足而造成误译的缺陷。孔慧怡躬亲示范,广泛与英国汉学家卜立德(David Pollard)等八位翻译家为《译丛》合译文稿。在她的带动下,1990年代初期的《译丛》译者群体已经形成了中外合译的风尚,超过35%的稿源为合译之作。

二、翻译选材:文学品位与主题集中

台湾学者徐菊清赞许道:"《译丛》特别是在选材上,有承先启后的学术声誉"[1],她所言选材"承前启后"的特质正是孔慧怡所创立的选材标准和规范。初任主编之际,孔慧怡明确提出了《译丛》的选材基本原则:

> 不管是传统的、现代的,(也不管是中国)大陆的、台湾的、香港的,只要是我们认为有代表性,是好作品,我们就会用计划编辑的方式,出版不同的专辑进行译介。[8]144

2003年，孔慧怡再次阐明选材观点："《译丛》着眼于文学作品本身，选材或怡人心性，或发人深省，不受学术界此起彼落的时兴潮流所左右。"[3]由此可见，文学性，或曰文学价值是选材的第一要义，并以专辑、专号或选集等集约主题的方式选材，这是孔氏为《译丛》选材制定的基本方针。

孔慧怡眼中所选"有代表性的好作品"的标准是《译丛》作为纯粹文学翻译出版物的基本保障。孔氏协同编者专家不拘泥于文学体裁的形式，以世界文学价值内涵为取舍尺度，衡量各种题材的中国文学作品。针对《译丛》（1973—1986）创刊早期选材偏重中国古代文学的情况，孔慧怡大力拓展选材范围。从最早的诗集《诗经》，到当代的朦胧诗派；从魏晋笔记小说到现代科幻小说与当代台湾的乡土小说；从先秦诸子散文到香港都市散文；从元代杂剧、散曲到夏衍、老舍等戏剧名家的代表作。编者以文学史为经，以体裁为纬，将不同历史时期不同文学形态的代表性佳作择取出来。如前所述，1987—2007年间，《译丛》编者群体的中西文学学术背景使得选材中洞悉作家作品的"世界性"文学价值成为可能。尤其是外国专家学者从受众国家和地区的文学传统考察中国文学，以"世界文学"的标准评估、遴选容易被英语文化圈中读者所接纳的中国文学作品。譬如，早在1991年，《译丛》编者便发掘了当时在中国小说界较为沉寂的莫言作品的巨大价值，并及时列入翻译选材，"《译丛》文库"推出他的英译小说集《〈爆炸〉及其他》。编者向海外读者推介该集时，总结道："莫言抓住了虚幻现实主义的崭新机遇并加以借鉴，将历史、民间故事与传说、民谣乃至幽默融合贯通。"[9]2012年，瑞典皇家科学院在"诺贝尔文学奖"授奖词中总结道："他（莫言）用虚幻现实主义将民间故事、历史和现代融为一体。"[10]由此可见，被西方文学界认可并走进世界文学的莫言小说，得到了《译丛》编者与"诺贝尔文学奖"评委如出一辙的价值评判，足见当时《译丛》主办方对当代文学敏锐的前瞻性发掘和高超的鉴别能力。不仅如此，孔慧怡亲力亲为，与中国当代作家均保持密切联系，随时了解当代文坛动态，及时把握作家最新创作。她曾经多次前往台湾，与作家、编辑会面，寻找代表当时台湾文学的优秀作品："只要能代表台湾（文学界）过去三五年的时代风貌，任何题材我们都会考虑。"[8]144

面对纷繁复杂的选材，如何汇集、整理与分类，体现了编者的学识储备与编辑取向。孔慧怡坦言："没有捏沙成团的能力，就很难把主题分散的来稿组成专题。"[5]52她借鉴欧美文学期刊与丛书以主题内容分类的经验，倾力推出主题集中的杂志专号、专辑与集约主题的系列丛书。她认为，通过文学选集的选材方式，可以为读者展示一个"文本家族"，彰显文本之间的相互联系、影响与传承。[11]这种方式不仅明晰地向读者勾勒出鲜明的文学传统,也是编者自身文学观念的映射。她主编的《译丛》与其说是"杂志",不如以"文学选集"称之更为确切(见表2)。

表2　孔慧怡主编时期(1987—2007)的《译丛》专号

专号	年份/期次	专号	年份/期次
当代女性作家	1987/27&28	去而复归:中国"都市青年"	1998/50
香港文学	1988/29&30	中国的西方印象	2000/53&54
中国古代散文	1990/33&34	王昭君	2003/59&60
当代台湾文学	1991/35&36	当代小说:边缘世界	2005/63
20世纪的记忆	1993/38	中国古代女性	2005/64
古代书信	1994/41&42	50年代"右派"作家	2006/65
张爱玲	1996/45	香港散文	2006/66
90年代的香港	1997/47&48	中国当代小说	2007/67

除了专号之外,还有第32期(1989)"冰心"、第37期(1992)"后朦胧诗"、第56期(2001)"香港新诗"与第61期(2004)"台湾新诗"等四个专栏。20年间,仅有1995、1999、2002三个年度没有出现专号和专栏,其余年度均为主题集约式的组稿。在41期杂志中,共有28个期次出现专号、专栏,约占70%,并呈现出两大特征。一是女性文学的彰显。作为《译丛》首位也是迄今唯一的女性主编,她的女性身份极大加强了以性别角度选材的女性文学意识。她从内地、香港、台湾三地的女性作家作品的对比遴选入手,力图从她们小说作品中展示不同的现实女性命运与社会境遇。二是香港、台湾文学入选较多。此时的《译丛》中国编者全部为港台学者,便于为蓬勃发展的自身地缘文学发声于世界。外国的汉学家编者中以港台文学研究为志业者不乏其人,如《译丛》"当代台湾文学"专号客座主编为葛浩文,因而港台文学自然成为选材的首选。"《译丛》文库"是孔慧怡在任时重点打造的两种"《译丛》文丛"之一,延续着她在《译丛》杂志专号、专栏的编选理念,同样以不同子主题系列呈现,包括"香港文学"5种(刘以鬯、西西等)、"女性作家"3种(港台女性作家选集)、"当代小说"10种(矛盾、王安忆、刘心武、莫言、刘索拉等)、"现代诗歌"4种(卞之琳、顾城、舒婷、杨炼)与"古典文学"4种(唐诗宋词选集以及杜甫诗选、李渔《无声戏》)等五个主题的译著。

三、出版路径:设计策划与促销宣传

孔慧怡接管《译丛》之后,除了杂志继续由香港中文大学翻译研究中心出版发行之外,在她的努力下,"《译丛》文库"由香港中文大学出版社出版。在加入美国

大学出版社协会并获得支持下,香港中文大学出版社与美国的华盛顿大学出版社、哥伦比亚大学出版社等著名高校出版机构开展合作,联合出版发行"《译丛》文库",拓宽了出版路径。随着互联网技术的发展,孔慧怡及时开拓网络传播与发行渠道。1996 年,《译丛》主页网站开通,海外读者通过网络可以便利地了解相关出版信息以及出版物目录。特别是网站将已经绝版的 18 种早期《译丛》杂志的电子版免费公开,方便读者获取和阅读。2007 年,网站增加"译者/作者"索引,便于读者查询更为详细的资讯。网络销售也在互联网技术的促进作用下得以展开,有效补充了传统的出版发行路径。《译丛》与香港中文大学主页网站同时在线出售杂志和"《译丛》文库"。读者可以通过网络下达订单,并选择海运、空运等快递方式,快速地阅读到出版物。

　　孔慧怡明确告知读者:"欢迎学校团体订购,对于课堂教学使用《译丛》杂志的订户,予以'特惠价'待遇。"[12]订户可以灵活选择订阅期次,单期起订,订购期次越多,折扣越大。一次性订阅《译丛》杂志三年(6 期),可以享受高达 44%的折扣优惠。孔慧怡凭借与多种英文报刊的良好合作关系,适时在这些平台上进行广告宣传,以便吸引更多读者。21 世纪之交的"*Newsletter*"(《通讯》)密集刊登过《译丛》出版物的广告,先后对张爱玲作品进行推广。例如小说译集《〈留情〉及其他》("《译丛》文库"之一)的广告词中肯定了张爱玲在中国现代文学史中独特的地位,并指出她在上海"孤岛"时期的创作激励了数代读者,她去世之后,其作品再次在中国成为畅销书。广告援引《译丛》顾问夏志清对张爱玲的至高评价(1961)作为推介语:"张爱玲是当前最知名中文短篇小说家,其文学成就比肩,甚至超越同时代的英文顶级女性文学家"[13],并特别提醒读者,在香港中文大学书店订购此书可以获得 20%的折扣优惠。

　　孔慧怡表示"主编还要懂得封面和版面设计"[5]53,出版物的装帧设计是提高出版传播综合影响力的主要策略之一。她与其他编者在《译丛》杂志与图书的装帧设计方面用功颇深,以图文并茂的方式激发海外读者的阅读口味,帮助受众直观地认知中国文学的旨归。孔慧怡借助独具匠心的装帧设计,令《译丛》对读者的感召力大幅提高,在强化阅读兴趣、协助理解接受方面发挥了巨大作用。比如,"《译丛》文库"中的三位朦胧诗人诗选的封面设计(见图 1)就很成功。

图1　"《译丛》文库"之朦胧诗人诗选书影

封面给读者留下至关重要的"第一印象",兼具保护书刊、反映内容审美与传递主题内容的功能。上述三种图书封面主体分别选取三位诗人的生活肖像,将诗人直观地呈现在读者眼前。三种图书沿用"《译丛》文库"的图标与基本框架结构,色调素雅大方。例如墨绿与淡藕荷基色代表杨炼诗歌的灵动与神秘,切合诗集题名"幸福鬼魂手记"(Notes of a Blissful Ghost)。孔慧怡综合主持的《译丛》装帧得到业界认可。1989年,在由香港出版学会与香港印艺学会联合主办的"香港印制大奖赛"中,"《译丛》文库"之一《点石斋画报选》因制作精美、图文并茂而荣获"书刊印制优异奖",这代表了"《译丛》编辑委员会及中大出版社制作部之心血与成果"[14]。

此外,举办、参加书展是发布最新书刊、版权交易与向受众书刊市场进行推介的高端举措,是商业化的出版发行交流平台。书展对于扩大出版物的知名度、加速进入读者阅读视野具有重大推动作用。孔慧怡多次携带《译丛》参加各类书展:"《译丛》十五周年书展"(1989)荣邀港督夫人主礼;1990—2000年,《译丛》先后参加亚洲研究协会书展、新加坡国际书展以及中国台湾国际书展;此后的周年庆祝与书展结合,《译丛》廿一(1995)、廿五(1997)、三十周年(2003)书展均如期举行。在各类书展中,《译丛》杂志与图书均以特惠价销售,并获得主编与译者签名。加上部分珍贵的译者手稿原始文献一并展出,引起了与会书刊代理商与读者的浓厚兴趣。

四、受众群体:读者定位与文学翻译

当代国际著名汉学家顾彬(Wolfgang Kubin)指出,中国文学"'走出去'工作应该尽量考虑'国外读者是谁'的问题"[15]。主编只有明确界定受众/读者群体,对跨文化翻译出版与传播模式中"面向谁"进行清晰的界定,做到有的放矢,中国文学"走出去"的桥梁才能够成功搭建。

孔慧怡准确认识到《译丛》受众群体的构成,多次做出深刻的阐释。"《译丛》和香港其他文艺刊物在本质上有很大区别。首先是它的读者群不在华人社会,而在英语世界。"[3]1 她将读者对象的差异视为《译丛》区别于其他当地同类出版物的本质区别,这足以证明她对受众群体的高度重视。她还补充道:

> 《译丛》的宗旨主要是向分布世界各地的读者——包括大学的图书馆、各国领事馆的文化参赞,以及对中国文学有兴趣的外国人、作家,甚至瑞典皇家学院……等等——以英文译介中国文学。[8]144

在此,孔慧怡重申"以英文译介中国文学",是《译丛》的宗旨,并将读者群体由"英语世界"延伸至"世界各地"。她深知,海外汉学家是读者群体中的专业人士,他们与《译丛》彼此之间的紧密关系自不待言。但是,汉学界的专业读者却不是《译丛》的唯一读者类型。编者需要争取人群更庞大、阅读需求更迫切的普通读者参与进来。她所言的普通读者包括世界各地高校的师生员工、文化参赞以及分属各个社会领域的"外国人"。在专业学术背景的"《译丛》丛书"(1976—1986)出版十余种中国典籍译著的情况下,基于对专业读者与普通读者的清醒认识,"《译丛》丛书"继续出版发行的同时,孔慧怡果断另辟新路,规划另外一套弱化专业知识、强化"亲民"色彩、以域外普通读者为接受对象的中国文学翻译丛书,即以中国现当代文学为核心内容的"《译丛》文库"。如此一来,《译丛》兼顾了读者群体的学术性和普及性诉求。

为了让外国读者领略中国文学的内涵价值,孔慧怡提出以读者理解与接受为中心的翻译规则:

> (编辑如果)没有化腐朽为神奇的信心,就无法把很多平庸或者有错漏的翻译提升到能出版的水平。……编辑要做的,不仅是把关,还要诱导译者如何"更上一层楼"[5]52-53。……《译丛》的编辑作风是编者和译者进行对话,逐句推敲译稿。[5]204……编辑精心地对译稿进行修订、润色、校正,并非使译稿统一于某种"品质",而是为了把原作的精神风貌准确地传递给读者。这是《译丛》的目标。[16]

出于对读者负责的考虑,孔慧怡的译文编辑方针旨在提高译文质量,又要兼顾译文的准确性、可读性,并将中国文学的深层价值传达出来。作为文学家、翻译家的孔慧怡亲自参与编校、改译《译丛》的译文。

1982年,张爱玲将翻译的《海上花列传》第一、二回译文发表于《译丛》第17、18期合刊。孔慧怡发现张爱玲译文不仅存在误译漏译,专有名词的翻译有待商榷,其译文句法也过于生硬,对于英语读者而言,可读性大大降低。2002年,《海上花列传》第一、二回译文经过孔慧怡大幅度的修改,发表于《译丛》第58期。孔慧怡坚持译文编辑"对于译者的翻译方法,可以保留意见,但必须指出译者的误译之处"[17]。在她的校改中,没有疏漏任何细微的谬误。

原文:朴斋不语。秀宝催道:"你说说嗄。"[18]7

张译:He still did not speak. "Go on say something," she urged. [19]102

孔译:He still did not speak. "Go on, say something," she urged. [20]106

结合原文语境,秀宝的话"你说说嗄"提示朴斋接续前文中的话语。所以,张爱玲的译文插入"Go on"(继续)。但是,词组"Go on"与动词搭配,正确的用法是"Go on doing something",而非"Go on do something"。张译存在基础性的文法错误,此处的正确译法应该是"Go on saying something"。但是孔慧怡独具匠心,她用纯熟的英语文法知识,只添加一个逗号,将原句分为两个分句,便纠正了这个错误。而且,两个简短的命令式祈使句"Go on""say something"连用,更能表达秀宝迫切的语气。

孔慧怡曾经指出,有的译文即使没有文法错误,却缺乏口语的生活气息:"多是书本学来的教科书文法,而不是生动活泼的生活文法。"[8]146孔慧怡将张译《海上花列传》中大量对话修改得更加富有生活气息。

原文:秀宝笑问:"阿曾用饭嗄?"小村道:"吃过仔歇哉。"秀宝道:"啥能早嗄?"[18]13

张译:"Had lunch?" Jewel asked smiling. "Some time ago," said Hamlet. "Why so early?" she said. [19]109

孔译:"Have you had lunch?" Jewel asked smiling. "Yes, a while ago," said Rustic. "So early?" she said. [20]115

秀宝询问小村用饭与否,是典型的中国式问候语。张爱玲"字对字"的翻译,过于遵从中文句法,虽然均无英文文法错误,却拘谨有余、灵活不足。"阿曾用饭嗄"与"吃过仔歇哉"一问一答,孔慧怡改译为完整的一般疑问句,并添加肯定答语"Yes"。"仔歇哉"是吴语方言,表示"刚刚/不久前",张译"Some time ago"属于正式语体,而孔译"a while ago"则是日常口语化的表达。秀宝问"啥能早嗄",惊讶于小村吃饭"这么早","啥"是语气词,张爱玲却译为"Why",反而不如孔译简洁的"So early"更符合英语读者的话语规范。

孔慧怡的改译不仅忠实于原文,又符合现代英文书写习惯,在呼应读者阅读的同时,更能传递原著的文学特色与价值。张爱玲初译、孔慧怡校改完善的《海上花列传》译文得到读者的高度赞扬:"两位高手合作的成果(《海上花列传》译文),对英语世界所有严肃小说的读者来说,是极具魅力的。"[21]

五、结语

香港《译丛》屹立于各种翻译出版物四十余年,并成为中国文学对外传播的主力军,这主要归功于孔慧怡执掌《译丛》二十年间所构建的对外翻译传播模式。她组建的国际化编译团队以知名专家学者为主力,又具有多元化的文化背景;她提出了以文学价值为第一要义的选材标准,并以集约化的杂志专号、专栏与子系列主题丛书的方式呈现;她综合运用装帧设计、网络销售、广告促销、书展与获奖等举措,拓宽《译丛》的传播路径;她将受众群体分为专业读者与普通读者两大类,以读者接受为目的,翻译过程围绕准确性、可读性与文学性展开。孔慧怡成功构建的《译丛》对外翻译传播模式,对于中国文化"走向世界"宏伟战略具有重要启示意义与借鉴价值。

参考文献

[1] 徐菊清.翻译教学与研究论述:陈德鸿教授专访录[J].翻译界,2017(2):128-141.

[2] 陈方正.三十忆往:中国文化研究所写照(1967—1997)[J].中文大学校刊,1997(3/4):5-9.

[3] EVA H. The Renditions Experience:1973—2003 [M]. Hong Kong:The Chinese University Press,2003:1.

[4] 肖宏.一流刊物要有一流的主编[J].科技与出版,2008(2):21-22.

[5] 孔慧怡.不带感伤的回忆[M].香港:牛津大学出版社,2017.

[6] E H,DAVID P. Editors' Page [J]. Renditions,1995 (43):iv.

[7] 孔慧怡.合作翻译:或我们能从中国翻译传统中学到什么[C]//杨自俭.英汉语比较与翻译·5.上海:上海外语教育出版社,2004:73-94.

[8] 杜十三.中国文学的"小耳朵":访香港〈译丛〉主编孔慧怡[M]//杜十三.鸡鸣·人语·马啸:和生命闲谈的三种方式.台北:业强出版社,1992.

[9] MO Yan. Explosions and Other Stories [M]. Edited by Janice Wickeri. Hong Kong:The Chinese University Press,1991:vii-xii.

[10] 万之.文学的圣殿:诺贝尔文学奖解读[M].上海:上海人民出版社,2015:10.

[11] 孔慧怡. 翻译·文学·文化[M]. 北京:北京大学出版社,1999:110-127.
[12] EVA H. Editor's Page [J]. Renditions,1990(33&34):5.
[13] EDITOR. Eileen Chang's "Traces of Love and Other Stories" [J]. Newsletter,2000(166):2.
[14] 编者. 中文大学出版社书籍获奖[J]. 中大通讯,1990(2):3.
[15] 许惟一. 顾彬:翻译,从此岸到达彼岸[N]. 国际出版周报,2018-07-30(006).
[16] EVA H. Periodicals As Anthologies:A Study of Three English Language Journals of Chinese Literature [M]//Harald Kittel. International Anthologies of Literature in Translation. Berlin:Erich Schmidt Verlag,1995:239-250.
[17] EVA H. Translation Editing [M]//Eva Hung. An Encyclopedic Dictionary of Translation. Hong Kong:Chinese University Press,1994:183-189.
[18] 韩邦庆. 海上花列传[M]. 北京:华夏出版社,2013.
[19] EILEEN C. Sing-song Girls of Shanghai [J]. Renditions,1982(17,18).
[20] EILEEN C,Eva Hung. Shanghai Demi-monde (Chapters I and II) [J]. Renditions,2002(58).
[21] 夏志清. 关于《海上花》英译本[M]//蔡玉洗,董宁文. 凤凰台上. 南京:译林出版社,2008:269.

鲁迅小说杨译本在美国的传播与接受[①]

魏家海

(华中师范大学 外国语学院,湖北 武汉 430079)

[摘 要] 杨宪益夫妇的鲁迅小说英译是中国文学成为世界文学一部分值得总结的案例。杨译本首先是作为外宣翻译由国家翻译机构主导出版的,然后通过"外文版"衍生出国外版和香港版。外文社版译本和美国版译本在美国的传播和接受,在不同的历史时期具有不同的特征。外文社版译本经历了从遇冷到经典化、再到大众化的过程。研究发现,杨译的外文社版在美国更受汉学家或鲁迅研究者的关注,而杨译香港版和美国版更受美国普通读者的喜爱。这种差异的原因主要是外文社版以其悠久的出版和传播史在美国汉学界占有重要地位,而美国版和香港版以其封面设计和流通速度赢得了美国青年读者的青睐。

[关键词] 杨译鲁迅小说;传播;接受;影响

一、引言

"国民作家"鲁迅的小说已经成为世界文学的组成部分。鲁迅小说众多的译本中,杨宪益和戴乃迭(以下简称"杨译")合译的诸版本译本在鲁迅作品译介史上

[作者简介] 魏家海(1965—),男,湖北宜城人,博士,华中师范大学外国语学院教授,研究方向为文学翻译研究。

① 原文刊于《燕山大学学报(哲学社会科学版)》2019 年第 4 期。

占有重要地位,截至目前,中国知网文献输入主题词"杨宪益+鲁迅小说"检索到论文共 62 篇,尽管远不及他们《红楼梦》译本(469 篇)的关注度,但是杨译鲁迅小说的价值日益受到重视,现有的成果主要是杨译文本的翻译策略研究,如语言[1]、文体[2]、叙事[3]和文化[4,5],也有译介研究,如戈宝权梳理了世界各国对鲁迅作品的译介[6],杨坚定、孙鸿仁对鲁迅小说的各英译本作了归纳[7],蔡瑞珍分析了杨译鲁迅小说在美国的译介[8],李清柳、刘国芝考察和分析了外文出版社出版的杨译鲁迅作品在美国的接受情况[9];此外,还有涉及鲁迅译本的传播研究,如卢志宏、王琦探讨了杨译鲁迅小说的翻译策略同域外传播的关系[10],胡密密分析了意识形态对鲁迅小说译介传播的影响[11],张奂瑶比较了鲁迅小说三个英译本在美国的接受[12]。这些研究为鲁迅小说的杨译本的深入研究奠定了基础,但还不充分,对译本的传播和接受的轨迹把握不全面,对形成这种接受现状的原因分析不足。本文从国家机构翻译的视角考察杨译鲁迅小说在美国的传播和接受轨迹及其原因,这对总结国家机构翻译的经验教训,为当下中国文学外译和传播,加快中国文学成为世界文学的步伐,具有重要意义。

二、鲁迅小说杨译本的国内外出版轨迹梳理

鲁迅为后人留下了《呐喊》《彷徨》《故事新编》三部小说集,共计短篇小说 34 篇(包括文言小说《怀旧》),杨宪益夫妇虽然没有出版鲁迅短篇小说的全译本,但前后加起来翻译了鲁迅 33 篇小说。杨译本包括中篇小说《阿 Q 正传》的单行本和选集,几十年来先在国内出版,通过国际书店在国外发行,后来有的版本只面向国内发行,因为当时国外发行不景气,"从文化政治转变为文化生意"[13],呈现不同的特点,同国家机构的发起、审查和赞助密不可分,并受到当时的翻译政策、意识形态、政治气候和社会环境等因素的制约、推动和影响。

杨宪益英译鲁迅小说肇始于抗战时期在重庆教书期间尝试翻译《阿 Q 正传》,新中国成立后陆续出版四卷本的《鲁迅选集》译本,是其"译作中最有分量的一部"[14]178,鲁迅是杨宪益最喜爱的中国作家,尤其喜欢其小说。从 1953 年至 1981 年,杨宪益夫妇陆续翻译出版了鲁迅三个小说集的 33 篇小说,并多次再版和出版单行本。杨宪益同鲁迅的亲密朋友、老革命家冯雪峰共同选编鲁迅的作品,又由杨氏夫妇合译。马悦然高度评价杨译鲁迅小说,并为杨氏夫妇翻译得太迟而使鲁迅未获诺贝尔文学奖而感到惋惜[15]。

(一)"外文版"的翻译选材与机构翻译的功能

1. 杨译鲁迅小说的版本

杨译鲁迅《阿Q正传》由外文出版社(以下简称"外文社版")出版发行,之后杨译《故事新编》《彷徨》《呐喊》《祝福》《鲁迅小说选》《鲁迅选集》和《鲁迅小说全集》等先后出版发行(可详见表1)。

表1 杨译鲁迅小说外文社版和香港版一览表

译本题名	原本题名	出版社	出版时间
The True Story of Ah Q	《阿Q正传》	外文出版社(共五版)	1953,1955,1960,1964,1972(1977,1991,2000,2016)
		北京现代管理学院出版社	1975
		香港C&W出版公司	1976
		新世界出版社	2000
		香港中文大学出版社	2003
Selected Stories of Lu Hsun	《鲁迅小说选》	外文出版社	1954,1959,1960,1963,1969,1972,1980,1999,2000
		中国文学出版社 外语教学与研究出版社	1999
Lu Xun Selected Works(Vol.1-4)	《鲁迅选集》(一)	外文出版社	1956,1964,1980(1985)
Old Tales Retold	《故事新编》	外文出版社	1961,1972,1981,2000
Wandering	《彷徨》	外文出版社	1981
Call to Arms	《呐喊》	外文出版社	1981
The New Year's Sacrifice	《祝福》	外文出版社	1960,1978,2001
The New-Year Sacrifice and Other Stories	《祝福》	香港中文大学出版社	2002
The Complete Stories of Lu Xun	《鲁迅小说全集》(25篇)	外文出版社	1981
The True Story of Ah Q+ The New Year's Sacrifice	《阿Q正传》与《祝福》(合印本)	外文出版社	2001

以上各种版本,除《阿Q正传》是由香港C&W出版公司和香港中文大学出版社、《祝福》由香港中文大学出版社出版之外,其余均为大陆出版社出版发行,且主要是外文出版社。从版次来看,《阿Q正传》的版本最多,其次是《鲁迅小说选》,1954年版译本只收录13篇,从1960年版开始成了18篇;从时间跨度来看,20世

纪50和60年代出版的译本较多,80年代之后也较多,但"文革"期间的译本最少。

2. 杨译鲁迅小说选材与意识形态

在新中国成立后,杨宪益夫妇于1952年受外文出版社邀请,进入外文出版社。后来杨宪益又调到《中国文学》杂志社工作,先后担任副主编和主编,直到退休。如今隶属于中国外文局的外文出版社是国家官方出版机构,其前身是国际新闻局,受国家出版总署和中宣部双重领导,计划把中国文学所有主要作品翻译成外语,服务于外宣的需要。

鲁迅的现代白话小说不仅因其具有超越时代和民族的普遍人性和价值,而且还因毛泽东用九个"最"("最伟大""最英勇""最硬""最可宝贵""最正确""最勇敢""最坚决""最忠实""最热忱")[16]698来评价鲁迅的人格,以及三个"伟大"("伟大的文学家""伟大的思想家"和"伟大的革命家")[16]698来评价鲁迅的身份,为鲁迅的光辉形象和小说的政治内涵定了基调。鲁迅受到党和政府极高推崇,顺应了发扬无产阶级和社会主义革命文学的主流意识形态。

杨宪益夫妇受命翻译的最大特点是由出版社确定选题,尤其在翻译中国现当代长篇小说和短篇小说时,采取当时普遍实行的"编译合作"的体制。翻译发起方式采取"选材+翻译"模式:人民文学出版社负责选材,外文出版社负责翻译。"既照顾到政治因素、国情因素,又适当兼顾了中外两种语言的差异性。"[14]56这种原则以"政治正确"为优先考虑的因素,强调政治挂帅,编辑对意识形态进行把关,并掌握"翻译什么"的决定权,译者很少有话语权,至多可以作一定程度的协商,以求得妥协,但编辑有最终的删稿权和定稿权。不过,1954年杨宪益同冯雪峰(时任人民文学出版社社长兼总编)共同选编鲁迅的作品,再由杨氏夫妇合译,这表明当时杨宪益有一定的话语权,鲁迅小说翻译是国家机构主导下的职业翻译家的翻译产物。

1950年代,新中国刚刚成立,国家百废待兴,在国际关系中,虽然英国同中国建交,但美国等西方大国对中国实行政治和经济的包围和封锁,中国同西方的文化交流受到极大限制。当时外宣翻译的重点是突出政治,反对资产阶级的腐朽生活,反对帝国主义腐朽文艺的影响,向全世界翻译传播中国的进步文学是当务之急。不可否认,这种国家机构主导的翻译在当时历史语境中是必然的选择,并且有其积极作用。

3. 杨译鲁迅小说与国家赞助

外文出版社是当时计划经济的产物,外宣翻译出版也被纳入计划经济之中。由于外文出版社受双重领导,对外翻译传播是国家资助的翻译行为、文化交流行为和政治行为,国家新闻出版机构是杨宪益夫妇英译鲁迅小说的国家赞助人,外文出版社是次级的单位赞助人,经费来源于国家财政拨款,从财力和物力上确保翻译的顺利进行,把鲁迅小说转变为中国形象的文化资本和政治资本,"体现了中国政府力图在国际上塑造文化大国形象的自觉意识,以纠正西方社会对其的偏见"[17],实现对外宣传新中国文化精神的目的。国家赞助人从政治、政策方针和经费上指导、组织和资助杨宪益夫妇的翻译活动,单位赞助人则从具体的工作计划和安排等方面来主导翻译的正常进行,并通过提供工资、给予荣誉和提高政治地位来调动他们的翻译积极性。

国家赞助人和单位赞助人是机构翻译的组成部分,译者的主体性会因此受到限制。一般而言,翻译的忠实原则无疑是译者必须遵守的强制性规范,必须符合国家战略的需要和出版赞助人的要求,符合翻译出版的审查制度。不过,国家机构作为赞助人并没有对杨宪益夫妇的翻译过程作过多的干预,他们在翻译鲁迅小说的过程中有一定的自由处理权。杨宪益夫妇在合译鲁迅小说时,既强调忠实原则,又不机械直译,比较注重读者意识。

(二) 国外出版及其特点

直到20世纪70年代,杨译鲁迅小说选集先后有5个版本在美国和英国发行,其他为单行本。杨宪益《中国解放的文学导师:鲁迅选集》(*Chosen Pages from Lu Hsun: the Literary Mentor of the Chinese Liberation*)于1940年被美国纽约卡梅伦联合出版公司(Cameron Associates Inc)出版社盗印出版,后来多次重印,最新版是1988年版,1964年版有冯雪峰撰写的《鲁迅:生平与著作》,选自他在《鲁迅选集》(卷一)中的简介,收录杨译鲁迅小说12篇,但杨宪益夫妇没有署名。需要特别指出,《鲁迅小说选》(*Selected Stories of Lu Hsun*)一书不仅在国内由外文出版社多次再版和重印,而且从1972年至2016年先后有五家美国出版社出版,分别为哨兵出版社(Sentry Press, 1972)、美国旧金山中国书刊社(China Books& Periodicals Inc., 1972)、诺顿出版公司(W. W. Norton & Co., 1977)、创新空间独立出版平台(Createpace Independent Publishing Platform, 2014)、野边出版社(Wildside Press LLC, 2016)。此外,诺顿出版公司还于2003年再版了该书,著名华裔作家哈金撰写了序言,他认为"只要中文不消亡,这部选集中的小说就会有读者永远阅读下去"。该书英文书名(*Lu Hsun: Selected Stories*)略有改动。《阿Q正传》也有三家出版社出版,另有《鲁迅小说全集》)(印第安纳大学出版社与外文社,1981)出版以及戴乃迭署名的《无声的中国:鲁迅作品选》(牛津大学出版社,1973)出版,还有多种单行本在国外出版。近年来,Kevin John Nadolny 主编了一套英汉双语注释的中国文学教材(英汉对照),包括鲁迅的《呐喊》《阿Q正传》《祝福》,其中《祝福》译本选择了杨氏夫妇1960年的外文社版,由捕捉中文出版社(Capturing Chinese Publications)出版(详见表2)。

表2 杨译鲁迅小说国外版一览表

译本题名	原本题名	出版社	出版时间
Chosen Pages from Lu Hsun: the Literary Mentor of the Chinese Liberation	《中国解放的文学导师:鲁迅选集》(杨宪益未署名)	Cameron Associates Inc	1940,1950,1955,1959,1960,1964,1969,1988
		Liberty Book Club	1957
		Kessinger Publishing Co.	2010
Silent China: Selected Writings of Lu Xun	《无声的中国:鲁迅作品选》(戴乃迭)	Oxford University Press	1973
Selected works of Lu Hsun	《鲁迅作品选》	University Press of the Pacific	2001
Selected Stories of Lu Hsun	《鲁迅小说选》	Sentry Press	1972
		Oriole Editions	1972
		W. W. Norton & Company	1977(重印1972外文版)
		China Books &Periodicals Inc.	1972,1994
		Create Space Independent Publishing Platform	2014
		Wildside Press LLC	2016
Lu Hsun: Selected Stories (Ha Jin)	《鲁迅小说选》	W. W. Norton & Co.	2003
The Complete Stories of Lu Xun	《鲁迅小说全集》	Indiana University Press	1981,1982
The True Story of Ah Q	《阿Q正传》	Cheng &Tsui Co.	1990,1999
		Kessinger Publishing Co.	2004
		Create Space Independent Publishing Platform	2014
Forging The Swords	《铸剑》	Kessinger Publishing Co.	2004
The New Year's Sacrifice	《祝福》	Kessinger Publishing Co.	2004
The Misanthrope	《伤逝》	Kessinger Publishing Co.	2004
Capturing Chinese: Lu Xun's The New Year's Sacrifice (KevinJohn Nadolny 主编)	《鲁迅的祝福》(英汉对照)	Capturing Chinese Publications	2011

以上可以看出,除牛津大学出版社之外都是美国的出版社,除两家大学出版社(牛津大学和印第安纳大学出版社)外,其余都是商业出版社。鲁迅小说译本在英美国家的出版,离不开外文出版社及其上级主管国家机构同国外出版社和代理商之间的合作,例如美国的旧金山中国书刊社代理外文社图书向海外发行,而创新空间独立出版平台肩负着在美国出版和代理的双重角色,对鲁迅小说走向国外出版行业起到了关键作用,即使在中美两国处于敌对状态阶段,国家机构的运作也一直在进行。不过,近年来出现了国外出版社主动再版或重印鲁迅小说的趋势。杨译鲁迅小说几乎都是先在国内出版,然后再在国外出版发行,或完全照搬国内版,或作某些调整。20世纪50和60年代国外出版版本只有一种,直到70年代开始才大规模出版,这同中美关系和文化交流的历史发展态势相吻合。

三、杨译鲁迅小说的传播与接受轨迹

(一) 美国的图书馆藏

杨译鲁迅小说的各种版本在美国的传播,不同历史时期的版本有不同的命运。通过OCLC WorldCat联机检索,美国馆藏量(见表3)排名第一的是《鲁迅小说选》英译本,其中外文社版在美国的收藏图书馆有126家,美国版97家,共计223家。排名第二的是牛津版《无声的中国》,有107家。外文版《鲁迅作品选》(第一卷)排名第三,现有106家,其中1956年版收藏量最大,计66家。外文出版社和美国印第安纳大学联合出版的《鲁迅小说全集》,共计80家。单行本《阿Q正传》馆藏117家,其中外文社版63家。

根据OCLC WorldCat联机检索,美国馆藏杨译鲁迅小说外文社版至少有295家,而美国版和英国版在美国的馆藏共计765家,因此,外文社版的传播范围明显不如国外版。外文社版美国收藏图书馆数量在1972年达到高峰,共计105家,之后除《鲁迅作品选》在1980年有34家图书馆收藏外,其他版本便不再有收藏。国外出版社和香港中文大学出版社出版的杨译鲁迅小说从1972年开始在美国有收藏,之后陆续增加。总体而言,收藏这些图书的主要是美国的大学图书馆,表明鲁迅小说研究及使用主体是美国各家大学。1972年美国总统尼克松访华重新开启了中美文化交流的新局面,鲁迅作品研究受到新的关注。即使在"文化大革命"期间,鲁迅小说在美国的传播也没有完全停止,国家机构对外发行还在艰难运转。

表3 杨译鲁迅小说被美国图书馆收录情况一览表

题名	出版社	出版年份	美国藏书图书馆数量
Selected Stories of Lu Hsun	外文出版社	1954 1960 1963 1969 1972	5 3 22 9 87
Selected Stories of Lu Hsun	Oriole Editions	1972	37
	W. W. Norton	1972, 1977 2003	31 21+3
	Wildside Press	2000 2004	2 3
Silent China: Selected Writings of Lu Xun	Oxford University Press	1973	107
Selected works of Lu Hsun (Vol.1) (Lu Xun Selected works)	外文出版社	1956 1964 1980	66 6 34
The Complete Stories of Lu Xun	Indiana 大学版	1981 1990	75 5
The True Story of Ah Q	外文出版社	1953 1964 1972	15 20 28
The True Story of Ah Q	香港中文大学出版社	2002	30
The True Story of Ah Q	美国 Cheng & Tsui Co.	1990	24
Chosen Pages from Lu Hsun: the Literary Mentor of the Chinese Liberation	Cameron Associates Inc.	1940 1959 2012	4 2+38 1

特别需要指出的是，国外有的研究者认为，外文社版鲁迅小说杨译本"无一引起轰动而至今默默无闻"[18]185，但实际情况并非如此，表3中的收藏量便是明证。即使是1956年外文社版《鲁迅作品选》（卷一），美国图书馆收藏也有66家之多，图书馆的收藏量应该成为译本的影响力衡量指标之一。20世纪90年代，无论是外文社版还是美国版和英国版，杨译鲁迅小说在美国的收藏基本停滞，这同当时中国外文局的体制变更有关。外文出版社从事业单位改制为企业单位，自负盈亏，国家不再补贴，国家赞助人不再发挥作用，势必会影响鲁迅小说在美国的发行。但到了21世纪，杨译鲁迅小说的美国版和香港版的收藏量又开始小幅回升。中国经济的快速发展无疑促进了中美文学和文化交流的步伐，美国的商业出版社看到了出版

杨译本的盈利空间。2003年,以出版经典著作而闻名的美国诺顿出版社出版了华裔著名作家哈金作序的《鲁迅小说选》,美国图书馆有一定的收藏量,这加快了杨译经典化的过程。此外,美国一些小型商业出版社的版本也有收藏,这表明美国的鲁迅小说杨译本的传播出现新特点,折射出读者对杨译版本需求的多元化趋势。

(二) 文学选集收录情况

鲁迅小说杨译本不仅在国内外出版和再版了多种选集和单行本,而且受到美国汉学界的高度关注,先后被多种中国现当代文学选集收录。刘绍铭(Joseph S. M. Lau)、夏志清(C. T. Hsia)、李欧梵(Leo Ou-fan Lee)(1981)合编的《中国现代中短篇小说选》(*Modern Chinese Stories and Novellas*,1919—1949),作为现代亚洲文学系列丛书之一,收录杨译鲁迅小说六篇:《孔乙己》《药》《故乡》《祝福》《在酒楼上》《肥皂》。白之(Cyril Birch)主编的《中国文学选集(第二集):14世纪到当代》(*Anthology of Chinese Literature*: *Volume II*: *From the Fourteenth Century to the Present Day*),选入了杨译《祝福》。刘绍铭和葛浩文(Howard Goldblatt)合编的《哥伦比亚中国现代文学选集》(*The Columbia Anthology of Modern Chinese Literature*,1995/2007),站在中国现代文学的高度,更凸显鲁迅小说的价值,选录鲁迅的《呐喊自序》之外,还包括小说《狂人日记》和《孔乙己》,均由杨氏夫妇翻译。

鲁迅小说同时受到青睐,收入三大英文版的世界文学选集《诺顿世界文学作品选》《朗文世界文学作品选》《贝德福德世界文学作品选》。杨译本被收入世界文学读本,强化了传播效果。Damrosch 等(2008)主编的《朗文世界文学选集(第6卷):20世纪》(*The Longman Anthology of World Literature. Vol. F*: *20th Century*),收录的杨译本除《呐喊》前言外,还有《狂人日记》和《一件小事》。

(三) 杨译在美国汉学研究中的被引情况

美国汉学界对杨译本的接受还表现在中国现代文学研究成果中不断引用杨译文,从中可以看出杨译对汉学研究的影响。夏志清在《现代中国小说史》(*A History of Modern Chinese Fiction*,1999)中,有关鲁迅小说创作的评论中引用了杨译本外文版《鲁迅选集》(*Selected Works of Lu Hsun*,1956—1957)的相关译文。作为文学史叙事和批评的素材,杨译为夏氏提供了可资借用的文本资本,无疑具有重要意义。美国汉学家罗鹏(Carlos Rojas)和白安卓(Andrea Bachner)在《牛津现代中国文学手册》(*The Oxford Handbook of Modern Chinese Literature*)中直接引用了杨译本外文版《呐喊》之《阿Q正传》的部分译文,还改译了其中的某些译文。

韩南(Patrick Hanan)在《鲁迅小说技巧》(Techniques of Lu Hsun's Fiction)一文中引用了杨译外文版《鲁迅选集》和《中国文学》(1963年第1期)杂志上发表的杨译鲁迅短篇小说《长明灯》和《白光》,为分析和阐释鲁迅小说的技巧发挥了积极作用。寇志明(Jon von Kowallis)在《论鲁迅小说的翻译》(On Translating Lu Xun's Fiction)一文中引用了杨译《呐喊》2002年外文版中的部分译文。齐邦媛、王德威合编的《二十世纪后半叶的中文文学》(Chinese Literature in the Second Half of a Modern Century: A Critical Survey)中引用了1980年外文版《鲁迅选集》中的部分译文。由此可见,杨译鲁迅小说受到海外鲁迅研究者的高度重视,杨译走进了专业人士的研究视野。

(四) 杨译本的国际评论

1. 专业人士的评论

杨译鲁迅小说甫一出版就受到美国评论界的关注,最早由毕晓普(Bishop)在《鲁迅作品选》(Selected Works of Lu Hsun. III.)的书评中介绍杨译鲁迅小说,他指出鲁迅是"中国现代最重要的作家"[19]92。莱弗利(Lavery)在《中国季刊》中介评了戴乃迭英译的《无声的中国》(包括鲁迅的部分小说),充分肯定了鲁迅"大声呐喊、勇往直前、不计个人得失、抛开旧观念和表达真思想"[20]182的先锋精神,"其独特价值有助于英语世界理解中国现代文学"[20]182,并高度评价了外文版杨译《鲁迅作品选》四卷本是向西方汉学专业学生和普通读者译介的"不朽成就"[20]183。作者具有很强的译本读者意识,对杨译的评价之高,在西方评论界甚为罕见,对西方读者有很明确的引领作用。

何谷理(Hegel)在《今日世界文学》(1983年冬之卷)书评中主要分析了鲁迅小说的各种创作才能——"辛辣地讽刺旧中国的虚伪和非人性""绝望和孤独的反抗精神"和"对阴暗和分裂的社会劣根形象的揭露",称赞鲁迅是"超越时代的作家,剖析中国文化,揭露了人类的残忍和无知的本性"[21]171。这种主要探讨鲁迅小说的批判精神,在文学价值层面,表明评论家对鲁迅小说的内容有了更深刻的认识。何谷理还对杨译的翻译质量做了评价,认为译注对外国读者有帮助,译本使鲁迅的创作"忠实而完全在英语里表现出来"[21]171,可作为中国文学或世界文学的教材。

汉学家对杨译鲁迅小说的单行本也很感兴趣,2002年香港中文大学出版了杨宪益和戴乃迭合译的鲁迅《阿Q正传》中英对照版,作为"中国现代文学中英对照系列"之一,丛书的编委会有郑树森、葛浩文、金介甫(Jeffrey Kinkley)和谭国根,该书由卜立德(David Pollard)撰写学术性很强的导读,同年在美国的《中国文学》

(Chinese Literature：Essays，Articles，Reviews)期刊上发表了何谷理撰写的短篇书评,指出该书是"丛书中令人印象深刻的典范",称赞杨宪益和戴乃迭组合的"北京团队"的译文很"标准",是"经典"(venerable)的译本,肯定了汉英对照版(包括卜立德的简洁、明晰和学术性的导读)对学生和其他读者的"指导"和"帮助"作用。[22]220

2002年香港中文大学出版了杨译《祝福及其他》,收录鲁迅短篇小说13篇,何谷理认为这本教材是把鲁迅介绍到中国文学课堂中"最合适不过了",对那些没有掌握鲁迅措辞细微之处的学生来说,杨译是"可信度很强的翻译"(solid translation),极有"帮助",而且也高度评价了卜立德的导言。[23]217 这两篇译评都是由专业学者发表在美国的《中国文学》期刊上,显示出对鲁迅作品杨译本的关注,杨译的出版发行在学术界产生了重要影响。

2. 普通读者的评论

美国亚马逊网站不断有杨译鲁迅小说各种版本旧书在流通,截止到2019年4月20日,杨译《鲁迅小说选》诺顿版(2003)、野边版和创造空间独立版有相同的11名顾客点评,其中有6位点评五星级,占55%,有1人点评四星级。评论中的关键词主要有"中国历史""现代汉语""中国文化""政治""革命"和"文学"等,涉及鲁迅小说中的创作主题和内容。此外,香港中文大学版《阿Q正传》和美国捕捉中文出版社出版的汉英对照教材《鲁迅的祝福》也受到客户的点赞和评论(见表4)。总体而言,这些译本所受的关注度较高,且没有直接对翻译本身发表看法,但也有一定的认可度。与此相反,杨译的外文社版却几乎无人问津,无人点评和留言。

表4 杨译鲁迅小说被美国亚马逊网站顾客评价一览表

书名	出版社	关键词	美国亚马逊网站顾客评价星级及百分比					
			5星	4星	3星	其他	人数	平均
Selected Stories of Lu Hsun(《鲁迅小说选》)	W. W. Norton & Company(2003)	中国历史、现代汉语、中国文化、政治、革命、文学	6	1	2	2	11	3.6
	Wildside Press(2004)							
	Create Space Independent Publishing Platform(2014)		55%	9%	18%	18%		
The True Story of Ah Q(《阿Q正传》)	The Chinese University Press(2003)		6	2			8	4.7
			75%	25%				
Capturing Chinese：Lu Xun's The New Year's Sacrifice(《捕捉中文:鲁迅的〈祝福〉》)	Capturing Chinese Publications		3	1				4.7
			75%	25%				

但是,美国著名的读书网站Goodreads中的读者更喜欢发表评论,目的性更强,

读书心得更有说服力,诺顿版译本《鲁迅小说选》最受该网站关注。截止到2019年4月20日,网站对杨译2003年的诺顿版译本《鲁迅小说选》点评星级的有425人,其中五星级的评价占28%(122人),四星级的占38%(162人),两者相加共计66%(284人),三星级26%(112人)。这表明大部分点评者对诺顿版译本表示满意。此外,网站有42条读者评论留言,这些留言主要涉及译本中有关故事情节的认识及其对鲁迅的评价,这从另一个侧面证明译者的翻译是受到欢迎的。其他版本的点评和评论很少,外文社版几乎没有引起任何读者的反响。

也有几位读者对杨译本的翻译作了一些点评。例如,Arturo写道:"翻译中某些东西失去了,但这不一定是坏事,而正好是另一种写作风格。"看来这位读者看待翻译不完全以原文为出发点,而肯定了一定程度创作的合理性。Patrick认为:"原文之美在译文中有些没有抓住,在风格朴实的英文翻译中,鲁迅小说中的传统背景丢失了。阅读中文原著可以通过鲁迅的措辞和选题了解他的教育背景。"这位读者显然还懂中文,对鲁迅原著的语言风格比较了解,对杨译本不太满意。Sam Gammons也对杨译本作了批评,他指出,杨译本的"技术性翻译"失去了鲁迅原著中的许多白话的味道。这些意见反映了部分读者的译评观点,他们对翻译的"忠实性"要求较高。

以上对比表明,诺顿出版社出版的杨译《鲁迅小说选》显然比小型出版社更受关注,特别是更受美国读书网站的欢迎,这意味着杨译本通过权威出版社成为美国经典翻译文学,走进了美国读者的心中。

四、杨译鲁迅小说的传播与接受效果分析

杨译鲁迅小说在美国的传播历经了从几乎无人问津到经典化,再到普及的曲折过程。最初杨氏夫妇受命翻译受到国家机构的引导和资助,从这个意义上来说,鲁迅小说的外宣翻译,集中了国家出版机构的人力、物力和出版发行的优势,发挥了计划经济的优势,利用外文出版社在国外的代理和销售渠道,在一定范围内开展了鲁迅作品在美国等国家的传播。国家的翻译垄断便于高效翻译、管理和监控,最大限度地落实国家的意识形态。杨宪益的鲁迅小说翻译是由国家主导的"送出去"翻译传播方式,读者对象也不太明确,忽视读者的需要和接受心理,传播效果往往不佳。对外出版发行的渠道也不太畅通,影响力受到限制,这种外宣翻译远远没有满足国家翻译的期待视域,加之缺乏国外有影响力的专业评论家的评介和大力推介,以及美国的鲁迅研究人数过少,很长时间内传播效果大打折扣。这表明:"用

对外宣传的政策来指导文学译介并不合理。"[24]143

翻译传播也受到国际关系发展的影响。杨译鲁迅小说在美国的传播效果同国际关系的变化以及中国国际地位的提高有密切关系。自1972年尼克松访华,中美关系开始改善,文学和文化交流逐步增多,杨译在美国的传播范围和途径开始有明显的变化,特别是随着中国于2001年加入世界贸易组织,西方文化界较之以前更重视中国现代文学作品。杨译鲁迅小说在2003年由美国著名的诺顿出版社再版发行,影响日益扩大。随着中国于2008年在北京成功举办举世瞩目的第29届夏季奥运会,中国文学和文化在国际上更加受到重视,普通读者也开始关注杨译鲁迅小说。国外的图书馆藏量、亚马逊网站销售的新版和旧版都明显增加,特别是国外的普通读者网站开始关注杨译本,呈现了传播的新特点。

由于杨译鲁迅小说国外出版发行历史跨越六十多年,汉学界乐意接受外文社版杨译本。尤其近二三十年来,美国的鲁迅研究队伍不断扩大,对鲁迅小说译本的需求不断增加。近年来,国际上鲁迅小说研究出现了新动态,开始重视鲁迅小说的世界文化比较研究、文本重读、历史文化的史实辨正和阅读接受研究[25],这不仅为鲁迅小说的新译本拓展了市场,而且杨宪益和戴乃迭合译的鲁迅小说选译本日益受到国外研究者和普通读者的欢迎,有些西方读者把鲁迅小说杨译本与蓝诗玲(Julia Lovell)译本相互参照阅读和研究。此外,杨译本普及版在美国不断出现,取代了外文社版,为美国培养了不少普通读者,外文社版在美国普通读者群中逐渐式微。

五、结论

杨译鲁迅小说作为现代文学翻译的经典具有世界性的精神价值,在美国的传播和接受历经了从遇冷到经典化再到大众化的过程。无论是外文社版还是美国版或香港版,国家翻译机构对杨译本在美国的传播和接受发挥了作用,推动了鲁迅小说的再经典化进程。杨译的外文社版在美国更受汉学家或鲁迅研究者的关注,而杨译美国再版本更受普通读者的喜爱。这是因为外文社版杨译本跨越的历史时期长,加之是直接来自中国的版本,显得"原汁原味",且大学及研究机构的图书馆收藏量较多,汉学研究者习惯于参考外文社版;而杨译美国版在美国流通快,均为平装本且装帧设计更适合美国普通年轻读者的欣赏口味和审美期待。外文社版从20世纪90年代以来在美国发行量逐步减少,美国普通读者更喜爱阅读美国出版的书籍。

杨译鲁迅小说作为一枚硬币的两面,是中国"送出去"与美国"请进来"的典型形式,为推动鲁迅小说走向世界发挥了积极作用。本研究表明,国家机构翻译在不同的历史阶段对中国现代文学对外传播和接受呈现了不同的特征并发挥了强弱不同的作用。这对当下的中国文化外译提供了有益的启示:为了让中国学术成果更快地被世界了解,应大力开展中外学术交流,提高我国学术成果在国际上的影响力,但学术翻译读者群体小,走市场化的道路难以为计,因此,仍然需要国家机构的翻译资助;而通俗性翻译主要面向外国普通读者,应发挥国外图书市场力量的自主引导作用,同时鼓励国内的民间机构同国外出版机构合作出版发行通俗性的文学和文化作品,从而获取相应的利润,以市场赢得读者,毋须过多投入国家资金。

参考文献

[1] 禹杭,项东. 民族特色语言外译的"信度"与"效度":以鲁迅小说白描语言的英译对比分析为例[J]. 上海翻译,2018(2):69-74,95.

[2] 王树槐. 译者介入、译者调节与译者克制:鲁迅小说莱尔、蓝诗玲、杨宪益三个英译本的文体学比较[J]. 外语研究,2013(2):64-71.

[3] 方开瑞. 叙事时间和语体的传递纬度:鲁迅小说英译研究[J]. 中国翻译,2016(2):78-84,127.

[4] 王玉. 文化缺省的翻译策略:以杨宪益、戴乃迭《阿Q正传》译本为例[J]. 宁夏大学学报(人文社会科学版),2009(3):181-184.

[5] 汪宝荣. 异域的体验:鲁迅小说中绍兴地域文化英译传播研究[M]. 杭州:浙江大学出版社,2015.

[6] 戈宝权. 鲁迅与世界文学[J]. 中国社会科学,1981(4):131-153.

[7] 杨坚定,孙鸿仁. 鲁迅小说英译版本综述[J]. 鲁迅研究月刊,2010(4):49-52.

[8] 蔡瑞珍. 文学场中鲁迅小说在美国的译介与研究[J]. 中国翻译,2015(5):37-41.

[9] 李清柳,刘国芝. 外文社版英译中国现当代小说在美国的传播[J]. 中国翻译,2016(6):31-38,129.

[10] 卢志宏,王琦. 杨宪益英译鲁迅作品的翻译策略及其域外传播[J]. 宿州学院学报,2013(5):45-49.

[11] 胡密密. 意识形态背景下鲁迅小说在美国的译介传播[J]. 哈尔滨学院学报,2016(12):133-137.

[12] 张奂瑶. 鲁迅小说英译本在美国的接受研究:以王际真译本、杨氏夫妇译本和莱尔译本为例[J]. 北京第二外国语学院学报,2018(5):84-95.

[13] 何明星. 从文化政治到文化生意[M]. 桂林:广西师范大学出版社,2013.

[14] 杨宪益. 漏船载酒忆当年[M]. 薛鸿时,译. 北京:北京十月文艺出版社,2001.

[15] 马悦然,欧阳江河. 我的心在先秦[M]. 读书,2006(7):3-10.

[16] 毛泽东. 毛泽东选集:第二卷[M]. 北京:人民出版社,1992.

[17] 倪秀华. 建国十七年外文出版社英译中国文学作品考察[J]. 中国翻译,2012(5):25-30.

[18] DANIEL D. Literary Cartographies:Lu Xun and the Production of World Literature [D]. Minneapolis:Minneapolis University of Minnesota,2011.

[19] BISHOP L. Reviewed Work:Selected Works of Lu Hsun. III by Lu Hsun, Hsien-yi Yang and GladysYang [J]. Books Abroad,1961,35(1):92.

[20] LAVERY M. Reviewed Work:Silent China:Selected Writings of Lu Xun by Gladys Yang [J]. The China Quarterly,1974(57):182-184.

[21] HEGEL R. Reviewed Work:The Complete Stories of Lu Xun:Call to Arms:Wandering by Yang Xianyi, Gladys Yang [J]. World Literature Today,1983,57(1):170-171.

[22] HEGEL R. Reviewed Work:The True Story of Ah Q [Z]//鲁迅. 阿 Q 正传:Chinese-English Bilingual Edition（中英对照）by Lu Xun, Yang Xianyi and Gladys Yang. Vol. 24. Chinese Literature:Essays, Articles,Reviews（CLEAR）,2002:220.

[23] HEGEL R. Reviewed Work:The New Year Sacrifice and Other Stories 祝福及其他 by Lu Xun 鲁迅,Yang Xianyi 杨宪益 and Gladys Yang 戴乃迭英译 [Z]//Chinese Literature: Essays, Articles, Reviews（CLEAR）,Vol. 25. 2003:217.

[24] 郑晔. 国家机构赞助下中国文学的对外译介[D]. 上海:上海外国语大学,2012.

[25] 唐政. 近年国外鲁迅研究扫描[J]. 鲁迅研究月刊,2003(4):62-67.

【中国民族典籍翻译研究】

根深植故土,性本向高天:
王宏印民族典籍翻译思想探微①

王治国

(天津工业大学 人文学院,天津 300387)

[摘　要]　王宏印提出并阐述了中华民族文化与典籍翻译的"三个阶段、三重境界、四大落差"等极具参考性的概念术语和话语体系。文章梳理了王宏印民族典籍翻译思想的学源基础和框架体系,对王宏印民族典籍翻译思想的真知灼见进行评述。研究发现,王宏印民族典籍翻译思想描绘了民族典籍翻译跨界重组的动态图景,助推了民族典籍翻译研究的融合创新,为当前民族典籍翻译理论与实践提供参照,具有重要的学术价值和研究意义。

[关键词]　王宏印;民族典籍;四大落差;翻译思想

"亚太翻译,数据平台,曲江流吟悄然去;司马长风,雁塔晨钟,钟楼晚霞正美丽。又一程丝绸之路,又一代中华命脉常延续,让诗篇永存,吟唱在"五零后"的青春岁月里!"写下这壮丽诗行的是西安外国语大学1976届"五零后"著名毕业生——王宏印先生(1953—2019)。这是先生2016年参加在古城西安召开的第八

[基金项目]　国家社科基金项目:"一带一路"战略下少数民族活态史诗域外传播与翻译转换研究(16BYY025)的阶段性成果

[作者简介]　王治国(1975—),男,内蒙古乌兰察布人,博士(后),天津工业大学人文学院副院长,教授,研究方向为少数民族典籍翻译。

①　原文刊于《燕山大学学报(哲学社会科学版)》2021年第5期。

届亚太翻译论坛(APTIF)后有感而发,随写了《西外,西外:五零后的大学生活》诗篇,一是回忆母校求学的点滴往事,二是为陕西省"一带一路"语言服务及大数据平台正式启动而喝彩。谁承想,2019年12月17日,先生却悄然而去,告别了他无比眷恋的故土——曲江、雁塔、钟楼;阔别了他终身为之耕耘的高天——中华文化典籍翻译事业!先生虽已离去,但给我们留下了颇为丰厚的学术成果和宝贵的精神遗产,当然还有学界同仁们无尽的思念。王宏印是著名中外文化典籍翻译研究专家、资深翻译家,他一生根植于传统文化的丰厚故土,涉猎广泛,为中华优秀文化对外传播开辟了一片广阔天地。他在长期耕耘实践中形成了丰厚的典籍翻译思想和独特的理论体系,尤其是其浓厚的西部民族情结,使他更为关注民族典籍的对外译介和传播。王宏印不仅是我国新时期典籍英译事业的重要奠基者之一,更是民族典籍翻译研究的开创者。本文从民族典籍翻译的视角,对王宏印在民族典籍翻译研究领域的独特贡献进行评析,以期助推当下的翻译理论与翻译名家研究。在进入民族典籍翻译研究专题之前,有必要简要回顾王宏印先生的学术人生。

一、哲思贯通、融会大成:集翻译、研究与创作于一体

王宏印笔名朱墨,1953年出生于陕西省华阴县(今华阴市),1976年毕业于西安外国语学院英语系,毕业后从事科技翻译五年,之后调入陕西师范大学从事英语教学,期间于1988—1990年赴美留学,获新墨西哥大学文学硕士学位。2000年调入南开大学外国语学院以来开设典籍翻译课程,招收典籍英译方向博士生,先后培养了32名博士并指导3名博士后出站。曾兼任北京第二外国语学院讲座教授和西安外国语大学"西外学者"特聘教授。王宏印的学术兴趣广泛,除了文学翻译研究外,在书法、音乐、戏剧、绘画等艺术领域均有建树。王宏印根植传统国学,借鉴西学,主要从事中外文化典籍翻译与中西翻译理论研究,兼及人文社科类比较研究和文学翻译批评研究,并有译作、新诗创作和散文作品发表。在翻译研究领域,他围绕翻译理论、典籍翻译、比较文学与比较文化、文学与文学翻译批评,诗歌翻译与莎剧汉译等展开研究,同时主编典籍翻译研究会刊《典籍翻译研究》、系列丛书《民族典籍翻译丛书》《中华民族典籍翻译研究丛书》等。教学科研之余,他还担任典籍英译专业委员会会长、中国跨文化交际学会常务理事、《国际汉语诗坛》艺术顾问、全国翻译硕士专业学位(MTI)教育指导委员会委员等学术兼职。

简要的介绍不难发现王宏印的学术视野之广、领域之宽。实际上,只要是和王先生稍稍接触过,就会发现他的大脑像是一座宝库,其所存储的知识是海量的。他

的专攻不仅仅局限于英汉—汉英的双向翻译活动;他的学问不仅仅是现代的,古代汉语的深厚学养和扎实的国学基础是其攀登高峰的必要条件;他的学术素养也不仅仅是人文社会科学的,也涵盖了社会科学乃至自然科学的许多方面。王宏印兼收并蓄,中文资料与西文资料互鉴;博采众长,西方理论与中国文献相参;去伪存真,经典与现代互释,这些贯通的思路,最终使他成为一位集"翻译、研究与创作"于一体的"三栖"学者。

王宏印的学术植根于自己家乡故土深远的文化根源之中。在扎实的资料基础上,他借鉴西方译论,对中国传统译论进行了经典诠释。经过翻译、研究、创作和教学,他把经典著作介绍给广大读者,把典籍翻译研究引向更加深入和可靠的领域。而这些成就的取得,一方面得益于他扎实的文史哲之根,另一方面又受益于其研究方法之新,两者融会构成其学源基础。诚如先生所言:"不管一个人一生经历有多么复杂,离开故土有多么遥远,他的根永远都扎根在家乡文化的故土之中,所谓'根深植故土,性本向高天'。"[1]10先生多次和我讲过,他的根基在西北,在西安,在西外。因此,先生一退休就告老还乡全职返聘到西安外国语大学从事科研项目,传播陕西当代文学到国外,为家乡和母校作贡献,贡献他最后的光和热。

"故土"对于先生既是恋念难忘的陕西黄土高原的故土,又指中华传统文史哲的知识本源。陕北黄土高原的自然人文环境和深厚文化根基,再加上丰富的音乐资源和民歌资源以及多民族文化融合的迹象,使先生具有了与生俱来的陕北人质朴阳刚的品性;从小嗜好读书,沉浸在中华优秀传统文化的故土中,在文史哲的宝库里恣意徜徉,使他又具有了典型中原文化学人的雄奇秉性与审美特质。这些品质的统一与交织,就是他在精神层面"根植故土,融会大成"的具体外化,无疑使他在"翻译、研究与创作"等多方面能够做到"哲思贯通,屡有新发"。显然,王宏印是一位新时代学术研究的"多面手"和"弄潮儿"。

二、匠心独具、另辟蹊径:开民族典籍翻译研究之先河

如果为王宏印的学术生涯做一个分期的话,大致可以分为三个时期。一是1980到1995年,此为学术积累期;二是1996到2005年,此为翻译学建设期;三是2006年至今,为典籍翻译期。第一个时期先生沐浴在语言学、文学、中西文论、中西哲学、心理学(跨文化心理学)、人类学诗学等领域,尽情在"外围"徜徉。第二个时期从边缘到中心,由外而内开始聚焦传统译论现代转换与文学翻译批评研究。第三个时期也就是新世纪以来,典籍翻译实践与研究成为先生用功颇勤的领域。

王宏印治学方法呈现出杂合式的融合创新特征。其治学理念遵循"三个打通",即文理打通(学统与道统)、古今打通(古今互释)与中外打通(中西互证)。其研究旨趣呈现出诸多的学术情结(西部情结、民族情结、民间情结)。其学术成果的呈现以专著为主,辅以序跋,借文学化语言和春秋笔法回归写作。其研究方法带有鲜明的前瞻性、批判性与学科指向性特征。既厚积薄发,又边积边发;既追溯古典,又关注当下;既写庙堂,又下沉到民间。而其匠心独具开辟的少数民族典籍翻译,是其中最为独特,最为亮丽的风景线。一定意义上而言,理论、资料与研究方法,构成了王宏印治学之道的"三驾马车"。

王宏印是全国较早开始中国文化典籍翻译研究的学者,在典籍翻译研究宏观指导引领方面具有超前的学术意识和学科规划。2017年他在《中国翻译》上发文《典籍翻译:三大阶段、三重境界——兼论汉语典籍、民族典籍与海外汉学的总体关系》,指出了中华民族文化典籍及其传播的历史沿革趋势、发展愿景和应对策略。[2]19-27 在汉语典籍、民族典籍与海外汉学的总体关系中重点阐述了三大阶段和三重境界,发前人之未发,兹引述如下:

> 中华民族在其形成与发展的过程中,围绕着典籍翻译和传播,形成了三大历史阶段,相应性地形成了三重文化境界,这就是以汉族汉语汉字和汉文化为基点的奠基时期,以少数民族语言文字和民族文化为特点的扩张时期,以及以海外汉学为代表的晚近外传时期,相应地,便形成了以汉族圣贤文化为中心的古典时期的我族中心主义,以少数民族文化为特征的多元文化互补民汉交融时期的多族共和主义,以及晚近以来以海外汉学与国内国学交互传播为标志的世界主义境界。这三个阶段既是历史的自然形成的,也是逻辑的推论而出的,同时,也是学科的渐次推进的,由此构成中华民族文化典籍及其传播的历史沿革大势、发展拓展图景,以及愿景展望的宏阔视野和应对策略。[2]19

显然,王宏印是从中华多民族"多元一体"的大格局来全面审视民族文化翻译和传播,重视五十六个民族的文化整理和对外传播,归纳了民族典籍翻译的民译、汉译和外译三种类型。中华民族典籍翻译研究应有三大构成部分:第一部分是汉族的典籍,以四书五经,孔孟老庄类典籍为代表,构成所谓的"轴心时代"和元典研究;第二部分是少数民族典籍,以汉唐以来到元明清时期少数民族原始文化和入主中原的历史记载文献为主,初步构成多元文化交融的时代;第三部分是当前海外汉学典籍的整理和翻译,以国学复兴的成果和海外汉学研究之间相互对话,互证互释为代表,进入到文明互鉴的宏阔视野。对其进一步的阐释可详见表1：

表1 典籍翻译的三大阶段和三重境界

三个历史阶段	焦点与中心	标志与特征	三种文化境界	对应时期
奠基时期	汉族汉语 汉字和汉文化	汉族圣贤文化	我族中心主义	古典时期
扩张时期	少数民族语言文字和民族文化	少数民族文化 多元文化互补	多族共和主义	交融时期
晚近外传时期	海外汉学	海外汉学与国内国学交互传播	世界主义	晚近以来

王宏印关于"三个阶段"和"三重境界"的学术话语,突出了少数民族文化典籍在中国文化传播史中的重要地位,描绘了中华民族文化典籍翻译与传播的历史沿革、发展图景以及愿景展望,从而达到了历史和逻辑的统一。在此宏阔视野下,不断提高翻译和传播能力,提高民族素质和文化品位,直至达到世界大同的超迈境界,便是我们通向世界主义的应对策略。

实际上,早在2006—2007年,王宏印率先在《中国翻译》和《民族文学研究》期刊撰文,对《蒙古秘史》和《福乐智慧》两部民族典籍的英译进行了阐释,标志着研究的视域聚焦到了少数民族典籍翻译上来。有学者指出："王宏印教授的研究转向,在一定程度上带动了'民族典籍翻译(英译)'的研究。"[3]618 2006年后,王宏印先生匠心独具,全面审视民族典籍的文学价值和文化价值,开辟了少数民族典籍翻译的新领域。2007年民族文学界涌现出了关于重建中华多民族文学史观的系列讨论,王宏印先生遂以开放的胸襟,宽广的视野,敏锐地觉察到多民族文学翻译史书写的重要性、必要性和紧迫性。2011年在《中国翻译》撰文,另辟蹊径提出了中华多民族文学翻译史的书写论题。[4] 王宏印审时度势,及时关注民族典籍翻译,是翻译界研究少数民族典籍的拓荒者,在翻译界首开民族典籍翻译研究之先河。

三、序列建构、深度阐释:论民族典籍翻译"四大落差"

少数民族典籍翻译源远流长,多民族交融过程也是各民族典籍之间的民译和汉译过程。近代以来,少数民族典籍翻译走过三个时期:"五四"以来民间文学(特别是民歌)的搜集和研究;新中国成立到60年代的民族民间文学整理与翻译活动以及改革开放以来民族典籍重建与翻译活动。对这三个时期的民族典籍翻译简要梳理、总结和分析，就会发现民族典籍翻译的研究现状和存在的问题。民族典籍的外译在国外开展较早，主要是伴随着海外汉学对相关民族的研究而展开。早期到中国旅行或做外交官的海外民族学家、民俗学家、人类学家开始翻译中国的典籍（汉族典籍为主），后来更多地进入西藏、内蒙古、甘肃等少数民族地区，开展民族典籍的搜集、整理和翻译，并进行类似藏学、蒙古学、敦煌学等相关学科的研究。国内的民族翻译研究开展得比较晚，主要集中在民族典籍的民族语互译与汉语互译，也有译成英文向国外发行，但总体数量偏少。对民族史诗翻译的重视是近年来才逐渐开始的，相对更晚。倒是新中国成立前于道泉《仓央嘉措情歌》的藏、汉、英对照译本，堪称是藏学方面一个开拓性的成果，成为"仓央嘉措诗歌汉、英译本所宗之蓝本"。[5]112

迄今为止，各民族典籍的分布情况基本理清，虽研究起步较晚，但已有一定成果问世。翻译界依托少数民族文学、文化典籍，积极进行译介传播策略方法以及翻译史的研究。研究内容不断扩大、队伍也在壮大、方法趋向多元、具有广阔的研究前景，一定程度上推动了翻译理论研究、丰富了翻译实践。但同时还存在一些问题。译界对民族典籍翻译研究主要集中在对国外译本情况的考察上，研究成果尚未实现巨大突破与创新，深度不够，影响力不足。民族典籍外译学科体系与理论架构尚未建立，理论研究和学科建构亟待加强。研究视角有待拓宽，较新的横跨民族学、翻译学和传播学的跨学科研究不够。与国外的翻译研究成果互动和合作少，不太关注译本在海外的接受状况，译介传播与接受效果不够理想。总体而言，目前我国民族典籍的翻译和研究处于并重的状态。

从民族典籍的民译、汉译到外译序列来总结民族典籍翻译史、思想史、理论史和研究史，构建民族典籍翻译思想话语体系，阐述民族典籍译介的历史沿革趋势、译介愿景和应对策略，已经是一个非常迫切的研究课题。正是在此语境下，王宏印基于对民族典籍翻译的整体把握，带领着南开大学典籍英译的博士们，组成民族典籍翻译研究团队，通过对主要少数民族代表典籍"史、论、译、评"的序列建构，厘清当下民族典籍外译中遇到的问题，绘制中华民族典籍翻译研究的动态图景，搭建民族典籍外译分框架体系，从跨学科视角尝试破解民族典籍外译的重点和难点，为中华优秀文化"走出去"提供可资借鉴的翻译模式和传播路径。王宏印指导的博士们已完成的民族典籍翻译研究选题，可详见表2：

表 2　王宏印指导少数民族典籍翻译研究博士生选题序列

毕业时间	博士	选题	文类	研究民族	概念术语	获批项目
2007	邢力	《蒙古秘史》	文史典籍	蒙古族	音译与对译写 古本复原	国家社科
2007	李宁	《福乐智慧》	古典长诗	维吾尔族	双向构建	教育部
2011	王治国	《格萨尔》	活态英雄史诗	蒙古族 藏族	源本,原本 本体,变异	国家社科
2012	崔晓霞	《阿诗玛》	长篇叙事诗	彝族	有根回译 文本创译	省部级
2013	荣立宇	《仓央嘉措诗歌》	诗歌	藏族	拟民间创作	教育部
2015	张媛	《江格尔》	活态英雄史诗	蒙古族	语际翻译 语内转写	教育部
2019	潘帅英	《突厥语词典》	百科全书	维吾尔族	有源无本 文本考古 文化反哺	参与国家社科重大

上表研究重点对代表性少数民族(藏族、蒙古族、维吾尔族、满族、苗族、彝族等)的典型作品(文学、哲学、历史、宗教、文化、医学典籍等)的翻译语境、翻译策略及译本的传播和接受情况展开评价与批评研究,探讨范围涉及翻译学科建设、翻译行业发展、国家文化战略实施的影响和推动,建构民族典籍传播的译学话语体系。正是在王宏印的引领下,整个团队极大地推动了中国少数民族典籍翻译研究,该民族典籍翻译研究序列已在翻译界引起了一定的反响。

王宏印在《民族翻译》发表《中华民族文化典籍与翻译研究——四大落差及思考基点(上、中、下)》系列论文中提出了民族典籍翻译的"四大落差"观点。所谓"四大落差"是指:"中华民族地域广阔,历史悠久,其中各民族的发展很不平衡,就大势而言,就居于主导地位的汉族和诸少数民族之间的发生发展情况而言,各自的自然生态环境和社会文化生活而言,存在着以下四种明显的落差:即时间与时代落差、文明与文化落差、文学与文本落差、翻译与传播落差。"[6]"四大落差"研判准确,总结到位。首先,时间与时代落差涉及民族起源和民族纪年的差异。民族起源应当综合参照、全面考察各民族口头传说、书面记载与汉族的史书记载,客观审慎地考察民族纪年差别,由此触发多元历法与计时系统的思考。其次,从社会发展观与进步观点来看,各民族不同步的社会结构和意识系统呈现出不同的文明形态,文明与文化落差明显,由此来探讨人类文明史和形态重新排序的可能性。再次,文明与文化落差体现在文学领域,便是与之相随的形态各异的文学艺术和文化典籍,即各民族文学艺术形式和精神文化的走向和样态各异,以此来观照知识考古与文学姻缘的风云际会。最后,落实到翻译与传播层面差异显而易见。汉族文化典籍在世界主要文化圈里和轴心时代的文化传播基本同步进行,而大多数少数民族文化典籍的翻译传播是较晚时候才开始,其规模、质量和影响力都不能和汉族文化典籍相比。当然这是大概局势,不排除个别民族史诗和民间文学。为此,需从多民族文学史观出发,发掘经典重塑与重新经典化翻译机制的基本线索。

王宏印就民族典籍翻译提出"四大落差"等真知灼见,一方面是在费孝通中华民族"多元一体"文化格局关照下,基于多年来大量的阅读、细致观察和深入思考,对少数民族典籍梳理和整体的把握之上所做出的学术研判。另一方面也是借鉴采用陈寅恪"文化民族主义观点"(cultural nationalism),总体态度上主张把汉族文化和其他兄弟民族文化放在一起进行研究,并强调其相对关系的一种文化立场。王宏印通过对"四大落差"的论证,重新梳理了与某种民族文明形式相对应的文学文体形式,对其中出现的独特翻译问题进行了初步研究,并提出了汉字音写、古本复原、翻译母本、再生母本和有根回译等概念术语,这些概念术语可以成为民族典籍翻译思考的起点。正所谓"知其然知其所以然",从民族典籍的实然出发,才能正确通向民族典籍翻译研究的应然之路。

四、跨界重组、融合创新:绘民族典籍翻译学科图

作为独特而瑰丽的民族文化景观,民族典籍通过翻译向世界展示中华文化的核心价值和时代精神,跨越文化差异以适应新受众认知的异域传播,以积极的姿态来参与世界文学的书写,这在中国文化"走出去"和"一带一路"建设的双重语境下,具有重要的学术价值和实践意义。许明武等指出,在中国文化"走出去"倡议和"一带一路"建设的双重推动下,少数民族语文翻译研究的重要作用愈发明显,跨学科性质日益突出,跨界合作逐渐成为一种趋势。[7]61 关于民族典籍翻译的跨学科研究是王宏印思考已久的一个命题。2014 年他在《广西民族大学学报》第 4 期刊文,论述了民族典籍翻译研究的学科基础与发展目标。[8] 2019 年又在《民族翻译》撰文厘清了少数民族文化在中华民族多元一体文化中的整体地位,"讨论了少数民族文化典籍翻译研究对于汉族文化研究和传统国学产生的逆向影响,以及它们之间相互影响的学科关系和新近课题。"[1]7 实际上,类似相关话语阐释也见于

《民族典籍翻译研究丛书》(民族出版社)和《中华民族典籍翻译研究丛书》(大连海事大学出版社)两套丛书,以及其专著《中华民族典籍翻译研究概论——朝向人类学翻译诗学的努力》(上下卷)和相关论文中。专著和论文的出版和发表为王宏印民族典籍翻译学科群和框架体系的形成起到了助推作用。

王宏印密切关注数字化和职业化时代少数民族典籍翻译研究所面临的机遇和挑战,提出并逐条阐述了中华民族文化与典籍翻译的四大落差,就民族典籍整理与翻译传播提出极具参考性的概念术语,并尝试构建民族典籍翻译的话语体系。据此,可以绘制出王宏印民族典籍翻译思想的一幅"学跨多科,融合创新"的学科群景观图,详情可见图1。

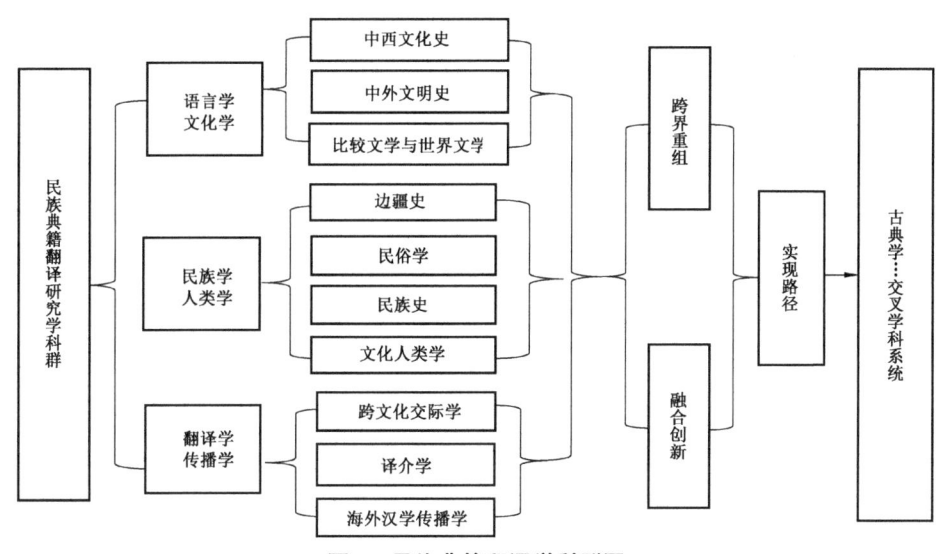

图 1 民族典籍翻译学科群图

由上图大致可以了解到王宏印关于民族典籍翻译的学科基础与发展目标轮廓。在王宏印看来,民族典籍翻译学科群中,语言学、民族学、翻译学、文化学、人类学、传播学是其主要的学科状态;辅之以中西文化史、民族史、边疆史、译介学、蒙古学、敦煌学、西夏学、藏学等特别重要的分支学科;再加以现代学科的导引和分析手段,经过"跨界重组、融合创新",形成对古典学的重新解释,据此来建立一个现代的民族典籍翻译学科群,或交叉学科系统,来作为中华民族典籍翻译和研究的学科基础和发展目标。诚如王宏印所言:

在民族文化方面,最少需要人类学、民族学、民俗学、文化学等学科,没有这些学科,就不可能真正地了解和认识民族问题和世界各民族的典籍,而在现代阶段,除了国学和海外汉学,各国汉学,还要系统地了解中华文明史、世界文化史,以及比较文学、世界文学等学科,还有翻译学、跨文化交际学等交叉学科。没有这些学科打基础、架桥梁,就难以建立合适的知识结构,是无法进行典籍翻译研究和翻译本身的。[1]13

王宏印在一些重大的翻译传播理论上已有所突破,虽然这些新的概念和理论还有待进一步完善和检验,但在民族典籍翻译研究领域已经取得了一定的进展。这些真知灼见对于当下的典籍翻译实践与研究具有十分重要的建设性意义。

五、结语:性本向高天

王宏印重心下沉,从民族民间典籍中采撷地方性知识和民众化智慧,重塑中华多民族文学翻译的概念、术语及话语体系,将本土经验运用到国际语境中以联通人心、沟通中外。王宏印为中华民族典籍翻译研究事业,为民族典籍翻译框架体系的建立、发展与创新,做出了重要的学术贡献。某种意义上而言,"故土"不仅仅是指地理学意义上的陕西,而且是学理意义上的中国传统学术,民族文化之根,人文关怀之根。"高天"不仅仅是黄土高原上的清隽蓝天,更是他为之而孜孜不倦所追求的翻译诗学的终极目标。许钧在谈及文学翻译、文化交流与学术研究的互动时曾提到:"以中华民族为根,译与学并重,弘扬优秀文化,推进中外交流,拓展精神疆域,驱动思想创新,把文学翻译跟我们的文化交流、学术研究、人才培养紧密地结合在一起。"[9]77 毫无疑问,王宏印先生是做到了这一点。他对中国民族典籍翻译的研究适时、总结到位、见解独特、论述中肯,为当前民族典籍翻译提供了理论参照与实践指导。我们应当以王宏印为榜样,继承与弘扬其学术思想与治学传统,在时代的进步与发展中为翻译学的发展贡献自己的力量!

参考文献

[1] 王宏印.多元共生,稳定发展,共同繁荣:关于我国民族典籍翻译的学科归属与文化资源的利用[J].民族翻译,2019(1):7-15.

[2] 王宏印.典籍翻译:三大阶段、三重境界:兼论汉语典籍、民族典籍与海外汉学的总体关系[J].中国翻译,2017(5):19-27.

[3] 唐超.少数民族典籍对外翻译研究的现状和问题:以中国知网2006—2016年论文为例[J].大连民族大学学报,2017(6):616-621.

[4] 王宏印,王治国.集体记忆的千年传唱:藏蒙史诗《格萨尔》的翻译与传播研究[J].中国翻译,2011

(2):16-22.
[5] 荣立宇.仓央嘉措诗歌在英语世界的译介(1906—2012)[J].西藏研究,2015(2):110-120.
[6] 王宏印.中华民族文化典籍与翻译研究:四大落差及思考基点[J].民族翻译,2016(4):7.
[7] 许明武,赵春龙."一带一路"背景下国内少数民族语文翻译研究热点述评:兼论其译、汉译与外译研究融合路径[J].外语电化教学,2018(6):58-64.
[8] 王宏印.民族典籍翻译研究的学科基础与发展目标[J].广西民族大学学报(哲学社会科学版),2014(4):2-6.
[9] 许钧.文学翻译、文化交流与学术研究的互动:以我和勒克莱齐奥的交往为例[J].外语教学,2018(3):71-77.

中国式人类学诗学的构建
——论王宏印先生民族诗学的创作、翻译与研究

张 媛

(内蒙古工业大学 外国语学院,内蒙古 呼和浩特 010051)

[摘 要] 文章在阐发西方人类学诗学理论内涵的基础上,分析王宏印先生的民族诗歌创作、翻译,以及译学思想的构建,阐析王宏印先生将西方人类学诗学理论与中国民族诗学翻译研究相结合的自觉努力,以及为中国式人类学诗学的构建做出的重要贡献,以此探索该理论对中国多元文化阐释与民族诗学翻译研究的启示意义。

[关键词] 人类学诗学;民族诗学;创作;翻译;研究

当代文学人类学话语将文学与文化的结合点锁定在既回归古代与原始,又指向现代和当下。在这个古今相连的区间里,有很多可能性和新的领域可以讨论。其中,人类学诗学为我们提供了一个崭新的视角。尽管人类学诗学是在西方文化背景下产生和最先应用的,但它为全球诗歌研究,特别是民族诗学的研究带来了重要启示。这让我们不由得将它与中国异常丰富的民族文化和文学资源联系起来。新的理论和新的材料相结合,不仅将在诗歌研究领域获得全新的研究成果,而且也为以诗歌为载体的文化探索带来新的体验。这一尝试的中国践行者当属王宏印先

[基金项目] 2016 年内蒙古哲学社会科学规划项目"蒙古族活态英雄史诗对外传播与翻译研究"(2016NDB065)阶段性成果

[作者简介] 张媛(1983—),女,内蒙古呼和浩特人,南开大学翻译学博士,内蒙古工业大学外国语学院校聘教授,主要研究方向为民族典籍翻译和翻译理论研究。

① 原文刊于《燕山大学学报(哲学社会科学版)》2021 年第 5 期。

生。王宏印先生一生注重人文学科的贯通与研究,致力于中西学术传承与民族典籍翻译研究,成绩斐然。他以深厚的学养和敏锐的学术眼光发现了人类学诗学的重要学术价值和人文价值,通过民族诗歌创作、翻译与民族典籍翻译研究等形式,自觉将人类学诗学理论与中国丰厚的民族诗学资源相结合,探索中华民族多元文化的深刻内涵,为中国民族文学研究的文化意义阐发做出重要贡献。

一、人类学诗学:人类起源的诗性诉说

20世纪中期之前,西方文化人类学研究主要以马林诺夫斯基为代表的人类学家倡导的"科学""客观"为研究标准,强调尽量避免主观因素的干扰,以科学的方法客观描述他文化。[1]11 20世纪60年代以来,西方文化人类学界在后现代主义思潮的影响下开始质疑马氏"科学"研究范式的局限性,希望在传统田野工作和民族志撰写的研究方法的基础上,关注此前一直被忽略的与他文化相关的社会历史背景,以及研究者和研究对象的主体性问题,呼吁用一种诗学的方法理解和表述文化。正是在这样的背景下,一个崭新的思想——人类学诗学便孕育而生了。它的要点和基本点,正如它本身所包含的两重性一样,在于把科学和诗学结合在一个整体中。

按照这一全新的研究思路,西方人类学家在原有田野工作的基础上,开始了两种民族志撰写的诗学尝试。一种是对非西方民族原始诗歌的研究。人类学家深入原始部落,通过录制、整理、分析、解释、翻译等手段对搜集来的原始诗歌(多为口头表演形式)进行文本呈现,试图借此深入观察原始文化的诸多要素。另一种是以田野工作所获为素材创作诗歌,以此表达他们对原始文化的理解和体认。这两类诗歌中,原始民族诗歌作为后一种的重要基础,占有更大的比例,是第一性的人类学诗歌。

尽管人类学家是借助分析原始非西方民族诗歌这一手段,来达到了解原始民族文化的目的的,但实际上他们深入到一个重要的诗学领域。换一种说法,这些人类学家是在重视原始非西方诗歌传统的同时,以对于诗歌的历史和起源的重视确立了人类学诗学典型的学科特质。至此,我们可以看到人类学诗学的跨学科意义。丹·罗斯(Dan Rose)曾在为斯坦利·戴蒙德(Stanley Diamond)的人类学诗学诗集《图腾》撰写的书评《体验之旅:斯坦利·戴蒙德的人类学诗学》中,将当今以西方文化为背景的人类学诗学之作的来源划分为以下六个分支,更清晰地证明了这一跨学科意义。罗斯认为人类学诗学作品可分为六个部分:

（一）本土诗歌，它是由非西方化的、未受过教育的、传统的诗人写作的；

（二）民族诗歌，它是本土诗歌的客体（Emics）（应是客位的产物——笔者注），由西方诗人发掘、翻译、解释、朗读、吟唱、赞颂的本土诗歌；

（三）受其他文化影响的诗歌，例如埃兹拉·庞德（Ezra Pound）或 W. S. 默温（W. S. Mermin）的诗歌译作；

（四）非西方诗人的诗歌，运用西方语言，但诗人并未损失自我感受和艺术性；

（五）受过西方教育的非西方国家诗人的诗歌，他们使用西方语言或本土语言或方言；

（六）人类学家创作的人类学诗歌，譬如戴蒙德的诗歌，其中诗人把本文化与他文化的感受融合为一体。[2]219

尽管罗斯的分类是以西方文化为背景的，但作为诗学研究的一种视角，未必只能以西方的人类学资料为其标本。在全球化的叙述和学术视野中，东方的诗学，比如中国，可以为之提供更久远的来源、开端和更丰富、更充实的研究过程。或者说，对于拥有悠久历史和丰富的民族文化、文学资源的中国，我们更需要这样一种视角，在传统中国文学史撰写存在诸多缺陷的情况下，重新梳理中国各民族诗歌的传统和历史起源，同时解析当代民族诗歌折射出的文化认同与文化心理。这不仅为人类学诗学理论提供了全新的、更丰富的研究素材，更是中国民族诗学研究的全新突破，以此形成人类学诗学的中西对话，为一种新的世界观的形成和人类学诗学的人文原则的建立做出重要贡献。从这一意义来讲，王宏印先生功不可没，他毕生的诗歌创作、翻译与研究为中国人类学诗学的构建做出积极的探索。

二、中国译学界的"民族志诗人"

王宏印先生一生致力于中华民族传统文化和文学的阐发与翻译研究。由于深厚的学术素养和积淀，加之诗人的灵性和勤奋，成就了他博大的人文情怀和深厚的诗学素养。作为学者，王宏印先生为国内民族典籍翻译研究开疆扩土，在不断摸索中取得了累累硕果；作为诗人，他以自身学术研究为依托，创作和翻译了许多以国内外少数民族文化为题材的诗歌。他躬亲示范民族诗歌创作、翻译实践与人类学诗学理论的自然结合。可以说，王宏印先生自觉以民族文化为题材进行的诗歌创作、翻译与研究，开启了中国人类学诗学研究的先河。

（一）民族诗歌创作的人类学话语

自 20 世纪 80 年代起，王宏印先生先后出版了《飞沫集》《彼岸集：旅美散记》

《朱墨诗集》《朱墨诗集(续集)》四部诗集,其中收录了 80 多首以不同民族文化为背景创作的诗歌作品,新近即将出版的《朱墨人类学诗选》中又收录有 120 多首。至此,王宏印先生共创作了 200 余首民族诗歌。这 200 余首诗歌不仅包括全球视野下以北美印第安文化、中国蒙古族文化、新疆维吾尔族文化、宁夏回族文化、西南多民族区域文化为背景的诗作,而且还有以世界公民身份对美国、英国、法国、德国、意大利、西班牙、印度、印度尼西亚、土耳其、尼泊尔、沙特等国家所属的民族文化的诗性解读。此外,他还用诗歌形式讲述了对中华民族文化多元一体的理解、海外汉学家对中国文化的解读,以及人类去向的哲学思考。

题材上,这些民族诗歌涉及少数民族原始文化中的物质文化、艺术、宗教、语言文字、民俗文化,以及语言人类学、考古人类学,甚至体质人类学的内容等,其中包含了诸多文化意象,对一些重要的文化意象,王宏印先生采取了多次进入、逐次深入的理解和诠释方式,比如"三进草原"。他曾以"魂牵梦绕的蒙古情结"为题[3],以自己三次进入草原的所见所感为题材,创作了 30 余首讲述蒙古族传统文化的诗歌。这 30 多首诗实现了他对游牧民族文化的逐层深入,使他从观光者转变为"从内部的"民族文化考察者。这些诗作中有很多具有极浓的人类学诗学色彩,以《神奇的呼麦》为例:

呵呵忽忽呵忽忽/由远而近的一篇风景/马蹄飞奔如骤起的旋风/待强力聚集到鼓声雷动,呵咳嚅/咚咚! 惊心动魄的古战场,飞鸣镝/(神奇的呼麦能吓退百万敌兵)/一丝纤云缥缈如琴声铮铮——/一枝响箭隐隐消失在林中

这首诗用语言文字的方式模仿了蒙古族原生态的演唱方法——呼麦,生动地再现了呼麦将语音与音节混同于旋律的复杂性,音乐感和画面感并举,彰显其复杂而神秘的魅力。全诗模拟呼麦低沉的喉结音起兴,画面由远及近逐渐推近。声音不断加重、复杂化,营造出马蹄声、鼓声和厮杀呼喊声,以及响箭飞鸣镝的声音,并与语言描述的战争画面交织在一起。最后,所有的声音逐渐远去,用在低沉的低音上漂浮的琴音和金属丝般划过的飘渺之音收尾,呈现出呼麦由简入繁再逐渐消沉、直至消失的完整效果。[4]443 这首诗无论是内容还是形式,都极其生动地展现了王宏印先生人类学家式的诗人气质,他对蒙古族文化的理解和表述方式令人耳目一新。

以《呼麦》为代表的关于诗歌形式的突破,王宏印先生在《朱墨诗集(续集)》的代序中曾总结出 15 种诗歌形式,即具象诗、独节诗、民谣体、信天游、三行诗、四行

诗、五行诗、六行诗、七行诗、八行诗、九行诗、十四行诗、有韵长诗、无韵长诗、自创体。[5]6-9 他曾将其中的11种应用在民族诗歌的创作中。这些诗歌形式的创立灵感绝大多数来自不同民族诗歌的独特形式，而他将这些形式频繁应用于自己的创作实践，充分显示了他对其他民族文化的包容和理解。

王宏印先生的人类学诗歌创作并非只停留在创作实践层面。在此基础上，他曾归纳出在人类学诗学意义下创作诗歌时诗人应具备的素质，即：

> 第一，要像人类学家那样对异族文化抱有敬畏的心理。第二，需要一些人类学诗学的专业眼光，对某种民族文化观察时，要暂时放下自己民族的本位主义思想，全身心投入到正在研究的民族文化当中，进行观察体验，搜集创作素材。第三，要能摆脱传统诗歌体制和形式的束缚，要敏感，要有诗歌创作的感受性。第四，建立新的诗歌体制和新的诗歌语言，要敢于创新，比如让方言、民族语言入诗，改变汉语句法，吸纳民族语言中的修辞，又如将现代通俗文化或外文引入诗歌创作，等等。[4]440

不难看出，王宏印先生是在自我尝试和自觉突破中为中国当代诗歌诠释和示范如何进行人类学诗学创作的。这种自觉性不断升华并终结于对戴蒙德的人类学诗集《图腾》的汉译。

在建立人类学和诗学紧密联系的过程中，《图腾》具有开创性意义。根据罗斯的评论，这部诗集的重要价值可以概括为三点：第一，首次把民族诗学融入人类学中，将西方精英文明漠视的多种文化引入西方人的意识中，为西方人文学科增加了继"哥特式、阿拉伯式、古典式"三维想象地理之外的第四维地理空间——"原始文化"。第二，在探寻他文化的体验中，用现代抒情诗的形式在诗歌中达到了一种崇高境界，诗歌语言和形式博采众长，当属人类学诗学的上等之作。第三，这些诗歌展现了一种体验多元文化世界的"后等级"方式，消解了地方性知识和全球性概念之间的界限。之于诗歌，戴蒙德把人类的差异和自然的现象与自己融为一体，并以诗歌形式展现出来；之于读者，他的诗会不自觉地将读者带入情景中，让读者在阅读中做出与他同样的回应。至此，戴蒙德和他的诗集完成了一项根本的使命，不可逆转地将读者引向一个更为人性的、更为人文的方向。

王宏印先生在不断进行自我民族诗歌创作的过程中，发现并汉译了《图腾》，将最原初、最直观的西方人类学诗学作品引入中国，为帮助中国学界更加深入理解原本模糊的"人类学诗学"概念、为中国诗人沿着人类学诗学的人文关怀创作诗歌,提供了源头上的参考素材。

(二) 民族诗歌迻译的人类学阐释

诗歌创作之余,王宏印先生还翻译了大量的少数民族古典诗歌。其中不仅包括《易经》古歌、《二十四诗品》《红楼梦》诗词、《诗经》《楚辞》、唐诗宋词元曲等中国汉语言语境中备受关注的文化典籍中的诗歌,而且还有对中国各民族民歌的翻译,这部分成果集中收录在《中国古今民歌选译》中。

与民族诗歌创作一样,王宏印先生亦将自己的民族诗学翻译实践回归到人类学诗学的源发点——印第安原始诗歌。经过多年的收集整理,他结集 George W. Cronyn、A. Grove Day、Brian Swann 等多位西方著名人类学家英译的原始印第安诗歌集,并以其为底本译成《印第安诗歌选译》一书(待出版)。该译诗集依据美洲印第安部落的分布情况将诗歌划分为七个部分,第八部分是一些"长诗组诗",这八个部分收录了多个印第安部落的原始诗歌,共计 209 首。为了向中文读者展示与诗歌相关的文化、来源、思想内容等背景,他在每一首译诗后面都加有译注,介绍原诗所属的部落、收集整理者,诗歌的文化、宗教、民俗等背景知识,以及诗歌描写的内容,诗学特征等,有些译注中还添加了诗歌承载的文化或宗教含义与其他民族文化或宗教特征的比较。此外,译诗集最后还添加了介绍美洲印第安人地区分布和各部族简况介绍的附录。这些副文本的添加连同对英译本的忠实翻译,几近全面地将印第安原始诗歌原貌介绍到中国,构成对原始印第安文化的三度阐释,其规模和译法,在国内实属首例。

在民族诗歌的创作与翻译领域,王宏印先生从最初的单纯热爱,到后来的自觉尝试,最后落脚于人类学诗学产生的源点,并向中国学界生动地展示了西方人类学家关注、探寻和解释印第安文化的思路和方法。这一体验过程为他在中国多民族语境下中国式人类学诗学的构建提供了实践基础。

(三) 民族诗学翻译研究的人类学视阈

正如戴蒙德对西方人文学科的贡献,王宏印先生曾就不同民族地区的原发自然生态、民族关系、继发文化分流、发展趋势、各民族的分布和精神文化的对应关系等因素,划分出中华民族人文地理的六维空间,即中原旱地农业文化圈、东北和北方森林草原文化、青藏高原、西南和南方、江南稻作农耕文化、宝岛稻作渔业文化[6]8-9,这充分显示了他宏大的历史文化史观,而他的学术足迹,也几乎踏遍了这块文化版图。中原旱地的汉族典籍自不必说,就少数民族文学典籍而言,他所涉猎的研究包括东北和北方草原文化孕育下的英雄史诗《江格尔》《玛纳斯》,萨满神歌,叙事长诗《嘎达梅林》《伊玛堪》《少郎与岱夫》,历史典籍《蒙古秘史》,古典长诗《福乐智慧》;青藏高原流传的英雄史诗《格萨尔》,仓央嘉措诗歌;西南民族地区的创世史诗《布洛陀史诗》,叙事长诗《鲁般鲁饶》《阿诗玛》;还有包括汉族在内的56个民族的原始民歌,例如陕北民歌、蒙古族民歌、回族民歌"花儿"等。此外,他还以博士生培养为依托,不仅完成了对中国多个少数民族早期民歌和民族文化典籍的翻译研究,而且在当代民族诗学研究领域也发掘出诸多重要课题,例如对当代民族诗人吉狄马加、席慕蓉等人的诗歌创作和翻译情况的研究,以及汉族诗人以少数民族文化为题材的诗歌创作和翻译情况的研究等。在这些民族诗歌的翻译研究过程中,王宏印先生融合了古典学、文献学、语言学、人类学,形成跨学科研究思路,并最终统摄于人类学视角,实现"用人类学把世界联通起来,想用这些学科把人类文明的精神产品融合性地加以认识"的设想。[6]615

王宏印先生的研究发掘出中国民族诗学资源丰厚的文学和文化价值,弥补了传统中国文学史研究的两个重要缺陷,努力做到:其一,将关注的源头伸向传统文学史鞭长莫及的原始神话系统。他认为中国的神话是多民族共同起源的,具有多民族多文化的精彩表现和多种来源,研究价值重大,可以与汉族的文学源头,以及世界其他民族的文学源头进行比较研究,以此发现世界范围几个主要地区的民族的原始诗歌形态所折射的生产和生活方式的不同,追溯文学和文化起源,确定一个大体的文化的文学进化顺序,从中理出不同阶段的文学形态和人文样态。其二,强调汉族文学中缺乏史诗和长篇叙事诗产生的条件,而这两种文学样式的存在恰恰在体现中华民族文学多样性上发挥着重要的作用。由此得出,对于以史诗和长篇叙事诗为代表的中国少数民族文学作品的民汉互译、民民互译,以及外译,不仅可以加强汉族与少数民族、少数民族间,以及中国与世界其他民族间在文化上的相互交流和相互影响,而且也是繁荣中国文学乃至世界文学的重要途径。

王宏印先生在多元文化并存的历史文化史观的关照下,理解并对中国民族诗学展开深入研究,诠释了对多元文化的"后等级"理解方式,为中国式人类学诗学的构建提供了研究基础。

三、朝向中国式人类学诗学汇聚的理论构建

在人类学诗学的理论关照下,王宏印先生从民族诗歌创作、翻译,民族典籍翻译

研究三方面展开开拓性的尝试。这种古今拉通、主位—述位视角结合的观测方式,为人类学诗学理论的中国化奠定了坚实的基础。以此为积淀,王宏印先生最终提出对中国式人类学诗学理论的建构思路:

> 首先,在整理中国文化典籍,特别是汉族汉语诗歌的时候,重视诗歌或一般文学的起源问题、汉语文学样式和抒情传统的发展问题,以及就此领域里人类学研究的诸种课题,努力尝试建立汉语和汉民族的人类学诗学体系;同时,一定要花大力气把少数民族的诗歌纳入这样一个轨道上来,使之和汉族诗歌互补互动起来,成为完整的中华民族诗歌史(传统)的一部分。……就整体而言,我们的工作,是要在以各种民族语言,当然主要是汉语,从事民族题材诗歌创作的同时,进行多语种和多文化的翻译和研究,并且围绕作品及其流动,使创作、翻译和研究三者结合起来。要注意调动三支队伍,诗人、翻译家、研究专家及评论家,充分发挥他们的作用和协作关系,同时,在汉族汉语人才和少数民族人才中间建立联系,开展专业的、有计划的翻译研究活动。[6]618-619

依据王宏印先生的理论构思,同时对照罗斯的分类,我们可以汇总中华民族丰富的民族诗学资源,划分出中国人类学诗学诗歌的五大来源,作为后人继续研究的重要参考,也为后续填补研究空白理清方向。具体分类如下:

(一)本土诗歌,即未受到外来文化影响的,完全由本民族土著诗人(多为无名氏作者)在本族文化背景下写作的原始诗歌(主要指口头民间歌谣)。

(二)作为本土诗歌客体的民族诗歌,由外族诗人或人类学家搜集、整理、翻译、解释、吟唱的本土诗歌,例如《弹歌》《越人歌》《敕勒川》等用汉语翻译的其他民族原始诗歌,又如史诗在流传过程中不断被发掘、整理、翻译、转写的诸多版本。

(三)少数民族诗人用本族语创作的反映本民族生活内容的诗歌,例如仓央嘉措、米拉日巴创作的藏语诗歌。

(四)受过汉文化教育的少数民族诗人用汉语创作的反映本民族生活的诗歌,例如清代满族诗人纳兰性德的汉语诗词,当代彝族诗人吉狄马加、阿库乌雾的汉语诗歌。

(五)人类学家创作的人类学诗歌,或汉族诗人创作的以少数民族文化为题材的诗歌,例如唐代杜甫《十月一日》一诗中对夔州夷獠蒸裹"千室"(年糕)的风俗的描述,又如当代王宏印先生创作的民族诗歌。

整理王宏印先生的研究成果可以发现，除了第一类是对本土诗歌本身的描述，未涉及外族人进入研究的环节之外，他对其余四类内容均有关注和研究，并且取得了丰硕的成果。可见，他为中国民族文化与文学资源的人类学诗学意义的持续阐发做出了巨大努力。

理论之新，资源之多，研究之复杂，为中国民族典籍和文学作品的人类学诗学解读带来极大的难度，也充分体现了这一研究的价值所在。王宏印先生的努力不仅重新唤起我们对绚烂多彩的中国民族文化的无限向往，启发突破传统研究范式，以跨学科的研究方法与成果，对封存已久的民族诗学资源展开深挖与阐释；而且帮助我们在后工业、后现代的世界文化背景下树立了一种包容的文化价值观。这些尝试均是以中国多元一体的民族文化为土壤，对人类学诗学研究方法和人文价值的深刻理解和阐释。王宏印先生朝向中国式人类学诗学努力的设想意义重大。作为学界后辈，我们应该继承前辈的事业，迎难而上，沿着人文地理版图填补更多研究空白，为提升中华民族文化自信，加强中华民族与世界其他民族文化的交流和互融做出积极的努力。

参考文献

[1] 克里福德,马库斯.写文化：民族志的诗学与政治学[M].高丙中,等译.北京：商务印书馆,2006:11.

[2] 伊万·布莱迪.人类学诗学[M].徐鲁亚,等译.北京：中国人民大学出版社,2010:219.

[3] 王宏印.写出中国人自己的人类学诗学之诗：我的民族诗歌创作与民族文化探索[J].燕山大学学报（哲学社会科学版）,2013(4):61-70.

[4] 张媛.民族身份与诗人情结：中国当代人类学诗学之翻译研究[M].北京：民族出版社,2020.

[5] 王宏印.朱墨诗集：汉英对照[M].西安：世界图书出版西安公司,2011.

[6] 王宏印.中华民族典籍翻译研究概论：朝向人类学翻译诗学的努力[M].大连：大连海事大学出版社,2016.

【中国科技典籍翻译研究】

多模态翻译视角下
中国古代科技文明的国际传播[①]

王海燕,刘　欣,刘迎春

(大连海事大学 外国语学院,辽宁 大连 116026)

[摘　要]　中国古代科技文明"走出去",翻译是重要的媒介。以中国科技典籍中的农学、军事和医学三个子类为研究对象,采取定性研究法与个案分析法,探究如何将视觉模态与听觉模态的非语言翻译策略与言语翻译策略协同,对中国科技典籍进行更加有效的国际传播,旨在促进中国科技典籍译介的整体研究,推动中国古代科技文明走向世界。

[关键词]　科技典籍;多模态翻译;对外传播

一、引言

中国科技典籍记载着中国悠久的科技文明,科技典籍的翻译与对外传播有助

[基金项目]　国家社科基金项目"中国古代自然科学类典籍翻译研究"(14BYY030)和教育部哲学社会科学研究重大课题攻关项目"中外海洋文化交流历史文献的整理与传播研究"(17JZD049)的部分研究成果

[作者简介]　王海燕(1964—),女,辽宁丹东人,大连海事大学外国语学院教授,研究方向为翻译理论、典籍英译、应用翻译等;刘欣(1994—),女,山西大同人,大连海事大学外国语学院硕士研究生;刘迎春(1963—),男,辽宁葫芦岛人,大连海事大学外国语学院教授,教育部哲学社会科学研究重大课题攻关项目首席专家,中国翻译协会对外话语体系研究委员会委员,中国英汉语比较研究会典籍英译专业委员会副秘书长,研究方向为翻译理论、典籍英译、多模态话语分析、传播学理论、应用翻译等。

① 原文刊于《燕山大学学报(哲学社会科学版)》2019年第2期。

于世界各国人民了解中国古代先进的科学技术,提升我国文化的国际影响力。目前,中国古典文学作品已大多译成英文,我们需要将典籍英译的范围扩大到中国古典法律、医学、经济、军事、天文、地理等领域。[1]中国古代先进的科技成就是中华优秀传统文化的重要组成部分,科技典籍译介研究理应成为我国典籍翻译研究的重要内容。[2]近年来,随着"大中华文库"等大型文化翻译出版工程的启动,中国文化"走出去"战略的实施,中国科技典籍翻译研究越来越受到译界重视,中国科技典籍的翻译与对外传播研究取得了较快的进展。

然而长期以来,中西方文化交流过程中输入多、输出少的"文化赤字"现象依然比较严重。据统计,1900年到2010年110年间中国翻译西方书籍近10万种,而西方引入中国书籍还不到500种。近年来中国一年内引进美国图书150种左右,而美国输入中国文学作品不到10种。[3]中国学者系统地向西方译介中国典籍起步相对较晚,距今仅有100多年。[1]中国科技典籍的翻译与对外传播研究则起步更晚。因此,译界同仁应该承担起中国传统文化的翻译与对外传播的历史责任,促进中国传统文化"走出去"。笔者在中国知网上检索发现,近20年来有169篇论文选取了不同的理论视角对中国科技典籍的翻译进行研究。学者们多从生态翻译学、翻译目的论、认知语言学、翻译美学、哲学阐释学等理论视角探讨中国科技典籍的翻译问题。其中最多是基于生态翻译学理论视角,共20篇论文。例如,吴纯瑜、王银泉[4]、张斌[5]等基于生态翻译学视角,探讨《黄帝内经》等科技典籍的翻译策略,以期改进科技典籍的翻译质量;其次是翻译目的论理论视角,共12篇论文。王娜[6]、王继慧[7]等借助翻译目的论,从翻译行为所要达到的目的探讨科技典籍的翻译技巧。还有专家学者从认知语言学、翻译美学等理论视角研究了中国科技典籍翻译。中国科技典籍翻译研究虽取得了一定的成绩,但依然任重而道远。该领域的典籍翻译研究视角还不够丰富,尤其缺乏指向翻译和传播效果的研究,特别是鲜有学者运用多模态话语分析理论对中国科技典籍翻译进行研究。

中国科技典籍的翻译不是简单的翻译行为,而是一个以翻译为起点、以有效对外传播为目标的译介过程,译即翻译,介即对外传播。亚马逊等相关网站的查询显示,中国科技典籍的大多数英译作品在英美等西方国家普遍遇冷,没有达到预期的对外传播效果。因此,我们需要开拓研究视野,从跨学科的理论视角开展中国科技典籍的翻译与对外传播。鉴于许多中国科技典籍本身的意义建构具有多模态话语属性,本文将探讨多模态翻译视角下的中国古代科技文明的国际传播。

二、国内多模态翻译研究述评

多模态话语分析是指运用听觉、视觉、触觉等多种感觉,通过语言、图像、声音、动作等多种手段和符号资源进行交际的现象。[8]多模态话语分析接受了系统功能语言学关于语言是社会符号的意义潜势的观点,认为非语言符号也是意义的源泉;我们不仅应该关注语言模态,还要关注声音、图像、动作、表情等多种非语言模态。[9]自20世纪90年代起,多模态话语分析理论在西方学术界兴起,而我国多模态话语研究始于李战子2003发表的《多模式话语的社会符号学分析》一文。在以后的十余年中,朱永生[9]、胡壮麟[10]、张德禄[11]等专家学者均对多模态话语分析理论进行了大量研究,促进了多模态话语分析理论在国内的快速发展,并迅速将其运用于外语学科各个领域的研究之中。

雅各布逊很早就指出,翻译包括"语内翻译""语际翻译"和"符际翻译"。[12]广义的翻译指不同符号系统之间的信息传递活动,包括语言与语言之间、语言与符号之间,以及符号与符号之间。翻译中存在着大量的模态转化,译者不仅需要关注文字信息,还需要关注其他模态符号所呈现的意义。[13]在多模态文本的翻译过程中,需要对文本中的多种模态信息进行翻译、传递,即除了需要对语言文字模态进行翻译,还应该关注图片、声音、颜色等其他模态的翻译、转化,以完成整体意义的阐释和建构。"符际翻译采用非文字符号来阐释文字符号,打破了长期以来以文字为中心的翻译活动,将原文本衍生出来的各种媒介形态都纳入翻译研究范畴,强调多模态的互动,增强了知识文化传播的有效性。"[14]

综观当前国内多模态话语分析理论在翻译领域的应用研究,我们发现当前的研究大多是多模态话语分析理论应用于影视字幕翻译研究和翻译教学模式研究。根据许勉君的研究,多模态翻译主要集中在影视翻译上,62篇文章中论述影视翻译的有25篇,占比40.3%,而且这些文章的研究视角较单一,绝大多数采用多模态话语分析理论,从文化、语境、内容和表达等四个层面讨论影视作品的字幕翻译;除了作品和译例不同,观点大同小异,分析零散,不成体系,缺乏深度和理论贡献。[15]目前,国内学者尚未充分认识到多模态话语分析理论对于典籍翻译研究的理论意义和应用价值。

在中国文化典籍中,大量的科技典籍都包含语言、图片等多种符号。因此,多模态话语分析理论对中国文化典籍翻译研究具有强大的阐释力,能够用来指导中国科技典籍的翻译与对外传播。翻译中国科技典籍,译者应该首先研究原文具有的多模态文本特点,以便运用多模态话语分析理论,探讨中国科技典籍如何变单一文字模态的文字转换为融合文字、音频、视频等多种符号的多模态转换,以弥补传统的、单一模态翻译与对外传播的不足。

中国科技典籍种类繁多,包括农学、军事、医学、造船与航海、地学、数学、化学等若干个大类。限于篇幅,笔者选取其中的农学、军事及医学三个子类为研究对象,采取定性分析法和个案分析法,讨论如何从视觉模态和听觉模态两个方面入手,开展中国科技典籍的翻译与对外传播研究,以期拓宽中国科技典籍译介研究视野,提高中国古代科技文明国际传播的效果。

三、中国科技典籍多模态翻译与国际传播

随着科技的发展,交际中越来越广泛地使用"多模态文本",即由图、文、音、色等多种表意符号系统构建的意义连贯的文本。[16]运用多模态话语分析理论,将图片、颜色、音频、视频等非文字符号与文字符号融合,对中国科技典籍进行多模态的翻译和对外传播,能够更加有效地建构目的语语篇的整体意义,促进目标受众从视觉、听觉两个方面充分理解中国古代科技文明深刻的文化内涵。

1. 视觉模态的有效呈现

随着现代科学技术的进步,纸质书籍的装帧设计变得日益精美。中国科技典籍的翻译与对外传播应该注重内容、形式两个方面的视觉模态的设计,以增强对外传播的效果。我们应该在传统的语言文字符号翻译的基础上,进行广义上的翻译转换,关注书籍中的图片、色彩、字体等其他因素的多模态设计。中国古代科技文明若想达到良好的对外传播效果,在翻译与对外传播过程中需要各个模态的相互配合。呈现书籍的具体内容时应该文字、插图、颜色等多种模态并用,让比较枯燥的内容焕发新的活力,提高目标受众的阅读兴趣,减少阅读理解的难度。同时,书籍的封面也应该做到绚丽多彩、夺人眼球、主次分明。

(1) 译本内容视觉模态的有效呈现

一部优秀的译作首先要做到传统意义上语言翻译的"传神达意",还应该恰到好处地运用插图、富于变化的字体以及符合目标读者审美的色彩。翻译中国科技典籍时,单纯的、传统意义上的文字转换显然是不充分的,还要针对原著的多模态文本特点,通过添加适合的图片、变化文中的字体、增加一定的色彩等手段,来提高译本内容的视觉呈现水平。

《天工开物》是中国古代百科全书式科技著作,记载和总结了中国古代在农

业、工业和手工业三大领域内 30 个部门的生产技术和科技成就。[17]原著中众多中国古代生产工艺,可能对于西方读者比较陌生,他们理解中国古代的农业生产、水利、养蚕、纺织、制盐等生产工艺可能存在一定的困难。例如,中国古代水利设施的篇章描述了古代灌溉用"筒车"的功能和使用方法。大中华文库《天工开物》的译者首先对筒车的使用方法进行了文字上的翻译,同时保留了原著中筒车的配图(如图 1 所示),并在图片下方配有英文译文。译者采用了原著中的多模态意义建构方式,以图文并茂的形式将比较抽象的意义进行了具体化、形象化的转换,大大提高中国科技典籍的可读性,有利于目标读者更好地理解中国古代农业生产的内涵。

简车
The tube waterwheel

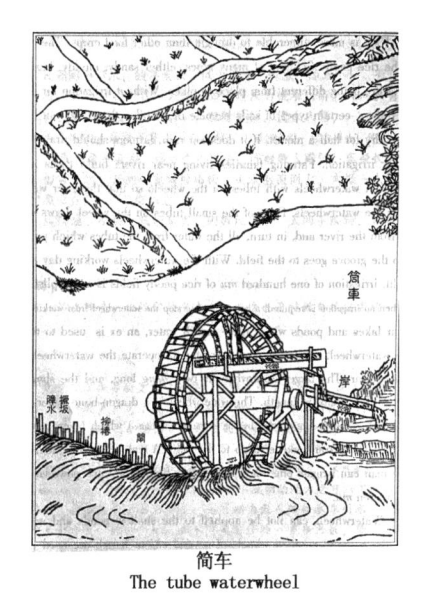

图 1 《天工开物》英译本中"筒车"的配图与翻译

事实上,翻译具有多模态话语特征的中国古代农业、工业和手工业生产的过程中,译者还可以做得更好,可以利用更多的模态来更加有效地呈现原文的内容,提高其翻译与国际传播效果。例如,在《天工开物》英译本中,如果译者在介绍"筒车"的篇幅中将"waterwheel"这个单词的字体加粗或者变换字体,可能会更加突出重点,更加有利于海外目标读者的阅读理解。另外,如果译者能够为中国古代农业、工业和手工业生产过程配制英文的 Flash 动画或 GIF 动图,更加生动、形象地进行解释,对于海外目标读者更好地理解原著的内容也是有很大帮助的。

在译本内容的多模态视觉呈现方面,还应该充分发挥色彩的作用。但值得注意的是,译本中如果添加了彩色图片,则应该充分考虑到中西方在颜色方面的文化差异。例如,在中国的传统文化中,红色代表热烈、庄严、喜庆等情感,可以象征吉祥、成功、喜庆、相思、爱情等人际意义。而英语中的"red"一词却蕴涵着暴力、血腥、危险,体现着不同的人际意义。[18]为避免无法传达图片的准确含义或造成歧义,必要时需要将图片颜色进行变换,转化为符合西方读者审美情趣的、可以接受的颜色。进行文字翻译,同时辅以视觉模态来呈现原著的内容,能够使目的语文本语篇意义建构更加完整,译文更加通俗易懂,可读性会更强,有利于增强中国古代科技文明的翻译和对外传播效果。

（2）译本封面视觉模态的有效呈现

封面设计在有效对外传播中国古代科技文明方面也发挥着重要的作用。成功的封面设计不仅有助于表达作品的思想内容,还能够对作品的主题进行高度的凝练和概括。一本期刊封面对于印刷媒体的市场推广有着极其重要的价值,是传媒和媒体心理学领域一直都非常重视的语类,但在语言学界并没有得到重视。[19]同样道理,图书的封面设计对于图书的推广也会起到不可低估的作用。目前,中国科技典籍在英语世界推广效果不太理想,一是因为西方读者对中国古代科技文明不熟悉,并未对中国科技典籍产生浓厚的阅读兴趣。另一方面,译本的封面设计也应该是一个不容忽视的影响因素。精美的译本封面是海外读者接触中国科技典籍的"敲门砖",如果封面具有足够的吸引力,读者就很可能会产生阅读兴趣,进而深入了解中国科技典籍的具体内容。封面是一个包含文字、图像、印刷版式、布局和色彩的多模态意义整合体。[20]译者应该与出版者齐心协力,共同谋划译本的多模态封面翻译与设计。中国科技典籍英译本封面的视觉模态设计,应该考虑集文字、颜色、图片等多种因素于一体,打造一个含义深刻、主题鲜明、布局出彩、排版精美的译本封面。设计封面时,首先要运用文字传达原著书名、原作者姓名、译者姓名和出版社名称等重要的信息。同时,还应该充分发挥图片、颜色等其他模态的作用,以丰富封面设计的内涵。应该将充分体现中国文化特色、易于目标读者接受的有利于传播中华传统文化的图片融入译本封面设计中;还应该将明亮的颜色用于封面设计,以吸引目标读者的注意力。值得一提的是,国外出版机构图书封面设计的成功经验应该充分吸收、借鉴,让中国科技典籍的英译本更加符合目标读者的审美取向。

《孙子兵法》是我国众多科技典籍海外传播最成功的作品之一,是中国古籍在世界影响最大、传播最广泛的著作之一。[21]该书已被翻译成30多种语言,国外图书市场上存在众多版本,是世界上最为畅销的书籍之一。亚马逊官网上最畅销的《孙子兵法》格里菲思和翟林奈的英译本,其封面设计对于中国军事典籍有效的国际传

多模态翻译视角下中国古代科技文明的国际传播

播应该发挥了重要作用。两个英译本的封面(如图2和图3所示)首先呈现了原作者孙子以及作品名称《孙子兵法》,传达了原著的基本信息。其次,利用图片、布局、色彩等多种模态丰富封面内容,让广大目标读者产生进一步阅读著作内容的兴趣。兵马俑在西方一直备受推崇,象征着中国博大精深的古代文化;选用兵马俑作为封面能够唤起西方读者对中国传统文化的浓厚兴趣,因此两个英译本都不约而同地选取了中国古代的士兵形象作为封面的背景图片。同时,中国古代军事家孙子在西方享有较高的知名度,图2、图3都充分利用了中国古代文化名人孙子这一优势,选取了较为明亮的颜色突显孙子的名字,并且将其放置在封面的突出位置,成功地吸引读者的注意力。

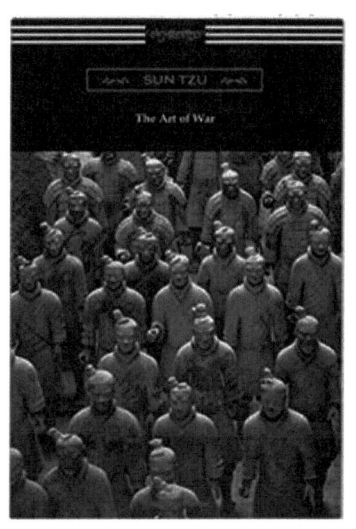

图2 格里菲思的《孙子兵法》英译本封面　　**图3 翟林奈的《孙子兵法》英译本封面**

相比之下,国内出版的"大中华文库"汉英对照本《孙子兵法》的封面设计(如图4所示)与上述两个国外版本的封面设计相比,存在一些明显的不足。亚马逊网站上的检索显示,该版本的《孙子兵法》英译本的购买、评论人数都比较少。该版本一直未受到西方读者青睐,应该与其比较枯燥乏味、没有创意的封面设计不无关系。该版本采用了"大中华文库"全套丛书统一的背景图片,色彩较为单一,字体变化较少,封面设计缺乏吸引力。

图 4　林戊荪的《孙子兵法》英译本封面

因此,翻译与对外传播中国科技典籍应该实现封面设计的多模态化,对目标读者形成视觉冲击,激发目标读者的阅读兴趣,进而提升中国科技典籍的翻译与对外传播效果。

2. 听觉模态的有效呈现

除了通过理想的视觉模态呈现吸引目标读者,中国科技典籍的翻译与对外传播的听觉模态有效设计亦是不可或缺的一环。图书电子读本的出现和新型阅读方式的兴起,为图书听觉模态的设计提供了可能性。鉴于西方普通大众读者对中国古代文明了解不足的这一现实,我们认为运用音频、视频等听觉模态进行中国古代科技文明的国际传播不仅是非常必要的,而且应该是切实有效的。

随着科技的日新月异,智能手机、笔记本、Kindle等电子阅览器相继出现,并得到迅速普及。众多新型电子图书产品的出现引发了当今阅读方式的变革。普通大众读者,尤其是年轻读者乐于阅读电子书,而非传统的纸质读本。这一阅读方式的转变为中国科技典籍的多模态翻译和对外传播提供了便利条件。我们可以将中国科技典籍的英译本转换成音像读本,将声音模态运用于中国科技典籍的翻译与对外传播之中,让读者直接通过听觉途径非常便捷地了解中国古代科技文明,这样既丰富了目标读者的阅读方式,又大大提高了英译本的趣味性。在当今这个数字化阅读越来越流行的时代,音频、视频等听觉模态的使用对于提高阅读兴趣和阅读效率就显得尤为重要了,而听觉模态的电子阅读方式恰好能够让广大目标读者以比较便捷的、喜闻乐见的方式领悟中国古代科技文明的深刻内涵。中国古代科技文明的国际传播,除了传统的文字翻译和视觉模态呈现,以直观、形象、生动的音频、视频等听觉模态呈现原著的内容,科技典籍的可读性可以大大提高。

中国科技典籍《黄帝内经》是中国古代医学文明的巅峰之作,其翻译与对外传播可以向海外普通大众读者充分展示中国传统中医药文化的魅力。目前国外图书市场上《黄帝内经》几个译本销量均不理想,并未得到广大西方读者的普遍接受。其原因之一可能就是原著专业性较强,书中涉及大量目标读者不太熟悉的中医专业知识,无法激发西方大众读者的阅读兴趣。为了更好地对外传播此类专业性较强的中国科技典籍,一个有效的解决方案就是给译本中配上音频、视频讲解,以深入浅出的方式,详细生动地解释原著丰富的文化内涵。例如,《黄帝内经》中有关于针灸的介绍,但由于绝大多数西方大众读者不太了解中国的针灸治疗方法,甚至还容易对针灸产生一些误解。因此,进行文字转换的同时,如果配以针灸治疗的小视频,让广大西方读者以生动、直观、高效的方式了解中国特有的针灸治疗法,相信一定能够唤起目标读者对中医文化的兴趣,极大地改善中国传统医学的翻译与对外传播效果,推动中国中医药文化走向世界。

中共中央总书记习近平在《人民日报》的署名文章"坚持正确方向创新方法手段提高新闻舆论传播力引导力"中也曾指出,"要创新对外话语表达方式,研究国外不同受众的习惯和特点,采用通融中外的概念、范畴、表述,把我们想讲的和国外受众想听的结合起来,把'陈情'和'说理'结合起来,把'自己讲'和'别人讲'结合起来,使故事更多为国际社会和海外受众所认同"。[22]习近平总书记关于加强新闻传播能力建设、讲好"中国故事"的论述,对于我们有效开展中国古代科技文明的翻译与对外传播,更好地推动中国文化"走出去"同样具有重要的指导意义。如果我们根据目标读者阅读习惯的改变,以目标读者喜闻乐见的形式将中国古代科技文明录制成生动有趣的"中国科技故事",讲给他们听,让他们听得懂并且喜欢听,进而让他们进行中国文化的本土化传播,那么中国传统文化不仅能够"走出去",而且能够"走进去",一定能够取得更加满意的国际传播效果,也应该更有利于中国文化软实力的建设。

四、结语

在中国科技典籍的翻译与对外传播中,如果将传统的单模态的文字转换扩展为融合文字、图片、图像、声音、颜色、字体等多种符号的多模态翻译与对外传播,那么中国科技典籍的国际传播效果一定会有所改进。本文运用多模态话语分析理论,从视觉模态与听觉模态呈现的视角对中国科技典籍的翻译与对外传播进行了新的探讨。希望本研究能够为国内专家学者开展中国科技典籍译介研究提供一个新的研究视角,为中国文化"走出去"研究以及建构融通中外的话语体系研究提供一定的借鉴。

参考文献

[1] 汪榕培,王宏.中国典籍英译[M].上海:上海外语教育出版社,2009:6.

[2] 刘迎春,王海燕.关于近20年中国科技典籍译介研究的几点思考:传播学的理论视角[J].燕山大学学报(哲学社会科学版),2017,18(6):24-32.

[3] 鲍晓英.中国文化"走出去"之译介模式探索:中国外文局副局长兼总编辑黄友义访谈录[J].中国翻译,2013(5):43-45.

[4] 吴纯瑜,王银泉.生态翻译学视阈下《黄帝内经》文化负载词英译研究[J].中华中医药学刊,2015(1):61-64.

[5] 吴纯瑜,张斌.生态翻译学视阈下《黄帝内经》几个译本英译策略的研究[J].中医药导报,2014(13):104-106.

[6] 王娜.从目的论看李照国先生《黄帝内经》的英译[J].中国中西医结合杂志,2014,34(10):1267-1269.

[7] 王继慧.中医药典籍《黄帝内经》书名英译探讨[J].辽宁中医药大学学报,2011,13(9):161-165.

[8] 李丛立,张小波.多模态环境下的翻译教学模式构建研究[J].外语教学与研究,2013(275):233-234.

[9] 朱永生.多模态话语分析的理论基础与研究方法[J].外语学刊,2007,138(5):82-86.

[10] 胡壮麟.社会符号学研究中的多模态化[J].语言教学与研究,2007(1):1-10.

[11] 张德禄.多模态话语分析综合理论框架探索[J].中国外语,2009(1):24-30.

[12] JAKOBSON R. On Linguistic Aspects of Translation [M]. London and New York: Routledge, 2000.

[13] 朱玲.多模态:翻译研究的新视角[N].中国社会科学报,2017-12-26(003).

[14] 蒋梦莹,孙会军.符际翻译与后翻译研究视角下的中国当代文学对外传播:从《妻妾成群》到《大红灯笼高高挂》[J].外语教学,2018(5):90-94.

[15] 许勉君.中国多模态翻译研究述评[J].广东外语外贸大学学报,2017,28(2):40-45.

[16] 张丽萍.多模态警示语的整体意义建构[M].上海:上海交通大学出版社,2017:1.

[17] 王义静,王海燕,刘迎春.《天工开物》(汉英对照)[M].广州:广东教育出版社,2011.

[18] 胡永近.文本类型学视角下的多模态语篇翻译[J].宿州学院学报,2014,29(4):52-55.

[19] HELD G. Magazine Covers-a Multimodal Pretext-genre [J]. Folia Linguistica, 2005, XXXIX. (1-2):173-196.

[20] 雷茜,张德禄.格林海姆·洛雷拼贴小说《女性世界》两版封面的多模态文体对比研究[J].当代外语研究,2015(9):20-25.

[21] 李宁.《大中华文库》国人英译本海外接受状况调查:以《孙子兵法》为例[J].上海翻译,2015(2):77-82.

[22] 习近平.坚持正确方向创新方法手段提高新闻舆论传播力引导力[N].人民日报,2016-02-20(1).

跨学科视域下的中国科技典籍对外译介①
——访中国科学院自然科学史研究所孙显斌研究员

王烟朦[1]，孙显斌[2]

(1. 华中科技大学 外国语学院，湖北 武汉 430074；
2. 中国科学院自然科学史研究所 古代史研究室，北京 100190)

[摘　要] 中国科技典籍的对外翻译与传播已然是中华传统文化国际传播的重要组成部分。外语学者是科技典籍外译的主力军之一，又是相关研究的助推者。但既有研究对科技典籍的认识存在不少分歧，与文史哲典籍翻译研究的区别不清，且重复性研究日趋明显。鉴于此，文章对中国科学院自然科学史研究所孙显斌研究员进行访谈，向其求教科技典籍命名依据、基本特征以及对外译介问题。孙显斌研究员从科技史、古典文献学和典籍数字化视角，论述科技典籍之"名"与"实"有助于为相关翻译研究明确阵地范围，科技典籍对外译介观点为外语学者的中国传统科技文化域外翻译和传播研究提供了"他者"视角的关照。

[关键词] 跨学科；科技史；中国科技典籍；对外译介

一、引言

中国科学院自然科学史研究所、德国马克斯·普朗克学会科学史研究所和俄

[基金项目] 山东大学国际汉学研究项目"晚清时期英国新教传教士译介中国科技典籍文化倾向研究"（LC202102）

[作者简介] 王烟朦(1992—)，男，安徽阜阳人，博士，华中科技大学外国语学院讲师，硕士生导师，研究方向为翻译学；孙显斌(1975—)，男，黑龙江哈尔滨人，博士，中国科学院自然科学史研究所研究员，研究方向为古典文献学、典籍数字化和科学技术史。

① 原文刊于《燕山大学学报(哲学社会科学版)》2022年第3期。

罗斯科学院瓦维洛夫自然科学与技术史研究所并称为世界三大科学技术史专门研究机构。[1]孙显斌为中国科学院自然科学史研究所研究员,曾任研究所图书馆馆长,北京大学计算机科学技术系本科、中文系古典文献学专业硕士和博士,主要研究方向为科学技术史、古典文献学和典籍数字化。其一直专注于科技典籍整理领域,与国际科学史研究院院士张柏春联合主编的"中国科技典籍选刊"入选"2011—2020年国家古籍整理出版规划",并被誉为"我国科技古籍整理研究的新成果"[2]。完成《王祯农书》《物理小识》的整理后,撰写了《中国科技典籍整理的回顾与思考》《中国科技基本典籍刍议》等系列论文讨论科技典籍整理的相关问题。

原国家新闻出版总署和国务院新闻办公室联合推动,自1995年正式启动的中国文化典籍国家出版工程《大中华文库》(汉英对照)《天工开物》《梦溪笔谈》《黄帝内经》《四元玉鉴》《茶经·续茶经》等15种科技典籍。这些科技典籍的英译本大多为国内外语学者翻译,他们撰文分享翻译过程及实践策略又促使该话题进入学术视野。[3]自2014年《大中华文库》(汉英对照)英译者刘迎春主持国家社科基金项目"中国古代自然科学类典籍翻译研究"立项,国家社科基金和教育部人文社科基金项目中的科技典籍外译与传播系统研究逐渐增多。同时,相关学术论文数量稳步增长,发表在外语类核心期刊居多。中国科技典籍对外译介研究未来可期,但也隐藏着制约该领域有序、深入开展的"忧虑",如概念界定不统一,重复性研究较多。为此,笔者拟围绕科技典籍的海外译介访谈孙显斌研究员,以飨中国科技典籍对外翻译实践和研究的学者,从而更好地在传播中国传统科技文化方面有所作为。

二、科技典籍之"名"与"实"

翻译的本质属性为语言符号的跨语际转换,语言符号又是表示指称对象和表达思想情感的媒介,所以明确科技典籍的基本特征是开展相关对外译介研究的基础。本部分就科技典籍的名称定义和文本特质访谈了孙显斌研究员,具体如下:

问:中国科技典籍的时间界定尚无定论,如"鸦片战争(古代)"[4,5]、"1911年"[6,7]、"五四运动"[8]。请谈一下您的划分选择和依据。

答:"古代"是一个相对的概念,在讨论古文献学时限的时候也有这个问题。在世界史上英国资产阶级革命之前才能叫古代,正好相当于我们的明末,也就是说在世界史上,清代就是近现代了。而我们一般把古籍限定在清王朝灭亡的公元1911年,也就是说民国之前的文献称为"古籍"。但也有不同的意见,比如以五四运动划界,这么处理的原因可能暗含了现代白话文之前的文言文阶段的文体界限,但以文体划界有其问题,这是因为白话文文体是连续发展的,宋元明清一直都有白话文体,所以很难这么简单的断限。另外,将民国时的文献称为"古籍",就其时代而言也不合适。而以鸦片战争为断限的处理可能考虑到中国历史的划分,1840年以后为近代,之前为古代,我们知道清末诞生了大量古典研究的重要文献,这样划分存在更大的麻烦。因此,还是用民国之前这个时限最方便合理。

问:科技典籍具有显著的科学性,其人文性亦有重要价值,如《天工开物》包含符合现代科技概念的知识,也有晚明读书人宋应星呼吁革新科举八股制度和以农为本等社会改良的表达,蕴含了"天人合一"哲学思想,具有文学性以及艺术张力。用现代西方概念"科技"命名以《天工开物》为代表的包含科技知识的古代典籍,是否有望文生义之嫌,遮蔽了它们包含的其他文化元素和人文性?

答:无论以什么名称称呼,都是现代的概念,古代人文的概念和现在恐怕也不一致。我国古代知识体系基本上按照《隋书经籍志》正式确立的四部分类体系展开,近代以来又增加了丛部、新学类等作为补充,与近代以来我们从西方引进的学术分科体系差别很大。我们今天说的科技就是现代的概念,古代并没有对应的概念,所以我们说的科技典籍往往是按照今天的观念,去寻找科技知识存在于哪些古代典籍中,内容占比较大的就称为科技典籍。虽然如此,我们在解释和理解古代科技知识时,要做同情的理解,就是放在当时的环境包括思想观念的大背景下。如果说称《天工开物》是科技典籍一种遮蔽,那么说《淮南子》是人文典籍同样是一种遮蔽,这个问题似乎没必要纠结。

问:周远方[9]提出,"中国传统博物学"是儒家文化"博物"的产物,包括自然世界的知识,外延囊括中国传统文化中的农学、动植物学、中药学等,以及社会生活的人文知识,其特征具体包括:(1)"百科全书式"的体系;(2)自成体系的分类方法;(3)描述性判断事物;(4)人文性;(5)实用性。再以《梦溪笔谈》为例,全书涉及人事、乐律、书画、技艺等17类,自然科学条目仅占三分之一。[7]所以用"中国传统博物学典籍"命名科技典籍是否更加符合它们生成的历史语境和内容特征?

答:恐怕那样更不符合,我不太同意中国古代没有科学的观点,也不认为古希腊就已经存在近代科学。实际上,即使按照今天的观念,中国古代也既有科学,更有技术,只是知识内容有深有浅,理论思维有强有弱罢了。你所说的传统博物学典籍只是古代科技典籍中很小的一个分支。根据《中国古籍总目》,现存1912年以前出版古籍约有20万种,科技典籍主要分布于如下几个类属:史部地理类总志之属(444种)、政书类考工之属(81种)以及水利之属(314种),子部兵家类(约230

种)、农家类(467种)、谱录类花木鸟兽之属(339种)、医家类(6 684种)、天算类(1 656种)、术数类(约140种)、新学类(884种)等,合计约1.2万种以上,占存世古籍总量的6%左右。[10-11]天算类典籍就有1 600余种,其知识体系主要为制定天文历法服务,而不是所谓博物学旨趣,就像农学、医学知识体系更是为农业生产、治病救人服务的。传统博物学典籍并不多,即使算上花鸟谱录类和医家类中的本草类,也不会超过天算类,更不用说医家类。想简单用一个现代的词概括是行不通的。

问:原国家图书馆馆长任继愈先生主编的《中国科学技术典籍通汇》将《论语》《诗经》《史记》《传习录》《山海经》等文史哲典籍中蕴含科技价值的语篇归为科技典籍。您主张不能因为一部典籍有个别段落记载中国传统科技,就认定其为科技典籍。[12]能否请您界定一下科技典籍的其他特征,怎样更好地将之与文史哲典籍区别开来呢?

答:《中国科学技术典籍通汇》的编撰,是为科技史研究提供最基本的文献资料,所以先秦文献中有科技内容的篇章也被收录进来,是非常合理的。当然我们不能称其整部书为科技典籍,我想这并不矛盾。我的文章中也提到对重要传统科技创新的零星记述,实际上也非常重要,但是不能因为一部典籍有个别段落记载,就认定其为科技典籍,这类文献材料应该进行分类汇编。如果想把科技典籍区别出来,也不难,即其主体部分或者说有相当篇幅是科技内容。即使《梦溪笔谈》,其科技相关内容也不占主体,但是由于科技部分内容成就太高,所以一般也都承认其为科技典籍。

问:我国少数民族有自身悠久的科技史,科技典籍又有汉族科技典籍和少数民族科技典籍之分。[7]请您给我们介绍一下少数民族科技典籍的概况。

答:少数民族科技典籍当然属于中国科技典籍,因为中华民族自古以来就是多民族融合的文明体,但不宜用现代欧洲兴起的民族国家的概念简单类比传统中国。有些少数民族学者撰写的科技典籍是汉语写的,比如元代蒙古族学者忽思慧撰的《饮膳正要》,清代蒙古族杰出的数学家、天文学家和测绘学家明安图撰的《割圆密率捷法》等。不过用民族语言文字编撰的更多,有的还自成体系,比如藏族、彝族、回族的天文历法,各民族的传统医学等就都很突出。从事少数民族科技典籍研究的学者更少,研究非常不充分,需要整理并翻译成现代汉语,方便更多的人阅读和利用。

三、科技典籍对外译介观

问:在明确什么是科技典籍后,下面我想就科技典籍对外翻译与传播这一话题对您进行访谈。首先,请您谈谈我们为什么要推进科技典籍对外译介事业。

答:中华文明古代科技成就举世瞩目,科技典籍文化遗产更是我们凭借认知先人神奇创造的基础资料,同时也是世界认识理解中华民族杰出智慧的重要途径。我们需要对民族优秀科技传统有恰如其分的认识。一方面,我们不能受李约瑟先生误导,认为我们的科技曾经在世界上遥遥领先;另一方面,我们也不能认为中国古代没有科学,就像认为古希腊就已经存在近代科学一样。实际上,即使按照今天的观念,中国古代也既有科学,也有技术,并且都有悠久的传统。只是知识内容深浅,理论思维强弱罢了。科技传统是中华优秀传统文化的重要组成部分,我们在国内提到传统文化就只会想到文史哲艺术方面,缺乏对科技传统的了解。对外传播更是这样,大家都只知道中国有四大发明而已,其实这仅是中国传统科技很小的一部分。可以说在世界范围内传播与弘扬中华优秀传统科技文明,普惠全人类,这已经成为我们这一代的历史使命。

问:中国古代科技典籍的专业性强,而且主要是文言创作,所以译者不仅要掌握娴熟的外语能力,更要具备跨学科知识。请您根据治学科技史和古典文献学的经验,谈一谈作为译者的外语学者该怎样更好地胜任翻译科技典籍的历史使命。

答:我觉得最好方式是与科技典籍研究者合作,因为科技典籍的整理本身就需要古典文献学和科技史双重学术背景,再将其外译,一个人的知识结构是很难覆盖的。关于团队协作的翻译方式我认为最好的是唐代译经场的方式,先由兼懂梵汉的翻译师串讲大意,然后众人辩难其中佛教义理,再由主译裁决最终的理解,口授出来,最后由有文采的经师润色成文。这样做,翻译的质量有保障,效率比较低,但是经典的翻译应当用这种方法,一定程度上可以"一劳永逸"。我们所研究员张柏春和德国马普学会科学史研究所雷恩(Juergen Renn)牵头组成的"马普合作伙伴小组"就在用类似的方法英译王徵的《远西奇器图说》,已经有十多年了,听说他们的成果就要出版了。

问:您整理过元代王祯的《农书》和明代方以智的《物理小识》,请您分享一下科技典籍整理和校勘过程。科技典籍翻译人员该如何选择优质的底本呢?

答:科技典籍的整理过程与普通典籍没什么不同,一般是先从各种目录中搜索该书的各种版本,然后获取各种版本,进行初步校勘,理出其版本源流,即版本家族树。然后选择祖本或者最好的本子作为底本,选取其他版本分支的祖本作为参校本进行校勘,在异文更优或者两通的情况下出校勘记,也有所有异文都出校勘记的做法。对于翻译者来说,应该选择有很好整理基础的现代整理本作为底本进行翻译,这样就可以规避版本、校勘等问题。这是因为版本的问题属于古典文献学,其实比较复杂,一般的科技史研究者也未必具有这方面的素养。上面提到的《中国科学技术典籍通汇》在选目上很权威,但具体到每部书所用版本就有不少不尽如人意,比如我整理的《物理小识》,"通汇"用的光绪甲申宁静堂本,实际上是最差的一个本子。这主要是因为当时的条件和经费有限,从不少直接采用大多不尽可靠的四库本,就可见一斑。

版本的不同,主要是会有文本的异文,这些异文从理解文意的角度可以区分为一般性异文和实质性异文。一般性异文是指对内容的理解差别不大,所影响的仅是用词习惯等文本风格的不同。而实质性异文则不同,会造成内容理解的巨大差别。举一个实质性异文的例子,在文渊阁四库全书本《几何原本》中论述平面的时候有一句"绳施于一角,绕面运转,不碍于(於)空。"这里的"不碍于空",不好理解,查其他版本有异文为"不碍不空",这就能理解了,就是说在平面的一角处系一根绳,拽住绳的另一端,在平面上划过,既不会受到阻碍(即不碍),也不会有不被划过的地方(即不空)。这里的"于"显然是"不"形近而讹,但是四库本其实错成了"於",这就让人很难想到原文应该作"不"了。

问:在明确翻译底本之后,需要译者选择具体的翻译策略。为了有效地被科技史研究人士和各领域的专家学者认可和接受,您认为什么翻译策略和方法更好?

答:我个人认为翻译科技典籍应该优先考虑学术翻译策略,因为科技典籍比较专业,只是简单翻译很难引起国外一般读者的兴趣,或者说读者也很难真正读懂,理解它的精彩。就像科技典籍翻译成白话文后,国内读者是否有兴趣阅读或者能否看懂,是同样的问题。为国外学者和专业人士提供可靠的翻译之后,在国外的传播就有了基础,国外感兴趣的文化传播者可以据此进行二次创作,可能会达到更理想的传播效果。当然,出于方便异域读者理解考虑,适当的意译也有必要。除非是给通过双语学习语言的读者,可以考虑使用直译。另一方面,术语的对译除了少数完全相同的概念,其他的对译严格来说都需要加注释,这种以注释补充说明翻译词语的方式是严谨的,值得提倡。但是在对译词语的选择上有两种方式,一种是用概念相近的词语去翻译,且注释说明两个对译词概念的区别。另一种是直接用汉语拼音,因为既然概念不完全相同,就用新词以免误解,再加注释进行说明,这种方式的好处是容易提醒读者两个概念的差别,李约瑟《中国科学技术史》就是这种方式。但是实际上读起来不够亲切,满篇都是生词。用概念相近词语翻译的优缺点恰好相反。举个例子,中国古代南宋时期出现算盘,珠算继承了筹算的口诀计算方式,成为当时先进的计算工具,并在我国一直使用到现代计算器普及之前。如何翻译"算盘"这个词,西方古罗马时期就有一种"abacus"的计算工具,我们一般翻译成算盘,两个词汇形成对译,都是一种利用珠子的计算工具,但其实差别很大。翻译的时候如果直接用"zhusuan",西方读者就感觉很陌生,用"abacus"就感觉很亲切,但又容易误解是同一种工具,所以我们用"Chinese abacus"来翻译,即利用相近词汇帮助跨文化理解,又提示实质有区别。

问:多模态文本是指一部作品包含多个符号模态,运用视觉、听觉和触觉等多种感觉的文字、图像、声音、色彩等手段。[13]《天工开物》是典型的多模态文本,有123幅农业和手工业生产技术的黑白插图;央视大型文化节目《典籍里的中国》以"戏剧+影视化"的手法将这部科技典籍搬上银幕,利用大众媒介对之从视觉和听觉模态的二次呈现,大大提升了它的知名度。科技典籍该从哪些方面进行多模态翻译和创作,使之以更加多元化的方式弘扬中国古代科技文明?

答:科技典籍一般只有配图的情况,如果构建多模态文本,都是整理者或者出版者的行为,翻译者可以和整理者、出版者合作,创作一个多模态的整理版本,比如新配图像、视频以及3D复原模型等,这样的确是方便读者理解。也可以在选定一个整理的版本后,搜集或者让整理者推荐好的多模态的解读版本,将已有的多模态素材融入翻译版本之中。为提升对外传播和中西交流互鉴的效果,在译介科技典籍的同时,配合译介中国科技史的经典普及读物,包括一些容易理解和趣味性较强的画册和纪录片。如果有机会,在国外策划一些科技文化的巡回展也会锦上添花。

问:您提到古籍数字化分为图像化、全文化和数据库化三个层次,深层次的数据库化相当于将古籍文本信息语义结构化,立体的语义网络有利于深层次的知识挖掘,从而将古籍资源更有效、全面地利用起来。[14]科技典籍译作的数据库化对于开展翻译研究和编撰双语词典亦大有裨益。我们该怎样借助计算机网络技术推进科技典籍翻译的数据库化呢?

答:我觉得最基础的还是构建科技典籍双语对译的语料库,但这方面的资料比较少。为了解决古籍的翻译研究,可以构建一般典籍的双语对译语料库,这方面的资料比较多,时代分布也从先秦到清末,内容涉及各个学科。只有在有一定数据规模的情况下,人工智能技术才能展现它的威力,可以通过机器学习的方法尝试机器自动翻译,利用命名实体标记等技术提取专业术语,辅助编撰双语词典。

问:据您了解,有哪些科技典籍在海外有较好的传播和影响力,国外人士查询和研究科技典籍译作的工具、平台、媒体有哪些?

答:科技典籍在海外有较好的传播和影响力的不多,目前来说《九章算术》《天工开物》《梦溪笔谈》《本草纲目》这些很早就享誉世界的典籍影响力比较大,实际上有较好译本的科技典籍也并不多,这方面翻译者大有可为。毕竟如果自己的译本成为经典译本也是中外翻译史上浓墨重彩的一笔,并且翻译的科技典籍越重要,其影响力和文化贡献也越大。科技典籍的译作作为图书,国外人士一般通过所在地的图书馆、书店等进行查询。比如,亚马逊网店就是一个重要的平台。收藏汉籍的图书馆主要是设在大学内的东亚图书馆,还有不少博物馆、公共图书馆也有收藏。美国亚洲学会(AAS)下面有东亚图书馆委员会(CEAL),北美主要的五十多家东亚图书馆都是其会员。同样,欧洲汉学学会(EACS)下也有欧洲汉学图书馆协会(EASL),会员包括欧洲一百多家收藏汉籍的机构。2015 年 9 月第 35 届 EASL 年会在英国牛津大学举办,我有幸参加,还在会上推介了我们整理的"中国科技典籍选刊",不少与会者很感兴趣。于是,我们向世界主要汉籍收藏和科技史研究机构赠送了"选刊"第一辑。另外,国际和欧美科技史学会的年会,也是推介科技典籍外译成果的平台,2017 年 7 月巴西里约第 25 届国际科学技术史大会上,我们就组织过一个专题 Section,讨论中国科技文献。我们还可以利用一些海外汉学和科技史研究的网站,主动推荐科技典籍译介的书目。

问:最后请您谈一下对外语学者的期许,如何在助力中国科技文化对外传播和中西文明交流互鉴方面"有所为"?

答:我最后再呼吁外语学者和科技史研究者通力合作翻译科技典籍,实际上科技史学界是欢迎外语译介学者和我们合作的。2017 年我们研究所创办了英文刊 *Chinese Annals of History of Science and Technology*,它是目前世界上唯一以发表中国科技史为主要内容的英文学术期刊,为此我们聘用了两名外语专业的编辑,着力培养。我所在的北京大学杨海峥教授主持的国家社科重大项目"北美汉学发展与汉籍收藏的关系研究",也尝试建立"中华文明汉英双语在线词典",主要想解决汉学研究中各学科专业术语的标准化翻译、参考的问题,以后有机会我们也可以合作。

正如我前面谈到,译介也是一种跨文化沟通,需要具有双方的文化和知识背景,所以翻译科技典籍这类专业典籍对外语学者是很大的挑战,但我还是认为学科术语的标准化双语词典建立是译介工作的关键,希望外语学者与专业研究者合作打造这把跨文化的钥匙,实际上对于外国学者也是很必要的参考。从方法上,充分利用一些英文撰写的中国科技史著作(如李约瑟《中国科学技术史》)的词汇表是方便可行的方式。

问:感谢孙老师您的分享。您的这些见解对外语学者更好地翻译科技典籍和开展科技典籍英译研究提供了重要参考,也期待与科技史研究学者的跨学科合作研究早日实现,共同助力我国传统科技文化对外传播。

参考文献

[1] 张柏春,李明洋.中国科学技术史研究70年[J].中国科学院院刊,2019(9):1071-1084.

[2] 冯立昇.我国科技古籍整理研究的新成果[N].中华读书报,2018-01-03(16).

[3] 李照国.《黄帝内经》英译得失谈[J].中国科技翻译,2009(4):3-7.

[4] 华觉明.中国科技典籍研究:第一届中国科技典籍国际会议论文集[C].郑州:大象出版社,1998.

[5] 许明武,王烟朦.中国科技典籍英译研究(1997—2016):成绩、问题与建议[J].中国外语,2017(2):96-103.

[6] 张汨,文军.中国科技典籍英译本概况探究:现状与建议[J].语言教育,2014(4):57-60.

[7] 刘性峰.译介中国科技典籍,传播传统科技文化:王宏教授访谈录[J].山东外语教学,2019(5):3-10.

[8] 刘迎春,王海燕.关于近20年中国科技典籍译介研究的几点思考:传播学的理论视角[J].燕山大学学报(哲学社会科学版),2017(6):24-32.

[9] 周远方.中国传统博物学的变迁及其特征[J].科学技术哲学研究,2011(5):79-84.

[10] 孙显斌.中国科技典籍整理的回顾与思考[C]//吕变庭.科学史研究论丛(第4辑).北京:科学出版社,2018.

[11] SUN,X. Review on the Collation of Premodern Chinese Sources on Science and Technology[J]. Chinese Annals of History of Science and Technology,2017(2):113-131.

[12] 孙显斌.中国科技基本典籍刍议[C]//吕变庭.科学史研究论丛(第7辑).北京:科学出版社,2021.

[13] 王海燕,刘欣,刘迎春.多模态翻译视角下中国古代科技文明的国际传播[J].燕山大学学报(哲学社会科学版),2019(2):49-55.

[14] 孙显斌,李伟.古籍数据库化工作浅谈[J].图书馆理论与实践,2012(8):23-25.